BILANZ BALKAN

D1672942

Schriftenreihe

des österreichischen Ost- und Südosteuropa-Instituts
Herausgegeben von Arnold Suppan und Peter Jordan
Redaktion: Elisabeth Vyslonzil

Band 30

Bilanz Balkan

Herausgegeben von
Michael Daxner, Peter Jordan, Paul Leifer,
Klaus Roth und Elisabeth Vyslonzil

2005

Verlag für Geschichte und Politik Wien
Oldenbourg Wissenschaftsverlag München

Drucklegung mit Unterstützung der Raiffeisen Zentralbank Österreich AG (RZB)

Bibliografische Information der Deutschen Bibliothek

Die Deutsche Bibliothek verzeichnet diese Publikation in der Deutschen Nationalbibliografie;
detaillierte bibliografische Daten sind im Internet über http://dnb.ddb.de abrufbar.

Umschlaggestaltung: Christina Brandauer
Satz: forte OEG, A-1120 Wien
Druck: AZ Druck und Datentechnik, D-87437 Kempten

ISBN 3-7028-0422-6   Verlag für Geschichte und Politik Wien
ISBN 3-486-57827-8   Oldenbourg Wissenschaftsverlag München

INHALT

BILDUNGSWESEN, HUMANRESSOURCEN, MIGRATIONEN, KULTURPROZESSE

DER BALKAN IM INTERNATIONALEN KONTEXT, INTERREGIONALE BEZIEHUNGEN

PETER JORDAN

VORWORT

Im Auftrag des Bundesministeriums für Bildung, Wissenschaft und Kultur veranstaltet das Österreichische Ost- und Südosteuropa-Institut (OSI) alle zwei Jahre das „Österreichische Osteuropaforum", eine Plattform der österreichischen und internationalen Mittel-, Ost- und Südosteuropaforschung, die sich aktuellen Fragen dieser Region widmet, multidisziplinär ist und vor allem auch jüngeren Wissenschaftern eine Präsentationsmöglichkeit für ihre neuen Forschungsergebnisse bietet.

Das 2. Österreichische Osteuropaforum, das dankenswerterweise vom Institut für den Donauraum und Mitteleuropa und von der Raiffeisen-Zentralbank mitveranstaltet wurde, stand im April 2004 unter dem Generaltitel „Bilanz Balkan", und zwar aus folgenden Gründen:

– In der Region „Balkan" finden sich nach der Erweiterungsrunde der Europäischen Union am 1. Mai 2004 bereits die nächsten Kandidaten für einen EU-Beitritt, und es mag besonders interessant sein, wie weit diese Länder in ihrer Entwicklung fortgeschritten sind;
– der Stabilitätspakt für Südosteuropa wurde im Sommer 1999, nach dem NATO-Einsatz in Jugoslawien, begründet und es schien uns nach fünf Jahren am Platze, eine erste Bilanz zu ziehen;
– nach wie vor stellen sich in diesen Ländern viele offene politische Fragen (Bosnien und die Herzegowina, Kosovo/Kosova, Montenegro, Makedonien, Serbien), die auch einer wissenschaftlichen Erörterung bedürfen.

Das Wort „Balkan" im Tagungstitel mag ein Reizwort sein, das zum Teil auch als pejorativ empfunden wird. Dies ist nicht die Absicht. Es soll auch nicht als Bezeichnung einer genau umrissenen Ländergruppe fungieren. Während man unter Balkan oder Südosteuropa im kulturräumlichen Sinn mit einiger Berechtigung nur jene Gebiete versteht, die eine nachhaltige osmanische Prägung erfahren haben und zumindest drei Jahrhunderte unter osmanischer Herrschaft standen, beziehen wir bei dieser Konferenz das gesamte Zielgebiet des Stabilitätspakts für Südosteuropa mit ein, also auch die Staaten Slowenien, Kroatien, Ungarn und Rumänien. Auch die vier Panels dieser Tagung ähneln den so genannten „Arbeitstischen" des Stabilitätspakts, entsprechen jedoch darüber hinaus dem, was wir für die wichtigen Problemfelder Südosteuropas (des Balkans) hielten.

Ohne den Ergebnissen der einzelnen Panels vorgreifen zu wollen möchte ich vier Grundprobleme des Balkans im engeren Sinn hervorheben, die sich fast in allen Ländern und Teilgebieten bemerkbar machen, und wie rote Fäden durch alle Spezialfragen ziehen:

1 Die mangelhafte Kooperation innerhalb der Region. Sie gründet im sich Sich-Nicht-Abfinden mit Nachbarn, im Nicht-Erkennen der Tatsache, dass man Nachbarn „nicht los wird", egal in welcher politischen Konstellation. Man orientiert sich vorwiegend nach außen, auf Brüssel und die Europäische Union oder auch auf die USA hin, die Kooperation mit den Nachbarn innerhalb der Region wird vernachlässigt. Dadurch entwickelt sich Südosteuropa nicht zu einer kompakten, in sich verflochtenen Teilregion Europas und bringt kein gemeinsames Zentrum, keine wirkliche Metropole, keinen Zentralraum hervor, von dem eigene Impulse ausgehen könnten, der ein eigenes Innovationszentrum wäre.

2 Der Staat wird von den Bürgern vielfach nicht als eine *res publica*, sondern als eine feindliche Institution angesehen, die es zu umgehen und gegenüber der es den eigenen Vorteil zu wahren gilt. Das ist sicherlich ein Erbe aus osmanischer Zeit, als der Staat tatsächlich der Okkupator, die feindliche Macht war. Auch durch die autoritären kommunistischen Regime wurde diese Einstellung nicht gerade entschärft. Dadurch fehlt oft die so notwendige Identifikation der Bürger mit den Anliegen des Staates, mit den staatlichen Institutionen.

3 Die mangelhafte Bereitschaft der Bürger, ihre Angelegenheiten selbst in die Hand zu nehmen, selbst für die Lösung von Problemen zu sorgen. Man wartet stattdessen auf Aktivitäten „von oben", auf Aktionen der „dafür Zuständigen". Dies führt dazu, dass viele Probleme gar nicht thematisiert werden, es zu regional sehr ungleichen Entwicklungen kommt und es an Ansatzpunkten für den effizienten Einsatz von öffentlichen Fördermitteln, auch jenen der EU und des Stabilitätspakts, fehlt. Besonders leidet darunter der ländliche Raum, wo das Fehlen örtlicher Eliten die Situation noch verschärft. Auch

diese Haltung ist wohl in erster Linie mit sehr autoritären politischen und autoritätsbetonten gesellschaftlichen Strukturen in langen Abschnitten der Geschichte zu erklären.

4 Die außerordentlich großen Unterschiede im wirtschaftlichen, gesellschaftlichen und kulturellen Status zwischen (größeren) Städten und ländlichen Räumen. Während die größeren Städte westliche Verhaltensmuster und Lebensformen weitgehend übernommen haben und diese Städte als Hauptziele von Investitionen, Binnenmigration und Brain drain auch von der Entwicklung zur Marktwirtschaft überproportional profitieren, vermeint man in den meisten Dörfern ins 19. Jahrhundert versetzt zu sein. Junge und Familien mit Kindern wandern ab, weil sie an Ort und Stelle und im näheren Umkreis kaum zeitgemäße Arbeits-, Bildungs- und Versorgungsmöglichkeiten vorfinden. Es wird kaum Neues gebaut, in die Infrastruktur oder in wirtschaftliche Aktivitäten investiert. Zwar darf das Problem des Stadt-Land-Gegensatzes und der ungleichen Entwicklung städtischer und ländlicher Räume auch im westlichen Europa nicht unterschätzt werden, doch tritt uns die „Gleichzeitigkeit des Ungleichzeitigen" auch im kulturellen Sinn (im Sinne von Verhaltensmustern) nirgends in Europa so krass entgegen wie am Balkan. Dieses Problem kann, wenn nicht in den einzelnen Staaten selbst und auch durch die EU energisch gegengesteuert wird, zu einer Hauptfrage der sozialen, wirtschaftlichen und politischen Entwicklung der Staaten Südosteuropas sowie der Kohäsion innerhalb der einzelnen Staaten werden. Darüber dürfen auch teilweise schon recht positive makroökonomische Daten nicht hinwegtäuschen.

In vorliegendem Band sind nun die Vorträge, die im Rahmen des Zweiten Österreichischen Osteuropaforums gehalten wurden, zusammengefasst, wobei die Originalzitierweise der einzelnen Autoren beibehalten wurde. Die Herausgeber freuen sich, dass damit auch einer breiteren Öffentlichkeit die Ergebnisse dieses aufschlussreichen Symposions zugänglich gemacht werden konnten. An dieser Stelle sei der Raiffeisenzentralbank Österreich AG für die finanzielle Unterstützung dieser Publikation aufrichtig gedankt.

Wien, Frühjahr 2005 Die Herausgeber

WIRTSCHAFTLICHE ENTWICKLUNG, INFRASTRUKTUR, SYSTEMFORTSCHRITTE, INVESTITIONEN, RECHTSSICHERHEIT

Ewald Nowotny

WIRTSCHAFTLICHE ENTWICKLUNG UND INFRASTRUKTUR

Die Staaten Süd-Ost-Europas befinden sich in einer sehr schwierigen wirtschaftlichen und sozialen Situation. In Abwandlung einer Redensart, die für das Österreich der Zwischenkriegszeit geprägt worden war, ist es aber wichtig, darauf hinzuweisen, dass auch für die „Problem-Staaten" die Lage „ernst, aber nicht hoffnungslos" ist (im Gegensatz zur Alternative „hoffnungslos, aber nicht ernst"). Sowohl zur Stärkung des Vertrauens der Wirtschaftssubjekte in den betreffenden Staaten, wie auch als Voraussetzung für die notwendigen ausländischen Direktinvestitionen sollten Positiv-Strategien entwickelt werden, „Erfolgs-Strategien", die es ja auch gibt, aufzuzeigen und generell das „Image" der Region als einen strategisch wichtigen Teil Europas zu verbessern. Dazu einige Hinweise:

1. Es ist wichtig, auf die erheblichen Unterschiede zwischen den einzelnen Staaten der Region hinzuweisen, um insbesondere den Staaten mit innerer Stabilität die Chance einer dynamischen Entwicklung zu ermöglichen. Dies gilt insbesondere für die EU-Kandidaten Rumänien und Bulgarien, wo sich die nötigen Anpassungsprozesse für die konkrete EU-Mitgliedschaft zwar vielleicht etwas verzögern können, die Perspektive der EU-Mitgliedschaft als solche aber jedenfalls unbestritten ist. Gleichzeitig sollte Kroatien die Möglichkeit gegeben werden, an der nächsten EU-Erweiterungsrunde teilzunehmen, was ökonomisch und institutionell als durchaus machbar zu betrachten ist.

2. Im Gegensatz zu – durchaus ehrenwerten – Tendenzen der EU-Diplomatie, erscheint es mir notwendig und sinnvoll, die Staaten der Region dabei zu

unterstützen, die absolute Priorität von Politik und öffentlichem Leben auf das Bestreben nach wirtschaftlicher Entwicklung und nicht auf das „Aufarbeiten der Vergangenheit" zu legen. Gerade am Balkan mit seinem, wie Churchill es nannte „Überschuss an Geschichte" können Neuanfänge nicht durch eine rückwärts gewandte Suche nach Gerechtigkeit erreicht werden, sondern nur durch einen „Themenwechsel", der es speziell der jungen Generation erlaubt, im gemeinsamen Streben nach wirtschaftlicher Verbesserung Gräben der Vergangenheit zu überbrücken. Wie auch die Geschichte Österreichs lehrt, ist es oft ein Akt der politischen Klugheit und des Verantwortungsbewusstseins, sich zunächst auf wirtschaftliche Erfolge zu konzentrieren und Fragen der „Vergangenheitsbewältigung" erst zu einem späteren Zeitpunkt in einem stabileren politischen und sozialen Umfeld zu thematisieren. So hat auch der Gerichtshof in Den Haag zweifellos eine Funktion. Den Haag sollte aber nicht zu einer Dauereinrichtung werden, die zu politischer und damit wirtschaftlicher Instabilität führt, was wieder nur den rückwärtsgewandten Kräften zu gute kommt.

3. Die Kleinheit der meisten Staaten des Balkan erfordert dringend die Bereitschaft zu regionalen Lösungen speziell im Bereich Infrastruktur. Unter Koordinierung durch den Stabilitätspakt haben die großen Finanzierungsinstitutionen EIB, EBRD, Weltbank und KfW regionale Entwicklungskonzepte für die Bereiche E-Wirtschaft und Verkehr erstellt, die auch helfen, Fehlinvestitionen auf nationaler Ebene zu vermeiden.

4. Auslandsinvestoren sind nicht nur wichtig in Bezug auf Kapitaleinsatz, sondern vor allem auch für die Übertragung von technischem und organisatorischem Wissen und für den Zugang zu internationalen Märkten. Aus österreichischer Sicht ist hier von Bedeutung, dass gerade in dieser Region, die von Großinvestoren noch weitgehend vernachlässigt wird, bereits heute interessante Chancen für die Aktivitäten von Klein- und Mittelbetrieben bestehen. So konnten, auch mit Hilfe der EIB, mittelständige österreichische Unternehmen ihr Know-how, das sie bei Umstrukturierungen in Österreichs Nachbarstaaten erworben hatten, erfolgreich auch in Projekten in Süd-Ost-Europa einsetzen. Gerade für die Bewältigung der Finanzierungsprobleme sind hier auch entsprechende Garantieprogramme von Bedeutung, wo in Österreich, trotz guter Ansätze, noch Ausbaumöglichkeiten bestehen.

PETER BREZINSCHEK

WIRTSCHAFTSAUSSICHTEN UND KAPITALMÄRKTE IN SÜDOSTEUROPA

Nach der Osterweiterung der EU um die so genannten Mittel- und Osteuropä-ischen Länder (MOEL) stehen nun die SOEL (Südosteuropäische Länder) im Mittelpunkt des Interesses. Nicht nur, weil diese Länder den nächsten Schritt auf dem Weg der europäischen Einigung bilden, sondern auch bedingt durch ihre wirtschaftliche Entwicklung. Seit 2001 weisen die SOEL ein stärkeres Wachs-tum auf als die MOEL, die allgemein als die Wachstumsregion Europas bezeich-net werden. Österreichs Exportanteil mit den SOEL liegt derzeit nur bei 4,0 %, ein Wert, der in Zukunft ein beträchtliches Wachstumspotenzial aufweist, wenn man ihm den Exportanteil mit den MOEL von 13 % gegenüber stellt.

Der Weg der SOEL in die EU dürfte jedoch noch ein langer und schwieriger sein. Die Wachstumsraten liegen zwar seit 2001 über denen der MOEL und weit über denen der EU-12, doch starten diese Wachstumsraten von einem niedrigen Niveau, nachdem Krieg, politische und ethnische Unruhen in den 90er Jahren eine wirtschaftliche Krise verursacht haben. Ein starker wirtschaftlicher Impuls könnte in Zukunft von einem möglichen Zeitplan einer weiteren EU-Osterweite-rung um diese Staaten ausgehen. Der Europäischen Union fällt eine bedeutende Rolle zu, ob neben finanzieller Unterstützung der SOEL auch eine politische Unterstützung in Form eines möglichen EU-Beitritts in absehbarer Zukunft statt-findet. Die Erfahrungen mit den MOEL, die im Mai 2004 der EU beigetreten sind, haben gezeigt, dass dies einen signifikanten Einfluss auf die Geschwindigkeit und die Beständigkeit der politischen und wirtschaftlichen Veränderung hat.

Bruttoinlandsprodukt

Die unterschiedliche Entwicklungsdynamik zwischen MOEL und SOEL wird deutlich, wenn man das reale BIP der entsprechenden Länder betrachtet. Während die MOEL Anfang der 90er Jahre einen relativ kurzen Zeitraum des wirtschaftlichen Abschwungs erlebten, war diese Zeitspanne für die SOEL weitaus länger und erstreckte sich bis Ende der 90er Jahre. Es zeigt sich, dass die SOEL nach einem wirtschaftlichen Rückgang (1989–1993) und einer Stagnationsphase bis 1999 erst langsam wieder eine wirtschaftliche Erholung erfahren, während die MOEL bereits seit 1992/93 eine Verbesserung vorweisen können. So weist im Jahr 2002 von den SOEL lediglich Albanien ein höheres reales BIP als 1990 auf, während alle übrigen das Niveau von 1990 noch nicht wieder erreicht haben. Serbien-Montenegro weist nur noch etwa 50 % des BIP von 1990 auf, während MOEL wie beispielsweise Polen ihr BIP-Niveau von 1990 bereits 1996 wieder erreichten und jetzt 135 % über dem Start des Transformationsprozesses liegen.

Investitionen

Wenig besser sieht es bei den SOEL auch in Bezug auf die Entwicklung der ausländischen Direktinvestitionen pro Kopf und des BIP pro Kopf aus. Lediglich Kroatien mit einem BIP pro Kopf von über 6 000 EUR sticht hervor und weist mit ausländischen Direktinvestitionen von etwa 2 300 EUR pro Kopf den höchsten Wert aller SOEL auf. Die übrigen Staaten liegen deutlich darunter, mit BIP-Werten um 1 700 bis 2 700 EUR pro Kopf und ausländischen Direktinvestitionen von 700 EUR pro Kopf und weniger.

Während die MOEL einen kontinuierlich steigenden Zufluss an ausländischen Direktinvestitionen vorweisen können, gibt es in den SOEL, nach den politischen und ökonomischen Turbulenzen, erst nach einer bedeutenden zeitlichen Verzögerung einen verhaltenen Anstieg der ausländischen Investitionen. Von 1994 bis 2002 erhöhten sie sich in den MOEL von knapp unter 20 Mrd. USD auf 130 Mrd. USD. Im gleichen Zeitraum konnten die SOEL lediglich ein Niveau von etwas mehr als 20 Mrd. USD erreichen.

Ausländische Direktinvestitionen sind notwendig, um einen nachhaltigen wirtschaftlichen Aufschwung und eine Annäherung der Einkommen an das Niveau der MOEL zu erreichen. Durch sie wird der industrielle Sektor gestärkt und erlangt Wettbewerbsfähigkeit, wie sich im Fall der MOEL gezeigt hat. Der Zufluss an ausländischen Direktinvestitionen hilft, das Leistungsbilanzdefizit zu finanzieren und ermöglicht einen Aufbau für moderne, Export orientierte Produktionsstätten, die wiederum die in den SOEL stark belasteten Handelsbilanzen entlasten würden. Nicht zuletzt führen die ausländischen Investitionen auch zur Schaffung von Arbeitsplätzen.

Lohnstückkosten

Die Lohnstückkosten der SOEL sind, mit Ausnahme von Kroatien, niedriger als die Lohnstückkosten der MOEL. In Kroatien liegen sie, getragen durch den Tourismus und nicht durch Exporte, auf einem Niveau, das jedoch höher ist als die Lohnstückkosten der meisten MOEL. Verglichen mit den österreichischen Lohnstückkosten liegen die übrigen SOEL bei 20–30 %, verglichen mit 30 % bis 45 % in den MOEL. Traditionell wird in niedrigeren Lohnstückkosten eine Verbesserung der Wettbewerbsfähigkeit der SOEL gesehen, was jedoch vereinfacht nicht so interpretiert werden kann. Zum einen da die niedrigeren Lohnstückkosten nicht mit besseren Exportentwicklungen im Vergleich zu den MOEL einhergehen und zum anderen, da die Lohnstückkosten bei konstanten Preisen die Verbesserung der Produktqualität in den MOEL vernachlässigen. Trotzdem besteht, durch die niedrigeren Lohnstückkosten der SOEL, eine Basis für weitere Verlagerung von Produktion aus den MOEL in die SOEL. Die Lohnstückkosten bleiben, trotz eines leichten Anstiegs über die gesamte Bandbreite der SOEL Staaten, auf einem vergleichsweise niedrigen und konkurrenzfähigen Niveau. Die Grundlagen für eine positive Entwicklung sind daher gegeben.

Leistungsbilanzdefizit

Die SOEL haben ohne Ausnahme mit einem hohen und konstanten Leistungsbilanzdefizit zu kämpfen. Das Leistungsbilanzdefizit betrug 2001 in nahezu allen SOEL mehr als 6 % des BIP. Dies wird jedoch in den SOEL nicht durch ein höheres BIP Wachstum getragen, und reflektiert somit ein strukturelles Defizit.

Die Leistungsbilanz wird durch Transferzahlungen aus dem Ausland sowie im Fall von Kroatien und Bulgarien durch Tourismuseinnahmen generiert. Die Abhängigkeit vom Ausland in diesen Punkten ist ein Zeichen dafür, dass die

Wirtschaft nicht in der Lage ist, den eigenen Konsum zu finanzieren. Der hohe Anteil an Einnahmen aus dem Tourismus birgt darüber hinaus auch die Gefahr der starken Abhängigkeit von Konjunkturschwankungen sowie einem Problem, dass als „Dutch-Disease" bekannt ist. Dabei führen hohe Einkünfte aus dem Tourismusbereich zu einem Ansteigen der Preise, das sich in der Folge auf die anderen Wirtschaftszweige überträgt.

In vielen Ländern der Region ist das Wachstum vor allem durch öffentliche und private Ausgaben getrieben und weniger durch Investitionen und Exporte. Investitionen bleiben aus, da der institutionelle und gesetzliche Rahmen nicht hinreichend ausgestaltet ist. Die fehlenden Auslandsinvestitionen sind dafür verantwortlich, dass eine wettbewerbsfähige, Export orientierte Industrie fehlt.

Auslandsverschuldung

In Serbien-Montenegro, Bosnien-Herzegowina, Bulgarien und Kroatien liegt die Auslandsverschuldung mit Werten von 60 % bis 75 % des BIP weit über derjenigen der MOEL. Mit der Ausnahme von Bulgarien, das früh eine sehr restriktive Fiskalpolitik betrieben hat und nur mehr ein Budgetdefizit von unter 1 % des BIP aufweist, ist auch das öffentliche Defizit der SOEL sehr hoch. Die Einnahmen sind im Vergleich zu den Ausgaben der öffentlichen Hand, die in einigen Ländern über 50 % des BIP ausmachen, zu gering. Zumindest teilweise kann dies auf die, im Vergleich zur Gesamtwirtschaft, ausgedehnte Existenz einer Schattenwirtschaft zurückgeführt werden und auf eine extrem hohe Arbeitslosigkeit. Diese beiden Probleme werden als Schlüsselprobleme der Balkan-Staaten angesehen.

Die Schattenwirtschaft in den SOEL liegt bei über 30 % des BIP, wobei für Serbien-Montenegro, Albanien und Bosnien-Herzegowina die Zahlen sehr viel höher liegen dürften. Dies hat negative Auswirkungen auf Arbeit, Produkte und Märkte. Zum einen fehlen Einnahmen in das öffentliche Budget und zum anderen werden die notwendigen wirtschaftspolitischen Steuerungen erschwert.

Arbeitslosigkeit

In der Übergangsphase, in der sich die SOEL befinden, kommt es zu einem Anstieg der Arbeitslosigkeit, die erst langsam mit dem Wirtschaftsaufschwung wieder abgebaut werden kann. Die in den SOEL aufgetretenen Konflikte haben sich dabei verstärkend auf die Arbeitslosigkeit ausgewirkt. Im Vergleich zu den MOEL ist es in den SOEL während der 90er Jahre zu einem stärkeren Anstieg der Arbeitslosigkeit gekommen und zu einem anhaltenden Abbau an Arbeitsplätzen. Zu der hohen Arbeitslosigkeit trugen Unternehmensschließungen und Unternehmensumstrukturierungen bei, die zu Arbeitsplatzabbau führten und im Zuge des Wirtschaftswachstums noch nicht wieder neu geschaffen wurden. Das Problem des Übergangs von der staatlich gelenkten Wirtschaft hin zu einer privatwirtschaftlichen ist noch nicht beendet und hat einen relativ hohen Anteil der Schattenwirtschaft erzeugt. Dadurch kommt es zu Verzerrungen der Arbeitslosenstatistik und einer zu niedrig ausgewiesenen Einkommenssituation. Politische Maßnahmen zur Beseitigung der Schattenwirtschaft sind notwendig, um die wirtschaftliche Entwicklung zu verbessern und die hohe strukturelle Arbeitslosigkeit zu beseitigen.

Wirtschaftsindikatoren

Betrachtet man pro Kopf Größen einiger Wirtschaftsindikatoren der einzelnen SOEL und vergleicht sie mit einem MOEL-Staat wie Ungarn, so zeigt sich, dass mit Ausnahme von Kroatien das pro Kopf BIP der SOEL deutlich unter dem der MOEL liegt. Der Grund hierfür liegt vor allem in dem Verlust an Output in den SOEL während der 90er Jahre verglichen mit dem Aufschwung der MOEL seit Mitte der 90er Jahre.

Die BIP Anteile liegen zu einem größeren Teil im Bereich der Landwirtschaft, der tertiäre Sektor weist dabei, mit Ausnahme von Serbien-Montenegro und Albanien, keinen allzu großen Unterschied zu den MOEL auf. Dies ist jedoch weniger ein Anzeichen einer guten wirtschaftlichen Entwicklung, sondern liegt vielmehr in der Schwäche des Industriesektors. Während traditionell ein hoher Dienstleistungsanteil der Wirtschaft ein Anzeichen für eine fortschrittliche Wirtschaft ist, ist sie im Fall der SOEL ein Indikator dafür, dass die Industrie im Vergleich zu schwach ist. Der Stärkung der Industrie kommt somit ein entscheidender Faktor für das Aufholen des Rückstandes auf die MOEL zu.

Entwicklungspotenzial

Entscheidend für die SOEL ist, in welcher Form und Geschwindigkeit der Aufschwung den wirtschaftlichen Rückstand zu den MOEL verringern kann. Nach den Vorhersagen für das Jahr 2004 gleicht sich das reale BIP-Wachstum der SOEL-7 dem Niveau der MOEL an, kann es aber nicht signifikant überbieten. Die SOEL wachsen mit einem ähnlichen Prozentsatz, können ihren Rückstand gegenüber den MOEL aber dennoch nicht entscheidend aufholen.

Die Bekämpfung der Inflation macht hingegen Fortschritte und wird 2004 dazu führen, dass mit Ausnahme von Rumänien, alle SOEL eine einstellige Inflationsrate erreichen. Die durchschnittliche Inflationsrate aller SOEL liegt 2004 nur mehr bei 8,0 % gegenüber 13,2 % im Jahr 2002. Staaten wie Rumänien und Serbien-Montenegro wiesen 2001 noch durchschnittliche Inflationsraten von 34,5 % bzw. 89 % auf.

Es besteht kein Zweifel daran, dass die SOEL ein bedeutendes Wachstumspotenzial vorweisen. Dieses Potenzial kann aber nicht ohne ausländische Investitionen ausgeschöpft werden, die bislang zu einem Großteil ausgeblieben sind. Durch die Aussicht auf einen EU-Beitritt in absehbarer Zukunft könnten die SOEL zu politischen Reformen bewogen werden, die für eine Zunahme ausländischer Investitionen und damit verstärktem wirtschaftlichen Aufschwung notwendig sind.

Die SOEL teilen sich bezüglich ihrer Länderratings in zwei Hauptgruppen auf. Zum einen diejenigen, für die bereits ein Rating vorhanden ist (Rumänien, Kroatien und Bulgarien) und die Länder, die noch kein Rating haben, für die aber in Kürze ein Rating erwartet wird.

Die Vergangenheit zeigt für das Rating von Rumänien und Bulgarien, dass sich eine positive Entwicklung seit 2000 vollzogen hat. Im Zuge der Rating-Verbesserung kam es zu einer Annäherung der Eurobond Spreads zwischen Bulgarien, Rumänien und Kroatien. Waren noch im Jahr 2001 die Spreads bei etwa 600 BP für Rumänien, so liegen sie heute nur mehr bei etwa 180 BP und für Bulgarien bei 135 BP. Kroatien hat sogar nur mehr ein Spread von 100 BP.

Für die übrigen SOEL werden für die Zukunft Bonitätsbewertungen erwartet, deren Bewertungen zwischen B und BB liegen werden, was Spreaderwartungen von 350 BP und darüber entspricht. Mit Hilfe des Ratings werden ausländische Investitionen vermehrt in die SOEL kommen und durch die Verringerung der Spreads wird die Beschaffung von Finanzmitteln für die SOEL billiger.

Aktienmärkte

Die Entwicklung auf den Aktienmärkten (in lokalen Währungen) der drei am besten entwickelten SOEL (Bulgarien, Rumänien und Kroatien) im Vergleich mit einem MOEL (Ungarn) deutet darauf hin, dass vor allem Rumänien und Bulgarien einen starken Aufholprozess seit 2001 vorweisen können. Vergleicht man die Aktienindizes der Länder, so ist zu erkennen, dass der Sofix (Bulgarien) sich seit 2001 etwa vervierfacht hat, der Beti (Rumänien) sich mehr als verdreifacht hat. Kroatien und Ungarn weisen dagegen eine weitaus geringere Performance ihrer Aktienmarkt-Index Entwicklung auf.

Trotz dieses Aufholprozesses von Bulgarien und Rumänien verbleibt ein Aufholbedarf nach wie vor im Bereich der Marktkapitalisierung, der in besagten Ländern lediglich 7 % des BIP im Vergleich zu 20 % des BIP in Kroatien und Ungarn beträgt. Ungarn weist daneben eine dreimal so große Marktkapitalisierung wie Kroatien in Mio. EUR auf.

Privatisierungen

Die Entwicklung der Privatisierung in den SOEL hat sich bislang uneinheitlich entwickelt. Während Bosnien-Herzegowina und Serbien-Montenegro nur einen Anteil des Privatsektors von unter 50 % haben, ist vor allem in Albanien und Bulgarien der Privatanteil am BIP mit über 70 % recht hoch. Die kumulierten Privatisierungseinnahmen liegen – in Prozent des BIP – zwischen 16 und 3 %.

Im Gegensatz zu den MOEL hat sich in den SOEL jedoch noch kein stabiler privater Sektor entwickeln können. Der private Sektor in den SOEL konzentriert sich hauptsächlich auf Handel und Dienste, deckt jedoch den Industriesektor nicht in ausreichendem Maße ab. Privatisierungen wurden oftmals durch persönliche Interessen und nicht durch Effizienzüberlegungen geleitet. Die noch verbliebene Marktstruktur der staatlichen Monopolbetriebe wird nur langsam durch eine Öffnung des Marktes beseitigt.

Alexander Patsch

RECHTSSICHERHEIT IN DEN BALKANLÄNDERN

1. Einleitung

1.1. Gängige Betrachtungen von Rechtssicherheit in den Balkanländern

Verfolgt man kritisch Veranstaltungsbeiträge und Presseberichte zur Wirtschaftsentwicklung in den Balkanländern, so steht die Frage der Rechtssicherheit bzw. Rechtsunsicherheit durchwegs an prominenter Stelle. Die gestiegene Rechtssicherheit ist meist das gewichtigste Argument, warum ausländische Investoren den Eintritt in diesen Markt wagen; nach wie vor bestehende Rechtsunsicherheit ist die Begründung für einen späteren Markteintritt oder gar einen Marktrückzug.

Rechtssicherheit wird dabei gleichgesetzt mit der Frage, ob eine lokale Rechtsordnung bereits tauglich für das risikolose Abwickeln ausländischer Direktinvestitionen ist. Feststellungen zur Rechtssicherheit erschöpfen sich oft in Verallgemeinerungen, die auf Praxisberichten aus den jeweiligen Ländern beruhen, wobei der Schwerpunkt der Darstellung auf den Unzulänglichkeiten bei der Rechtsdurchsetzung, also auf Missständen in Justiz und im Verwaltungsverfahren liegt. Für das Ausland bestimmte Darstellungen lokaler Autoren[1] beschäftigen sich wieder überwiegend mit den bereits durchgesetzten oder noch durchzusetzenden Gesetzgebungsprojekten, und nehmen die leidige Frage der Rechtsdurchsetzung nur ungern in Angriff.

---

[1] Vgl. etwa *M. Serkedjieva* in *D. Pfaff* (Hrsg.), Zehn Jahre danach. Versuch einer Bestandsaufnahme der Entwicklungen und Trends zum demokratischen Rechtsstaat und zur sozialen Marktwirtschaft in einigen MSOE-Ländern, Südosteuropa-Jahrbuch, Bd. 30 (2000), S. 245.

1.2. Systematisierung nach den Staatsgewalten

Der häufige Rückgriff auf den Begriff der Rechtssicherheit in Veröffentlichungen zu Investitionsmöglichkeiten in den Balkanländern[2] erweckt den Eindruck, als ob es sich dabei um einen von der Rechtswissenschaft ausreichend definierten und auch dort gängigen Ausdruck handelte. Tatsächlich wird dieser Begriff in Österreich praktisch nur in der verfassungsrechtlichen Diskussion verwendet. Ist der Begriff der Rechtssicherheit aber auch tauglich für eine Gesamtbeurteilung des Funktionierens einer nationalen Rechtsordnung? Meines Erachtens ja; dies allerdings nur dann, wenn man ihn nicht nur willkürlich auf der Ebene einer der drei staatlichen Gewalten (also Gesetzgebung, Vollziehung oder Justiz) betrachtet. Gerade im vergleichenden Überblick über verschiedene Rechtsordnungen erscheint es unerlässlich, alle drei Staatsgewalten in die Betrachtung einzubeziehen.

Gerade die Balkanländer sind aber ein gutes Beispiel dafür, dass der Analyse des Funktionierens von Gesetzgebung, Vollziehung und Justiz eine viel elementarere Frage, nämlich jene nach dem ungefährdeten Bestand des Staates als solchem vorausgehen muss; d. h. dass zunächst zu analysieren ist, ob eine gefestigte Staatsgewalt und ein gefestigtes Staatsgebiet (Territorium) vorhanden ist.

2. Voraussetzung: Gewissheit über Territorium

Voraussetzungen für einen funktionierenden Rechtsstaat, ja überhaupt für jeden Staat sind das ungefährdete Vorliegen eines Territoriums und die Aufrechterhaltung der Staatsgewalt darin. Gerade das ist aber in vielen Fällen in den Balkanstaaten problematisch. Der Zerfall des Staates Jugoslawien hat dazu geführt, dass die Zuweisung der Territorien zwischen den Nachfolgestaaten bis heute strittig ist, und dies auch noch für längere Zeit bleiben wird. Hier begegnen wir allen Spielarten von Ablehnung von Staatsgewalt über ein bestimmtes Territorium: einerseits stellen Nachbarstaaten den gemeinsamen Grenzverlauf in Frage (Kroatien/ Slowenien: Adria; Kroatien/Serbien), andererseits anerkennen Minderheiten die Zugehörigkeit des von ihnen bewohnten Territoriums zu einem Staatsgebiet offen nicht mehr an (Kosovo) und schließlich bestehen (wie in Bosnien-Herzegowina

---

[2]   Vgl. etwa *A. Breinbauer / M. Wakounig*, Investieren in Osteuropa (2003) S. 37 f.

oder auch in Serbien/Montenegro) nur sehr eingeschränkte Möglichkeiten einer Zentralregierung, sich in den einzelnen Landesteilen durchzusetzen. Solche Unsicherheiten erschüttern einen Staat gleichsam an der Wurzel und haben sowohl nach außen als auch im Inneren eine fatale Wirkung auf die Glaubwürdigkeit der Staatsgewalt und damit auf das Funktionieren des Rechtsstaates. Befragungen ausländischer Investoren zeigen, dass die territoriale Unbeständigkeit und damit die latente Möglichkeit kriegerischer Auseinandersetzungen die größte abschreckende Wirkung haben; dies wirkt sich auch in den Länderratings der internationalen Ratingagenturen hinsichtlich der Kreditwürdigkeit der einzelnen Länder entsprechend aus.

3. Gesetzgebung und Rechtssicherheit

3.1. Historische Entwicklung

Die Fortschritte aller Balkanländer im Bereich der Gesetzgebung sind in den letzten Jahren bemerkenswert[3]. Noch bestehende (teilweise bedeutende) Defizite dürfen nicht den Blick darauf trüben, dass hier im historischen Vergleich in unglaublich kurzer Zeit eine Systemumstellung vom realsozialistischen Modell auf ein System der Marktwirtschaft mit rechtsstaatlicher Grundlage erreicht wurde.

Dabei sollte man nicht vergessen, dass die Balkanländer bereits im 19. Jahrhundert nach Erlangen der Unabhängigkeit vom Osmanischen Reich und der Entstehung der Nationalstaaten ambitionierte Kodifizierungen[4] nach österreichisch/deutschem oder französischem Vorbild geschaffen haben. In der realsozialistischen Periode wurden diese rechtsstaatlichen Traditionen nachhaltig gestört und entwurzelt. Im Bereich des Zivilrechts wurden z.T. neue Kodifikationen geschaffen, die eine Entfremdung von den bisherigen Traditionen mit sich brachten und zudem im realsozialistischen Kontext in ihrer Wirksamkeit auf das private Leben beschränkt blieben und nicht entscheidende Grundlage des Wirtschaftslebens waren[5]. Das Handelsrecht und dabei insbesondere das Gesellschaftsrecht war aufgrund der

---

3   Vgl. im Überblick die Beiträge in *D. Pfaff* (Hrsg.) (2000).
4   *H. Sundhaussen*, Eliten, Bürgertum, politische Klasse? in *W. Höpken / H. Sundhaussen* (Hrsg.): Eliten in Südosteuropa, Südosteuropa-Jahrbuch, Bd. 29 (1998) S. 18 f.
5   Vgl. *N. Gavella / T. Borić*, Sachenrecht in Kroatien (2000) S. 22 f.

herrschenden Wirtschaftsordnung von untergeordneter Bedeutung[6]. Eine Ausnahme war bis zu einem gewissen Grad Jugoslawien, das die Verbindungen zur
Vorkriegsgesetzgebung nicht vollständig aufgab und das aufgrund seines eigenen
politischen Weges engere wirtschaftliche Kontakte zu marktwirtschaftlich orientierten europäischen Staaten pflegte[7].

3.2. Sondergesetzgebung

Als im Lauf der Achtzigerjahre einerseits der politische Druck aus Moskau stetig
abnahm und andererseits die wirtschaftliche Lage praktisch aller realsozialistischen Balkanstaaten prekär wurde, wuchs der Wunsch nach Investitionen finanz-
kräftiger westlicher Unternehmen. In Jugoslawien – wiewohl dem Einfluss Moskaus nicht unterworfen – war diese Entwicklung sogar verstärkt zu beobachten.
Um den ausländischen Investoren entgegenzukommen, schuf man Gesetze, die
speziell den Außenhandel mit westlichen Unternehmen regeln sollten[8]. Hier entstand Sonderrecht, das auf diesen wirtschaftlichen Ausnahmefall beschränkt bleiben sollte. Teils begünstigten diese Gesetze ausländische Unternehmen („Sonder-
wirtschaftszonen"), teils enthielten sie aber auch benachteiligende Regelungen.
Diese schufen Rechtsunsicherheit, da oft nicht klar war, ob die allgemeine gesetzliche Regelung oder die „Ausländersondergesetzgebung" anzuwenden war. Im
Laufe der letzten Jahre wurde dieses Sonderrecht im Wesentlichen beseitigt.

3.3. Bestandschutz und Qualität der Gesetze

Im Bereich der Gesetzgebung wird Rechtssicherheit meist als ein Sichverlas-
senkönnen auf Gesetze empfunden. Dabei ist zunächst an ein Mindestmaß an
Bestandschutz zu denken; d. h. dass man sich darauf verlassen kann, dass gesetzliche Regelungen nicht wieder willkürlich aufgehoben oder gar ins Gegenteil

---

6   Vgl. *C. Sperneac-Wolfer*, Rumänien: Rechtsnormen und Rechtswirklichkeit, in: *D. Pfaff*
    (Hrsg.) (2000).

7   Vgl. *G. Grasmann u. a.*, Einführung in die großen Rechtssysteme der Gegenwart (1988)
    S. 417 f.

8   *C. Sperneac-Wolfer* spricht in diesem Zusammenhang (allerdings für Rumänien auch
    noch für die erste Zeit nach der Wende) von sektoraler Gesetzgebung, die im Wesentli-
    chen darauf ausgerichtet war, zuerst punktuell ausländische Investitionen im Hinblick
    auf bestimmte Industrien ins Land zu holen (*C. Sperneac-Wolfer* in *D. Pfaff* (Hrsg.)
    (2000), S. 304).

verkehrt werden. Besonders sensibel ist hier für ausländische Investoren die Sicherheit, dass Privatisierungen nicht wieder rückgängig gemacht werden. Das bulgarische Beispiel, wo erste Privatisierungsschritte zu Beginn der Neunziger- jahre teilweise rückgängig gemacht wurden, worauf die Investoren dem Land fluchtartig den Rücken kehrten, hat nachhaltig abschreckend gewirkt. Etwas Ähnliches ist seither in der Region nicht mehr vorgekommen, und erscheint derzeit wenig wahrscheinlich. Der Bestandschutz der Gesetze ist allerdings von einer anderen Seite gefährdet: schnell und schlecht gemachte Gesetze halten nicht lange, und müssen rasch ersetzt werden.

Das führt zur Frage der Qualität der zahlreichen neuen Gesetze. Insbeson- dere Bulgarien und Rumänien haben sich durch die geplante Übernahme des gemeinschaftsrechtlichen Rechtsbestandes der EU (*acquis communitaire*) zusätz- lich zum allgemeinen Gesetzgebungsdruck auch noch dem Druck der Schaf- fung zusätzlicher Regelungen unterworfen. Das dadurch vorgegebene Tempo führt häufig zu einem Qualitätsmangel der Gesetze. Das kann auch nur teil- weise durch den von der EU und einzelnen EU-Staaten finanzierten und orga- nisierten juristischen und vor allem legistischen Know-How-Transfer[9] verhin- dert werden. Die ausländischen Experten sind oft zu kurz im Land um nationale Bedürfnisse erfassen zu können. Erschwerend kommt hier auch der multinatio- nale Gedanke der EU ins Spiel, wenn Expertenteams aus verschiedenen Staaten gleichzeitig an der Reform einer Rechtsordnung arbeiten und jedes Team mög- lichst viel von seinem eigenen nationalen Gesetzgebungshintergrund verwirklicht haben möchte. Dass die Gesetze, die Ergebnis dieser verschiedenen Expertengrup- pen sind, dann schlecht miteinander harmonieren, ist nicht weiter verwunderlich. Besonders stark ist dieses Phänomen derzeit in Bosnien-Herzegowina zu beob- achten, was eben mit der dort herrschenden hohen Abhängigkeit von ausländi- scher (EU-)Finanzhilfe zusammenhängen dürfte. Kroatien macht im legistischen Bereich große Fortschritte; Serbien hinkt noch etwas nach – die Ära Milosević muss noch restlos überwunden werden –, es holt aber bereits auf.

---

[9] Zur diesbezüglich noch optimistischen Sicht siehe *K. Kinkel*, Juristischer Know-how- Transfer in die Staaten Mittel -und Osteuropas, Recht in Ost und West (1992) S. 33 f.

4. Verwaltung und Rechtssicherheit

4.1. Effizienz der Verwaltung

Die Verlässlichkeit gesetzlicher Regelungen beinhaltet auch, dass man sich darauf verlassen kann, dass diese Regelungen von der Verwaltung eines Staates auch den Intentionen des Gesetzgebers entsprechend vollzogen werden. Es stellt sich als zweiter großer Problemkreis der Rechtssicherheit die Frage nach der Effizienz bzw. Bürger- und Investorenfreundlichkeit der Verwaltung eines Staates.

Die Balkanländer tragen hier eine doppelte Last: sie haben zunächst nach wie vor mit dem Erbe der osmanischen Epoche zu kämpfen, wo die osmanische Verwaltung als Verkörperung einer fremden Obrigkeit angesehen wurde, die dann gegenüber den einheimischen Bürgern auch entsprechend auftrat. Dazu kommt die Erfahrung des aufgeblähten und über alle Lebensbereiche wuchernden Verwaltungsapparates der realsozialistischen Zeit, dessen Erbe nur langsam überwunden werden kann[10].

Rechtssicherheit in diesem Bereich würde bedeuten, dass der Bürger oder ausländische Investor darauf vertrauen kann, dass die mit seiner Angelegenheit befassten Verwaltungsbehörden diese effizient und unvoreingenommen erledigen.

Die Effizienz der Erledigung hängt dabei von den vorhandenen organisatorischen und personellen Ressourcen der Behörde ab. In diesem Bereich ist in den Balkanländern überall dort, wo nicht ausnahmsweise eine Behörde direkte finanzielle und sonstige Unterstützung aus der EU erhalten kann, derzeit keine Verbesserung zu beobachten. Die Gründe sind vielfältig und ihre Analyse der Soziologie und Politikwissenschaft vorbehalten. Auch ohne eine solche Analyse lassen sich aber folgende ganz offensichtliche Problemkreise beobachten:

- Fehlen eines Berufsbeamtentums mit demokratischer Tradition;
- dies auch bedingt durch häufige grundlegende Regierungswechsel verbunden mit einem Austausch großer Teile der Verwaltung;
- Imageverlust der Beamten im Zuge der Reformen;
- unterdurchschnittliche und nach wie vor in Relation zu anderen Berufsgruppen sinkende Bezahlung;
- Fehlen einer systematischen Ausbildung in der Verwaltung;
- politisch derzeit nicht durchsetzbar, Geld in die Verwaltung zu investieren.

---

[10] *H. Roggemann*, Die Verfassungen Mittel- und Osteuropas (1999) S. 56.

4.2. Korruption/alternative Strukturen

Als größtes Problem der Verwaltung wird aber sowohl von den Bürgern der Balkanländer als auch von ausländischen Investoren die Korruption[11] und das Bestehen alternativer Strukturen genannt. Korruption ermöglicht nur demjenigen einen Zugang zu einer Leistung der Verwaltung, der bereit ist, dafür eine ungesetzliche Zuwendung an den handelnden Beamten zu leisten; wer nicht zahlen möchte hat damit keine Rechtssicherheit, zu der ihm zustehenden staatlichen Leistung zu kommen[12]. Das Phänomen besteht in allen Balkanländern in einem beträchtlichen Ausmaß, und das Beispiel Griechenland beweist, dass es sich dabei keineswegs nur um ein Relikt des Kommunismus handelt. Gleiches gilt für die ungebrochene Existenz alternativer Strukturen (Klientelismus, verwandtschaftlich motivierte Strukturen), die in Konkurrenz zum Allmachtsanspruch des Staates stehen. Es handelt sich dabei um komplexe soziologische Phänomene, die keineswegs einfach (was aber oft geschieht) mit mafiösen Strukturen gleichzusetzen sind, wenngleich auch, wie Prof. Kaser in seinem Beitrag zu dieser Veranstaltung gezeigt hat, die Übergänge fließend sein können. Während einheimischen Bürgern die Differenzierung selbstverständlich klar ist, sind aus Sicht eines ausländischen Investors für diesen nicht durchsichtige Strukturen bedrohlich und werden undifferenziert als Hindernis für Rechtssicherheit empfunden.

5. Justiz und Rechtssicherheit

5.1. Unabhängigkeit der Justiz

Im Bereich der dritten staatlichen Gewalt, der Justiz, bedeutet Rechtssicherheit schließlich, dass das Recht bzw. ein Rechtsanspruch auch tatsächlich durchsetzbar ist. Auch hier bestehen in allen Balkanländern nach wie vor bedeutende Defizite.

---

[11] *A. Breinbauer / M. Wakounig* (2003), S. 32.
[12] Vgl. *T. Pintarić*, Slowenien: Rechtsnormen und Rechtswirklichkeit, in *D. Pfaff* (Hrsg.) (2003), S. 238 f.

An vorderster Stelle steht das Problem der Unabhängigkeit der Justiz[13] und der Effizienz der Vollstreckung rechtskräftiger Urteile. In Extremfällen wie derzeit wohl noch in Serbien ist die Unabhängigkeit der Justiz schlicht dadurch gefährdet, dass der Staat den Richtern keine ausreichende persönliche Sicherheit garantieren kann. Aber auch in Zivilverfahren gibt es nach wie vor massive Bedenken ausländischer Investoren hinsichtlich der Unabhängigkeit der Richter in nahezu allen Balkanländern. Während das Problem der Unabhängigkeit der Richter schwer quantifizierbar ist, wäre ein anderes mindestens ebenso gravierendes Problem durch nationale Statistiken relativ leicht darstellbar: das Problem überlanger Verfahrensdauern. Hier kommt in ganz Europa langsam die Ansicht des Europäischen Gerichtshofes für Menschenrechte zum Durchbruch, wonach überlange Verfahrensdauern als Verletzung des Rechtes auf einen gesetzlichen Richter anzusehen sind. Hier könnten die Europäische Union oder deren Mitgliedsstaaten durch finanzielle Unterstützung tatsächlich helfen: die beschleunigte Umstellung der lokalen Justiz auf EDV und die verstärkte Schulung der Richter und Justizangestellten haben in den neuen mitteleuropäischen EU-Ländern in den letzten Jahren spürbare Verbesserungen gebracht, die auch in den Balkanländern wünschenswert wären.

5.2. Problem Vollstreckung

Gibt es schließlich ein Urteil, beginnen in der Praxis oft erst richtig die Probleme, wenn es gilt, das Urteil auch tatsächlich zu vollstrecken[14]. Diesbezüglich hat die realsozialistische Periode die gröbste Zäsur gebracht, die Durchsetzung von Ansprüchen im Wege der Zwangsvollstreckung ist in dieser Zeit praktisch zum Erliegen gekommen. Der Glaube der Menschen daran, dass eine solche Zwangsvollstreckung überhaupt zum Ziel führen kann, kehrt erst langsam wieder zurück.

Während einheimische Bürger gegen die Ineffizienz der lokalen Justiz kaum etwas unternehmen können, haben ausländische Investoren eine Reihe von Möglichkeiten, die Chancen auf spätere Durchsetzung ihrer Rechte durch bestimmte vertragliche Vereinbarungen zu erhöhen. Dazu gehört insbesondere die Möglichkeit, den Vertrag einem fremden Recht bzw. dem Recht des Herkunftsstaates des

---

[13] *W. Stoppel*, Machtkampf um die Justiz in Albanien, Wirtschaft und Recht in Osteuropa (WiRO) 1998, S. 238 f.; *H. Roggemann*, (1999) S. 116 f.
[14] Vgl. *C. Sperneac-Wolfer*, in *D. Pfaff* (Hrsg.) (2000), S. 307.

ausländischen Investors zu unterstellen. Dem Risiko der Durchsetzbarkeit der Verträge wird dann in der Regel mit einer Schiedsgerichtsvereinbarung begegnet. Die Tatsache, dass alle Balkanländer Mitglieder des New Yorker Abkommens über die Anerkennung und Vollstreckung von Schiedssprüchen sind, ermöglicht, dass auch im Ausland erzielte Schiedssprüche in einem Balkanstaat vollstreckt werden können. Das Internationale Schiedsgericht bei der Wiener Wirtschaftskammer findet nach wie vor aus diesem Grund regen Zulauf aufgrund von Sachverhalten im Kontext der Balkanländer.

6. Zusammenfassung

Zusammenfassend ist festzuhalten, dass es sinnvoll erscheint, den Begriff der Rechtssicherheit umfassend auf der Ebene aller drei Staatsgewalten (Gesetzgebung, Verwaltung und Justiz) zu analysieren. Nur so können Fortschritte oder auch Rückschläge bei der Rechtssicherheit in den einzelnen Balkanländern verglichen und bewertet werden. Die Analyse muss sogar noch einen Schritt früher ansetzen, nämlich bei der Frage, wie es um die Grundlage der Staatlichkeit, also die Durchsetzbarkeit der Staatsgewalt und den gesicherten Bestand des Staatsgebietes bestellt ist. Die Betrachtung zeigt, dass bereits hier nach wie vor beträchtliche Unsicherheiten (vor allem in den Nachfolgestaaten Jugoslawiens) bestehen.

Im Bereich der Gesetzgebung wurden dagegen in den letzten Jahren beträchtliche Fortschritte erzielt. Insbesondere der Druck der Europäischen Union hat – vor allem bei den Beitrittskandidaten Bulgarien und Rumänien – zu zahlreichen neuen Gesetzen geführt, wobei die Masse der Gesetzesprojekte auch zu einem Verlust an Qualität führt, was die Haltbarkeit der Gesetze und damit die Rechtssicherheit beeinträchtigt.

In der Verwaltung macht sich – auch durch die zahlreichen Regierungswechsel – das Fehlen der Tradition eines Berufsbeamtentums negativ bemerkbar. Einsparungsmaßnahmen (teilweise drastisch: Beispiel Bulgarien) gehen zu Lasten der Leistungsfähigkeit und Motivation des Verwaltungsapparates; dies auch im direkten Vergleich mit den Möglichkeiten in der Privatwirtschaft. Sowohl von einheimischen Bürgern als auch von ausländischen Investoren wird insbesondere die Korruption in der Verwaltung als drückend empfunden. Hier ist allerdings eine differenzierte Betrachtung der oft vermengten Phänomene Korruption, mafiöse Strukturen oder Klientelismus bzw. familiär dominierte Strukturen gefragt.

In der Justiz machen mangelnde Ausbildung der Richter und überlange Verfahrensdauer in praktisch allen Balkanländer den Rechtssuchenden ebenso zu schaffen wie das Problem der fehlenden Effizienz bei der Vollstreckung von Gerichtsurteilen. Während jedoch den einheimischen Bürgern und Unternehmen zur Befassung der mangelhaften Justiz kaum Alternativen bleiben, können ausländische Investoren bei der Vertragsgestaltung mit Unternehmen aus den Balkanländern Auswege finden, wobei insbesondere auf die Befassung von internationalen Schiedsgerichten hinzuweisen ist.

ROUMIANA PRESHLENOVA

DER BALKAN:
BILANZ MISSLUNGENER ANNÄHERUNGSVERSUCHE

Wenn eine Bilanz der Annäherungsversuche der Balkanländer im vergangenen Jahrhundert gezogen werden muss, dann ist es nicht wegen der Klärung historischer Ereignisse. Ihre Motive und Ziele waren nicht immer eindeutig dokumentiert, und Hintergründe waren oft wichtiger als öffentliche Erscheinungen. Es geht eher um eine skizzenhafte Erläuterung und vergleichende Perspektive, die Kontinuität, Umbrüche und neue Tendenzen der Gegenwart erkennen lässt. Zwar ist aus heutiger Sicht klar, dass Annäherungsversuche am Balkan gescheitert sind. Nie zuvor in der neueren Geschichte gab es mehr selbstständige Staaten in dieser Region, die bis vor einigen Jahren miteinander problematischer kommunizierten, als mit anderen Partnern. Nur einem Kreis von Experten ist jedoch bekannt, wie viele Einigungspläne im vergangenen Jahrhundert entworfen bzw. verhandelt wurden, die über konventionelle bilaterale Abkommen hinausreichten.

Am Anfang des 20. Jahrhunderts kam es zum ersten konkreten Annäherungsversuch zwischen Serbien und Bulgarien, als im Juli 1905 ein geheimer bilateraler Zollunionsvertrag unterzeichnet wurde. Ihm waren massive diplomatische und öffentliche Verhandlungen und Aktionen im Jahr davor vorausgegangen. Obwohl die wirtschaftlichen Vorteile einer Föderation der Balkanstaaten angesichts der Größe des eventuellen vereinigten Balkanmarktes aktiv propagiert worden waren, war der Wirtschaftsbund in erster Linie als Kampfmittel für die Verteidigung der Interessen dieser Staaten gegen die Großmächte, vor allem gegen Österreich-Ungarn, Deutschland und Großbritannien als wichtigste Einfuhrstaaten gedacht[1].

---

[1] Ein Beispiel in dieser Hinsicht ist die Studie des Rektors der Hochschule in Sofia, B. Boev, die gleichzeitig in der Zeitschrift der Bulgarischen ökonomischen Gesellschaft und in Belgrad separat veröffentlicht wurde. *B. Boev:* Balkanska federacija, kao ideal Srpsko-Bugarske omladine (Die Balkanföderation als Ideal der serbisch-bulgarischen Jugend). Beograd 1904.

Tatsächlich war der Vertrag viel mehr Ergebnis der Spannung in den politischen Beziehungen zwischen Belgrad und Wien anlässlich bevorstehender Waffen- und Eisenbahnlieferungen für Serbien und deren Kreditierung seitens französischer, deutscher und österreichisch-ungarischer Banken. Pragmatisch war er als diplomatisches Druckmittel Belgrads in den Handelsvertragsverhandlungen zwischen Serbien und der Doppelmonarchie angesichts des wachsenden Agrarprotektionismus und als Sicherung alternativer Ausfuhrmöglichkeiten für den serbischen Export über Bulgarien im Falle eines befürchteten Zollkrieges mit Österreich-Ungarn abgeschlossen. Nicht zuletzt sollte er die Annäherung zwischen beiden Balkanstaaten demonstrieren, die offensichtlich lediglich im Bereich der Wirtschaft möglich war, nicht aber auf politischer Ebene, wo ihre wachsende Rivalität hinsichtlich Makedoniens unüberwindbar schien. Der „Zollunionsvertrag" war an und für sich seltsam – er sah einerseits einen einheitlichen Zolltarif und gemeinsame Handelspolitik erst für 1917 vor, regelte jedoch andererseits zollfreien Warenaustausch zwischen Bulgarien und Serbien. Die serbische Seite verlangte vor dem Abschluss des Vertrages, dass er bei eventueller Gefährdung der serbischen Handelsinteressen gegenüber dritten Seiten für nichtig gelten sollte, was auch zu Beginn des Zollkrieges mit der Doppelmonarchie geschah.[2] Ohne überhaupt in Kraft zu treten, brachte der „Zollunionsvertrag" weder Annäherung noch ökonomische Vorteile für Serbien oder Bulgarien, deren gegenseitiger Warenaustausch nur selten 4 % ihres gesamten Außenhandels übertraf. Nicht zufällig wurde er später von serbischer Seite als ein totes geheimes Archivdokument bezeichnet, das bloß auf politischen Effekt abzielte.

Die Idee von der wirtschaftlichen Annäherung zwischen Serbien und Bulgarien wurde ironischerweise am Vorabend der Balkankriege wieder belebt, diesmal von den Handelskammern in Belgrad und Sofia, als 1911 ein serbisch-bulgarisches Komitee für wirtschaftliche Annäherung zwischen Bulgarien und

---

[2] Dogovor za mitničeski säjuz meždu Bălgarija i Sărbija (Zollunionsvertrag zwischen Bulgarien und Serbien). Sofija 1905; *A. Stojanoff:* Die handelspolitische Situation der Balkanstaaten gegenüber Österreich-Ungarn. Dargestellt auf der Grundlage des bulgarisch-serbischen Zollunionsvertrags vom 9. Juli 1905. Wien 1914, S. 6–8; *Roumiana Preshlenova:* Tärgovijata na Avstro-Ungarija s balkanskite strani v kraja na XIX i načaloto na XX vek (Der Handel Österreich-Ungarns mit den Balkanstaaten am Ende des 19. und Anfang des 20. Jhs.). Diss. Sofija 1989, S. 214–225. *D. Ђорђевић:* Царински рат Аустро-Угарске и Србије 1906–1911 (Der Zollkrieg Österreich Ungarns und Serbiens 1906–1911). Београд 1962, S. 119–209 etc.

Serbien geschaffen wurde[3]. Im nächsten Jahr folgte ihm ein ähnliches bulgarisch-türkisches Komitee. Diese Initiativen verkörperten vielmehr das Bedürfnis des Handels nach aktiveren Wirtschaftsbeziehungen, ohne jedoch irgendwelche praktische Ziele erreichen zu können. Zur selben Zeit wurde verhandelt und kurz darauf, 1912, mit russischer Einmischung der Balkanbund gebildet. Er war der einzige Bund der Balkanstaaten im 20. Jahrhundert (als ein System bilateraler Militärverträge Bulgariens mit Serbien, Griechenland und Montenegro), der im Balkankrieg 1912/13 wirksam wurde, und zur größten Beschneidung des Territorialbesitzes des Osmanischen Reiches auf dem Balkan führte. Es ist jedoch bezeichnend, dass bald darauf die verbündeten Staaten, denen sich auch Rumänien und die Türkei anschlossen, Krieg gegen den Initiator Bulgarien führten. Die erfolgte Aufteilung Makedoniens brachte für lange Zeit das Ende der schwer erreichten Balkanverständigung. Zugleich schuf dieser „Effizienzgipfel" der Annäherung ein gewaltiges Konfliktpotential, sowie den Slogan „Verbündete/Verräter". Unbestritten multiplizierte er die bereits im Laufe der Befreiungskämpfe der Balkanvölker gegen das Osmanische Reich entstandenen Konfliktlinien, die die spätere Entwicklung der Region dauerhaft prägten.

Eine alternative Lösung der Nationalitätenfrage geben zu können beanspruchten die Föderationspläne, die eine lange Geschichte im 19. Jahrhundert hatten und von den linken Parteien auf einer neuen ideologischen Basis im frühen 20. Jahrhundert wiederbelebt wurden. Auf der ersten Balkan-Konferenz der sozialdemokratischen Parteien der Balkanstaaten in Belgrad (25.12.1909–9.1.1910), an der sich auch türkische Sozialdemokraten beteiligten, wurde nicht ohne Widersprüche die Gründung einer Sozialistischen Balkanföderation beschlossen, in der Makedonien als gleichberechtigter Partner präsent war. Wie H. Hartl hervorhebt, taucht seither diese dem Makedonienproblem zugedachte Lösungsformel, die einen föderalistischen bzw. konföderalistischen Zusammenschluss zumindest der davon betroffenen Staaten (Serbien, später Jugoslawien, Bulgarien, Griechenland) zur unerlässlichen Voraussetzung hat, in allen sozialistischen und kommunistischen Balkanplänen auf.[4] Die auf der ersten Balkan-Konferenz

---

3   I. Zlatarov: Srăbsko-bălgarski komitet za ikonomičesko sbliženie na Bălgarija i Sărbija (Serbisch-bulgarisches Komitee für wirtschaftliche Annäherung zwischen Bulgarien und Serbien). Sofija 1911.

4   Hans Hartl: Der „einige" und „unabhängige" Balkan. Zur Geschichte einer politischen Vision. München 1977. S. 41.

auf ideologischer Grundlage schwer erreichte Übereinstimmung verknüpfte aufs Engste zwei Grundsätze: föderative Balkanrepublik und Klassenkampf des Proletariats. Dieses Ziel wurde bereits von Karl Kautzki im Vorwort der bulgarischen Übersetzung seiner Broschüre „Die französische Republik und die Sozialdemokratie" als Kampfmittel sowohl gegen die imperialistische Politik der Grossmächte auf dem Balkan, als auch gegen die eigene Bourgeoisie lanciert.[5] In diesem Sinne wurde im Juli 1915 in Bukarest eine Balkanföderation der sozialdemokratischen Parteien und Gewerkschaften Bulgariens, Serbiens, Griechenlands und Rumäniens gegründet. Nach dem Ersten Weltkrieg, im Januar 1920, wurde sie in Kommunistische Balkanföderation als Sektion der Kommunistischen Internationale umbenannt. Ihr offizielles Ziel war die Errichtung einer balkanischen föderativen Sowjetrepublik auf dem Wege einer proletarischen Revolution[6]. Ihr Sitz befand sich nacheinander in Sofia, Wien, Moskau und Berlin. Diese ideologische und operative Zentrale, die bis 1932 bestand, diente aber hauptsächlich als Instrument der Komintern für den Zusammenhalt und für die „Erziehung" der noch im Entstehen begriffenen, zeitweise auch illegalen kommunistischen Parteien in der Region, sowie der IMRO/VMRO im Interesse der Bildung einer einheitlichen „Balkanischen Front". Zu diesem letzten Zweck veröffentlichte sie „La fédération balkanique" (1924–32), wo die föderalistische Zukunft der Balkanstaaten dargestellt wurde, zuerst in Wien, dann in Frankfurt am Main in allen Balkansprachen; in Deutsch und Französisch das „Bulletin der Balkanföderation" in Wien (1924–25). Die Schwäche der kommunistischen Bewegung auf dem Balkan in jener Zeit, sowie der abstrakte propagandistische Charakter der Idee erklären ihren äußerst begrenzten Einfluss und ihre Kurzlebigkeit.

Die Erschütterung des Ersten Weltkriegs löste eine mächtige Friedensbewegung in Europa aus, wobei hingegen die Perspektive einer proletarischen Weltrevolution wenig Sympathien gewinnen konnte. Auf den Wiederaufbau nach dem Krieg folgten die verheerenden Auswirkungen der Weltwirtschaftskrise, das Problem der wirtschaftlichen und sozialen Stabilisierung, wovon besonders stark Agrarländer wie die Balkanstaaten betroffen waren. Eine westeuropäische Lösung war in dem vom französischen Ministerpräsidenten Aristide Briand dem Völkerbund vorgeschlagenen Europaplan (1930) enthalten, der als Fortsetzung

---

5   *Dimităr Blagoev:* Balkanskata konferencija i balkanskata federacija (Die Balkankonferenz und die Balkanföderation). In: Novo vreme. XV. 22. 1911. S. 694–700.

6   Osnovanie, ustav i rešenija na Balkanskata Komunističeska Federacija (Gründung, Statut und Beschlüsse der balkanischen Kommunistischen Föderation). Sofia 1922.

und politische Konkretisierung der starken Annäherungsbestrebungen ab dem
Ersten Weltkrieg auf die Schaffung einer Union der europäischen Staaten abzielte.
Die im Entwurf enthaltenen Hinweise auch auf regionale Zusammenschlüsse
gaben zusätzliche Impulse, die von Balkanpolitikern und Wirtschaftskreisen
positiv gedeutet wurden. So stieß die vom Internationalen Friedensbureau an
die Außenminister der sechs Balkanstaaten geschickte Einladung zu einer Balkankonferenz in Athen überall auf Entgegenkommen. Das Ziel der Initiative
war es, zur Annäherung der Balkanvölker beizutragen, und eine Union der Balkanstaaten zu schaffen. Sie sollte weiter die bilateralen Verträge zwischen den
Balkanstaaten nach 1926 ergänzen, und zu einem multilateralen Handelssystem
in der Region beitragen. Um den latent vorhandenen Zwistigkeiten der Sieger-
und Verliererstaaten nach dem Ersten Weltkrieg entgegenzuwirken, wurden von
den entsprechenden Regierungen Begutachter-Experten aus Wirtschaft, Politik
und Intellektuellen-Kreisen zu den Konferenzen entsandt. Unmittelbarer Initiator war der ehemalige griechische Premierminister Alexander Papanastasiou. Als
Befürworter des Briand-Plans stellte er angesichts der zahlreichen Schwierigkeiten
bei der Schaffung der Vereinigten Staaten Europas oder einer Weltföderation fest,
dass seine Realisierbarkeit auf einem begrenzten Raum verfolgt werden kann – auf
dem Balkan, inklusive der Türkei. Eine Grundlage dafür sah er in der gemeinsamen Vergangenheit, in der verwandten Kultur und in den „ausreichenden"
gemeinsamen Interessen. In diesem Zusammenhang appellierte er an den Völkerbund, ein Institut für Balkankooperation samt einer Universität zu gründen.[7]

Hinsichtlich der Wirtschaftsbeziehungen gab es kaum eine objektive Grundlage für den föderativen Zusammenschluss der Balkanstaaten. Ihr gegenseitiger
Warenaustausch war unbedeutend; der klägliche Zustand ihrer Strassen- und
Eisenbahnverbindungen sowie ihre dementsprechende Außenhandelsstruktur
versprachen ebenfalls keine besonderen Intensivierungsaussichten. Die Han-
delsbeziehungen der Balkanstaaten bezogen sich hauptsächlich auf Mittel- und
Westeuropa, woher auch fast das gesamte ausländische Kapital kam.[8] Dennoch

---

7   Zur Geschichte der Balkankonferenzen siehe die Detailstudien von *Robert J. Kerner,
     Harry N. Howard:* The Balkan Conferences and the Balkan Entente 1930–1935. West-
     port, Connecticut 1970 und *Hermann Gross:* Grundlagen und Ziele der Balkankonfe-
     renz. Leipzig 1932.
8   Ausführlicher darüber siehe *John R. Lampe, Marvin R. Jackson.* Balkan Economic History,
     1550–1950. Bloomington. 1982; *Vera Kazarkova:* Ikonomičeskite otnošenija na Bălgarija

wurden insgesamt vier Balkankonferenzen veranstaltet: in Athen (Oktober 1930), in Istanbul (Oktober 1931), in Bukarest (Oktober 1932) und in Thessaloniki (November 1933). Die Festlichkeiten bei der Eröffnung der ersten Konferenz, eine „semioffizielle, private Versammlung" von etwa 150 Delegierten, Experten und Beobachtern aus Albanien, Bulgarien, Griechenland, Jugoslawien, Rumänien und der Türkei, veranschaulichten den großen Enthusiasmus der Initiatoren. Eine Balkanfahne in weiß, blau, grün, gelb, rot und weiß mit sechs goldenen Sternen, eine „Balkanhymne des Friedens" und Olympische Balkanspiele symbolisierten die Hoffnung auf eine Union. Die Konferenzen sollten beweisen, dass die Balkanvölker „Herren ihres Schicksals" werden wollten. Sie sollten im Rahmen und Geist des Völkerbundes Frieden zwischen unabhängigen souveränen Staaten sichern. Grundfunktion der Balkankonferenzen war es, zur Annäherung und Mitarbeit der Balkanvölker in ihren wirtschaftlichen, sozialen, intellektuellen und politischen Beziehungen beizutragen, und sie schließlich in eine Union zu führen. Diese institutionalisierten Annäherungsforen sollten auf Rotationsprinzip in den einzelnen Hauptstädten jährlich zusammenkommen. Sie hatten ein eigenes Statut, eine Generalversammlung als höchstes Organ und sechs Kommissionen, die zuständig waren für Organisation, politische Beziehungen, intellektuelle Zusammenarbeit, Wirtschaft, Kommunikationen und soziale Politik[9]. Auf drei Grundelementen sollte die erste Form der Föderation der Balkanstaaten fußen: ein Balkanpakt über Sicherheit und Frieden, ein Abkommen über eine partielle Zollunion und eine Vereinbarung über ein Statut der Balkanbürger, deren freie Bewegungs- und Arbeitsmöglichkeit als eine wichtige Voraussetzung für die Verwirklichung des Vorhabens betrachtet wurde. Die Dokumente der Konferenzen wurden separat und in den Zeitschriften „Les Balkans" (Athen) und „La Revue des Balkans" (Paris) veröffentlicht.

Die Teilnehmer an den Balkankonferenzen fertigten eine Fülle von Vorschlägen und Projekten an, deren Aufzählung den Umfang dieses Beitrags bei weitem übertrifft: Schutzmaßnahmen für die Landwirtschaft, insbesondere der Getreide- und Tabakausfuhr, Gründung einer Landwirtschaftskammer, Schutz der Exporte auf ausländischen Märkten, Förderung der Industrie und des Kooperativwesens,

---

s balkanskite dăržavi meždu dvete svetovni vojni (1919–1941) (Die Wirtschaftsbeziehungen Bulgariens mit den Balkanstaaten in der Zwischenkriegszeit, 1919–1941). Sofija. 1989.

9 *Kerner, Howard,* The Balkan Conferences. S. 26–32.

Währungsstabilisierung und monetäre Union, ein zentrales Ökonomisches Balkaninstitut, gemeinsame Handelspolitik sowie Landwirtschaftskredite waren die wichtigsten Schwerpunkte in den Anregungen der Wirtschaftskommission, deren Verwirklichung zur Stabilität und Prosperität der Region führen sollte. Zahlreiche Vorschläge in der Kommission für Kommunikation zielten auf den Ausbau adäquater Verkehrs-, Telefon-, und Telegrafenverbindungen innerhalb der Region und zwischen dem Balkan, Zentral- und Westeuropa ab. Die Konferenz nahm den Entwurf eines politischen Balkanpaktes in Bukarest und eines Übereinkommens über wirtschaftliche Kooperation und einer Zollunion in Thessaloniki an. Allgemein lässt sich feststellen, dass die Vertreter der einzelnen Staaten dabei unterschiedliche Prioritäten setzten. Die griechischen Mitglieder akzentuierten die politischen und organisatorischen Probleme, wobei der Balkanpakt absolut vorrangig war. Im Gegensatz dazu hoben die jugoslawischen und rumänischen Delegierten die Wichtigkeit der wirtschaftlichen Annäherung hervor. Die bulgarischen Teilnehmer maßen der genauen Berücksichtigung der existierendenVerträge und besonders den Klauseln über die Minderheitenrechte größte Bedeutung bei[10], was nicht selten als Revanchismus gedeutet wurde.

Es kann darüber diskutiert werden, ob die Balkankonferenzen eine Balkanvariante der europäischen Einigungspläne Friedrich Naumanns („Mitteleuropa", 1915), T. G. Masaryks („The New Europe", 1918), Richard Coudenhove-Kalergis („Paneuropa", 1923), und Aristide Briands (Europäische Annäherung, 1929–30) waren, oder eine Abwehrreaktion dagegen, bzw. eine angestrebte Emanzipation vom Einfluss der Großmächte. Ersteres erscheint viel glaubwürdiger, zieht man die zahlreichen Gemeinsamkeiten der Balkankonferenz und der Europäischen Konferenz Briands in Betracht[11]. Die Balkanregierungen, von denen die türkische die Initiativen am aktivsten unterstützte, betrachteten wohlwollend die Arbeit der Balkankonferenzen, taten aber fast nichts für die Verwirklichung ihrer Beschlüsse. Diese wurden oft ohne Rücksicht auf Kosten und Arbeitsaufwand für ihre Realisierung gefasst. Als praktische Ergebnisse der Balkankonferenzen gelten die Balkanische touristische Föderation (gegründet 1931), die Balkanische Presse-Assoziation (1930), und die Balkanische Postunion. Im Dezember 1932

---

10   *Kerner, Howard,* The Balkan Conferences. S. 28 ff.
11   *Peter Bugge:* The Nation Supreme. The idea of Europe 1914–1945. In: Kevin Wilson, Jan van der Dussen (ed.). The History of the Idea of Europe. London, New York 1996. p. 88–106; *Živko Avramovski:* Balkanska Antanta (1934–1940). (Die Balkan-Entente, 1934–1940). Beograd 1986. p. 34–35.

wurde die Balkanische Handels- und Industriekammer gegründet, die ein eigenes Organ „Bulletin de la Chambre de Commerce et d'Industrie Interbalkanique" veröffentlichte. Etwa ein Jahr darauf, im September 1933 wurde auch die einzige offizielle zwischenstaatliche Institution von Bulgarien, Griechenland und der Türkei errichtet – Office pour la protection des tabacs d'Orient. Auf Vorschlag Papanastasious sollte die Balkankonferenz weiterhin ihre Arbeit als „Union parlamentaire et sociale balkanique" mit Sitz in Istanbul fortsetzen, was jedoch von der jugoslawischen Delegation abgelehnt wurde. Ihre fünfte Zusammenkunft wurde verschoben und fand nicht mehr statt. Unterzeichnet wurde aber der Balkanpakt am 9. Februar 1934 in Athen zwischen Jugoslawien, Rumänien, Griechenland und der Türkei, bekannt auch als Balkan-Locarno, der die Balkan-Entente als eine Variante der Kleinen Entente (Tschechoslowakei, Jugoslawien, Rumänien) schuf. Dieser Verteidigungsvertrag, Element des Systems kollektiver Sicherheit und der Garantie des territorialen Status quo (gedeutet oft als antibulgarisch), unterschied sich aber wesentlich von der Balkanunion. Nicht alle Staaten in der Region waren daran beteiligt, er sah keinen Schutz gegen äußere Aggression sowie keine kulturelle und soziale Kooperation vor. Eine wirtschaftliche Intention wurde erst später im Statut der Balkan-Entente als „fortschreitende Koordination der wirtschaftlichen Interessen der vier Staaten" erwähnt[12]. Die Unterzeichnung des Balkanpaktes machte aus jugoslawischer Sicht die weitere Arbeit der Balkankonferenz überflüssig. So war nur ein winziger Teil des groß angelegten Projektes der Balkanannäherung tatsächlich verwirklicht.

Der sich abzeichnende Krieg führte zu dem Versuch, die Balkanentente in einen neutralen Block umzugestalten, worüber von September bis Dezember 1939 verhandelt wurde. Die negative Stellung Deutschlands, Italiens und der SU, die Abneigung Bulgariens, ohne Territorialgewinn dem Block beizutreten, sowie die reservierte Haltung Jugoslawiens ließ diese rumänische Initiative scheitern. Sie war militärpolitisch konzipiert, und wirtschaftliche Maßnahmen waren in

---

[12] *Kerner, Howard,* The Balkan Conferences. Trotz ihrer Teilnahme an den Initiativen für wirtschaftliche Annäherung der Balkanstaaten zogen die bulgarischen Bankkreise eine Integration der Agrarstaaten in Osteuropa vor. *Alexandre Kostov:* Les milieux bancaires bulgares et leur perception de l'Europe economique (1900–1935). In: Eric Bussière, Michel Dumoulin, Alice Teichova (dir.). L'Europe centrale et orientale en recherche d'intégration économique (1900–1950). Louvain-la-Neuve 1998. p. 169–171.

einer der vorgeschlagenen Varianten nur vollständigkeitsfalber erwähnt[13]. Der
Anschluss Rumäniens an die Achsenmächte im Herbst 1940 bedeutete die end-
gültige Auflösung der Balkan-Entente. Die nächste Runde der Annäherungsversuche fand bereits unter ganz anderen Umständen statt – nach dem Ausbruch des
Zweiten Weltkrieges, in dessen erster Phase eine Reihe osteuropäischer Länder,
darunter Jugoslawien und Griechenland (April 1941) besetzt wurde. Deswegen
kam es ausschließlich auf diplomatischer Ebene zu entsprechenden Initiativen.
Exilregierungen und Widerstandsführer entwickelten mehrere zukunftsorien-
tierte Pläne für die Regelung des Staatensystems nach dem Krieg als Alternative zur durchgesetzten „neuen Ordnung". Einige von ihnen blieben nicht nur
Druckwerke, sondern wurden zum Gegenstand von konkreten Verhandlungen
und Vereinbarungen. Die am 15. Januar 1942 unterzeichnete griechisch-jugos-
lawische Vereinbarung über eine Balkanunion gilt als eines der ernsthaftesten
Unternehmen in dieser Hinsicht. Die Konstruktion der Union schloss je eine
politische, militärische, ökonomische und finanzielle Behörde ein. Der Zweck der
ökonomischen und finanziellen Behörde war es, die Zolltarife und die Außen-
handelspolitik in Hinblick auf eine Zollunion zu koordinieren. Sie sollte weiters
einen gemeinsamen Wirtschaftsplan und eine monetäre Union entwickeln, und
selbstverständlich die Kommunikation in der Region verbessern. Die Vereinbarung sah die Errichtung einer Konföderation, d. h. einer permanenten und engen
Vereinigung zweier souveräner, unabhängiger Staaten vor, aber keine Föderation
mit gemeinsamem Parlament und gemeinsamer Regierung. Diese Vereinbarung
gehörte in das Konzept der Wiederherstellung Osteuropas nach dem Krieg, und
hatte direkte Verbindung zu der analogen Union zwischen Polen und der Tschechoslowakei, deren Vereinbarung bald darauf (am 24. Januar 1942) unterzeichnet
wurde. Die Balkanunion sollte als politische Grundlage dienen, in deren Folge
sich dann die politische und wirtschaftliche Einheit aller Balkanstaaten entwickeln sollte.[14] Die viel zu allgemein gehaltenen Bestimmungen veranlassten die

---

13 *Živko Avramovski:* Attempt to form a neutral block in the Balkans (September – Decem-
    ber 1939). In: Politikata na velikite sili na Balkanite v navečerieto na Vtorata svetovna
    voina (Die Politik der Grossmächte auf dem Balkan am Vorabend des Zweiten Welt-
    krieges). Studia Balcanica 4. Sofia 1971. S. 123–152.
14 *L. S. Stavrianos:* Balkan Federation. A History of the Movement toward Balkan Unity in
    Modern Times. Northhampton, Mass. 1944. p. 262–263; *Branko Petranović:* Balkanska
    federacija 1943–1948 (Balkanföderation 1943–1948). Beograd 1991. S. 36–37.

Sowjetunion, die Balkan-Union mit Misstrauen als Instrument zur Stärkung des britischen Einflusses zu betrachten.

Viel größere Besorgnis verursachten in Moskau aber die geheimen Verhandlungen zwischen den kommunistischen Parteien Jugoslawiens und Bulgariens, die bereits an die Macht gelangt waren, über eine zumindest teilweise Balkanföderation. Bereits im Dezember 1944 warf in Sofia Titos Mitarbeiter Eduard Kardelj die Frage der Errichtung eines jugoslawisch-bulgarischen Bundesstaates auf. Die weiterhin im Januar 1945 in Moskau in Stalins Anwesenheit geführten Gespräche darüber sollten wegen des ungeregelten Statuts Bulgariens als ehemaliger Verbündeter der Achsenmächte bis zum Ende des Krieges aufgeschoben werden. Trotz gewisser Auseinandersetzungen über die makedonische Frage wurden die jugoslawisch-bulgarischen Verhandlungen im Sommer 1947 wiederaufgenommen, und am 1. August 1947 unterzeichneten in Bled beide Premierminister Josip Bros Tito und Georgi Dimitrov ein Präliminarprotokoll. In dem am 27. November 1947 von ihnen unterzeichneten Vertrag wurde aber das Problem der Föderation nicht mehr behandelt. Später, im Januar 1948, sprach Dimitrov in Bukarest von der Möglichkeit einer Föderation, die neben Jugoslawien, Bulgarien, Albanien, Rumänien auch Ungarn, die Tschechoslowakei und Polen umfassen könnte. Man plante als erste Stufe des Zusammenschlusses eine Zollunion. Die Moskauer Presse reagierte sehr unfreundlich und bezeichnete solche Perspektiven als problematisch, denn die einzelnen Staaten bräuchten ihre Unabhängigkeit. Da diese Pläne sowohl von Tito als auch von Dimitrov weiter verfolgt wurden, stießen sie auf die wachsende Feindschaft Moskaus[15]. Wahrscheinlich sah Stalin darin eine Gefährdung der sowjetischen Vormachtstellung in der Region. 1948 wurde die Kommunistische Partei Jugoslawiens aus dem 1947 zur Kontrolle der kommunistischen Parteien gebildeten Kominformbüro ausgeschlossen, und Georgi Dimitrov, der sich dem Veto Stalins unterwarf, starb bald darauf in einem Sanatorium in der Nähe von Moskau. Damit starben auch jegliche Föderationspläne für den Balkan.

Der Bruch zwischen Belgrad und Moskau war von einer wachsenden Bedrohung und einer Wirtschaftsblockade der Sowjetunion und der Ostblockstaaten gegen Jugoslawien begleitet. Dieser Druck und die Furcht Titos, dass eine zu enge

---

15   Ausführlicher darüber siehe *Milčo Lalkov:* Ot nadežda kăm razočarovanie. Idejata za federacija v Evropejskija Jugoiztok (1944–1948) (Von der Hoffnung zur Enttäuschung. Die Föderationsidee im europäischen Südosten 1944–1948). S. 1.

Anlehnung an den Westen das kommunistische System in Jugoslawien gefährden könnte, zwangen ihn zu zahlreichen politischen Manövern am Rande des Eisernen Vorhanges. Eines davon war die vorsichtige taktische Annäherung an Griechenland und die Türkei, für die unter den neuen Verhältnissen des Kalten Krieges die Bedrohung des Sowjetblocks ebenfalls galt. Im Fall Griechenlands wurde die aktive kommunistische Bewegung ebenso als Bedrohung eingeschätzt, und damit ein zusätzlicher Motivationsfaktor. Die Annäherung erfolgte unter der wohlwollenden Beobachtung der USA und mit voller Berücksichtigung der Pflichten Griechenlands und der Türkei infolge ihrer Aufnahme in die NATO in 1951. Ideologische Gegensätze und traditionelle Konfliktfragen wurden ausgeklammert, so dass es zur Unterzeichnung eines Freundschaftsvertrages am 28. Februar 1953 in Ankara kam. Sein Ziel war die Erhaltung von Frieden und Sicherheit durch alljährliche Treffen der Außenminister der drei Vertragspartner, sowie durch Koordinierung der Arbeit ihrer Generalstäbe in Verteidigungsfragen. Weiters äußerten die drei Regierungen die Absicht, ihre wirtschaftlichen und kulturellen Beziehungen weiterzuentwickeln[16]. Der wenige Tage nach der Vertragsunterzeichnung bekannt gegebene Tod Stalins leitete einen neuen Entspannungskurs ein, was auch die Ausweitung des Freundschaftsvertrages zum Militärbündnis ermöglichte. Zu diesem Zweck wurde am 9. August 1954 in Bled von den drei Außenministern der militärische Beistandspakt unterzeichnet. Er sah einen Ständigen Rat als gemeinsames Beratungs- und Beschlussorgan vor, ergänzt durch ein Sekretariat und ein Bureau mit vier Sektionen (Politik, Wehrfragen, Wirtschaft, Kultur). Die Unterzeichnung des Freundschaftsvertrages und des Beistandspaktes blieb jedoch praktisch ohne reale Umsetzung, und auch die Beschlüsse zur Erforschung der Möglichkeiten wirtschaftlicher Zusammenarbeit blieben unverwirklicht. Das Scheitern dieses Annäherungsversuches wird auf unterschiedliche Weise erklärt. Wie John Iatrides bemerkte, schlug der Ausbau eines effektiven administrativen Apparates des Paktes im scharfen Kontrast zur NATO fehl. H. Hartl sieht darin eine von gegenseitigem Unbehagen und nur mühsam unterdrückter Animosität erfüllte Notgemeinschaft, die sich leicht in leeres Papier verwandeln konnte: Obwohl keiner der drei Partner den Pakt gekündigt hat, wurde er „auf Eis gelegt", weil ihm keine echten Gemeinsamkeiten zugrunde lagen. Sicherlich hat der griechisch-türkische Konflikt im

---

16 *John O. Iatrides:* Balkan Triangle. Birth and Decline of an Alliance across Ideological Boundaries. The Hague, Paris. 1968.

Herbst 1955 anlässlich der Zypernkrise auch dazu beigetragen. Seinerseits sah Tito die Erklärung für die Ergebnislosigkeit beider Verträge in der Tatsache, dass eine Militärkooperation ohne wirtschaftliche, kulturelle und positive politische Zusammenarbeit keinen Sinn und keine echten Grundlagen hatte[17]. Diese Feststellung entsprach tatsächlich seinen erfolglosen Bestrebungen, die Kooperation zum nichtmilitärischen Bereich zu lenken und jede auch indirekte Verquickung des Dreierpaktes mit der NATO zu vermeiden. Die Intensivierung der Zusammenarbeit im Rahmen des Paktes stand auch nicht im Einklang mit dem neuen jugoslawischen politischen Kurs der Blockfreiheit bei gleichzeitiger Entspannung der Beziehungen zwischen Belgrad und Moskau.

Diese erfolgte im größeren Gefüge einer neuen Koexistenzstrategie der Sowjetunion, die die Grundlage für eine neue Balkan-Initiative bildete. Diesmal war sie von rumänischer Seite initiiert. Am 10. September 1957 übermittelte der rumänische Ministerpräsident Chivu Stoica den Ministerpräsidenten Albaniens, Bulgariens, Griechenlands, Jugoslawiens und der Türkei eine Botschaft, worin er die Abhaltung einer Balkankonferenz der Regierungschefs vorschlug. Schwerpunkte der Verhandlungen sollten Festigung des Friedens in der Region, Ausbau der wirtschaftlichen und kulturellen Beziehungen, Verdichtung persönlicher Kontakte auf allen Ebenen u. v. a. m. sein. Natürlich war die kollektive Verständigung auf dem Balkan im Interesse der Balkanvölker und ihres Fortschrittes konzipiert. Dieses Ziel sollte unter anderem durch Ausgabenreduktion für die Rüstung und Nutzung der materiellen Ressourcen für die Hebung des Wohlstandes erreicht werden. Politische Analysten sahen natürlich die Initiative im Rahmen der sowjetischen militärpolitischen Strategie, vornehmlich unter dem Aspekt der Herauslösung Griechenlands und der Türkei aus der NATO und die Umwandlung des Balkanraumes in eine kernwaffenfreie Zone. Es verwundert nicht, dass der Vorschlag von Bulgarien und Albanien unterstützt wurde, von Jugoslawien mit Vorbehalten grundsätzlich angenommen, aber von Griechenland und der Türkei diplomatisch abgelehnt wurde. Der Vorschlag wurde zwei Jahre später im Juni 1959 Griechenland und der Türkei noch einmal konkret gemacht. Diesmal sollte eine Konferenz der Regierungschefs der Balkanstaaten zur Unterzeichnung eines Vertrags über Zusammenarbeit und kollektive Sicherheit führen. Neben zweitrangigen Zielen wie der Klärung zwischenstaatlicher Streitfragen, Herstellung einer Atmosphäre der Verständigung etc. war die Nichtzulassung von Atomwaffen

---

[17] *Iatrides,* Balkan Triangle. S. 183.

und Abschussbasen für ferngelenkte Raketen im Balkanraum von besonderer Bedeutung. Der zweite Bukarester Vorschlag hatte dasselbe Ergebnis[18]. Die ganze Initiative kann natürlich auch als Vorzeichen der späteren – prononciert souveränitätsbetonten – rumänischen Außenpolitik betrachtet werden. Viel deutlicher kamen aber darin die Versuche der sowjetischen Einflussnahme zum Vorschein, was größtenteils auch das Scheitern dieser Initiative bedingte.

Ebenfalls eine überregionale Entwicklung gab offensichtlich den Anstoß zum nächsten Annäherungsversuch – die Konferenz für Sicherheit und Zusammenarbeit in Europa, abgehalten in Helsinki 1975. Der „Geist von Helsinki" veranlasste den griechischen Ministerpräsidenten Konstantinos Karamanlis, auf der europäischen Idee aufbauend eine interbalkanische Verständigung vorzuschlagen. Seine Idee war es, alle sechs Balkanstaaten an einen Tisch zusammenzubringen, um über die Intensivierung ihrer Zusammenarbeit in den Bereichen Energiewirtschaft, Handel, Verkehr, Umweltschutz und Kultur zu sprechen. Politische Fragen waren wahrscheinlich wegen der spezifischen Zusammensetzung der geplanten Konferenz nicht an der Tagesordnung: Zwei der Balkanstaaten waren NATO-Mitglieder (Griechenland und die Türkei), zwei des Warschauer Paktes (Rumänien und Bulgarien), und die letzten zwei (Jugoslawien und Albanien), obwohl auch kommunistisch, standen ausserhalb des sowjetischen Bündnissystems. Eine Reihe untergeordneter Divergenzen und der wieder zugespitzte griechisch-türkische Konflikt um Zypern waren offensichtlich auch berücksichtigt. Die Ende August 1975 an alle Regierungschefs der Balkanstaaten geschickten persönlichen Botschaften wurden bis auf Albanien angenommen. Das unterschiedliche Verhältnis zur Initiative wurde auf subtile Weise ausgedrückt. Während die jugoslawische, rumänische und griechische Presse von einer „Balkankonferenz" sprachen, bezeichnete die Presse der übrigen Teilnehmerstaaten sie vornehmlich als „Expertenkonferenz". Bei ihrer feierlichen Eröffnung am 26. Januar 1976 in Athen wurden – wie bereits 1930 – wieder große Hoffnungen gehegt. So wurde proklamiert, dass die Einberufung der Konferenz der Regierungsexperten, die zwar ökonomischen und technischen Charakter trug, einem historischen Bedürfnis entspräche; sie möge für die praktische Verwirklichung des Geistes von Helsinki beispielgebend sein[19].

[18] *Hartl,* Der „einige" und „unabhängige" Balkan. S. 66–74.
[19] *Hartl,* Der „einige" und „unabhängige" Balkan. S. 75–84.

Nach mehrtägiger Diskussion einigte man sich auf fünf Bereiche einer möglichen multilateralen interbalkanischen Kooperation: Landwirtschaft und Wasserwirtschaft; Handel und Tourismus; Verkehr und Fernmeldewesen; Energie; Umweltschutz und Gesundheitswesen. Die zahlreichen Vorschläge seien ein Beweis dafür, dass die gemeinsame Tätigkeit in vielen Bereichen wirtschaftliche Vorteile für alle bringen würde. Die einzelnen Delegationen sollten die Liste der unterbreiteten Ideen und Vorschläge ihren Regierungen zwecks Information und Studium zur Kenntnis bringen. Diese sollten über die Maßnahmen für deren Annahme auf multilateraler Ebene entscheiden, einschließlich über die Einberufung eines künftigen diesbezüglichen Treffens, was auch im offiziellen Communiqué vom 5. Februar 1976 festgehalten wurde. Wenn sich die Hoffnungen auf eine weitere positive Entwicklung der Konferenz nicht erfüllten, dann lag es sicherlich an mehreren Gründen. Einer davon war die stark reservierte Haltung der bulgarischen Delegation, für die der Ausbau eines Systems bilateraler Abkommen eine wichtige Vorbedingung war. Viel schwerer wiegend war natürlich die Zugehörigkeit der Balkanstaaten zu unterschiedlichen politischen Blöcken und das daraus resultierende gegenseitige Misstrauen. Obwohl die Konferenz keine praktischen Resultate erzielte, wurde sie an und für sich als Errungenschaft eingeschätzt, da zum ersten Mal nach dem Zweiten Weltkrieg Vertreter der Balkanregierungen gemeinsam an einem Tisch saßen.[20] Leider konnte sich aber die beispielgebende praktische Verwirklichung des Geistes von Helsinki hier noch nicht entfalten.

Erst 1988 wurde der nächste, obwohl auch wieder symbolische Schritt zu multilateraler Kooperation der Balkanstaaten gemacht. Auf noch höherer Ebene, und zwar auf dem Treffen der Außenminister aller Balkanstaaten in Belgrad vom 24–26. Februar, aber die Ergebnisse dieses „Neubeginns" waren noch bescheidener. Die Zusammenkunft nutzte scheinbar die erzielte amerikanisch-sowjetische Annäherung und den Entspannungsprozess in Europa für demonstrative gegenseitige Beteuerung, dass der Geist des Vertrauens und der Kooperation in der Region hergestellt wurde. Zwischenstaatliche Streitfragen wurden wieder sorgfältig vermieden. Bezeichnend ist auch die Tatsache, dass die Außenminister Bulgariens und der Türkei gerade am Vorabend des Treffens ein Protokoll über die Normalisierung der Beziehungen zwischen den beiden Staaten nach der aufoktroyierten Namensänderungsaktion die türkische Bevölkerung in Bulgarien betreffend unterzeichneten. Diese besonders für alle Balkanstaaten ernste Minderheitenfrage wurde nur innerhalb der entsprechenden Staatsgrenzen als

---

[20] *Hartl*, Der „einige" und „unabhängige" Balkan. S. 87–93.

Problem ohne etwaige institutionelle Engagements registriert. Die Konferenz sollte regelmäßig einberufen werden, was aber nur einmal (Oktober 1990) in Tirana geschah. Die Besprechung der Minderheiten- und Menschenrechtsfragen erfolgte dort viel offener und daher schärfer, ohne zu irgendwelchen Kompromissen oder pragmatischen Beschlüssen zu führen[21]. So wurde die letzte Chance verspielt, eine Annäherung vor dem Ausbruch der Jugoslawien-Krise zu erreichen. Die pompöse Bezeichnung beider Treffen in der Presse als „gesamtbalkanischer Prozess" enthüllt die große Diskrepanz zwischen deklarierten Vorhaben und tatsächlichen Ergebnissen.

Das Ende des Kalten Krieges und der Blockteilung der Balkanstaaten hat ihnen die Chance gegeben, die Atmosphäre des Misstrauens und der gegenseitigen Ignoranz in der bislang immer geteilten Region abzubauen. Bevor sie aber zu dieser Erkenntnis kommen konnten, mussten sie wachsende innenpolitische und wirtschaftliche Probleme erleben, so wie den katastrophalen Ausklang des größten Einigungsexperimentes auf dem Balkan. Die Rede ist vom jugoslawischen Bürgerkrieg, bezeichnet von Ivo Bićanić und Marko Škreb als „Wars of the Yugoslav Succession"[22], der den Zerfall des einzigen föderativen Balkanstaates einleitete. An und für sich Gegenstand zahlreicher Studien ist die Geschichte Jugoslawiens der schlagendste Beweis für die Unfähigkeit der Balkanstaaten, politisch unumstritten besiegelte Annäherung im Interesse der beteiligten Völker ausnützen zu können. Unter den vielen Erklärungen für die Zerstörung Jugoslawiens verdient diejenige vielleicht größte Aufmerksamkeit, die vor allem die aktuellen Wirtschaftsverhältnisse betont[23]. Es ist tatsächlich fraglich, ob ethnische Gegensätze

---

21 *Radovan Vukadinovic:* Balkan Cooperation: Realities and Prospects. In: Stephen F. Larrabee (ed.): The Volatile Powder Keg. Balkan Security after the Cold War. Washington 1994. p. 192–194.

22 *Ivo Bićanić and Marko Škreb:* The Yugoslav Economy from Amalgamation to Disintegration. Failed efforts at molding a new economic space 1919–91. In: David F. Good (ed.). Economic Transformations in East and Central Europe. Legacies from the Past and Policies for the Future. London and New York. 1994. p. 148.

23 Siehe z. B. *John R. Lampe:* The Two Yugoslavias as Economic Unions. Promise and Problems. In: Dejan Djokić (ed.). Yugoslavism. Histories of a Failed Idea 1918–1992. London 2003; *John R. Lampe:* Yugoslavia as History. Twice there was a country. Cambridge 1996; *Ivo Bićanić and Marko Škreb,* The Yugoslav Economy; *Mark Mazower:* The Balkans. London 2001, p. 123; *Roland Schönfeld:* Der Zerfall Jugoslawiens. In: Cay Lienau (Hg.). Raumstrukturen und Grenzen in Südosteuropa. München 2001, S. 118 ff.

und althergebrachte Konflikte zwischen den jugoslawischen Völkern zum Krieg mehr beigetragen haben als mangelnde wirtschaftliche Integration, mangelndes Wirtschaftswachstum infolge des so genannten „Marktsozialismus" sowie die Eigensüchtigkeit einzelner Politiker, die militante Aktionen duldeten bzw. organisieren ließen.

Annäherungsversuche zwischen den Ländern des Balkans im 20. Jahrhundert waren entweder politisch und/oder wirtschaftlich charakterisiert. Die politische Motivation hatte eine lange, wenn auch nicht nur positive Tradition im 19. Jahrhundert. Bei der Kombination der beiden Motive waren wirtschaftliche Vorhaben weder Leitmotiv noch Triebkraft der Initiativen, sondern Element eines umfangreicheren politischen Konstruktes. Zwar wurden auch in politischen Initiativen (z. B. 1939, 1953–54) wirtschaftliche Vorhaben artikuliert, aber eher vollständigkeitshalber. Als wichtigstes Merkmal der Annäherungsversuche ist ihre enge Verquickung mit äußeren Faktoren auffallend: sie waren gegen äussere Gefahren gerichtet, von ausserregionalen Mächten und Ereignissen inspiriert oder von solchen vereitelt. Veranlasst wurden sie von politischen und wirtschaftlichen Sachzwängen. In der Endphase des Kalten Krieges kamen sie nach einer Entspannung in den internationalen Beziehungen wieder auf. Ihnen wird gewöhnlich der Slogan „Der Balkan den Balkanvölkern" zugeschrieben, was als Reaktion der Balkanländer gegen die überproportionale äußere Einflussnahme zu verstehen ist. Aber auch dann, wenn sie ihr Schicksal in die Hand nahmen, wie es z. B. mit den Balkankriegen 1912–13 oder mit den Balkankonferenzen 1930–33 der Fall war, verzeichneten sie keine besonderen Errungenschaften. Gemeinsame Ziele erwiesen sich schwächer als das Trennende – zwischenstaatliche Territorialstreitigkeiten und Minderheitenprobleme, die die Balkangeschichte des ganzen 20. Jahrhunderts prägten.

Allgemein lässt sich feststellen, dass wirtschaftliche Zusammenarbeit zwischen den Balkanstaaten zwar oft gewünscht, aber nicht ernsthaft und kontinuierlich verfolgt wurde. Das 20. Jahrhundert veranschaulicht den vorwiegend demonstrativen oder taktischen Charakter der Annäherungsversuche auf dem Balkan. Meist spielten sie sich auf diplomatischer Ebene ab als Manöver oder Demonstrationszüge, und tauchten gewöhnlich angesichts von erfolgten oder bevorstehenden Kollisionen im Leben der Balkanstaaten auf. Dementsprechend mangelte es an der praktischen Umsetzung. Dafür gab es auch keine besonders günstigen Voraussetzungen. Ihre wirtschaftliche Rückständigkeit bedingte bis zum Zweiten Weltkrieg einen chronischen Kapitalmangel, der durch ausländische Anleihen und Investitionen teilweise ausgeglichen wurde. Andererseits bedingte diese Rückständigkeit in allen Balkanländern ähnliche Aussenhandelsstrukturen, die grundsätzlich durch Agrarexporte und Industrieimporte gekennzeichnet waren. Logischerweise war der innerbalkanische Warenaustausch unbedeutend. Kläglicher Zustand des Verkehrsnetzes innerhalb der einzelnen Staaten und unzureichende Verkehrsverbindungen zwischen ihnen rundeten das Bild der schwachen Anziehungskräfte ab. Auch nach der forcierten Industrialisierung in Rumänien, Bulgarien und Jugoslawien nach dem Zweiten Weltkrieg unter sowjetischem Einfluss lagen die wichtigsten Handelspartner der Balkanstaaten wieder ausserhalb der Region. Man kann das Ende des Kalten Krieges und der Jugoslawischen Föderation für die Region auch als Ende des schwierigen 20. Jahrhunderts definieren, das in den Worten R. Petkovićs „wie ein Taifun durch den Balkan" zog. Die Annäherungsversuche des 20. Jahrhunderts haben weder die „territoriale" bzw. „nationale Frage" als Quelle der inneren und zwischenstaatlichen Konflikte gelöst noch den Einfluss der „äußeren Mächte" vermindert. Das Desiderat einer Verbesserung der wirtschaftlichen Verhältnisse in der Region wurde nicht selten krass missachtet. Gerade diesem Umstand ist vielleicht vor allem das Scheitern dieser Annäherungsversuche zuzuschreiben. Im neuen Jahrhundert sollten andere Wege und Formen der Annäherung gefunden werden.

Die schwer wiegenden Folgen des Bürgerkriegs in Exjugoslawien für die ganze Region infolge des Embargos, des verschlechterten Investitionsklimas, der zerstörten infrastrukturellen Verbindungen werden so zum größten Problem des Wiederaufbaues der Region. Andererseits zerstreute die Flüchtlingswelle nach Europa die Illusion, dass sich das Drama irgendwo fern abspielte. Es wurde klar, dass die Stabilität in Europa mit diesem Raum eng zusammenhängt. Die EU verlieh darum ihrer Anteilnahme und Besorgnis Ausdruck, indem sie den Stabilitätspakt für Europa unterstützte, – eine Initiative des damaligen französischen Außenministers Edouard Balladure -, der sich durch den Royaumont-Prozess als integraler Bestandteil der EU-Stabilitätspolitik mit Hilfe von Sonderfinanzierungen kontinuierlich weiterentwickelte. Der Schwerpunkt der EU-Stabilitätspolitik lag auf der Durchsetzung gutnachbarschaftlicher Beziehungen zwischen den Staaten in der Region und der Entwicklung einer Zivilgesellschaft in den einzelnen Ländern. Das Engagement der USA in dieser Hinsicht zeigte sich nach der Unterzeichnung des Dayton-Abkommens 1995 in einer Initiative für die wirtschaftliche Zusammenarbeit in Südosteuropa, bekannt als Shifter-Plan; Wirtschaftskooperation, infrastrukturelle Projekte und Umweltschutz stehen bei diesem Plan im Vordergrund. Durch ihn konnten gewisse Fortschritte im Bau der transeuropäischen Transportkorridore N° 4 und N° 8, sowie bei der Arbeit an den Grenzübergängen erzielt werden.

Die Auflösung der politischen Blöcke war eine Herausforderung, neue Wege und Möglichkeiten für die Entwicklung der Region zu suchen. Auch wenn regionale Zusammenarbeit als Imperativ von außen auferlegt wurde, wuchs verständlicherweise die Notwendigkeit einer besseren Koordination in der Regionalpolitik der Balkanstaaten. Sicherlich hat dazu auch eine neue Erkenntnis beigetragen, von John Lampe treffend artikuliert: die größte äußere Gefahr für die Balkanstaaten lag nicht im übermäßigen europäischen oder amerikanischen Interesse, sondern in deren Missachtung und in der Isolation[24]. Anreiz zu neuen Initiativen auf dem Balkan war auch die mit der Deklaration von Essen von der EU proklamierte Förderung regionaler Kooperation. Zwei weitere Umstände haben sicherlich auch eine Rolle gespielt: erstens, die Erkenntnis der Interdependenz aller Staaten auf dem Balkan, wo es bei einer instabilen Situation auch keine Wohlstandsinseln geben kann; zweitens, die Wahrnehmung der Region von der übrigen Welt als ein Ganzes. Auf Initiative der bulgarischen Regierung kamen im Juli 1996 in Sofia die Außenminister der Balkanstaaten zusammen, um die wichtigsten Bereiche ihrer potentiellen Kooperation abzuklären. In der angenommenen Deklaration über gutnachbarschaftliche Beziehungen, Stabilität, Sicherheit und Zusammenarbeit auf dem Balkan zählten dazu: grenzüberschreitende Kooperation; Ausbau von Verkehr, Telekommunikation und des Energiewesens; Förderung von Handel und Investitionen; Umweltschutz; humanitäre, soziale und kulturelle Kooperation, d. h. alles Aktivitäten, die die Balkanländer vereinen könnten. Die Initiative wurde gewissermaßen institutionalisiert, die Treffen fanden regelmäßig statt: 1997 in Thesaloniki, 1998 in Istanbul, 1999 in Bukarest und 2000 in Skopie[25]. Ein positives Zeichen kann man in den Bestrebungen sehen, trotz politischer Veränderungen in den einzelnen Staaten diesen neuartigen Prozess zu pflegen und damit optimistische Signale für die Zukunft der Region zu geben. Man geht sogar davon aus, dass diese Initiative „zur Entwicklung einer regionalen Umwelt und einer neuen Kultur der Zusammenarbeit" beitragen wird[26]. Der

---

[24] *John R. Lampe:* Economic Integration versus Balkan Isolation. Southeastern Europe after the 20th Century. In: Valeria Heuberger, Arnold Suppan, Elisabeth Vyslonzil (Hg.). Der Balkan. Friedenszone oder Pulverfass? Frankfurt a/M, Berlin et al., 1998. S. 209.

[25] Makedonien beteiligte sich nicht an der Zusammenkunft in Sofia 1996. *Dinko Dinkov:* Sătrudničestvoto v Jugoiztočna Evropa: Idei i văzmožnosti (Die Zusammenarbeit in Südosteuropa: Ideen und Möglichkeiten). Sofija. 2001. S. 40.

[26] *Ekaterina Nikova:* Regional Cooperation in the Balkans Revisited. In: Etudes balkaniques. 2002. 1. p. 25.

neuen Annäherung der Balkanregierungen entspricht eine allmähliche Intensivierung der institutionellen, privaten und besonders der Geschäftskontakte in der Region. Als eine wichtige und interessante Aktivität in dieser Hinsicht sei das Wirtschaftsforum für Südosteuropa genannt, das eine unabhängige Plattform für Ideen der Geschäftswelt und der Regierungen bietet.

Die Kossovo-Krise und die NATO-Intervention 1999 riefen die bedeutendste außerbalkanische Initiative ins Leben. Es wurde klar, dass Konfliktmanagement und Krisenprävention auch eine Strategie für langfristige Stabilisierung und die Überwindung der zunehmenden Rückständigkeit der Region gegenüber West- und Mitteleuropa bedingen. Der neue europäische Zugang zu den Problemen des Balkans wurde im Stabilitätspakt für Südosteuropa[27] konkretisiert, wobei bilaterale, multilaterale und internationale Zusammenarbeit als Instrument der regionalen Sicherheit erreicht werden sollte. Im Gründungsdokument vom 10. Juni 1999 bekundeten die Mitglieder, die südosteuropäischen Länder bei ihren Bemühungen zur Stärkung des Friedens, der Demokratie, bei der Achtung der Menschenrechte und der Entwicklung der ökonomischen Prosperität mit dem Ziel einer nachhaltigen Stabilisierung der gesamten Region zu unterstützen. Eine Voraussetzung für die Verwirklichung der Initiative sieht man im Zusammenwirken der drei Tische des Stabilitätspaktes: I. Demokratisierung und Menschenrechte; II. Wirtschaftlicher Wiederaufbau, Entwicklung und Kooperation; III. Sicherheit. Mitglieder des Stabilitätspaktes sind Albanien, Bosnien-Herzegowina, Bulgarien, die Bundesrepublik Jugoslawien (gegenwärtig umbenannt in Serbien und Montenegro), Makedonien, Kroatien, Rumänien, Slowenien, Ungarn, alle EU-Mitgliedstaaten, Japan, Kanada, Norwegen, Russland, die Schweiz, die Türkei und die USA; die wichtigsten Vertreter internationaler Organisationen sind: die Europäische Bank für Wiederaufbau und Entwicklung (EBRD), die Europäische Investitionsbank (EIB), die Europäische Kommission, der Europarat, der UNO- Hoch-Kommissar für Flüchtlinge, der Internationale Währungsfond, NATO, OECD, OSZE, die Vereinten Nationen, die Weltbank, und die WEU. Auch regionale Initiativen wurden in den Stabilitätspakt integriert: die Schwarzmeer-Wirtschaftskooperation (BSEC), South Eastern European Defence Ministers Group, Südosteuropäische Kooperationsinitiative (SECI), Südosteuropäischer Kooperationsprozess, Zentraleuropäische Initiative. Eine Reihe unterschiedlicher regionbezogener Projekte wird

---

27 Ausführlich über den Stabilitätspakt siehe *Johanna Deimel:* Der Stabilitätspakt für Südosteuropa: Ansatz und aktueller Stand beim Regionaltisch und den drei Arbeitstischen. In: Südosteuropa Mitteilungen. 2001. Nr. 2. 41. Jahrgang.

durch den Pakt koordiniert und finanziert. Selbst die Aufzählung der Beteiligten zeigt die Einmaligkeit dieser groß angelegten Initiative, an der außerregionale sowie Balkan-Staaten und Institutionen gemeinsam Verantwortung für die Entwicklung der Region übernahmen. Es ist nicht verwunderlich, dass sich die Erwartungen der Balkanländer auf den wirtschaftlichen Wiederaufbau und den Ausbau der Infrastruktur konzentrierten, denen das Prinzip der Konditionalität (Hilfe gegen Reformen) als Grundprinzip des Stabilitätspaktes gegenübersteht. Denn gerade ökonomische Instabilität kann zu Verwerfungen im politischen Bereich führen und umgekehrt. Schwache Staatsgefüge und Institutionen mit unterentwickelten rechtsstaatlichen Mechanismen zählen in fast allen Balkanstaaten zu den gravierenden Problemen, obwohl überall demokratische Regierungen an der Macht sind, und das Wirtschaftswachstum, wenn auch von einem niedrigen Ausgangsniveau in allen Ländern um 4 % liegt. Absolute Priorität im Wirtschaftsbereich gilt der Liberalisierung des Handels, damit der schon lang geträumte gemeinsame Balkanmarkt den regionalen Handel fördern und mehr Investitionen aus dem Ausland anziehen kann. Dass dieses Ziel mit der Bekämpfung von Korruption und organisiertem Verbrechen, Gegenstand des III. Tisches, aufs Engste verbunden ist, steht außer Zweifel.

Besonders wichtig für die Entwicklung der Region ist die klar definierte Perspektive der Integration aller Balkanstaaten in die euro-atlantischen Strukturen, was ihr gemeinsames näheres Ziel ist. Zu diesem Zweck wurde der Mechanismus von Stabilisierungs- und Assoziierungsabkommen initiiert, wozu der Ausbau regionaler Kooperation, Freihandel zwischen dem Unterzeichnerstaat und der EU, sowie Freizügigkeit von Arbeit und Kapital gehören. Neuerlich wurde die EU-Beitrittsperspektive für die Region klar und unumstritten bekräftigt, sowie die Selbstverpflichtung der Region, ihre Reformanstrengungen fortzusetzen[28]. Wie es der Sonderkoordinator des Stabilitätspaktes, Erhard Busek, formuliert hat, ist die Zukunft Südosteuropas eine Herausforderung der europäischen und der internationalen Politik. „Und es darf nach der Teilung, unter der wir alle gelitten haben in unserem Kontinent, keine neuen Ausschlusszonen in Südosteuropa geben, denn die europäische Perspektive ist der eigentliche Reformanreiz in der Region selber"[29]. Endlich haben alle Akteure ein und dasselbe Ziel, denn die

---

[28] *Liselore Cyrus:* Das Gipfeltreffen EU – Westliche Balkanstaaten in Thessaloniki. In: Südosteuropa-Mitteilungen. 2003. Nr. 4–5. S. 7–13.

[29] *Erhard Busek:* Die Zukunft Südosteuropas – Herausforderung an die europäische und internationale Politik. In: Südosteuropa Mitteilungen. 2002. Nr. 2. S. 13. Die europäische

neuen Annäherungsansätze sind im Interesse der Balkanstaaten und Europas als Ganzes konzipiert. Natürlich ist die EU-Mitgliedschaft nicht das Ziel, sondern das Mittel, die Voraussetzung und der Rahmen für die potentielle Prosperität der Balkanstaaten. Diese soll aber selbst erkämpft werden. Es ist ungewiss, ob eine wirtschaftliche Durchdringung der Balkanstaaten durch EU-Mitgliedstaaten wie Griechenland und Slowenien oder eher der erhoffte Zustrom von Direktinvestitionen aus äußeren Quellen infolge der regionalen Integrationsbestrebungen[30] dem Balkanraum eine erfolgreiche Entwicklungsstrategie bieten kann. Wahrscheinlich ist ein Zusammenspiel beider Faktoren zielführend. Ebenso sind gewisse Befürchtungen erklärlich, dass die Balkanstaaten eine neue Peripherie der besser entwickelten europäischen Staaten bilden werden, angewiesen auf arbeitsintensive Produktionszweige, umweltgefährdende Industrien, auf Landwirtschaft und Tourismus[31]. Solche Befürchtungen sollten aber bloß als ein gemäßigter Euroskeptizismus gedeutet werden, nicht jedoch „neue" Vorschläge für eine Konföderation der Balkanstaaten[32] oder eine Wirtschaftsunion der orthodoxen Balkanländer motivieren[33]. Dies würde neue Trennungslinien und Abstoßungskräfte schaffen, anstatt die vorhandenen abzubauen. Die mögliche Integration des Balkanraumes in die EU wird aber als eine unentbehrliche Voraussetzung dafür betrachtet, dass die durch ungünstige historische Konstellationen entstandenen ethnischen, konfessionellen und kulturellen Differenzen zwischen und innerhalb der Nationalstaaten in dieser Region ihr Konfliktpotential künftig verlieren. Sie wird auch

---

Integrationsperspektive scheint ohne Alternative zu sein, auch wenn die politische Struktur und das Konfliktlösungsvermögen der EU hinterfragt werden, wie z. B. in *France Vreg:* Politische, wirtschaftliche und nationale Interessen für die europäische Integration in Südosteuropa. In: Nikolaus Wenturis (Hg.). Föderalismus und die Architektur der europäischen Integration. Südosteuropa-Studien 55. München 1994.

30 Der erwartete „Anreizeffekt ist nicht zwangsläufig gegeben und empirisch durchaus umstritten", wie die Untersuchung der deutschen Direktinvestitionen zeigt. Siehe dazu *Thomas Jost, Peter Nunnenkamp:* Deutsche Direktinvestitionen in Entwicklungs- und Reformländer: Haben sich die Motive gewandelt? In: Die Weltwirtschaft. 2003. Nr. 1. S. 118.

31 *Ekaterina Nikova:* Balkanite i Evropeiskata obštnost (Der Balkan und die Europäische Gemeinschaft). Sofia 1992. S. 286.

32 *Milica Zarkovic Bookman:* Economic Decline and Nationalism in the Balkans. New York 1994.

33 *Marko Radulović:* Ekonomska unija pravoslavnih balkanskih zemalja (Wirtschaftsunion der ortodoxen Balkanländer). Beograd 1998.

als einziges Mittel zum Abbau der wachsenden wirtschaftlichen Rückständigkeit gegenüber den EU-Staaten heraufbeschworen. Denn Europa im Unterschied zu den Balkanländern hat nicht nur effektive politische und finanzielle Mechanismen, die Integrationsperspektiven zu verwirklichen, sondern auch die Erfahrung gelungener Annäherungsversuche seit 1948. Ihr Gelingen war nicht ohne Rückschläge und äußere finanzielle Unterstützung möglich.

Nicht zuletzt kann die deutsch-französische Aussöhnung nach dem Zweiten Weltkrieg als lehrreiches Beispiel dienen. Übrigens gibt es positive Anzeichen in dieser Hinsicht auch auf dem Balkan. Sehr markant entwickelte sich die griechische Politik gegenüber Makedonien nach seiner Unabhängigkeitserklärung. Es sei daran erinnert, dass der griechische Außenminister 1991 seine Kollegen aus Serbien, Bulgarien und Rumänien zu einer Viererkonferenz nach Athen einlud, um über die Verhinderung der internationalen Anerkennung der Republik Makedonien zu beraten; 1994 errichtete Griechenland eine Handelsblockade gegen Makedonien und rief zum Boykott niederländischer, italienischer und dänischer Produkte durch griechische Supermärkte, weil die entsprechenden Staaten Bereitschaft zur Anerkennung Makedoniens äusserten. Nachdem sich aber Griechenland als einziges EU- und NATO-Mitglied auf dem Balkan den EU-Initiativen für die Region anschloss und eine konstruktive Balkanpolitik einschlug, nahm sein bilateraler Handel mit Makedonien zwischen 1995 und 1999 um 730 % zu, der mit Bulgarien verdoppelte sich zwischen 1992 und 1999[34]. Abschliessend lässt sich eine klare Korrelation zwischen Handelsaustausch und Direktinvestitionen feststellen. Gegenwärtig stehen griechische Investitionen unter allen direkten Auslandsinvestitionen in Bulgarien und Makedonien an erster Stelle. Die wirtschaftliche Aktivierung ist in der Außenpolitik Griechenlands für das 21. Jahrhundert tief verankert, mit der sich das Land nach Kostas Simitis, griechischer Ministerpräsident 1996–2004, von einem Zuschauer zu einem Hauptentwicklungsfaktor in der Region, zum Faktor des Friedens, der Stabilität und der Zusammenarbeit entwickeln wird.[35] Auch in Slowenien und Kroatien kommt ein

---

[34]   *Heinz-Jürgen Axt:* Griechenland als Stabilitätsfaktor auf dem Balkan. Chancen der Konfliktbeilegung durch ökonomische und politische Kooperation. In: Südosteuropa Mitteilungen. 2001. Nr. 2. 41. Jahrgang.

[35]   *Apostolos Christakudis:* Balkanskata politika na Gărcija prez 90-te godini (Die Balkanpolitik Griechenlands in den 90er Jahren). Sofija 1998. S. 285–6.

allmählich wachsendes, wenn auch nicht starkes Interesse für eine Wiederbelebung der gebrochenen Wirtschaftsbeziehungen mit dem ehemaligen Jugoslawien
zum Vorschein[36].

Rivalität wird es sicherlich auch weiter geben in Erwartung einer zweiten
Investitionswelle in Osteuropa, denn jedes Balkanland sieht in seiner „spezifischen" geographischen Lage die größte wirtschaftspolitische Chance für die
Zukunft. Psychologische Barrieren müssen auch überwunden werden, z. B. der
„balkanische Reflex", dass jede Kooperation versteckte Ausbeutung ist. Solche
zweitrangigen Probleme könnten sicherlich leichter im breiteren europäischen
Kontext mit seinen demokratischen Grundwerten und multikulturellem Charakter gelöst werden. Deswegen kann Annäherung auf dem Balkan nunmehr Sinn
haben, und Sympathien gewinnen, vor allem wenn sie den Balkan als Integra-
tionsraum der EU näher bringt und ihn nicht davon entfernt.

---

36 Eine ähnliche Intention, Wirtschaftskooperation und Frieden durch Handel zu fördern,
    hatte auch die im Rahmen des SP durchgeführte Erste Südosteuropäische Handelsaus-
    stellung und Konferenz in Zagreb im September 2001.

POLITISCHE KULTUR, STAND DER ZIVILGESELLSCHAFT, INNERE SICHERHEIT

Klaus Roth

INSTITUTIONELLES UND PERSÖNLICHES VERTRAUEN

Südosteuropa auf dem schwierigen Weg
in die Europäische Union

In einem Vortrag über die rumänische Reformpolitik in Hinblick auf die Europäische Union im Januar 2000 in München führte der damalige rumänische Justizminister und Vizepremier Valeriu Stoica aus, eines der nächsten wichtigen Projekte seiner Regierung sei die „Reform der Mentalität der Rumänen". Auf die skeptischen Nachfragen des etwas ungläubigen Publikums wies er darauf hin, dass schließlich auch Napoleon durch seinen Code Napoléon die Mentalität der Franzosen verändert habe. Wenn sich denn Mentalitäten per Dekret ändern ließen – und wenn es denn in Südosteuropa so einfach wäre! Abgesehen einmal von der Tatsache, dass sich „Mentalitäten", also Systeme von Werthaltungen, Einstellungen, Vorstellungen und Normen überall auf der Welt nur sehr langsam ändern, und abgesehen von den erheblichen Unterschieden zwischen dem Frankreich des frühen 19. Jahrhunderts und dem heutigen post-sozialistischen Rumänien gehört Südosteuropa gewiss zu jenen Teilen Europas, in denen – seit dem Bestehen moderner Nationalstaaten – die Diskrepanz zwischen Gesetzesrecht und Rechtsrealität am größten ist. Es ist jener Teil Europas, in dem bis heute modernste Verfassungen und Gesetze mit traditionellem, z. T. atavistischem Gewohnheitsrecht konkurrieren und wo die Einstellung der Bevölkerung zu Staat und Gesetz durchweg skeptisch bis ablehnend und ihr Vertrauen in das Rechtssystem äußerst gering ist.

So naiv der Ansatz des Ministers auch sein mag, so gibt er doch der Erkenntnis der Regierenden Südosteuropas Ausdruck, ihre Gesellschaften müssten auf dem

Weg in die Europäische Union weitaus mehr tun als nur die Rechtsstandards des *acquis communautaire* formal zu übernehmen: Sie müssten sich in ihrem Verhalten und Denken, ihren Werten und Normen nicht mehr nur oberflächlich anpassen, sondern sich substantiell ändern. In der Tat unterscheiden sich die Gesellschaften Südosteuropas in zentralen Teilen ihrer Struktur, ihrer Verhaltensmuster, ihrer Wertorientierungen und vor allem ihrer sozialen Logik recht erheblich von denen Mittel- und Westeuropas, während sie mit Teilen Südeuropas gewisse Übereinstimmungen aufweisen. Es sind dies Unterschiede, die unmittelbare Bedeutung haben für die Chancen der Länder, zivilgesellschaftliche Strukturen und Institutionen aufzubauen und in Politik, Wirtschaft, Recht und Gesellschaft eine „Kultur" zu entwickeln, die den Grundprinzipien der Europäischen Union entspricht.

Einer der Grundpfeiler des Funktionierens der Gesellschaften der Europäischen Union wird angesprochen in der Frage, wo in der Gesellschaft das soziale Vertrauen der Menschen lokalisiert ist. In der EU wird dabei – wie selbstverständlich – davon ausgegangen, dass die Basis des gesellschaftlichen Zusammenlebens ein hohes Maß an Vertrauen in Institutionen ist, also ein Vertrauen in Gesetze und Verträge, in Regierungen und Behörden, in Gerichte und die Polizei, in Banken und Versicherungen. Es ist ein anonymes Vertrauen in das Funktionieren der Institutionen, also nicht in die Verlässlichkeit des persönlich bekannten einzelnen Amtsträgers, sondern in seine Behörde als eine dem Gesetz verpflichtete Institution. Gesellschaften, die einen hohen Grad an institutionellem Vertrauen aufweisen, werden in der soziologischen Forschung als „high trust societies" bezeichnet[1] Gerechtigkeit, Chancengleichheit, Effizienz und Wohlstand gelten dort prinzipiell nur dann als gewährleistet, wenn im öffentlichen Bereich Verlässlichkeit herrscht und Staatsdiener sich für das Wohl *aller* Bürger gleichermaßen einsetzen und wenn zudem viele Bürger bereit sind, sich für das Gemeinwohl auch ehrenamtlich zu engagieren und so Sozialkapital zu erwerben.

Dieser Logik des sozialen Handelns steht, wie verschiedene Ethnologen[2] am Beispiel Südeuropas festgestellt haben, eine andere soziale Logik konträr gegenüber. Ihr zufolge hat das Private eindeutig Vorrang vor dem Öffentlichen, da die Menschen die öffentliche Sphäre als unzuverlässig und undurchschaubar, ja als bedrohlich wahrnehmen. Insbesondere der Staat und seine Institutionen werden als Feinde gesehen, weswegen es durchaus legitim (wenn auch illegal) sein kann,

---

1   Zum Thema Vertrauen s. Luhmann 2000 (1968), Fukuyama 1995, Coleman 1988, Putnam 1995.
2   Siehe Boissevain 1974, Gambetta 1989, Giordano 2003.

in Verfolgung eigener Ziele gegen das Gemeinwohl und den Staat zu handeln. In Gesellschaften dieses Typs herrscht, wie Christian Giordano (2003) formuliert hat, ein „öffentliches Misstrauen", das ständig neu reproduziert wird und integraler Teil des sozio-kulturellen Systems ist. Nicht das Vertrauen in Institutionen bestimmt hier das alltägliche Handeln, sondern allein das Vertrauen in Personen. Sicherheit, Verlässlichkeit, Loyalität und Solidarität wird allein im Bereich des Privaten gesucht, wobei der Raum dieses persönlichen Vertrauens zunächst einmal die Familie und Verwandtschaft umfasst. Um aber die Probleme des Alltags zu meistern und Sozialkapital zu gewinnen, muss dieser Raum des Vertrauens durch den Aufbau und die Pflege von emotionalen und instrumentellen sozialen Netzwerken ausgeweitet werden: Neben die Blutsverwandtschaft treten dann Netzwerke der rituellen Verwandtschaft (durch Trauzeugen und Taufpaten) und der Freundschaft (wie Schulkameraden, Kommilitonen, Kollegen, Nachbarn) oder auch Klientel-Netzwerke zwischen einem Patron und seinen Klienten – wobei der Patron ein Beamter, ein Abgeordneter, ein Minister oder auch ein Unternehmer sein kann.

Die Gesellschaften Südosteuropas gehören dem zweiten Typ an, sind „low trust societies", in denen vor allem enge soziale Netzwerke, Verwandtschaft und Freundschaft soziales Vertrauen bieten und dem Einzelnen die Anhäufung von sozialem Kapital ermöglichen. Das Vertrauen in den Staat und seine Institutionen, in Politiker und Beamte ebenso wie in Richter und Polizisten ist überaus gering (s. Delibašić 2004: 54). Dies liegt zunächst einmal daran, dass alle Länder Südosteuropas eine z. T. Jahrhunderte lange Erfahrung mit Fremdherrschaft haben, also mit einem als feindlich empfundenen Staat. Von erheblicher Bedeutung sind aber auch die Jahrzehnte bitterer Erfahrung mit dem Sozialismus, mit einem Staat also, der durch seinen totalitären Zugriff auf die Menschen als fremde, feindliche Macht wahrgenommen wurde und der seine Bürger zwang, sich für ihr Überleben vollends in Nischen des privaten Vertrauens zurückzuziehen.

Die Zerstörung des institutionellen und die Förderung des personellen Vertrauens sind langfristig das wohl schwierigste Erbe des Sozialismus. Fünfzehn Jahre nach dem Ende des Sozialismus zeigt sich, dass trotz der gravierenden Veränderungen in nahezu allen Lebensbereichen die Bedeutung persönlicher Netzwerke in den Transformationsländern nahezu unverändert groß ist. Eine mögliche Erklärung scheint auf den ersten Blick darin zu liegen, dass die tiefen Verwerfungen durch die Transformation, insbesondere durch die politische und ökonomische Krise und die Verarmung breiter Bevölkerungsschichten die dichten sozialen Netzwerke weiterhin funktional und notwendig für das Überleben machen (cf.

Delibašić 2004: 52 f.). Sie sind in allen Gesellschaftsschichten und in allen Bereichen – von Politik, Wirtschaft und Recht bis hinein ins Privatleben – unverändert eine *conditio sine qua non* für das individuelle und gesellschaftliche Leben[3]. Hieraus ergibt sich einerseits ein anhaltend starker Familismus und Klientelismus, zum andern ist, wie Milena Benovska (2005) beobachtet hat, die „kleine Korruption" zu einem integralen Teil des Alltagslebens geworden. Benovskas Beobachtung wird gestützt durch den jährlich veröffentlichten *Transparency International Corruption Perception Index*, in dem die Länder Südosteuropas 2004 recht ungünstige Rangplätze einnehmen[4].

Die Schwäche bzw. das Fehlen des institutionellen Vertrauens ist damit ein Schlüsselproblem der südosteuropäischen Transformationsländer. Dieses geringe institutionelle Vertrauen korrespondiert in vielen Fällen mit der realen Schwäche vieler Institutionen, etwa im gesamten Sozialbereich, so dass das traditionelle Modell enger (symmetrischer) persönlicher Netzwerke und (asymmetrischer) klientelistischer Beziehungen weiterhin durchaus funktional sein kann, wie Karl Kaser in seinem Beitrag aufzeigt. Nicht zu übersehen ist aber andererseits, dass es in mehreren Ländern Südosteuropas inzwischen im staatlichen wie auch im nichtstaatlichen Bereich relativ gut funktionierende Institutionen gibt, die weit besser sind als ihr Ruf in der Gesellschaft. Ein Beispiel ist das – nach der Bankenkrise der frühen 1990er Jahre – inzwischen recht gut etablierte Bankensystem, dem aber von den Menschen noch immer mit Misstrauen begegnet wird. Andererseits ist aber die Tatsache nicht zu übersehen, dass die Menschen in Südosteuropa durchaus institutionelles Vertrauen haben, allerdings nicht in die eigenen, sondern in westliche Firmen und Institutionen, insbesondere in die Institutionen der Europäischen Union[5].

---

3   Es ist das Ziel des Projekts „Das Erbe des sozialistischen Alltags: Soziale Netzwerke und soziales Vertrauen im Postsozialismus" im Rahmen des Bayerischen Forschungsverbundes *Forost*, den Fragen der Bildung und Pflege sozialer Netzwerke und der Etablierung von institutionellem und persönlichem Vertrauen in mehreren postsozialistischen Ländern von Bulgarien und Serbien über die Slowakei, die Tschechische Republik und Polen bis nach Estland und Russland nachzugehen. Siehe www.forost.de

4   Rangplatz (146 Länder) von: Slowenien 32, Ungarn 42, Bulgarien 54, Kroatien 67, Bosnien & Herzegowina 83, Rumänien 89, Mazedonien 99, Serbien & Montenegro 101, Albanien 108, Moldova 117. Quelle: http://www. transparency.org/cpi/2004/cpi2004. en.html.

Die politischen Verhältnisse in Serbien und Montenegro in den zehn Jahren der Milošević-Herrschaft haben das Vertrauen in die Institutionen des Staates nochmals enorm geschwächt und haben verhindert, dass sich eine demokratische politische Kultur entwickeln konnte. Stattdessen herrschten, wie Irina Ristić zeigt, für ein Jahrzehnt Untertanenkultur und Kollektivismus, Patriarchalismus und Autoritarismus, die das Misstrauen der Bürger auch gegenüber den neuen demokratischen Institutionen schürten und den Weg zu zivilgesellschaftlichen Strukturen und zu wirklicher Demokratie ganz erheblich erschwerten. Dabei geht es nicht nur um das für eine moderne Zivilgesellschaft entscheidende Vertrauen in die staatlichen und politischen Institutionen, wie Rudolf Richter in seinem Beitrag für Kroatien und Serbien aufzeigt, sondern auch um den Grad der Partizipation des Einzelnen am gesellschaftlichen Leben; während ersteres in beiden Ländern gleichermaßen gering ist, weist Kroatien bei der Partizipation der Bürger bereits deutlich bessere Werte als Serbien auf.

Zusätzlich geschwächt wird das institutionelle Vertrauen in jenen Ländern, in denen ethnische Minderheiten von der Teilhabe an der staatlichen Macht ganz oder weitgehend ausgeschlossen sind. Robert Pichler kann am Beispiel des ethnisch zerrissenen Mazedonien herausarbeiten, wie schwer es ist, angesichts der starken Lokalisierung des Vertrauens in der eigenen ethnischen Gruppe und des – aus historischer Erfahrung – extremen Misstrauens gegenüber der anderen Gruppe, eine auf Vertrauen basierende Teilhabe der albanischen Minderheit an der Macht und zugleich eine sozial gerechte Ordnung und wirtschaftliches Wachstum zu realisieren.

In allen hier untersuchten Ländern tritt, so können wir die Beiträge dieser Sektion zusammenfassen, das Denken in Kategorien der Gesamtgesellschaft und des Gemeinwohls deutlich zurück hinter dem partikularistischen Denken in Primärgruppen und Netzwerken persönlichen Vertrauens. Dies gilt in gleichem Maße auch für den Bereich der Wirtschaft: In allen südosteuropäischen Ländern ist der kleine Familienbetrieb die Norm[6], der Kleinbetrieb, in dem das Prinzip

---

[5] Eurobarometer-Umfrage in Bulgarien: Unter Bulgaren genießt die EU unter allen Institutionen das größte Vertrauen. Quelle: Deutsche Welle Monitor Ost-/Südosteuropa vom 2.11.2004.

[6] Sein Anteil an der Gesamtzahl der Betriebe schwankt je nach Land zwischen 95 und 99 %. Zu diesem Thema vgl. die Beiträge von T. Chavdarova und I. Petrova in Roth 2004.

der „Betriebsfamilie" mit dem patriarchalen Chef gilt, der seine Mitarbeiter wie seine Kinder führt und Loyalität verlangt. Allerdings ist in diesen Unternehmen in den letzten Jahren auch die gegenläufige Tendenz zu beobachten, bei Mitarbeitern und Geschäftspartnern mehr auf Kompetenz und Leistung denn auf verwandtschaftliche Nähe zu achten, da Geschäftsbeziehungen mit Verwandten oftmals Probleme eigener Art bereiten.

Die Reduzierung der Dominanz des persönlichen Vertrauens und die Stärkung des institutionellen Vertrauens sind elementare Voraussetzungen für die Errichtung jener zivilgesellschaftlichen Strukturen und Institutionen, die von der EU gefordert sind. Der Weg dahin scheint aber äußerst schwierig zu sein, denn die oben angeführte dichte soziale und kommunikative Vernetzung der Menschen und die ihr zugrunde liegende soziale Logik – mit all ihren Vorzügen und ihren gravierenden Problemen – ist tief in den soziokulturellen Systemen der Gesellschaften Südosteuropas verankert und eng mit der individuellen und kollektiven Identität der Menschen verbunden. Gerade in der Auseinandersetzung mit dem „Westen", die vor und während der EU-Osterweiterung sehr offen geführt wurde und wird, zeigt sich in vielen Beiträgen osteuropäischer Intellektueller, dass diese in Südosteuropa „normale" Art des alltäglichen sozialen Handelns als wohltuender Gegensatz zur Funktionalität, Effizienz, sozialen Kälte und Anonymität des Westens empfunden wird. Ein Wandel der „Mentalität", um auf unser Eingangszitat zurückzukommen, wird sich allenfalls sehr langsam vollziehen – und er wird zur Voraussetzung eine längerfristige positive gesellschaftliche Erfahrung mit zuverlässigen und fairen Institutionen haben. Zu befürchten ist zudem, dass ein solcher Wandel, der auch als Wandel der eigenen kulturellen Identität empfunden werden würde, heftige emotionale Reaktionen und auch antieuropäische Stimmungen hervorrufen wird, zumal dann, wenn er von „oben" oder von außen aufgezwungen wird.

Literatur

Benovska-Săbkova, Milena 2005: Ist die „kleine Korruption" wirklich klein? Eine Fallstudie im Bereich des Bildungswesens zur Zeit des Sozialismus und des Postsozialismus in Bulgarien. In: K. Roth (Hg.), Sozialismus: Realitäten und Illusionen. Ethnologische Aspekte der sozialistischen Alltagskultur. Wien: Verlag des Instituts für Europäische Ethnologie der Universität Wien, 105–118.

Boissevain, J. 1974: Friends of Friends. Oxford: Blackwell.

Brunnbauer, Ulf, Karl Kaser (Hg.), Vom Nutzen der Verwandten. Soziale Netzwerke in Bulgarien (19. und 20. Jh.). Wien: Böhlau.

Coleman, James 1988: Social Capital in the Creation of Human Capital. In: American Journal of Sociology 94 (supplement): 95–120.

Delibašić, Ivan 2004: Poročnijat krăg na korupsijata v Jugoiztočna Evropa [Der Sündenkreis der Korruption in Südosteuropa]. In: TEMA 41/2004: 52–55.

Fukuyama, Francis 1995: Social Capital and the Global Economy. In: Foreign Affairs 74,5: 89–103.

Fukuyama, Francis 1995a: Trust. The Social Virtues and the Creation of Prosperity. New York, London: The Free Press.

Gambetta, Diego 1989: „Mafia – The Price of Distrust". In: Diego Gambetta (ed.), Trust: Making and Breaking Cooperative Relations. Oxford: Blackwell, 158–175

Giordano, Christian 2003: Beziehungspflege und Schmiermittel. Die Grauzone zwischen Freundschaft, Klientelismus und Korruption in Gesellschaften des öffentlichen Misstrauens. In: R. Hettlage (Hg.), Verleugnen, Vertuschen, Verdrehen. Leben in der Lügengesellschaft. Konstanz: UVK, 97–120.

Luhmann, Niklas [4]2000: Vertrauen. Ein Mechanismus der Reduktion sozialer Komplexität. Stuttgart: Lucius.

Putnam, R.D. 1995: Bowling Alone: America's Declining Social Capital. In: Journal of Democracy 6,1: 65–78.

Roth, Klaus (Hg.) 2004: Arbeit im Sozialismus – Arbeit im Postsozialismus. Erkundungen zum Arbeitsleben im östlichen Europa. Münster: LIT.

KARL KASER

KLIENTELISMUS: POSITIVE POTENZIALE UND RISKEN EINES TRADITIONELLEN MODELLS SOZIALER BEZIEHUNGEN[1]

Eine der gravierendsten Folgen der seit 1989 einsetzenden Transformation zentralwirtschaftlich gelenkter und monokratischer politischer Herrschaftsstrukturen in pluralistische, neoliberale Marktwirtschaften war das Zurücktreten des Staates und seiner Institutionen – sowohl aus dem wirtschaftlichen als auch aus dem allgemein politischen Leben. Dies mochte für Menschen einerseits befreiend wirken, da sie der permanenten Bevormundung von Partei und Staat überdrüssig geworden waren, andererseits eröffnete sich für sie ein riesiges institutionelles Vakuum. Waren bis dahin die sozialen Beziehungen zwischen ihnen durch die Institutionen von Partei und Staat manipuliert und ideologisiert, aber auf irgendeine Weise doch reguliert gewesen, so fielen solche regulierenden Institutionen über Nacht weg. Dies auf der einen und die veränderten Herrschaftsverhältnisse auf der anderen Seite hatten veränderte Handlungslogiken der Menschen im Alltag zur Folge.

In dieser Situation etablierten sich alternative Netzwerke und setzten sich in diesem institutionellen Vakuum fest, denn das Alltagsleben benötigt Regelungen irgendwelcher Art. Ihre Grundlage bilden die persönlichen Beziehungen sowie symmetrische und asymmetrische Abhängigkeiten zwischen den Akteuren und Akteurinnen. Es handelt sich dabei teils um gewohnheitsrechtlich übermittelte, wenngleich in fünf Jahrzehnten sozialistischer Herrschaft veränderte, teils um neu formulierte Regelungsmechanismen. Diese sind in ihren Auswirkungen ambivalent – positiv wie negativ – einzuschätzen. Der positive Aspekt ist darin zu sehen,

---

[1]　Dieser Beitrag beruht, wenn nicht durch Fußnoten anders gekennzeichnet, auf: Karl Kaser: Freundschaft und Feindschaft auf dem Balkan. Euro-balkanische Herausforderungen, Klagenfurt 2001.

dass sie eine gewisse Stabilität in der Alltagsbewältigung sowie auch eine Form der sozialen Sicherheit darstellen. Auf der anderen Seite verhindern oder zumindest behindern sie den Aufbau zivilgesellschaftlicher Strukturen; in organisatorisch weiterentwickelter Form untergraben sie einerseits die öffentliche Ökonomie durch schattenwirtschaftliche Strukturen und bilden andererseits die Grundlage für verbrecherische Netzwerke.

Diese Netzwerke an persönlichen Beziehungen, Abhängigkeiten und Gefolgschaften – sowohl in ihren positiven als auch in ihren negativen Auswirkungen – werden hier als „Klientelismus" in einem weiteren Sinn bezeichnet – im Unterschied also zu den für die Mittelmeerwelt charakteristischen Patron-Klientel-Beziehungen im engeren Sinn. In den folgenden Abschnitten wird zuerst auf das traditionelle Muster der Sozialbeziehungen und Netzwerkbildungen sowie auf seine modernisierte Version eingegangen. Danach werden die Auswirkungen des Klientelismus auf die Zivilgesellschaft, die politische Kultur sowie auf die Etablierung verbrecherischer Netzwerke untersucht. Dabei wird insbesondere auf empirische Beispiele aus Albanien verwiesen, weil hier die Problemlage klarer zutage tritt als anderswo.

1) Das traditionelle Muster der sozialen Beziehungen und dessen Neuformulierung

Es sind für Europa grundsätzlich drei traditionelle Arten der Herstellung und Sicherung von Solidarität und freundschaftlichen Beziehungen zu unterscheiden: Gesellschaften, die im Laufe ihrer Geschichte in der Lage waren, die sozialen Beziehungen zu institutionalisieren und daher Konflikte der Ebene der persönlichen Beziehungen und Verantwortung zu entziehen. Solche Gesellschaften entwickelten im Laufe ihrer Geschichte stabile Behördenapparate, denen die Individuen – trotz aller Skepsis ihnen gegenüber – letztlich trauen konnten. Wir können solche Gesellschaften als *Institutionengesellschaften* bezeichnen, da sie durch die Verinstitutionalisierung der Konflikte Raum für die Entfaltung von nicht bloß auf Verwandtschaft und Klientelismus beruhender Solidarität eröffneten. Institutionengesellschaften konnten sich vor allem im westlichen Europa entwickeln.

Diese müssen wir mit Gesellschaften vergleichen, denen es im Laufe ihrer Geschichte nicht beschieden war, Konfliktregelungsmechanismen und die sozialen Beziehungen zu institutionalisieren. In solchen erhielten persönliche Netzwerke als tragende soziale, alternative Netzwerke Bedeutung. Im Unterschied zu Institutionengesellschaften konnten es sich diese bzw. deren handelnden Akteure und Akteurinnen nicht leisten, Freundschaften und Kooperationen dem freien Spiel individueller Emotionen auszusetzen, sondern mussten sie gewissermaßen zweckgerichtet anstreben. Die abgesichertste Form der Kooperation und Solidarität in den historischen Balkangesellschaften bildete die Verwandtschaftsgruppe. Wir können diese Gesellschaften daher auch als *Verwandtschaftsgesellschaften* bezeichnen. In diese Form des persönlichen Netzwerkes wurde man hineingeboren und baute diese im Laufe des Lebens möglicherweise über Formen spiritueller Verwandtschaft aus. Die Gruppe der persönlich miteinander Verwandten ersetzte die behördlichen Institutionen. Zwischen einer behördlichen Institution, die noch dazu auf Anweisung „von oben" agiert, und einer auf persönlicher Solidarität basierenden Verwandtschaftsgruppe besteht ein großer Unterschied.

Neben diesen beiden Formen gibt es in der europäischen Überlieferung noch eine dritte Kategorie in der Herstellung von Solidarität bzw. in der Austragung von Freundschaft und Feindschaft. Es handelt sich dabei um *Gefolgschaftsgesellschaften*, die sich ebenso wie die Verwandtschaftsgesellschaften im institutionsfernen Raum herausbildeten, jedoch nicht bloß auf der Grundlage von Verwandtschaft, sondern auch auf jener eines nicht verwandten Gefolges. Der Zusammenhalt zwischen einem Gefolgschaftsführer und dem Gefolge, zwischen dem Patron und der Klientel war nicht automatisch und dauerhaft gegeben, wie dies bei verwandtschaftlichen Banden der Fall war, sondern musste immer wieder erneuert werden. Solche Beziehungen finden wir am ehesten unter den Gesellschaften des nördlichen Mittelmeerbereichs mit ihrer starken Tradition aus der Antike; sie bildeten u. a. die Grundlage für das Entstehen der süditalienischen Mafia zu Beginn des 19. Jahrhunderts.

Wir haben es mit folgendem zentralen Problem zu tun: In Institutionengesellschaften schalteten sich Behörden, Institutionen und Beamte in das Leben der einzelnen Menschen ein, regulierten und begrenzten es. Regulierung und Überwachung haben im westlichen und zentralen Europa eine lange Tradition, die sich weit in die Geschichte zurückverfolgen lässt. Diese mündete über eine Kette von Generationen in die Institution des unterwürfigen Staatsbürgers, der zwar hinter dem Rücken über die Behörden kein gutes Wort verliert, aber sich vor ihnen willfährig zeigt. Dieselben Ketten von Generationen auf dem Balkan waren im Unterschied dazu mit staatlichen Verwaltungspraktiken konfrontiert, die sich in erster Linie um die Einhebung der Steuern sorgten, aber ansonsten jegliche Rechtssicherheit und Sorgfalt missen ließen. In der Zeit des Osmanischen Reichs und danach konnten sich keine staatsbürgerlichen Emotionen entfalten. Der unbeirrbare Beamte, der auch den verlockendsten Bestechungsversuchen widersteht, hat keine Tradition auf dem Balkan. Auch persönliche, aktuelle Erfahrungen stützen die Richtigkeit dieser Einschätzung. Polizisten können von ihrem zumeist geringen Einkommen kaum leben; gleichzeitig drängen sie in den Staatsdienst, der ihnen zumindest minimale Stabilität im Leben verspricht und außerdem Quelle für zusätzliche „Einkommen" werden kann.

Die traditionelle Verwandtschaftsgesellschaft des Balkans ist im Verlauf der kommunistischen Herrschaft in Unordnung gekommen und hat neue Formen angenommen. Diese Unordnung entstand im Wesentlichen durch zwei Faktoren:

1) Die sozialistische Moderne brachte es mit sich, dass die Solidarbeziehungen den Charakter exklusiver Verwandtschaftsbande verloren. Dies hat verschiedene Gründe. Einer davon ist, dass die Kommunistischen Parteien eine neue Ebene der Solidarbeziehungen – jene der Parteimitglieder – schufen, die nationsweit und in ihrer idealen Form sogar internationalistisch angelegt waren. Durch eine bislang unbekannte institutionelle Durchdringung der Gesellschaft, die allerdings eine höchst ideologisierte war, verlor die verwandtschaftliche Beziehung für die Organisation des Alltagslebens an Bedeutung.

2) Auf der anderen Seite wurden die Verwandtschaftsbande – allerdings in einem neuen Mix mit außerverwandtschaftlichen und politischen Beziehungen aufgeladen – gewissermaßen reaktiviert oder reformuliert. Es wäre durchaus erkenntnisreich, die Regierungen, Politbüros und die Zusammensetzung der mittleren und unteren Kader auf ihre verwandtschaftlichen Zusammenhänge hin zu analysieren. Von den einzelnen kommunistischen Parteichefs – einzelne Ausnahmen ausgenommen – weiß man, welche Verwandte sie wann und wo in Schlüsselpositionen hievten. Das Motto lautete: „Vertrauen in Genossen ist gut, Vertrauen in Verwandte ist besser". Das ideologische Brimborium rund um die Besetzung wichtiger politischer Positionen verhüllte mitunter deren triviale verwandtschaftliche Motivation. Daran hat sich in der Zeit der Transformation wenig geändert. Außerdem ist es kein exklusiv kommunistisch-postkommunistisches Phänomen, sondern ein allgemein balkanisches. Eine Analyse griechischer Regierungen und Parteiführungen auf ihre verwandtschaftlichen Beziehungen hin kann bis heute höchst interessante Ergebnisse zutage fördern.

Das große Problem auf dem Balkan besteht also darin, dass die sozialen Beziehungen zwischen den Menschen sich nie tief gehend zu institutionalisieren vermochten; dadurch bleibt es im Wesentlichen bei individuellen Vereinbarungen oder Vereinbarungsketten zwischen den Menschen, die immer wieder erneuert und bestärkt werden müssen. Dies sorgt zwar für enge zwischenmenschliche Beziehungen, macht jedoch die Organisation des Alltagslebens schwierig; außerdem verschlingt sie gewöhnlich viel Zeit. Diese Netzwerkbildungen sorgen auch für den Aufbau von Parallelstrukturen, lassen mafia-ähnliche Strukturen sprießen oder eröffnen, ganz allgemein gesprochen, den Potentialen von klientelistischen Beziehungen ein weites Aktionsfeld und unterminieren eine aufkeimende Zivilgesellschaft. Letzterem Problem widmet sich der folgende Abschnitt.

2) Das Problem der Zivilgesellschaft

Eine der logischen Konsequenzen von nur schwach institutionalisierten Sozialbeziehungen und der sich dadurch entfaltenden Parallelstrukturen ist, dass Netzwerke, die eine gesamtgesellschaftliche Perspektive verfolgen, ebenfalls schwach ausgebildet sind. Die sich entfaltenden Parallelstrukturen unterstützen die Interessen bestimmter Gruppen und erheben nicht nur keinen gesamtgesellschaftlichen Anspruch, sondern unterlaufen entsprechende Ansätze sogar. Um ein konstruiertes Beispiel zu nehmen: Ein Mann wird willkürlich von der Polizei verhaftet und in ein unbekanntes Gefängnis gesteckt; man vermutet, dass er gefoltert wird. Abgesehen davon, dass in einer intakten Zivilgesellschaft Folterung nicht vorkommen sollte, würden die Angehörigen in einer funktionierenden Zivilgesellschaft an die bestehenden Menschenrechtsorganisationen appellieren; binnen kurzer Zeit würde der Aufenthaltsort des Gefangenen bekannt sein, und ein Anwalt würde feststellen können, ob die Vermutungen, dass er gefoltert wurde, zurecht bestünden. In einer nur schwach ausgebildeten zivilgesellschaftlichen Ordnung würden die Dinge einen anderen Verlauf nehmen: Die Angehörigen würden, da es keine Menschenrechtsorganisationen gibt oder sie eine solche nicht kennen oder ihnen nicht trauen, ihre Netzwerke von Verwandten, Freunden und Bekannten aktivieren. Mit ihrer Hilfe würden sie rasch herausfinden, wo sich der Mann aufhält, da sich dieses Netzwerk bis tief in den Polizeiapparat hinein erstreckt. Sie würden so Informationen über dessen Gesundheitszustand usw. sammeln können. Im schlimmsten Fall – angenommen der Vorwurf der Folter hätte sich als richtig erwiesen und der Folterer wäre identifiziert worden – könnte der Fall eintreten, dass einer der Angehörigen an dem Folterer Rache nimmt.

Glücklicherweise werden Fälle polizeilicher Willkür auf dem Balkan immer weniger. Dieses Beispiel wurde konstruiert, um zu zeigen, dass die Menschen vielfach andere Wege gehen und andere Strategien einschlagen müssen, um zu ihren Zielen zu gelangen: ein erwünschtes Dokument rasch oder überhaupt ausgestellt zu bekommen, einen erwünschten Konsumartikel billig zu erhalten, zu günstigem Baumaterial zu gelangen usw.

In letzter Zeit wird viel von der „Zivilgesellschaft" gesprochen, wenn es um das Verhältnis zwischen dem Staat und seiner Bewohnerschaft geht. Darüber, was die Zivilgesellschaft ausmacht und wie sie zu definieren ist, wird heftig debattiert. Für unsere Zwecke reicht es, wenn wir unter ihr von Bürgern und Bürgerinnen eines Staats selbst hervorgebrachte Organisationen verstehen, die beispielsweise ein Weiterbestehen einer demokratischen Ordnung ermöglichen, selbst wenn der Staat und seine Organe in eine politische Krise schlittern würden: sie würden den Widerstand gegen die Verfolgung von Minderheiten organisieren, einen wirksamen Widerstand gegen willkürliche Verhaftungen aufbauen, würden lauthals ihren Unmut gegen rechtspopulistische Kräfte, die an die Regierung gekommen sind, artikulieren usw. Es handelt sich um politische, der Bildung dienende kulturelle Vereinigungen, unabhängige Gewerkschaften und kirchliche Organisationen; um Institutionen, die sich auf ein bestimmtes Problem konzentrieren: ökologische Bewegungen, Organisationen auf dem Gebiet der Menschenrechte, der Entwicklungszusammenarbeit oder Aidshilfe usw.[2]

Derartige zivilgesellschaftliche Organisationen, die zwischen den Bürgern beziehungsweise Bürgerinnen und dem Staat vermitteln, konnten sich in den westlichen Ländern seit dem 18. Jahrhundert entwickeln. Sie haben verschiedene Wurzeln. So entstanden beispielsweise in der Kolonialmacht England im 19. Jahrhundert Organisationen zum Schutz und Erhaltung der Menschenwürde der einheimischen Bevölkerung in den Kolonien. Trotz dieser langen Tradition haben die zivilgesellschaftlichen Einrichtungen mitunter ihre Grenzen erfahren müssen, etwa in der raschen Kapitulation der deutschen Gesellschaft vor dem Nationalsozialismus. Trotz aller Rückschläge konnte sich in den westlichen Ländern ein verdichtetes zivilgesellschaftliches Netzwerk etablieren, das eine gewisse Stabilität garantiert. In den Balkanländern hatten vergleichbare Netzwerke nie erstarken können – trotz der vielen Versuche, sie zu begründen. Denn solche dauerhaft zu

---

[2] Aus der reichhaltigen Literatur zu diesem Thema siehe beispielsweise: *Martin Shaw*: Die Repräsentation ferner Konflikte und die globale Zivilgesellschaft. In: *Ulrich Beck* (Hg.): Perspektiven der Weltgesellschaft. Frankfurt am Main 1998. S. 221–253.

etablieren, bedarf es der Kontinuität einer friedlichen inneren und äußeren Entwicklung. Eine solche Kontinuität wurde den Balkangesellschaften im Verlauf des 20. Jahrhundert nicht gewährt. Während in der Zwischenkriegszeit alle Balkanländer früher oder später in diktatorischen Regimes mündeten, wurden nach dem Zweiten Weltkrieg jegliche zivilgesellschaftliche Ansätze von den herrschenden kommunistischen Parteien erstickt. Sie konnten sich teilweise wieder formieren, je älter diese Regime wurden. Nach 1989 jedoch steht man auch diesbezüglich vor einem Neubeginn, und man braucht kein Prophet zu sein, um prognostizieren zu können, dass der Aufbau einer ausgeprägten zivilgesellschaftlichen Ordnung, der Hand in Hand mit dem Abbau gesellschaftlicher Parallelstrukturen gehen muss, noch lange Zeit in Anspruch nehmen wird.

Eine der wichtigsten Institutionen der Zivilgesellschaft sind heutzutage die Medien. Sie kommunizieren permanent mit ihrem Publikum und können einen großen Beitrag zum Aufbau einer zivilgesellschaftlichen Ordnung leisten – vorausgesetzt sie sind dazu bereit. Gerade diesbezüglich stehen die Balkanländer vor einer äußerst schwierigen Situation. Eine Studie des Grazer „Center for the Study of Balkan Societies and Cultures", die vom österreichischen Wissenschaftsministerium in Auftrag gegeben wurde, kommt zu ernüchternden Schlussfolgerungen: Die gegenwärtige Situation der Medien in den ehemals sozialistischen Balkanländern sei durch politischen Druck, ökonomische Probleme und chaotische medienrechtliche Bestimmungen einerseits und eine große Anzahl an Medienprodukten andererseits gekennzeichnet. Allein in Bosnien-Herzegowina existieren rund 360 Medienprodukte, darunter etwa 130 Zeitungen und Zeitschriften sowie 227 Radio- und Fernsehstationen. Da die Zeitungspreise relativ hoch sind, kommt den elektronischen Medien eine hohe Bedeutung zu. Die ländlichen Regionen werden von den Printmedien vielfach überhaupt nicht erreicht. Diese hohe Zahl an elektronischen Erzeugnissen und Printmedien bedeutet allerdings gleichzeitig noch nicht eine hohe Qualität in der Berichterstattung. Journalistische Professionalität und Ethik sind ebenso wenig entwickelt wie das öffentliche Bewusstsein für die außerordentliche Bedeutung von freien Medien für die Entwicklung einer pluralistischen und freien Gesellschaft. Westliche Unterstützungsmaßnahmen – wie wichtig sie auch sind – haben, so zeigen Erfahrungen in den letzten Jahren, oft negative Folgewirken. So wurden etwa in Makedonien die Verkaufspreise einiger niveauvoller Zeitungen durch westliche Finanzunterstützung gesenkt. Dies schuf eine unfaire Wettbewerbssituation, auf die die nicht unterstützten Zeitungen durch eine weitere Qualitätsminderung reagierten beziehungsweise reagieren mussten, um den Verkaufspreis ihrer Produkte ebenfalls reduzieren zu können.[3] Solche und ähnliche Mechanismen bestimmen in weiterer Folge auch den Charakter einer sich ausbreitenden politischen Kultur, die sich die schwache ausgebildete zivilgesellschaftliche Ordnung zunutze macht.

3) Politische Kultur

Im Folgenden wird ein Blick auf die politische Kultur Albaniens geworfen, der in exemplarischer und eindringlicher Weise zeigt, welche Handlungsspielräume sich für die politischen Akteure – und die wenigen politischen Akteurinnen – in den Balkanländern durch das weit gehende Fehlen einer stabilen institutionellen Ordnung ergeben.

Ein in Albanien weit verbreitetes Sprichwort lautet: „Hüte dich vor drei Dingen: dem Feuer, dem Wasser, dem Staat".[4] Es charakterisiert die gegenwärtige politische Kultur Albaniens ebenso wie ein beliebig ausgewähltes Beispiel aus der breiten Palette des politischen Witzes; er bezieht sich auf die gefälschten Wahlen zum albanischen Parlament im Jahr 1996. Sie fanden statt, als Sali Berisha Präsident des Landes und Vorsitzender der damals mit absoluter Mehrheit regierenden „Demokratischen Partei Albaniens" war: „Jelzin, Clinton und Berisha sitzen zusammen im Flugzeug. Plötzlich heißt es: Wir stürzen ab. Es ist nur ein Fallschirm da. Berisha schlägt vor abzustimmen, wer ihn kriegt. Das Ergebnis: sechs Stimmen für Berisha."[5]

Sprichwort und Witz bringen in symbolhafter Weise die drei wesentlichen Rahmenbedingungen, unter denen sich sowohl die politische Kultur als auch die politische Ordnung Albaniens seit 1991 entfaltet haben, zum Ausdruck. „Sich vor dem Staat zu hüten", beziehungsweise vor seinen Institutionen, stellt eine über Jahrhunderte akkumulierte Negativeinstellung gegenüber dem Staat dar, die speziell im albanischen Fall nicht unbegründet ist. Damit in Zusammenhang

---

[3] *Ulf Brunnbauer* and *Hannes Grandits*: Media in Southeast Europe. In: How to Construct Civil Societies? Education, Human Rights and Media in Southeast Europe: A Critical Guide, ed. by the Center for the Study of Balkan Societies and Cultures. Graz 1999. S. 29–34.

[4] Zitiert nach *Norbert Mappes-Niediek*: Land der falschen Etiketten. Die albanische Erneuerung ist gescheitert – unter aktiver Mithilfe des Westens. In: Die Zeit, Dossier, 45, vom 1. November 1996, S. 18.

[5] Ebenda, S. 19.

steht auch eine bestimmte Haltung zum Öffentlichen, das im Wesentlichen mit der staatlichen Sphäre identifiziert wird. Sowohl die Bürger als auch die politische Elite identifizieren das Öffentliche nicht mit dem Gedanken des Gemeinwohls, zu dem ein individueller Beitrag geleistet werden sollte und von dem man gegebenenfalls auch partizipieren kann. Das Gegenteil ist der Fall: Das Öffentliche hat den individuellen Interessen zu dienen – sei es der Eroberung und Erhaltung der Macht, sei es, dass es einfach geplündert wird. Schwach ausgebildete Institutionen sowie ein nur schwach ausgebildeter Respekt vor dem Öffentlichen ließen auch ein allgemeingesellschaftliches Klima entstehen, in dem die Kategorien von Freundschaft und Feindschaft – und damit eine scharfe Konfliktkonstellation – sehr deutlich ausgeprägt sind und die politische Kultur des Landes mitbestimmen.

Es muss betont werden, dass diese Konfiguration des Politischen keine albanische Besonderheit ist. Sie ist auch für die benachbarten Länder zu beobachten, wenngleich sie von Fall zu Fall unterschiedlich gestaltet ist und vor allem auch zusätzliche bestimmende Elemente diese Konfiguration formen können. Dies hat viel mit analogen historischen Erfahrungen zu tun, mit der gemeinsamen etwa ein halbes Jahrtausend währenden osmanischen Geschichte und mit der Art und Weise, wie dieses historische Erbe im Sinne einer „Verwestlichung" bearbeitet wurde. Gerade am albanischen Beispiel tritt diese Konfiguration sehr deutlich zutage.

Das große Problem besteht darin, dass nicht nur die Menschen den Staat meiden, sondern dass der Staat mit seinen Institutionen kaum präsent ist. Dies öffnet Korruption und Klientelismus Tür und Tor. Seit der beginnenden Transformationsperiode hat sich an der Haltung der politischen Parteien des Landes nichts daran geändert, dass sie sich in erster Linie über persönliche Loyalität und weniger über Programme definieren und ihre Anhänger die Funktion einer Klientel innehaben. Machtwechsel bedeutet deshalb immer auch einen Wechsel in der Versorgung der persönlichen Klientel. Die wichtigsten Positionen werden mit jeweils loyalen, zumeist verwandten Personen besetzt. Die politische Kultur ist noch immer von der Vorstellung geprägt, welche die Regierenden als *gate keeper* für den Zugang zu den staatlichen Ressourcen sieht.[6] Sie bedienen sich selbst und ermöglichen ihrer Klientel sich zu bedienen, oder wie es ein bekannter Songtitel

---

6 *Natalie Ammann*: Zwischen Polizisten, Dorfältesten und Mafiosi. Eine Studie zu den Handlungsstrategien bei Konflikten am Beispiel Nordalbaniens. Zürich 2003. S. 77.

der holländischen Popgruppe „Abba" aus dem „Super Trouper"-Album des Jahres 1980 ausdrückt: *The winner takes it all, the loser has to fall.*

Die Transformation des kommunistischen in ein neues, stabiles Demokratiesystem mit seinen allgemein anerkannten Regeln und Abläufen und einer allseits anerkannten politischen Ordnung ist noch nicht allzu weit gediehen; in ihrem Verlauf stand am Anfang und in der Mitte Anarchie. Man könnte den erreichten Status quo im Transformationsprozess als „wilde Ordnung"[7] bezeichnen. Diese stellt den strukturierenden Rahmen für die politische Kultur des Landes sowie für die herrschende politische Ordnung dar.

Diese wilde Ordnung wird im Wesentlichen durch drei Elemente strukturiert: die Schwäche der politischen und öffentlichen Institutionen (die informellen scheinen weitaus besser zu funktionieren); das Muster von Freundschaft und Feindschaft; schließlich die systematische Aneignung des Öffentlichen durch die Bevölkerung und die politische Elite, die man auch als ein System der Kleptokratie bezeichnen könnte.

Dazu kommt noch ein in alle drei genannten Elemente hineinreichendes Phänomen, nämlich die Dominanz des Männlichen sowohl im Politischen als auch in der politischen Ordnung. Weit davon entfernt, die gegenwärtige albanische politische Kultur archaisieren zu wollen, ist es doch so, dass sie sich wie ein verblassendes Echo des Balkanischen Patriarchats ausnimmt. Dieses Patriarchatsmuster, das insbesondere auf dem westlichen Balkan starke Verbreitung gefunden hatte und in vormodernen Zeiten sowohl die Gesellschaften und die Organisation des Öffentlichen strukturierte, hat sich in der Moderne in unterschiedlichen Formen an die sich verändernde Gesellschaft angepasst und reformuliert. Es bestimmte nicht nur die Geschlechterbeziehungen, indem sie diese überdeutlich zuungunsten der weiblichen Seite der Gesellschaft strukturierte; es wurde auch für die Gestaltung des Politischen ausschlaggebend.

Wir können also feststellen, dass dieses Prinzip der „wilden Ordnung" als Strukturrahmen für die politische Kultur und die politische Ordnung von traditionellen Männlichkeitsmustern abgeleitet ist; gleichzeitig jedoch reproduziert diese Ordnung vorläufig weiterhin eine von Männern geprägte politische Kultur.

---

[7]   Dieser Terminus wurde von Christian Promitzer in einem anderen Zusammenhang geprägt. *Christian Promitzer*: Grenzen und ethnische Identitäten. Eine theoretische Annäherung am Beispiel der Habsburgischen Militärgrenze (18. und 19. Jh.). In: Drago Roksandić (Ed.): Microhistory of the Triplex Confinium. Budapest 1998. S. 114 f.

Dies wird sich wahrscheinlich ändern, wenn der politische Transformationsprozess zum Abschluss gekommen ist. Eine andere Facette dieser wilden Ordnung, die überwiegend von Männern repräsentiert wird, stellt der Klientelismus als verbrecherisches Netzwerk dar.

4) Klientelismus als verbrecherisches Netzwerk

Die so genannte „Balkan-Mafia" [8] ist relativ gut dokumentiert. Dabei handelt es sich nicht wie im klassischen, süditalienischen Fall um eine parasitäre Instanz zwischen den Bürgern und Bürgerinnen und dem Staat, sondern sie entstand in einer Situation, in der der Staat und seine Institutionen verschwanden. Die ergänzende Komponente, eine antistaatliche Gesinnung der Bevölkerung, ist außerdem in überreichem Maß gegeben. Sich vor dem Staat beziehungsweise vor seinen Institutionen zu hüten, stellt eine auf dem Balkan über Jahrhunderte akkumulierte Negativeinstellung gegenüber dem Staat dar, die nicht unbegründet ist. Damit in Zusammenhang steht auch eine bestimmte Haltung zum Öffentlichen, das im Wesentlichen mit der staatlichen Sphäre identifiziert wird. Dies führte zu einer Reversion des allgemein akzeptierten Verhältnisses zwischen den öffentlichen und den individuellen Interessen, indem die öffentlichen den privaten untergeordnet werden – sei es zur Eroberung und Erhaltung der Macht, sei es, dass das Öffentliche einfach geplündert wird. Schwach ausgebildete Institutionen sowie ein nur schwach ausgebildeter Respekt vor dem Öffentlichen ließen auch ein allgemeingesellschaftliches Klima zu, welches das Entstehen illegaler, verbrecherischer Netzwerke fördert.

Diese Rahmenbedingungen ließen auch einen weitgehend akzeptierten Idealtypus entstehen, dem es durch Schläue und Tricks sowie Schmuggel, Hehlerei und Diebstahl gelingt, seine individuellen Interessen durchzusetzen. Zu diesem Leitbild gehört, dass der Einzelne seine ökonomische Position nicht durch Fleiß und Sparsamkeit verbessert, sondern viel eher durch Betrug, Ausbeutung und Diebstahl. Durch sein weites Netz an Bekannten, Freunden und Verwandten kann ein erfolgreicher Mafioso in den Augen vieler Menschen deshalb trotz seiner illegalen Handlungen zu einem Respekt einflößenden Ehrenmann werden.[9]

---

8 *Norbert Mappes-Niediek*: Balkan-Mafia. Staaten in der Hand des Verbrechens – Eine Gefahr für Europa. Berlin 2003.

9 *Ammann*, S. 79 f.

Ob es sich um den illegalen Zigaretten- oder Rauschgifthandel oder ob es sich um den verbrecherischen Menschen- und Frauenhandel dreht – die Grundlage dieser mafiösen Vereinigungen bilden klientelistische Netzwerke in Verbindung entweder mit schwachen staatlichen Institutionen oder Repräsentanten staatlicher Institutionen (insbesondere Zollbehörden), deren Vertreter gemeinsame Sache mit der Mafia machen. So etwa wurde in der Zeit der Sanktionen gegen das dritte Jugoslawien, der seit 1994 amtierende und inzwischen abgesetzte Leiter der nationalen Zollbehörde zu einem der reichsten Männer im Lande.[10]

Die Schweizer Ethnologin Natalie Ammann konnte in ihren Feldforschungen der letzten Jahre in Albanien feststellen, dass das Bild des eigenmächtig handelnden „Helden" *(Trim)* ein gewisses gesellschaftliches Ideal verkörpert. Im Verständnis vieler Albanerinnen und Albaner verschwimmen dabei gesetzliche „Legalität" und subjektiv wahrgenommene „Legitimität". Es wird deutlich, dass die Ansprüche des staatlichen Gewaltmonopols nicht mit ausreichender Legitimierungskraft ausgestattet sind, wenngleich die meisten Albaner und Albanerinnen sich grundsätzlich der Vorteile eines ausgedehnten, für Rechtsstaatlichkeit sorgenden Staatsapparates bewusst sind.[11]

Die Trennlinien zwischen den staatlichen und den kriminellen sowie mafiösen Akteuren sind alles andere als scharf. Untersuchungen brachten zutage, dass kriminelle Gruppierungen in Albanien in erheblichem Maß vom Krieg im benachbarten Kosovo (1998–99) profitierten und dabei direkte Verbindungen mit Regierungskreisen aktivieren konnten. Für alle partikularen Interessensgruppen gilt, dass politische Interessensgruppen sie einerseits bekämpfen, andererseits teilweise aber auch instrumentalisieren, sodass heute nicht nur die Trennlinie zwischen staatlichen Institutionen und organisierten Verbrecherbanden, sondern auch jene zu traditionell legitimierten, verwandtschaftlichen Solidargruppen schwer zu ziehen ist.[12]

Diese Verbindungen zwischen Politik und Mafia bzw. der organisierten Kriminalität – soweit diese überhaupt bekannt wurden – erreichten in Albanien wohl im Jahr 1997 ihren Höhepunkt. Bis zu diesem Jahr existierten etwa 30 so genannte „Stiftungen" und „Gesellschaften", die von Bürgern und Bürgerinnen eingezahltes Geld „verwahrten" und enorm hohe Zinsen auszahlen. Diese Geldsammelstellen funktionierten zum Teil als Pyramidenfirmen: Mit immer neuen

---

10 Ebenda, S. 45.
11 Ebenda, S. 80.
12 Ebenda, S. 81.

Einlagen wurden die Zinsen auf ältere bezahlt. Die Zahl der Sparer und Spare-rinnen stieg exponentiell an, und als das Wachstum seine Grenze erreicht hatte, brach das System 1997 zusammen. Dieses Pyramidensystem bestand in Albanien ungewöhnlich lang und dies vermutlich deshalb, weil die sich im Umlauf befind-liche Geldmenge durch Drogen- und Waffenhandel stabilisiert werden konnte. Spätere Untersuchungen ergaben, dass in den Jahren vor 1997 etwa 65 Prozent der Geldmenge im Land durch diese Pyramidenfirmen gelaufen war.[13] Das Inter-essante dabei ist, dass diese Firmen nicht im Untergrund agierten, sondern völlig offen und vor den Augen von Polizei und Regierung. In den Tageszeitungen wurde zur Einzahlung aufgerufen und die jeweilige Höhe der zur Auszahlung kommenden Zinsen veröffentlicht. Dass die damalige Regierung nicht in diese Machenschaften involviert war, ist mehr als unwahrscheinlich.

Neben seinen verbrecherischen Aspekten und dem Zusammenwirken von Staat und organisierter Kriminalität zeigt dieses Beispiel darüber hinaus noch eines: Der albanische Staat war in jenen Jahren nicht dazu in der Lage, etwas gegen Arbeitslosigkeit und Instabilität im Lande zu unternehmen. In dieser Situa-tion konnten diese Pyramidenfirmen expandieren und dem Land vorübergehende Stabilität verschaffen, indem sie den geradezu paradiesischen Zustand hoher Ein-kommen ohne Arbeit schufen. Ein ganzes Land wurde somit dem organisierten Verbrechen ausgeliefert.

Wir können also folgende Schlussfolgerungen aufstellen:

1) Aufgrund spezifischer Merkmale der historischen Entwicklung ist es in den Balkanländern nie zu einer stabilen Institutionalisierung der sozialen Bezie-hungen gekommen. Die Institutionen des Staats (in kommunistischer Zeit auch jene der herrschenden Partei) konnten in keiner Phase der Entwicklung ein dauerhaftes Vertrauen der Bürger und Bürgerinnen gewinnen. Dies führte über die politischen Brüche hinweg immer wieder zur Etablierung von alter-nativen Netzwerken und klientelistischen Strukturen.

2) Es ist anzunehmen, dass sich die Balkangesellschaften nicht allein aus der Situation befreien können, in der sie sich befinden – und schon gar nicht in unmittelbarer Zukunft. Die Menschen benötigen einen Rahmen, der ihnen die rudimentäre Abschätzung ihres Lebensverlaufs in jüngeren Jahren ermög-licht. Es ist klar, dass dies im westlichen Europa auch immer schwieriger wird.

---

[13] Ebenda, S. 79 f.

Der Unterschied jedoch besteht darin, wohin man fällt, wenn man etwa aus dem Arbeitsprozess ausgeschieden wird: in institutionalisierte und relativ gesicherte oder individuelle und daher unsichere, persönliche Netzwerke. Die individuelle Bewertung solcher Netzwerke mag durchaus positiv ausfallen, nicht hingegen eine kritisch-wissenschaftliche. Hier wäre meiner Ansicht nach anzusetzen, wenn wir die Beziehungen zwischen der EU und Balkan-Europa diskutieren. Der Aufbau von institutionalisierten Sozialbeziehungen ist ein komplexes Projekt, das eine langfristige Unterstützung von außen erfordert und die Halbwertszeiten von verantwortlichen europäischen Politikern und Politikerinnen weit überschreitet.

3) Die alternativen oder informellen Netzwerke sind in der Transformationszeit sowohl akzeptierter Teil der Alltags- als auch der politischen Kultur geworden. Sie korrespondieren mit der allgemeinen Schwäche der Institutionen. Daraus entstand ein schwer zu durchbrechender Kreislauf: die alternativen Netzwerke entstehen aufgrund der Schwäche der Institutionen, die Institutionen wiederum werden durch die alternativen Netzwerke geschwächt. Aber nicht nur dies: Das beinahte noch größere Problem besteht darin, dass die informellen Netzwerke den Aufbau von Zivilgesellschaften untergraben. Während es nämlich das Ziel informeller Netzwerke ist, unter Umgehung jeglicher Öffentlichkeit bestimmte Ziele zu erreichen, muss es geradezu das primäre Ziel einer Zivilgesellschaft sein, die Herstellung von Transparenz und Öffentlichkeit aller für eine Gesellschaft relevanten Vorgänge zu gewährleisten.

4) Eine realistische Bilanz des Verhältnisses von Klientelismus und Institutionalismus hat allerdings zum Ergebnis, dass die alternativen, klientelistischen Netzwerke nicht nur negativ gesehen werden können, weil sie nämlich teilweise die (nicht oder nur marginal vorhandenen) staatlichen Sozialsysteme ersetzen. Die kritische Analyse dieses Verhältnisses ist nicht nur hinsichtlich des Aufbaus künftiger Sozialsysteme in den einzelnen Balkanstaaten von Bedeutung, sondern auch in Hinblick auf den für einige Länder ins Auge gefassten EU-Beitrittstermin im Jahr 2007, der klientelistischen, verbrecherischen Netzwerken „grenzenlose" Aktivitäten ermöglichen wird.

ROBERT PICHLER

MAKEDONIEN IM DILEMMA ETHNISCH DIVERGIERENDER ENTWICKLUNGSPROZESSE

Über die Schwierigkeit, auf der Basis des Ohrider
Rahmenabkommens eine sozial gerechte Ordnung zu etablieren[1]

Einleitung

Im Frühjahr 2001 stand Makedonien am Rande eines Bürgerkrieges. Die albanische *Nationale Befreiungsarmee* (UÇK) hatte im Nordwesten des Landes damit begonnen, Einrichtungen des makedonischen Staates anzugreifen und Teile dieser Region als befreites Territorium zu deklarieren. Die militärische Antwort der schlecht ausgerüsteten und für solche Einsätze nicht trainierten makedonischen Sicherheitskräfte erfolgte umgehend. Ganze Dörfer wurden mit Artilleriefeuer unter Beschuss genommen. Innerhalb kürzester Zeit wuchs der Flüchtlingsstrom auf über 150.000 Menschen an. Die Kämpfe forderten mehr als 400 Tote.[2] Unter massivem Druck der Internationalen Gemeinschaft kam es im Mai 2001 zur Bildung einer sämtliche relevanten politischen Fraktionen einschließenden Regierungskoalition und zum Beginn von Verhandlungen, um einen Ausweg aus der prekären Lage zu finden. Mit Unterstützung von Sonderverhandlern der USA und der EU einigten sich die maßgeblichen politischen Parteien auf ein Abkommen, das Gesetzesänderungen zugunsten der Minderheiten, eine Neudefinition

---

[1]   Dieser Beitrag entstand im Rahmen des Forschungsprojektes „Familienstrukturen und Nation. Makedonische Fallstudien", das an der Abteilung für Südosteuropäische Geschichte an der Karl-Franzens-Universität in Graz durchgeführt und vom Österreichischen Fonds zur Förderung der Wissenschaftlichen Forschung (FWF) finanziert wird.

[2]   Risser, Hans; Paes, Wolf-Christian: Macedonia Two Years After Ohrid – A Successful Example of International Conflict Resolution? In: Südost-Europa, Heft 4–6, 52. Jhg. 2003, 188.

der Verfassungspräambel und Änderungen der Verfassung vorsah. Diese Änderungen wurden im so genannten Rahmenabkommen von Ohrid am 13. August 2001 festgeschrieben.[3]

Als Ursache des Konfliktes wurde somit die rechtliche Benachteiligung v. a. der albanischen Bevölkerungsgruppe des Landes ausgemacht. Durch die Änderung der Verfassungspräambel aus dem Jahr 1991 wurde der heftigen Kritik von albanischer Seite Rechnung getragen, die sich angesichts der darin enthaltenen Deklaration Makedoniens als „Nationalstaat des makedonischen Volkes" als Bürger zweiter Klasse erachteten.[4] Nun einigte man sich darauf, zumindest in der Verfassung alle ethnischen Referenzen so weit wie möglich zu eliminieren. Aus dem „Nationalstaat des makedonischen Volkes" wurden die „Bürger der Republik Makedonien", deren kulturelles Erbe, unabhängig ihrer ethnischen Zugehörigkeit, gleichermaßen zu schützen und zu entwickeln ist. So sehr man bemüht war, in der Verfassung ein (staats-)bürgerliches Nationskonzept zu verankern, so sehr wurde dem ethnischen Prinzip in den verschiedenen einschneidenden Gesetzesreformen Rechnung getragen. Das trifft auf die heikle Frage der Amtssprachen ebenso zu, wie auf die Frage nach dem Zugang zu höherer Bildung in der Muttersprache. Für beide Bereiche wurde das Prinzip geltend gemacht, dass jene Gruppe, die über mehr als 20 Prozent der Bevölkerung verfügt, in die gleiche Rechtsposition gelangt, wie die makedonische Mehrheitsbevölkerung. Die 20-Prozent-Marke wird auf Landesebene einzig von der albanischen Minderheit überschritten.[5] Auf Gemeindeebene wird durch dieses Gesetz auch anderen ethnischen Gruppen das Recht auf die Verwendung ihrer Muttersprache als Amtssprache zuerkannt.[6] Die

---

3   Für eine genaue Analyse des Rahmenabkommens siehe: JEMIE, Special Focus: The Ohrid Agreement and After: Forging a Political Settlement in Macedonia. [http://www. ecmi.de/jemie/special_1_2002.html]

4   Die Albaner hatten sowohl die Abstimmung über die neue makedonische Verfassung als auch das makedonische Unabhängigkeitsreferendum im September 1991 boykottiert.

5   Genau genommen stellen die Albaner 25,17 Prozent der Bevölkerung. Der makedonische Bevölkerungsanteil beträgt 64,18%, der türkische 3,85%, der der Roma 2,66%, die Serben machen 1,78% aus, die Bosnier 0,84% und die Vlachen 0,48%. (Republic of Macedonia, State Statistical Office: Census of Population, Households and Dwellings in the Republic of Macedonia. Final Data 2002. Skopje, 01.12.2003. [www.stat.gov.mak])

6   Entsprechend der Reform der gegenwärtig (Juli 2004) durchgeführten Landesverwaltung wird in 25 von 80 Verwaltungsbezirken Albanisch zur Amtssprache. Die Türken werden in drei, die Serben und Roma in je einem Verwaltungsbezirk die 20-Prozent-Marke überschreiten.

Verpflichtung, den Albanern die Hochschulbildung in ihrer Sprache zu garantieren führte im Dezember 2003 zur Anerkennung der heftig umstrittenen und von
der makedonischen Bevölkerung leidenschaftlich abgelehnten albanischen Universität in Tetovo.[7] An den übrigen staatlichen Universitäten sollte mittels positiver
Diskriminierung die Einschreibezahl der Studentinnen und Studenten auf jenes
Maß angehoben werden, das der ethnischen Struktur des Landes entspricht. Um
der makedonischen Dominanz in den Staatsorganen, den Bereichen des öffentlichen Lebens und in den staatlich kontrollierten Wirtschaftsbetrieben entgegenzuwirken, soll der Anteil der Minderheiten entsprechend ihrer Größe durch positive
Diskriminierungsmaßnahmen angehoben werden. Dies trifft auf den Sicherheits-
apparat ebenso zu wie auf den Verfassungsgerichtshof. Im engeren Bereich min-
derheitenpolitisch relevanter Fragen wurde auf parlamentarischer Ebene ein kon-
sensdemokratisches Prinzip verankert. Mit Blick auf das Verhältnis des Staates zur
Religion finden nun neben der bisher genannten Makedonisch Orthodoxen Kirche
auch die Islamische Glaubensgemeinschaft, die Katholische Kirche und andere
nicht näher definierte Konfessionen in der Verfassung Erwähnung. Für die Albaner Makedoniens, die fast ausschließlich muslimischen Glaubens sind, stellt die
Islamische Glaubensgemeinschaft eine bedeutende identitätsstiftende Instanz dar.
Außerdem wurde den Albanern das Recht eingeräumt, in Gemeinden, in denen sie
die Mehrheit stellen, nationale Symbole an den Amtsgebäuden anzubringen.[8] Fast
alle Gesetzes- und Verfassungsänderungen wurden mittlerweile [Stand Juli 2004]
vom Parlament angenommen. Als besonders schwierig erwies sich die Reform zur
Dezentralisierung des Staates.[9]

---

7   In einer im März 2002 mit 1.600 Personen durchgeführten Umfrage erachteten 78 Pro-
    zent der befragten Makedonier die Anerkennung der albanischen Universität in Tetovo
    als inakzeptabel. Die befragten Albaner hingegen listeten in der Reihe der Prioritäten
    zur Erreichung von Frieden und Stabilität die Anerkennung der „eigenen" Universität
    an erster Stelle. Dahinter erst rangieren die vollständige Implementierung des Ohrider
    Rahmenabkommens und weit reichende Maßnahmen zur Vermeidung von Diskrimi-
    nierung. (Irwin, Colin: Peace, Stability and Elections: An Opinion Poll and its Impli-
    cations. In: The Global Review of Ethnopolitics, Vol. 2/1, September 2002, 62–74.)
8   Siehe dazu Brunnbauer, Ulf: Ein Programm für den Frieden? Eine Analyse des „Rah-
    menabkommens" vom 3.08.2001. In: Ost-West *Gegen*informationen, 2001/2, 31–33.
9   Nach langen Verhandlungen innerhalb der Koalitionsregierung hatte man sich am 14. Juli
    2004 auf die Reduktion von 123 auf 80 lokale Verwaltungseinheiten geeinigt. Beson-
    ders umstritten ist die Zusammenlegung ethnisch gemischter Gemeinden, in denen sich
    bisher bestehende Mehrheitsverhältnisse verändern. In der westmakedonischen Stadt

Insgesamt lässt sich festhalten, dass das Ohrider Rahmenabkommen einen Interessensausgleich versucht, der einen nationalen Überbau auf der Grundlage eines politischen Nationsbegriffes anstrebt, in der Frage der politischen Ordnung aber dem ethnischen Prinzip verpflichtet bleibt. Auf beiden Ebenen wurde v. a. den albanischen Forderungen weitgehend Rechnung getragen, ohne jedoch so weit zu gehen, dem albanischen Ansinnen nach einer territorialen Autonomielösung Folge zu leisten. Ob durch die Entethnisierung der Verfassung der anderen zentralen albanischen Forderung nach Aufwertung zur zweiten Staatsnation tatsächlich der Wind aus den Segeln genommen werden konnte, bleibt vorerst dahingestellt. Im Idealfall sollte sich also ein makedonisches Staatsbürgerbewusstsein herausbilden, das dem/der Einzelnen das Recht einräumt, seine/ihre ethnisch-kulturelle Eigenart ausdrücken zu können ohne damit gegenüber Mitgliedern der anderen Gruppe in eine benachteiligte Position zu geraten. Die Erwartung „wahrgenommen" und in seiner „Eigenheit" anerkannt zu werden soll mit dem Anspruch nach einer politischen Ordnung mit größerer sozialer Gerechtigkeit in Einklang gebracht werden. Zu diesem schwierigen Unterfangen gesellt sich noch eine weitere Erwartungshaltung, die darauf baut, die triste ökonomische Lage zu überwinden und Makedonien schrittweise an „europäische" Wirtschaftsstandards heran zu führen.[10] Ein enormes Unterfangen, das dem kleinen, verarmten und innerlich zerrütteten Balkanstaat zugemutet wird.

Dieser Beitrag will ein strukturelles Dilemma thematisieren, das dem Ohrider Rahmenabkommen inhärent ist und das auf ein grundlegendes Problem bei der Etablierung einer funktionierenden politischen Ordnung in multiethnischen Gesellschaften verweist. Dabei handelt es sich um die Frage, wie die Ansprüche nach Anerkennung der nationalen Identität, nach einer sozial gerechten politischen Ordnung und nach einem effizienten ökonomischen System miteinander in Einklang zu bringen sind. So eng diese Erwartungen aufeinander bezogen sind, so sehr tragen sie auch zu Unvereinbarkeiten bei, weil sie mitunter von unterschiedlichen Antrieben geleitet werden und auf Druck unterschiedlich reagieren. Diese

---

Struga, in der sich durch die Reform die Mehrheitsverhältnisse zugunsten der albanischen Bevölkerung verändern, musste die Polizei am 22. Juli gegen aufgebrachte Makedonier vorgehen, die sich weigerten, den Verteidigungsminister aus der Stadt abziehen zu lassen. (ICG: Macedonia: Make or Break. Skopje, Brussels, 3 August 2004 [http://www.crisisweb.org/home/index.cfm?id=2897&l=1].)

[10] Makedonien hat im März 2004 den Antrag auf EU-Mitgliedschaft in Brüssel eingereicht.

Problematik verschärft sich, wenn – wie im Falle Makedoniens – zwischen den beiden rivalisierenden ethnischen Gruppen eine tiefe soziale, ökonomische und kulturelle Kluft besteht. Albaner und Makedonier leben nicht „bloß" in verschiedenen sozialen Welten, sie agieren mitunter in unterschiedlichen sozialen Systemen, die auf Veränderung verschieden reagieren. Daher löst die Implementierung des Ohrider Abkommens auch ethnisch divergierende Folgen aus, die den eigentlichen Intentionen zuwiderlaufen und nicht dazu beitragen, die wechselseitigen Vorurteile abzubauen und das ersehnte staatsbürgerliche Nationsbewusstsein zu festigen.

Um den Ursachen dieser ethnisch divergierenden Entwicklungsprozesse auf den Grund zu gehen, ist es notwendig, auf die Gründung der sozialistischen Republik Makedonien im Rahmen der jugoslawischen Föderation zurückzugehen, und in groben Zügen den Zusammenhang von sozialistischer Modernisierungspolitik und Staats- und Nationsbildung nachzuzeichnen. Verschiedene Facetten der sozialistischen Transformation sollen unter dem Gesichtspunkt beleuchtet werden, in welcher Weise Makedonier und Albaner von diesen grundlegenden sozialen und ökonomischen Wandlungsprozessen erfasst wurden, welche Maßnahmen der Staat zur Verwirklichung dieser Ziele setzte und wie die betroffenen Gruppen unterschiedlich darauf reagierten bzw. welche Strategien sie entwickelten, um mit diesen sich rasch wandelnden sozio-ökonomischen Rahmenbedingungen umzugehen.

In einem weiteren Schritt werden die politischen Folgen der sozio-ökonomischen Differenzierung zwischen Albanern und Makedoniern unter den Bedingungen der staatlichen Desintegration, des ökonomischen Niederganges und des Übergangs zu Privatisierung und Marktwirtschaft thematisiert. Es zeigt sich, dass Teile der albanischen Bevölkerung in weit gehender Unabhängigkeit von staatlichem Einfluss wesentlich effizienter und erfolgreicher mit den Konsequenzen des Übergangs zu Liberalisierung und Marktwirtschaft umzugehen imstande sind, als die Mehrheit der Makedonier, deren Lebensbedingungen zu einem wesentlich höheren Ausmaß vom Staat abhängig sind. Unter diesen Voraussetzungen erweist es sich als äußerst schwierig, die langfristig angestrebten Ziele des Ohrider Abkommens erfolgreich umzusetzen.

Sozio-ökonomische und kulturelle Aspekte spielen in der Analyse des ethnischen Konfliktes in Makedonien bisher nur eine untergeordnete Rolle. Eine Ausnahme bilden die Analysen der *European Security Initiative*[11] sowie eine Studie

---

11 European Stability Initiative (ESI): The Other Macedonian Conflict (Discussion Paper). 20 February 2002 [http://www.esiweb.org/docs/showdocument.php?document_ID=32];

des Historikers Ulf Brunnbauer.[12] Ergebnisse dieser Studie bilden eine wichtige Grundlage dieses Beitrages. Außerdem fließen Resultate einer vergleichenden Dorfstudie, die gegenwärtig an der Abteilung für Südosteuropäische Geschichte an der Karl-Franzens-Universität in Graz durchgeführt wird, in die Arbeit ein.

Sozialistische Transformation

Die sozialistische Transformationspolitik in den Ländern des südöstlichen Europa war eng an das sowjetische Vorbild angelehnt. Durch radikale wirtschaftliche Reformmaßnahmen sollte zum einen der fast durchgehend eklatante strukturelle Entwicklungsrückstand der kommunistischen Staaten zum „Westen" wettgemacht werden, zum anderen sollte sich dadurch eine moderne, arbeitsteilige Gesellschaft herausbilden, in der die Klassenschranken ebenso überwunden sein würden, wie die Benachteiligungen, die den Frauen in den vornehmlich bäuerlichen Lebenswelten widerfuhren. Die Vorgangsweise war in den verschiedenen Staaten ähnlich: Durch Kollektivierungsmaßnahmen sollte der Agrarsektor mechanisiert und rationalisiert werden, um Bedingungen für eine beschleunigte Industrialisierung zu schaffen. Infrastrukturmaßnahmen und Bildungsoffensiven sollten die traditionell geprägten sozialen Beziehungen im ländlichen Raum und in den rasch anwachsenden Städten transformieren und eine mobile, komplexe Gesellschaft entstehen lassen. Die Maßnahmen wurden zu einem hohen Ausmaß „von oben" gesteuert und sie erfolgten in raschen, mitunter überstürzt durchgeführten Schüben. Die überwältigende Mehrzahl der Menschen wurde von diesen tief greifenden Transformationsprozessen erfasst, was einschneidende Veränderungen der Lebensbedingungen nach sich zog.[13]

European Stability Initiative (ESI): Ahmeti`s Village. The Political Economy of Interethnic Relations in Macedonia. Skopje, Berlin 2002 [www.esiweb.org/pages/rep/rep_mac_02.htm].

[12] Brunnbauer, Ulf: Fertility, Families and Ethnic Conflict. Macedonians and Albanians in the Republic of Macedonia, 1944–2002. In: Nationalities Papers, Vol 32, 2004/3, 565–598.

[13] Diese oft als *beschleunigte* und im Verhältnis zu „Westeuropa" auch als *nachholende Entwicklung* bezeichneten gesellschaftlichen Wandlungsprozesse führten dazu, dass Einstellungen, Denkmuster und Verhaltensweisen bäuerlicher Lebenswelten in den urbanen Raum transferiert wurden und dort weiterhin wirksam blieben. In der wissenschaftlichen

Obwohl Jugoslawien nach dem Bruch zwischen Tito und Stalin ideologisch einen „Sonderweg" einschlug, blieben die oben angeführten Elemente sozialistischer Transformation auch dort maßgeblich. In Jugoslawien wurde aber mit Rücksicht auf die ethnisch und ideologisch heterogene Bauernschaft, die nach dem Zweiten Weltkrieg noch 70 Prozent der Gesamtbevölkerung ausmachte, die Kollektivierung nicht mit letzter Entschlossenheit durchgesetzt.[14] Für die geplante Industrialisierung bildete aber die Rationalisierung des Agrarsektors eine entscheidende Voraussetzung. Zum einen sollten dadurch Arbeitsplätze freigesetzt werden, zum anderen waren die rasch anwachsenden urbanen Zentren auf die Versorgung mit landwirtschaftlichen Gütern angewiesen.[15] Auf die Bauern wurde in der Folge verstärkt Druck ausgeübt, einem der unterschiedlichen landwirtschaftlichen Kollektivbetriebe[16] beizutreten. Trotz Widerstandes[17], der verbreitet ausgeübt wurde, stieg die Anzahl der Bauern in den Kooperativen beträchtlich an.

Literatur wird dieses Phänomen als *Rurbanisierung* oder *Ruralisierung* bezeichnet. (s. etwa: Simic, Andrei: Urbanization and Modernization in Yugoslavia: Adaptive and Maladaptive Aspects of Traditional Culture. In: Kenny, M. (Hrsg.). Urban Life in Mediterranean Europe. Anthropological Perspectives. Urbana, Chicago 1983, 203–224; Prošić-Dvornić, Mirjana: The Rurbanization of Belgrade after the Second World war. In: Roth, Klaus (Hrsg.): Die Volkskultur Südosteuropas in der Moderne. München 1992, 75–102.)

14 Vielmehr wurden in den ersten Jahren der sozialistischen Herrschaft einige Maßnahmen getroffen – die Umverteilung konfiszierter Besitzungen und die Kolonisierung ertragreicher Ländereien –, um die Loyalität der ethnisch und sozial differenzierten Bauernschaft mit der Partei zu stärken.

15 Mit dem Bruch zwischen Stalin und Tito verschärfte sich die Abhängigkeit der Industrie von der Landwirtschaft, da die sowjetische Unterstützung eingestellt wurde und die Beziehungen zu den sozialistischen Nachbarstaaten abrupt abbrachen.

16 Zusätzlich zu bäuerlichen Arbeitskooperativen, die als Musterbetriebe geführt wurden, hatte man noch drei weitere Typen von Kooperativen eingerichtet, die auf unterschiedliche Bedürfnisse ausgerichtet waren und den Einstieg in die Arbeitskooperativen erleichtern sollten.

17 Sowohl gegen die Einführung eines Systems der Zwangsablieferung landwirtschaftlicher Produkte gegen Bezahlung festgesetzter Preise (*potkup*), als auch gegen die Kollektivierung wurde mit verschiedenen Mitteln Widerstand geleistet. Einen Überblick über die vielfältigen Strategien der Bauern, gegen unliebsame staatliche Eingriffe Widerstand zu leisten sowie über die Schwächen des administrativen Systems erhält man in der Studie von Bokovoy, Melissa K.: Peasants and Communists. Politics and Ideology in the Yugoslav Countryside 1941–1953. Pittsburgh 1998.

Im Jahr 1949 wurden über 5.000 neue Kooperativen eingerichtet und es gelang, ein Fünftel des bebaubaren Landes unter staatliche Kontrolle zu bringen.[18] Die Erfolge fielen aber regional sehr unterschiedlich aus und die Motive, den Kooperativen beizutreten variierten stark. Makedonien hatte mit 46 Prozent nach Montenegro (62 Prozent) den höchsten Anteil an unter Kooperativverwaltung stehenden bebaubaren Landes.[19] Die Zwangskollektivierung wurde später gestoppt und nach 1952 hatten die Kooperativebauern die Möglichkeit, ihr Land wieder privat zu nutzen, was die meisten – so sie nicht in die Stadt abwanderten – taten.

Ein weiterer Baustein sozialistischer Entwicklungspolitik bestand in einer umfassenden Bildungsinitiative, die das Ausbildungsniveau der Bevölkerung den neuen Erfordernissen anpassen sollte. In Makedonien, das zu den am schwächsten entwickelten Republiken Jugoslawiens zählte, hatte die Analphabetismusrate am Vorabend des Zweiten Weltkrieges bei 67 Prozent gelegen. Die personelle und materielle Ausstattung der Elementarschulen befand sich in einem katastrophalen Zustand.[20] Hand in Hand mit der Bildungsinitiative wurden auch der Ausbau des Gesundheitswesens sowie umfassende Maßnahmen zur Verbesserung der Infrastruktur in Angriff genommen.

Die intensiven Anstrengungen zur Industrialisierung schlugen sich in Makedonien vorwiegend in der Ansiedlung von Betriebsstätten der Schwerindustrie nieder. Diese neuen Industriebetriebe stellten ein großes Reservoir an Arbeitsplätzen für die vormalige bäuerliche Bevölkerung dar. Die Umsetzung des ambitionierten Reformprogramms und die notwendige Kontrolle über den mit großem Tempo vorangetriebenen Aufbau von Industriebetrieben erforderten die Einrichtung eines umfassenden Verwaltungsapparates. Die Administration bildete für die junge Elite die wichtigste soziale Aufstiegsmöglichkeit.

Diese umfassenden Maßnahmen sozialistischer Entwicklungspolitik zogen weit reichende soziale und ökonomische Auswirkungen nach sich. Besonders drastisch zeigte sich dies an den enormen Migrationsprozessen, die mit dem Wandel des ökonomischen Systems einher gingen. Mit Blick auf die Verhältnisse in Makedonien sind es v. a. zwei Migrationsmuster, die für die hier aufgeworfene Fragestellung von Relevanz sind. Zum einen ist das die Abwanderung großer Teile der

---

18 Bokovoy, Peasants and Communists, 120.
19 Ebenda.
20 Sandevski, Tome: Die Entwicklung der interethnischen Beziehungen in Mazedonien 1945–2002. Magisterarbeit am Fachbereich Geschichts- und Kulturwissenschaften der Freien Universität Berlin am Friedrich-Meinecke-Institut (Manuskript).

ländlichen Bevölkerung in die urbanen Zentren und die neu errichteten Industrieorte. Diese Landflucht führte zu einer weit gehenden Entvölkerung ganzer Landstriche. Auf der anderen Seite stieg der urbane Bevölkerungsanteil in kurzer Zeit rapide an. In keiner anderen Republik verlief die Urbanisierung derart dramatisch wie in Makedonien. Bereits 1961 lebten 34,17 Prozent der Bewohner des Landes nicht mehr an dem Ort, an dem sie geboren worden waren. In den Städten betrug dieser Anteil 50 Prozent, in Skopje sogar 60 Prozent. Zwischen 1949 und 1971 haben 473.000 Bewohner Makedoniens ihre Dörfer verlassen.[21] Das andere relevante und weit verbreitete Migrationsmuster ist die vorwiegend männliche Arbeitsmigration ins vorwiegend westliche Ausland. Diese setzte verstärkt in den Sechzigerjahren ein und wurde entweder saisonal oder über noch längere Zeitabschnitte betrieben. Das im Ausland verdiente Geld trug und trägt nach wie vor zur Versorgung der zurückgebliebenen Familien bei.[22]

Albaner und Makedonier sind von diesen ökonomischen und gesellschaftlichen Transformationsprozessen sehr unterschiedlich erfasst worden. Ausgehend von der Kollektivierung der Landwirtschaft über den Aufbau von Industrie und öffentlicher Verwaltung bis hin zu den Bereichen Bildung und Gesundheitswesen lassen sich eklatante Unterschiede zwischen den beiden Bevölkerungsgruppen ausmachen.

So blieb etwa die Rate albanischer Bauern, die den Kollektivbetrieben beitraten, mit fünf Prozent sehr bescheiden. Der Anteil der makedonischen Bauernschaft fiel mit 41 Prozent bedeutend größer aus.[23] Die Albaner blieben zu einem bedeutend höheren Anteil im land- und forstwirtschaftlichen Bereich tätig, als die Makedonier. 1981 waren knapp mehr als die Hälfte der albanischen Haushalte nach wie vor in diesen Bereichen tätig. Dem standen 29 Prozent der makedonischen Haushalte entgegen. Die ethnischen Unterschiede in der Beschäftigungsstruktur waren in den höher qualifizierten Berufssparten besonders ausgeprägt. Der Anteil der makedonischen Bevölkerung, die in den Sektoren Bildung, Wissenschaft und Kultur sowie Gesundheitswesen beschäftigt war, lag bei beachtlichen 35,7 Prozent. Unter der albanischen Bevölkerung betrug der Anteil in diesen

---

21 Brunnbauer, Fertility, 581.
22 Siehe dazu im Detail: Halpern, Joel M.: Some Perspectives on Balkan Migration Patterns (with particular reference to Yugoslavia. In: Du Toit, Brian M.; Safa, Helen I. (Hrsg.): Migration and Urbanization. Models and Adaptive Strategies. The Hague/Paris 1975, 77–115.
23 Brunnbauer, Fertility, 581.

Sektoren bloß 16,2 Prozent. In der Verwaltung waren 10,5 Prozent der Makedonier und 5,3 Prozent der Albaner angestellt.[24]

In den darauf folgenden Jahrzehnten bis zum Zerfall des sozialistischen Jugoslawien und darüber hinaus hat sich die Schere zwischen Makedoniern und Albanern in den angesprochenen Sektoren noch weiter vergrößert. Bei einem Bevölkerungsanteil von 22,7 Prozent (1994) war der Anteil der Albaner in der öffentlichen Verwaltung mit nur drei Prozent sehr gering.[25] In kritischen Bereichen der Sicherheit waren Albaner deutlich unterrepräsentiert. Unter den Offizieren und den Angestellten im Verteidigungsministerium betrug ihr Anteil nur 2,9 Prozent – dies obwohl der Anteil albanischer Rekruten in den vorangegangen Jahren zwischen 16 und 26 Prozent gelegen hatte. In der Polizei machten Albaner gerade einmal vier Prozent aus, im Innenministerium 8,7 Prozent. Selbst in den mehrheitlich albanisch besiedelten Gebieten Westmakedoniens waren Albaner verhältnismäßig schwach vertreten. Im Bezirk Tetovo, in dem 64 Prozent der Bevölkerung Albaner sind, betrug der Anteil albanischer Polizisten 18, in Gostivar, der zu 59 Prozent albanisch ist[26], 12 Prozent.[27] Im Jahr 2000 befanden sich weniger als 20 Prozent der arbeitsfähigen albanischen Bevölkerung in einem Beschäftigungsverhältnis.[28]

Krasse Unterschiede in der Beschäftigungsstruktur sind auch im industriellen Sektor auszumachen. So sind etwa in der vormals staatlichen Textilfabrik Gotex im mehrheitlich von Albanern bewohnten Bezirk Gostivar 91 Prozent der Angestellten Makedonier.[29] Im staatlichen Elektrizitätswerk Oslomej, das im Bezirk Kicevo/Kercova in einer rein albanischen Gemeinde liegt, waren von den 1000 Angestellten gerade einmal 60 Albaner.[30] Dieses Bild bestätigen auch Daten aus

---

24   Roux, Michel: Les Albanais en Yougoslavie: Minorité nationale territoire et développement. Paris 1992, 139.
25   Brunnbauer, Fertility, 586. Erst in den letzten Jahren begann der Anteil der Albaner durch Sonderprogramme der Regierung langsam anzusteigen und er beträgt nach offiziellen Angaben der Regierung im Jahr 2002 10 Prozent.
26   Die Prozentangaben für Tetovo und Gostivar beziehen sich auf die Ergebnisse der Zensuserhebung des Jahres 2002: Census of Population, Households and Dwellings in the Republic of Macedonia, 2002, No. 2.1.3.30 Final Data. Skopje 2003, 23–25.
27   ESI, The Other Macedonian Conflict, 5.
28   State Statistical Office: Labour Force Survey, Skopje, April 2001.
29   ESI, The Other Macedonian Conflict, 5.
30   ESI, Ahmeti's Village, 6.

dem Bezirk Struga, wo das Bevölkerungsverhältnis Makedonier-Albaner beinahe ausgeglichen ist.[31] In der Textilfabrik Strušanka, dem vormals größten Betrieb in der Region Struga, waren von den 1300 Arbeitern und Angestellten nur 95 Albaner. In der Plastikfabrik Poliplast Struga betrug der albanische Anteil immerhin 32 Prozent. Mit 38,1 Prozent wies er in einem Holz verarbeitenden Betrieb in Struga die höchste albanische Rate auf. Besonders deutlich fielen die Unterschiede in den Kultur- und Bildungseinrichtungen der Stadt Struga aus. Im städtischen Kulturhaus fand sich unter den 15 Angestellten kein einziger Albaner, in der Stadtbücherei von 14 Angestellten einer und bei Radio Struga von 18 Angestellten zwei. Im Krankenhaus der Stadt Struga waren von den 384 Angestellten 33 Albaner (8,5 Prozent). Unter den Ärzten lag dieser Anteil noch weit unter diesem Prozentsatz. Verschwindend gering war der albanische Anteil auch im Bankenwesen. Bei der Stopanska Banka waren unter den 100 Angestellten gerade einmal zwei Albaner.[32]

Das Gefälle in der Beschäftigungsstruktur zeigt eindrucksvoll, dass Albaner und Makedonier von der gesellschaftlichen Umgestaltung Makedoniens unterschiedlich erfasst wurden und divergierende Entwicklungswege eingeschlagen haben. Bevor wir uns den Folgen dieser sozialen und ökonomischen Differenzierung für die ethnischen Beziehungen zuwenden, sollen maßgebliche Ursachen angeführt werden, die für diese Entwicklung ausschlaggebend gewesen sind.

Ursachen für die Herausbildung ethnisch unterschiedlicher Entwicklungspfade

Wenn man sich die gegenwärtig geführte Debatte über die Hintergründe der schwachen Repräsentation der Albaner in der öffentlichen Verwaltung, im Bildungs- und Gesundheitswesen sowie in Teilen der Industrie vor Augen führt, so trifft man auf äußerst gegensätzliche Interpretationen. Während die albanische

---

31 Nach dem Zensus aus dem Jahr 2002 sind von den 36.900 Einwohnern Strugas 48% Makedonier und 42% Albaner. Nimmt man die umliegenden Dörfer mit ins Kalkül, so steigt der albanische Anteil auf über 50 Prozent an. (State Statistical Office: Labour Force Survey, Skopje, April 2001, 25.)

32 Angaben stammen aus der Gemeinde Struga und beziehen sich auf die Verhältnisse im Jahr 1994. Mittlerweile sind zahlreiche Betriebe stillgelegt.

Seite heute von einer systematischen Diskriminierungspolitik spricht, die darauf ausgerichtet war, Albaner von Machtpositionen, Ressourcen und Errungenschaften der sozialistischen Modernisierung fern zu halten, weist die makedonische Seite darauf hin, dass Albaner nicht die erforderlichen Bildungsvoraussetzungen mitgebracht und sich selbst von einer Integration ausgeschlossen hätten. Die Argumente beider Seiten sind nicht von der Hand zu weisen. Sie ergeben aber erst in Kombination mit weiteren Faktoren eine umfassende Erklärung. Zum einen sind es soziokulturelle Faktoren, zum anderen politische und historische Motive, die hier angeführt werden können.

Mit Blick auf die Hintergründe, warum die Albaner der staatlichen Kollektivierungspolitik nicht in dem Ausmaß Folge geleistet haben, wie dies unter makedonischen Bauern der Fall war, lässt sich ein Bündel an Faktoren ausmachen.

Ein maßgeblicher Grund für den verstärkten albanischen Widerstand gegen die Kollektivierung lag an negativen Erfahrungen mit der staatlichen Politik der Zwischenkriegszeit. Die Belgrader Regierung war in dieser Zeit bestrebt gewesen, mittels verschiedener Maßnahmen die muslimische Bevölkerung zu assimilieren, zu marginalisieren oder zur Abwanderung in die Türkei zu bewegen. Eine dieser Methoden hatte darin bestanden, die Besitzrechte der bäuerlichen muslimischen Bevölkerung derart zu beschneiden, dass sie nicht mehr in der Lage war, das Überleben ihrer Familien zu sichern.[33] In den 30er Jahren war es infolge derartiger und anderer Maßnahmen zu einer starken Emigration muslimischer Familien in Richtung Türkei gekommen.[34] Als in der zweiten Hälfte der Vierzigerjahre die Kollektivierungspläne der kommunistischen Regierung bekannt wurden, fühlten sich viele Muslime Makedoniens an diese schwere Zeit erinnert und verwehrten sich mit besonderem Nachdruck gegen die Vergesellschaftung ihres Eigentums.

Die Albaner hatten wenig Anlass, den Plänen der neuen Regierung Vertrauen entgegen zu bringen. Umgekehrt galten die Albaner aus der Sicht der neuen politischen Elite als politisch illoyal, hatten sie doch mit großer Mehrheit die Besatzungszeit gut geheißen, die ihnen erstmals einen Zusammenschluss der

---

[33] Malcolm, Noel: Kosovo. A Short History. London 1998, 283.

[34] Das Ausmaß der albanischen Emigration von Jugoslawien in die Türkei in den Dreißigerjahren bewegte sich zwischen 90.000 und 150.000 Menschen. (Clewing, Konrad: Mythen und Fakten zur Ethnostruktur in Kosovo. Ein geschichtlicher Überblick. In: Reuter, Jens; Clewing, Konrad (Hrsg.): Der Kosovo Konflikt. Ursachen, Verlauf, Perspektiven. Klagenfurt u. a. 2000, 52.)

albanischen Gebiete des Kosovo, Makedoniens und Albaniens zu einem politischen Gemeinwesen ermöglicht hatte. Angesichts dieser Erfahrung, die mit weit reichenden kulturellen Selbstbestimmungsrechten verbunden war, fiel die Begeisterung für den Widerstand der Partisanen gegen die Besatzer sehr gedämpft aus. Viel stärker war der Widerstand nationalistischer Gruppierungen gegen die Einverleibung albanischen Siedlungsgebietes in das neue Jugoslawien. Dazu kam, dass sich viele Albaner von den Partisanen betrogen fühlten, da ihnen noch Anfang des Jahres 1944 in der so genannten Resolution von Bujan das Recht auf nationale Selbstbestimmung in Aussicht gestellt worden war.[35] Die politische Führung der Kommunisten Jugoslawiens unter Tito hatte dieses Versprechen, das von Kommunisten aus Albanien und Kosovo und einer kleinen Gruppe serbischer und montenegrinischer Genossen abgegeben worden war, aber umgehend scharf kritisiert. In der offiziellen jugoslawischen Historiographie wurde dieser Beschluss später als kapitaler politischer Fehler gebrandmarkt.[36]

Mit dem Bruch zwischen Stalin und Tito im Jahr 1948 endete auch die kurze Phase einer politischen Entspannung, die sich aus der Öffnung der Grenzen zu Albanien und einem regen Austausch mit dem kommunistischen Nachbarland ergaben. Enver Hoxhas Treue zu Stalin machte aus den jungen Partnern in kurzer Zeit erbitterte Gegner. Die Sorge um den Einfluss Tiranas auf die Albaner Jugoslawiens und das geringe Vertrauen in deren politische Loyalität trugen dazu bei, dass der Staatssicherheitsdienst (UDB-a) in den albanischen Gebieten verstärkt aktiv wurde. Die jugoslawische Regierung knüpfte zu dieser Zeit wieder an politische Strategien der Zwischenkriegszeit an, um das kompakte albanische Siedlungsgebiet aufzubrechen. Um dieses Ziel zu erreichen, wurde von Regierungsseite eine Kampagne zur Türkisierung der muslimischen Bevölkerung eingeleitet. Durch die Eröffnung türkischsprachiger Schulen in den albanischen Siedlungsgebieten sollte die türkische Identität forciert werden. Solche Maßnahmen und die prekäre politische Lage veranlassten viele albanische Familien, das Angebot der türkischen Identität anzunehmen und einem Emigrationsabkommen Folge zu leisten, das 1953 zwischen Belgrad und Ankara geschlossen worden war. Dass sich unter den etwa 130.000 „Türken", die in den Fünfzigerjahren aus der Republik Makedonien in die Türkei abgewandert sind, viele Albaner befanden, belegt

---

[35] Dahinter stand u. a. das Ziel, die Albaner stärker in den Widerstand gegen die Besatzer einzubinden. Siehe dazu ausführlich: Vickers, Miranda: Between Serb and Albanian. A History of Kosovo. London 1998, 135–140.

[36] Pipa, A.; Repishti, S.: Studies on Kosova. New York 1984, 208.

die Zensusentwicklung in dieser Zeitspanne. Waren 1948 noch 17,1 Prozent als Albaner ausgewiesen, so fiel diese Zahl 1953 auf 12,4 Prozent um acht Jahre später mit 13 Prozent nur einen leichten Anstieg zu verzeichnen.[37] Die jugoslawische Regierung machte sich dabei den Tatbestand zunutze, dass die nationale Identität unter der muslimischen Bevölkerung zu dieser Zeit noch sehr schwach ausgeprägt war.

Zieht man diese politischen Rahmenbedingungen in Betracht, erstaunt es nicht, dass die Albaner den Kollektivierungsplänen der Regierung mit besonderem Misstrauen begegneten. Dazu kam, dass die Albaner in der Regel über größere Besitzungen verfügten und aus diesem Grund weniger Veranlassung sahen, sich einer Vergesellschaftung ihres Eigentums zu fügen. Um ihre angestammte Lebensweise beibehalten zu können, verfolgten Albaner nach dem Ende der Zwangskollektivierung häufig die Strategie des Ankaufes von Land. Dabei profitierten sie von der verstärkten Abwanderung makedonischer Bauern in die Städte, die Teile ihrer Ländereien albanischen Bauern abtraten.[38]

Ein weiterer Grund, der für die Zurückhaltung der Albaner gegenüber Eingriffen in ihre bäuerliche Selbstverwaltung maßgeblich war, hatte kulturelle Ursachen. So fürchteten die Albaner mit dem Eintritt in die Kooperative um die regelkonforme Einhaltung religiöser Vorschriften, etwa während des Fastenmonats Ramadan oder in der Frage des Schleiertragens von Frauen.[39] Von makedonischer Seite wurden diese Motive als „religiöser Fanatismus" ausgelegt.[40]

Unter derartigen politischen Rahmenbedingungen, die nicht in der Lage waren, ein vertrauensvolles Verhältnis zwischen dem Staat und seinen albanischen Bürgern herzustellen, zogen es die meisten albanischen Bauern vor, weiterhin im privaten landwirtschaftlichen Bereich tätig zu bleiben und sich so weit wie möglich staatlichen Eingriffen zu entziehen. Es scheint, dass sich in dieser frühen Phase der kommunistischen Herrschaft jenes strukturelle Muster einer ethnisch determinierten Arbeitsorganisation herausbildete, das für die weiteren Jahrzehnte maßgeblich blieb. Während nämlich die albanische Bevölkerung in

---

[37] Brunnbauer, Fertility, 568. Siehe dazu Tabelle 2 weiter unten in diesem Text.

[38] Ebenda.

[39] Von Gegnern der sozialistischen Kollektivierungspolitik wurden Gerüchte gestreut, wonach die Bauern bei einem Eintritt in die Kooperativen ihre religiösen Rituale nicht mehr ausführen könnten. (Bokovoy, Peasants and Communists, 117).

[40] Ačkoska, Violeta: Migratsijata selo-grad kako posleditsa na agrarnata politika 1945–1995 godina. In: Glasnik na institutot za natsionalna istorija 38:1–2 (1994), 70 f.

ihrer Mehrheit weiterhin in ihren Dörfern verblieb, verließen viele Makedonier ihr ländliches Umfeld und emigrierten in die rasch anwachsenden Städte, wo sie eine Arbeit in der expandierenden Industrie oder Verwaltung annahmen.

Dass die makedonische Bauernschaft wesentlich stärker von der Kollektivierung erfasst wurde, und dass es v. a. im Gefolge der Kollektivierung zu einer starken Abwanderung von Makedoniern in die urbanen Zentren gekommen ist, lag an verschiedenen Gründen. Zum Ersten waren es unterschiedliche politische Rahmenbedingungen, die dafür ausschlaggebend waren. In der Zwischenkriegszeit war die slawisch-sprechende orthodoxe Bevölkerung innerhalb Jugoslawiens[41] einer rigiden Serbisierungspolitik ausgesetzt gewesen. Die bulgarische Okkupation während des Zweiten Weltkrieges wurde daher zumindest anfänglich mehrheitlich als Befreiung erlebt. Doch auch die Bulgaren gingen sofort daran, eine Nationalisierungskampagne durchzuführen, die die Bevölkerung rasch von ihren „Befreiern" entfremdete. Diese Unzufriedenheit konnte von den kommunistischen Partisanen aufgegriffen werden, die aus ideologischen und machtpolitischen Erwägungen die Anerkennung einer eigenen makedonischen Nation als Bestandteil der jugoslawischen Föderation favorisierten. Der Nationsbildungsprozess wurde mit der kommunistischen Machtübernahme zu einem zentralen Bestandteil der Regierungspolitik. Staatsbildung und Nationsbildung fielen quasi ineinander. Zahlreiche Institutionen wurden eingerichtet, um ein ethnisch makedonisches Nationsbewusstsein zu fördern. Dazu zählten die Kiril und Metodi Universität in Skopje, der makedonische Schriftstellerverband (beide 1946) sowie das Institut für die makedonische Sprache (1953). Quasi zum Abschluss gebracht wurde das Nationsbildungsprojekt mit der Gründung der autokephalen makedonischen Nationalkirche im Jahre 1958. Das Institut für Nationalgeschichte, das beinahe eine Monopolstellung in der Deutung der Geschichte des makedonischen Volkes innehatte, schuf eine genuin makedonische Nationalhistoriographie, die einen zentralen Beitrag bei der Konstituierung der makedonischen Nation leistete. In der historischen Selbstdarstellung der makedonischen Historiographie finden die Albaner nur am Rande Erwähnung. War man in jugoslawischer Zeit

---

[41] Die geographische Region Makedonien ist wesentlich größer als die Republik Makedonien. Ihr größter Teil (51%), das so genannte Ägäismakedonien, liegt im heutigen Griechenland. Im Westen des heutigen Bulgarien liegt das so genannte Pirinmakedonien (10%) und ein kleiner Streifen liegt im heutigen Albanien westlich der Prespaseen (1%). Die Aufteilung der Großregion Makedonien erfolgte im Anschluss an die Balkankriege 1913.

noch bemüht, die Einheit und Brüderlichkeit von Albanern und Makedoniern im Kampf gegen die „türkischen Ausbeuter" und gegen die faschistischen Besatzer hervorzukehren, so änderte sich diese Darstellungsweise mit der Unabhängigkeit Makedoniens beträchtlich. Während die Albaner in den großen zeitgenössischen Werken der makedonischen Historiographie praktisch nicht mehr vorkommen, fungieren sie in anderen Arbeiten zumeist als „die Anderen", die für die makedonische Nation und den Staat vorwiegend eine Bedrohung darstellen.[42] Die genannten Institutionen waren in erster Linie damit befasst, eine genuin makedonische nationale Identität zu erschaffen, diese zu begründen und an ihrer Verbreitung zu wirken.[43] Den Minderheiten des Landes wurde darin nur am Rande Aufmerksamkeit geschenkt. Es ist bezeichnend, dass das erste albanisch-makedonische Wörterbuch erst 1968 erschien, lange nachdem bereits Wörterbücher für englisch, französisch, russisch und sogar bulgarisch publiziert worden waren.[44]

Eine weitere Methode, von staatlicher Seite die makedonische Nationsbildung voranzutreiben, bestand in einer ethnischen Rekrutierungspolitik. Die maßgeblichen Positionen in den neu errichteten staatlichen Institutionen wurden vorwiegend mit Personen besetzt, die sich als Makedonier definieren sollten. Diese Strategie kam auch bei der Besetzung des expandierenden Verwaltungsapparates, den

---

[42] Siehe zum Albanerbild der makedonischen Historiographie: Brunnbauer, Ulf: Nationalgeschichte als Auftrag. Die makedonische Geschichtswissenschaft nach 1991. In: Jahrbücher für Geschichte und Kultur Südosteuropas. 2002/4, 183–185.

[43] Bedeutende Arbeiten über die Rolle der Wissenschaft für die Konstituierung eines makedonischen Nationsbewusstseins stammen von Brunnbauer, Nationalgeschichte als Auftrag, 165–203; Voss, Christian: Irredentismus als historischer Selbstentwurf. Wissenschaftsdiskurs und Staatssymbolik in der Republik Makedonien. In: Osteuropa 2003/7, 949–962; ders.: Sprach- und Geschichtsrevision in Makedonien. Zur Dekonstruktion von Blaže Koneski. In: Osteuropa 2001/8, 953–967; Brown, Keith: In the Realm of the Double-Headed Eagle: Parapolitics in Macedonia 1994–1999. In: Cowan, Jane K.(Hrsg.): Macedonia. The Politics of Identity and Difference. London u. a. 2000, 122–139; Troebst, Stefan: Geschichtspolitik und historische „Meistererzählungen" in Makedonien vor und nach 1991. In: Ivanisevic, Alojz; Kappeler, Andreas; Lukan, Walter; Suppan, Arnold (Hrsg.): Klio ohne Fesseln? Historiographie im östlichen Europa nach dem Zusammenbruch des Kommunismus. Wien u. a. 2002, 453–472 (= Österreichische Osthefte, 2002/44, H. 1–2).

[44] Palmer, Stephen J.; King, Robert R.: Jugoslav Communism and the Macedonian Question. Hamden 1991, 178 f.

bestimmenden Parteigremien, dem Bildungswesen, dem Bankensystem und im Justizbereich zur Anwendung.[45]

Die ethnische Rekrutierungspolitik war für die makedonische Dominanz in den maßgeblichen staatlichen Gremien aber nicht allein verantwortlich. Ebenso ausschlaggebend waren unterschiedliche Bildungsstandards zwischen der albanischen und der makedonischen Bevölkerung. 1948 lag der Anteil an Personen der Altersgruppe *älter als neun Jahre*, die des Lesens und Schreibens nicht mächtig waren unter den Albanern mit 71,75 Prozent mehr als doppelt so hoch, wie unter der makedonischen Bevölkerung (30,69 %). Noch deutlicher fällt der Unterschied unter der weiblichen Bevölkerung aus (91,05 gegenüber 42,32).[46] Die Ursache für diese gravierenden Unterschiede in den Bildungsstandards sind zum Einen darin zu sehen, dass die Nationsbildungsprozesse der christlichen Bevölkerungsgruppen im vormaligen osmanischen Reich früher einsetzten, wobei den Schulen eine zentrale Bedeutung bei der Vermittlung national gefärbter Lehrinhalte zukam. Dass das Bildungsniveau unter der albanischen Bevölkerung besonders schwach ausgebildet war, lässt sich außerdem darauf zurückführen, dass die serbische Regierung in der Zwischenkriegszeit die Möglichkeiten des Unterrichts in albanischer Sprache systematisch einschränkte.[47] V.a. der Zugang zu höher qualifizierten Berufen war an bestimmte Bildungsniveaus geknüpft. Dieser Aspekt darf daher nicht aus den Augen verloren werden, wenn es um die Frage der makedonischen Dominanz in den öffentlichen Sektoren der Wirtschaft und der Verwaltung geht. Das bestätigen Interviews mit Albanern, die in der Region Struga durchgeführt wurden.[48]

Dass die makedonische Dominanz nicht auf diese höheren Ebenen der politischen Administration des Landes beschränkt blieb, sondern auch in den staatlichen und ab 1952 selbstverwalteten Betrieben vorherrschend war, hat noch eine

---

45 Sandevski, Die Entwicklung der interethnischen Beziehungen, 29.
46 Mickey, Robert W.; Albion, Adam Smith: Success in the Balkans? A Case Study of Ethnic Relations in the Republic of Macedonia. In: Cuthbertson, Ian; Leibowitz, Jane (Hrsg.): Minorities. The new Europe's old issue. Boulder 1993, 57.
47 Einzig in Skopje blieb 1929 noch eine albanischsprachige Schule bestehen. Siehe dazu: The Situation of the Albanian Minority in Yugoslavia. Memorandum presented to the League of Nations (1930). In: Elsie, Robert (Hrsg.): Kosovo in the Heart of the Powder Keg. New York 1997, 392 f.
48 Ergebnisse der Feldforschung in der Region Struga, die vom Autor im Frühjahr 2003 durchgeführt wurde.

weitere Ursache, die eng mit nach wie vor stark ausgeprägten *gesichtsabhängigen* Sozialbeziehungen[49] in Beziehung standen. Untersuchungen haben gezeigt, dass der Zugang zum Staatsapparat im ehemaligen Jugoslawien oft über Klientelnetzwerke erfolgte.[50] Die Tatsache, dass Schlüsselpositionen in makedonischen Betrieben vorwiegend mit Makedoniern besetzt wurden, erklärt auch die Dominanz makedonischer Arbeitskräfte, die über Bekanntschaft oder Verwandtschaft leichteren Zugang zu den Betrieben erlangten. Die Bedeutung klientelistischer Netzwerke für die Rekrutierung von Arbeitskräften lässt sich auch an Hand von jüngst durchgeführten Untersuchungen in der Region Struga belegen.[51]

Es zeigt sich somit, dass es ein Bündel an Faktoren gegeben hat, die für die Ausbildung ethnisch divergierender sozialer und ökonomischer Entwicklungspfade verantwortlich waren. Unter den gegebenen Rahmenbedingungen vermochte die makedonische Bevölkerung wesentlich leichter Vertrauen in die Politik des neuen Staates zu fassen. Das unterschiedliche Verhältnis gegenüber dem Staat und der von ihm protegierten Nation beeinflusste die Herausbildung ethnisch divergierender Entwicklungswege. Der makedonische Bevölkerungsteil hat einen gesellschaftlichen Integrations- und Nationsbildungsprozess durchlaufen. Die albanische Bevölkerungsgruppe wurde hingegen von der sozialistischen Transformation nur am Rande erfasst. Die Nationsbildung der Albaner Makedoniens war eng von den Entwicklungen im benachbarten Kosovo beeinflusst. Die sich formierende intellektuelle Elite der makedonischen Albaner hatte ihre Hochschulbildung nicht in Skopje, sondern zumeist in Priština/Prishtina erhalten.[52] Für die interethnischen Beziehungen hatte diese Entwicklung weit

---

49 Der Terminus *gesichtsabhängige Sozialbeziehungen* bezieht sich hier auf Giddens Erörterung über Vertrauen in politische Ordnungssysteme. Demnach basieren Vertrauensbeziehungen in traditionellen Gesellschaften auf Ortsgebundenheit und Gesichtsabhängigkeit. Die raumzeitliche Abstandsvergrößerung von Vertrauensbeziehungen ist demzufolge eine Konsequenz der Moderne. (Giddens, Anthony: Konsequenzen der Moderne. Frankfurt am Main 1995, 102–106.)

50 Sundhaussen, Holm: Institutionen und institutioneller Wandel in den Balkanländern aus historischer Perspektive. In: Papalekas, Johannes (Hrsg.): Institutionen und institutioneller Wandel in Südosteuropa (= Südosteuropa-Jahrbuch, Bd. 25), München 1994, 35–54.

51 Resultate der Feldforschung in der Region Struga, Herbst 2002.

52 Kim Mehmeti, Direktor des Zentrums für Interethnische Kooperation in Skopje, bringt die enge Verbundenheit der Albaner Makedoniens mit Kosovo mit folgenden Worten zum Ausdruck: „Albanians in Macedonia may feel an ethnic tie to Albania, but the big emotional tie is to Kosovo, Kosovo is the cultural and intellectual foundation for us.

reichende Konsequenzen, die sich nicht nur auf der politischen Ebene widerspiegelten, sondern tief in der soziokulturellen Verfasstheit und in der Ökonomie ihren Niederschlag fanden. Es erstaunt daher nicht, dass sich angesichts dieser divergierenden Entwicklungspfade sehr unterschiedliche Loyalitätsbeziehungen herausbildeten. Auf makedonischer Seite kam es im Zuge der staatlichen Integration zu einer schrittweisen Ablösung lokaler, gesichtsabhängiger Vertrauensbeziehungen durch gesichtsunabhängige, entfernte und abstrakte Institutionen, während für die Mehrheit der albanischen Bevölkerung die sozialen Netzwerke auf lokaler Ebene (Familie, Verwandtschaft, Dorf) maßgebliche vertrauensstiftende Instanzen blieben. Insgesamt trugen diese Prozesse zu einer wechselseitigen kulturellen Entfremdung bei, die sich auf verschiedenen Ebenen des gesellschaftlichen Lebens ausdrückte.

Folgen unterschiedlicher Entwicklungspfade

Besonders offensichtlich haben sich die ethnisch divergierenden Entwicklungen auf die Siedlungsstruktur des Landes niedergeschlagen. Seit es in den Fünfzigerjahren zu einer verstärkten Abwanderung insbesondere der makedonischen Bevölkerung von den ländlichen Gebieten in die Städte gekommen ist, hat sich die ethnische Siedlungsstruktur des Landes stark gewandelt. Während große Teile des ländlichen Gebietes in Zentral- und Ostmakedonien infolge der Abwanderung der makedonischen Bevölkerung weitgehend entvölkert wurden, stieg sowohl im ländlichen als auch im urbanen Raum West- und Nordwestmakedoniens die Konzentration der albanischen Bevölkerung stark an. 1981 lag der Anteil in den am stärksten von Albanern besiedelten Bezirken im Nordwesten des Landes noch zwischen 62,5 Prozent (Gostivar) und 69,8 Prozent (Tetovo). 1994 betrug in zwölf von 123 Gemeinden der Anteil der Albaner bereits mehr als 95 Prozent. In fünf weiteren Gemeinden lag ihr Anteil zwischen 75 und 95 Prozent und in acht weiteren zwischen 50 und 75 Prozent.[53] Die Reform der Territorialverwaltung, die zwischen diesen beiden Zeitpunkten durchgeführt worden war und eine Verkleinerung der Gemeinden nach sich gezogen hatte, verzerrt dieses Bild ein wenig.

The writers, the journalists, the educators all came from Kosovo; anything to value is from there. We need to defend Kosovo." (International Crisis Group Report No 38: The Albanian Question in Macedonia, 11 August 1998, 12.)

53 Brunnbauer, Fertility, 568.

Das ändert aber nichts an der Tatsache, dass sich die Region im Nordwesten des Landes zunehmend zu einem kompakten albanischen Siedlungsgebiet entwickelte, in dem sowohl der ländliche als auch der urbane Raum von Albanern dominiert wird. Ausschlaggebend dafür war neben einer verstärkten Abwanderung v. a. der makedonischen Bevölkerung ein gravierend verändertes demografisches Verhalten zwischen den beiden ethnischen Gruppen. Ein rasches Wachstum der albanischen Landbevölkerung stand einem Bevölkerungsrückgang der dezimierten und überalterten makedonischen Landbevölkerung gegenüber. Betrachtet man die demografische Entwicklung Makedoniens im Detail, so sieht man, dass es ab den Fünfzigerjahren allgemein zu einem Geburtenrückgang gekommen ist. Unter der makedonischen Bevölkerung war der Geburtenrückgang jedoch wesentlich stärker, als unter der albanischen. Da gleichzeitig die Lebenserwartung sowohl für Albaner als auch für Makedonier aufgrund eines verbesserten Gesundheitssystems sukzessive anstieg, hatte die hoch bleibende Natalitätsrate unter den Albanern ein wesentlich rascheres Bevölkerungswachstum zur Folge. Die folgende Statistik veranschaulicht diese Entwicklung.

Tabelle 1: Geburten, Todesfälle und Bevölkerungszuwachs in Makedonien (je 1000 EW)

| | Albaner | | | Makedonier | | |
	Geburten	Todesfälle	Wachstum	Geburten	Todesfälle	Wachstum
1953	57,2	28,6	28,6	34,6	12,1	22,5
1961	47,4	15,9	31,5	23,8	7,6	16,2
1971	39,6	11,2	28,4	18,3	7,0	11,3
1981	31,7	6,4	25,3	17,5	7,1	10,4

Quelle: Roux, Michel: Les Albanais en Yougoslavie. Minorité nationale territoire et développement. Paris 1992, 152.

In absoluten Zahlen ausgedrückt, stellt sich die demografische Entwicklung des Landes von 1948 bis 2002 folgendermaßen dar:

Tabelle 2: Anteil von Makedoniern und Albanern an der Gesamtbevölkerung 1948–2002

Jahr	Gesamtbevölkerung In 1.000	Makedonier in %	Albaner
1948	1.115	68,5	17,1
1953	1.305	66,0	12,4
1961	1.406	71,2	13,0
1971	1.647	69,3	17,0
1981	1.909	67,0	19,8
1991	2.034	65,3	21,7
1994	1.946	66,6	22,7
2002	2.022	64,18	25,17

Quelle: Brunnbauer, Ulf: Fertility, Families and Ethnic Conflict. Macedonians and Albanians in the Republic of Macedonia, 1944–2002. In: Nationalities Papers, Vol. 32, 2004/3; Republic of Macedonia. State Statistical Office: Census 2002. Skopje 01.12.2003.

Die Veränderung der Siedlungsstruktur und die ungleichen demografischen Verhältnisse stehen eng mit unterschiedlichen soziokulturellen Entwicklungen in Zusammenhang, die durch die sozialistische Transformation ausgelöst wurden. Urbanisierung und Industrialisierung hatten einen gesellschaftlichen Differenzierungsprozess nach sich gezogen, der traditionelle soziale Strukturen grundlegend verändert hat. Es genügt an dieser Stelle auf die dadurch ausgelöste Veränderung der sozialen Stellung der Frauen und auf den Wandel von Familien- und Haushaltsstrukturen zu verweisen.

Die verbesserten Bildungs- und Berufsmöglichkeiten, die Einführung der Lohnarbeit und die Einbindung in ein umfassendes Versicherungsnetz haben zu einer Befreiung von ökonomischen und sozialen Abhängigkeiten in den patriarchal geprägten ländlichen Lebenswelten entscheidend beigetragen. Der damit einher gehende Übergang von komplexen Familienstrukturen, die im ländlichen Raum verbreitet anzutreffen waren, zur zunehmend dominierenden Kernfamilie, schuf günstigere Voraussetzungen für das Zustandekommen partnerschaftlich orientierter Ehebeziehungen.[54]

---

[54] Entsprechend einer soziologischen Studie, die in den Sechzigerjahren in der ethnisch gemischten ländlichen Region Polog durchgeführt wurde, war die Loyalität makedonischer Ehemänner zu ihren Frauen wesentlich stärker ausgeprägt, als unter albanischen

Für die albanische Bevölkerung, die von der sozialistischen Transformation unmittelbar nur am Rande tangiert wurde, blieben Landwirtschaft, Kleingewerbe und Handel die bestimmenden Einkommenszweige. Ab den Sechzigerjahren erhielt die Arbeitsmigration ins westliche Ausland einen zunehmend bedeutenderen Stellenwert. Mit Ausnahme der Landwirtschaft wurden diese Branchen fast ausschließlich von Männern betrieben. Die Aufgabenbereiche der Frauen blieben stark an den Haushalt gebunden. Möglichkeiten der außerhäuslichen Lohnarbeit waren sehr eingeschränkt oder wurden aus kulturellen Motiven nicht aufgenommen. Hinzu kommt, dass die genannten Arbeitsfelder fast durchgehend privatwirtschaftlich organisiert waren und auf der bestehenden sozialen Infrastruktur von Familien- und Verwandtschaftsnetzwerken aufbauten. Unter diesen Gegebenheiten konnten sich bestehende patriarchale Strukturen weiterhin stark behaupten. Untersuchungen belegen, dass umfangreiche und komplexe Haushalte unter Albanern wesentlich länger und häufiger anzutreffen waren, als unter der makedonischen Landbevölkerung.[55]

All diese Phänomene, die albanische Siedlungskonzentration im Nordwesten des Landes, das starke albanische Bevölkerungswachstum, die autarke Wirtschafts- und Lebensweise sowie die von außen undurchdringbar wirkenden, patriarchal geprägten Verwandtschaftsnetzwerke, schürten Ängste unter der makedonischen Mehrheitsbevölkerung und förderten das Aufkommen von Vorurteilen und die Verbreitung von Stereotypen. Die hohe Wachstumsrate der albanischen Bevölkerung wurde einerseits als Ausdruck einer kulturellen Rückständigkeit interpretiert, die auf die mangelnde Bildung, die fortgesetzte Verankerung im ländlichen Milieu und den muslimischen Einfluss zurückgeführt wurden. Andererseits sah man darin auch eine Strategie der Albaner, über die Demografie schrittweise die Mehrheitsverhältnisse im Land zu ihren Gunsten zu verändern. Die Tatsache, dass das zunehmend ethnisch homogener werdende albanische Siedlungsgebiet unmittelbar an Kosovo und Albanien grenzt, verstärkte die Befürchtung, die Albaner würden zu gegebenem Anlass die territoriale Integrität

---

Ehemännern, die im Konfliktfall eher auf der Seite ihrer Mütter standen. (Brunnbauer, Fertility, 579.)

55   Siehe dazu die Arbeiten von Grossmith, C. J.: The Cultural Ecology of Albanian Extended Family Households in Yugoslav Macedonia. In: Byrnes, Robert F. (Hrsg.): Communal Families in the Balkans: The Zadruga. Essays by Philip E. Mosely and Essays in his Honor. London, Notre Dame 1976, 232–242; Rheubottom, David B.: A structural analyses of conflict and cleavage in Macedonian domestic groups. Rochester 1971.

des Landes infrage stellen.[56] Im Untergrund agierende nationalistische Gruppierungen, die einen Anschluss der mehrheitlich albanisch besiedelten Gebiete Makedoniens an Kosovo anstrebten, verstärkten diese Befürchtungen.[57] Als es 1981 im benachbarten Kosovo zu schweren, nationalistisch motivierten Unruhen gekommen ist, gingen die Behörden in Makedonien mit großer Härte gegen jegliche nationalistische Manifestation oder was dafür gehalten wurde vor. Albanische Schulbücher wurden ebenso von ihren „nationalistischen, irredentistischen und konterrevolutionären" Inhalten gesäubert, wie Volkslieder, die bei Hochzeiten und anderen festlichen Anlässen gesungen wurden. An den Schulen wurde der makedonische Sprachunterricht für Albaner intensiviert, und gegen albanischsprachige Radiostationen sowie gegen albanische Kulturvereine, die nationalistisches Gedankengut verbreiteten, wurde rigoros vorgegangen. 1985 wurde der Mittelschulunterricht in albanischer Sprache durch eine Quotenregelung eingeschränkt, wodurch sich die Anzahl der Schüler in albanischsprachigen Klassen auf die Hälfte verringerte. Die Behörden versuchten auf die Namensgebung der Albaner ebenso Einfluss zu gewinnen, wie auf ihr Natalitätsverhalten.[58] Ein Gesetz wurde erlassen, das den fortgesetzten Landverkauf an Albaner im Westen und Nordwesten des Landes unterbinden sollte. Auch gegen die Vertreter der islamischen Glaubensgemeinschaft, die Kinder im Religionsunterricht unterwiesen, wurden Strafen verhängt.[59] Um die scheinbar undurchdringlichen Verwandtschaftsnetzwerke in den ländlichen Gebieten einer besseren Kontrolle zu unterziehen, ordnete man die Schleifung der Begrenzungsmauern albanischer Gehöfte

---

56 Keith Brown beschreibt diese Entwicklung treffend mit den Worten, wonach die Makedonier den Eindruck hätten, die Albaner würden jene ländlichen Gebiete ihres „Heimatlandes" auf physische und symbolische Weise besetzen, die sie erst vor kurzem verlassen hatten. (Brown, In the Realm of the Double-Headed Eagle, 125.)

57 Siehe dazu etwa ein Interview mit Bardhyl Mahmuti, einem der maßgeblichen politischen Figuren im makedonischen Untergrund und späteres Gründungsmitglied der *Kosovarischen Befreiungsarmee* (UÇK): „Zwischen 1981 und 1991 arbeiteten wir alle auf ein Ziel hin, das einer geeinten albanischen Republik in Jugoslawien." (Übersetzung des Autors aus dem Englischen). (Hockenos, Paul: Homeland Calling. Exile Patriotism and the Balkan Wars. Ithaca, New York, 197 f.)

58 So wurden Familien mit mehr als zwei Kindern dazu angehalten, die Kosten für deren Versicherung selbst zu bezahlen.

59 Siehe dazu: Poulton, Hugh: Who are the Macedonians? Bloomington, Indianapolis 1995, 128–130.

in der Region Gostivar und Tetovo an, die in der Regel ganze Anwesen umgaben und von außen uneinsehbar waren.[60]

Derartige Maßnahmen, die einzig auf den autoritären Charakter des Staates setzten und mit Bestrafung, Einschüchterung und Kontrolle dem albanischen Nationalismus den Wind aus den Segeln nehmen wollten, bewirkten gerade das Gegenteil. Die Kluft zwischen den Albanern und dem makedonischen Staat wurde dadurch noch weiter aufgerissen und die interethnischen Beziehungen verschlechterten sich angesichts der wechselseitigen kollektiven Stigmatisierung und Viktimisierung. Während die Makedonier den Albanern einen Loyalitätsbruch vorwarfen, der die Integrität des Staates und den Bestand ihrer Nation gefährdeten, sahen sich die Albaner in ihrer ablehnenden Haltung gegenüber dem von der makedonischen Nation vereinnahmten Staat bestätigt und begannen sich stärker denn je an nationalistischen Positionen zu orientieren, die auf politische Verselbstständigung in Form einer Autonomie innerhalb Makedoniens oder im Anschluss an Kosovo eine Aussicht auf eine substantielle Verbesserung der politischen Lage erachteten. Unmittelbar nach der Unabhängigkeitserklärung Makedoniens im September 1991 und angesichts der Verfassungspräambel des neuen Staates, die Makedonien als Nationalstaat des makedonischen Volkes auswies und die Albaner auf eine Ebene mit den übrigen Minderheiten des Landes stellte, gingen die albanischen Parteien daran, ein Referendum über die territoriale Autonomie der mehrheitlich von Albanern bewohnten Gebiete im Westen und Nordwesten des Landes abzuhalten. Im Februar 1992 gingen albanische Nationalisten sogar so weit, die autonome Republik Ilirida mit der Hauptstadt Tetovo auszurufen.[61] Obwohl diese Autonomiebestrebungen keine unmittelbaren Folgen hatten, bestätigten sie auf makedonischer Seite die Befürchtungen, wonach die Albaner kein Interesse an einem Verbleib innerhalb Makedoniens hätten. Andererseits konnte sich aber auf Regierungsebene eine Zusammenarbeit von makedonischen und albanischen Parteien etablieren, die seit der Unabhängigkeit bis heute aufrecht geblieben ist und nur kurz, in der Phase des Bürgerkrieges, zu zerbrechen drohte.[62] Der Übergang zu Demokratie, Pluralismus und Marktwirt-

---

60 Troebst, Stefan: Feuertaufe. Der Kosovo-Krieg und die Republik Makedonien. In: Reuter, Jens; Clewing, Konrad (Hrsg.): Der Kosovo Konflikt. Ursachen, Verlauf, Perspektiven. Klagenfurt u. a. 2000, 232 f.

61 Poulton, Who are the Macedonians? 135.

62 Ab Mitte 1992 regierte der *Sozialdemokratische Bund Makedoniens* (SDSM), der aus dem *Bund der Kommunisten Makedoniens* hervorgegangen war, mit der albanischen *Partei*

schaft gestaltet sich für die beiden Gruppen aber sehr unterschiedlich. Während die nationale Identität der Makedonier von verschiedenen Seiten in Frage gestellt und bedroht wurde und die Mehrheit der makedonischen Bevölkerung angesichts der Krise der staatlichen Ökonomie einen dramatischen Niedergang im Lebensstandard erfuhren, konnten die Albaner mit Blick auf das Kosovo ihre nationale Identität konsolidieren und vermochten besser mit den Unbilden der postkommunistischen Transformation zurande zu kommen.

Wandelnde Ungleichheit im Zeichen der Transformation

Ab den Achtzigerjahren hat Jugoslawien umfassende politische und wirtschaftliche Transformationsprozesse durchlaufen, die zu Beginn der Neunzigerjahre mit dem Zerfall der Föderation und der Verselbstständigung der Republiken noch verschärft wurden. Makedonien war seit seiner Unabhängigkeit mit Delegitimationsbestrebungen der Nachbarstaaten konfrontiert, die darauf hinausliefen, die nationale Identität der Makedonier und damit auch die Integrität des Staates in Frage zu stellen. Von griechischer Seite war es die Landesbezeichnung und das neue nationale Emblem, der sechzehnzackige Stern, die zu einer heftig geführten Debatte über die historische Legitimation der jungen makedonischen Nation geführt hat und die zwischenstaatliche Beziehung über Jahre schwer belastete.[63]

---

der Demokratischen Prosperität (PPD). 1998 gingen die bis dahin in Opposition befindlichen und wesentlich nationalistischer agierenden Parteien der *Inneren Makedonischen Revolutionären Organisation – Demokratische Partei für die Nationale Einheit Makedoniens* (VMRO-DPMNE) und die *Demokratische Partei der Albaner* (PDSH) eine Koalition ein. Aus den Wahlen im Herbst 2002 gingen auf makedonischer Seite die SDSM (41 %) und auf albanischer Seite die aus den Reihen der ehemaligen Rebellenorganisation UÇK neu gegründete *Demokratische Union für Integration* (DUI) (11 %) als Sieger hervor. Als Regierungskoalition sind diese beiden Parteien für die Implementierung des Rahmenabkommens von Ohrid maßgeblich verantwortlich ist.

63 Der Wechsel vom fünfzackigen Stern im Nationalwappen, der den Bezug zum Sozialismus symbolisierte, zum sechzehnzackigen Stern, der einen Konnex zur Antike herstellt, wurde in Skopje im August 1992 beschlossen. Die neue Sternvariante wurde mit der Zeit Phillip des Zweiten, des Vaters Alexanders des Großen in Beziehung gesetzt. Ausgrabungen in Nordgriechenland hatten eine Sonne mit sechzehn Strahlen hervorgebracht, die nach ihrem Fundort auch die *Sonne von Vergina* genannt wird. Da sich dieses Symbol zum Einen auf Ägäismakedonien bezieht und zum Anderen Anleihen an der

Bulgarien wiederum anerkennt zwar die Unabhängigkeit des makedonischen Staates, nicht jedoch die Eigenständigkeit der makedonischen Nation und Sprache. In Serbien hingegen verwehrt man sich dagegen, die Eigenständigkeit der makedonisch-orthodoxen Kirche anzuerkennen und von albanischer Seite wandte man sich entschieden gegen die verfassungsmäßige Definition des Staates als Nation des makedonischen Volkes. Die Infragestellung der Integrität und Identität von Staat und Nation erschütterten das Selbstbewusstsein der Makedonier nachhaltig. Befürchtungen, in Isolation zu geraten bis hin zur Angst, die staatliche Existenzberechtigung zu verlieren wurden von historischen Ängsten, die sich auf die Zeit vor dem Zweiten Weltkrieg bezogen, verstärkt. Für die Makedonier bedeutete das Ende Jugoslawiens auch einen großen Verlust an Sicherheit. Besonders deutlich wurde das, als es zum Ausbruch bewaffneter Kämpfe zwischen der so genannten *Nationalen Befreiungsarmee* (UÇK) der Albaner und der makedonischen Armee im Frühjahr 2001 gekommen war. Die Tatsache, dass die Kommandostruktur der albanischen Rebellen in Kosovo lag, dass die Grenze zwischen Kosovo und Makedonien kaum kontrolliert wurde und dass die albanisch besiedelten Berggebiete im Nordwesten des Landes quasi ein staatenloses Territorium darstellten, in dem die Aufständischen völlig ungehindert agieren konnten, bestärkte unter der makedonischen Bevölkerung die Auffassung, dass ein Teil des Landes außerhalb staatlichen Einflusses lag und dass die dort lebende Bevölkerung Ziele verfolgte, die den Fortbestand des makedonischen Staates unterminierten. Auch der Internationalen Gemeinschaft, v. a. der NATO und den USA wurden die Glaubwürdigkeit eines unparteiischen politischen Engagements abgesprochen, da kaum Anstrengungen unternommen wurden, den Einfluss der UÇK aus Kosovo einzudämmen und gegen dort operierende Kommandanten vorzugehen. Dass die NATO in weiterer Folge vom makedonischen Präsidenten als Interventionsinstanz eingeladen wurde, fand in der makedonischen Bevölkerung wenig Verständnis.

Verstärkt wurde diese Unsicherheit auf makedonischer Seite durch die dramatisch sich verschlechternde wirtschaftliche Lage. Die Krise der staatlichen

---

antiken Geschichte nimmt, zeigten sich nationalistische Kreise in Griechenland ob der Vereinnahmung „ihrer Geschichte" und „ihrer Symbole" durch den neuen Nachbarstaat empört. Die Verweigerung der Anerkennung des Republiknamens und des Wappens durch Griechenland trugen Makedonien nicht nur ein mehrjähriges Wirtschaftsembargo ein, sondern auch die nach wie vor amtliche Landesbezeichnung FYROM. (*Former Yugoslav Republic of Macedonia*). (Siehe dazu Voss, Irredentismus als historischer Selbstentwurf, 949–962; Brown, In the Realm of the Double-Headed Eagle, 122–139.)

Ökonomie, die auf den Zusammenbruch des jugoslawischen Marktes, den Ausbruch des Krieges und die Isolation Makedoniens angesichts der internationalen Embargopolitik gegenüber der BR Jugoslawien – Serbien war bis dahin der wichtigste Handelspartner - sowie der vorübergehenden Wirtschaftssanktionen Griechenlands zurückzuführen waren, konnte durch die Privatisierung der vormals im System der Arbeiterselbstverwaltung integrierten Betriebe keinesfalls aufgefangen werden. Zwar hatten die Makedonier aufgrund ihrer privilegierten Stellung in wichtigen Positionen Vorteile beim Erwerb des vormals gesellschaftlichen Kapitals, eine Anpassung an marktwirtschaftliche Standards und damit einhergehende, dringend erforderliche Modernisierungsschritte konnten aber aufgrund mangelnder Investitionen nicht bewerkstelligt werden. Der fortlaufende Verfall der ehemals sozialistischen Ökonomie trifft in erster Linie die Makedonier, die entweder mit starken Lohneinbußen oder sogar mit dem Schicksal der Arbeitslosigkeit konfrontiert werden. Der eklatante Rückgang der Löhne von 500 Euro Anfang der Neunzigerjahre auf 120 Euro zu Beginn des Jahres 2000[64] verdeutlicht den Verfall des Lebensstandards auf ein Niveau, das an der Grenze zur Verarmung liegt. Jeder weitere Arbeitsplatzverlust birgt die Gefahr in sich, dass eine zusätzliche Familie unter die Armutsgrenze rutscht. Die makedonische Bevölkerung erfährt die Krise des Staates, die Delegitimation ihrer Nation und den Verfall der Ökonomie als einen eklatanten Statusverlust.

Verschärft wird das Gefühl des Statusverlustes angesichts der Entwicklungen, die Teile der albanischen Bevölkerung insbesondere seit der Unabhängigkeit des Landes durchlaufen haben. Es hat sich gezeigt, dass die mangelnde staatliche und gesellschaftliche Integration der Albaner Vorteile im Umgang mit der postsozialistischen Transformation mit sich brachten. Angesichts ihrer vergleichsweise schwachen Präsenz in den vormals selbstverwalteten Industriebetrieben und in verschiedenen öffentlichen Sektoren haben die Albaner alternative Wirtschaftsstrategien entwickelt. Neben der weiterhin starken Präsenz in der Landwirtschaft, verstärkten Aktivitäten im Kleinhandel und Kleingewerbe war es v. a. die Arbeitsmigration ins westliche Ausland, die für viele albanische Familien zu einer wirtschaftlichen Stütze wurde und der strukturellen ländlichen Unterentwicklung entgegenwirkte.[65] Die Arbeitsmigration ins westliche Ausland – bevorzugte Destinationen sind Deutschland, Österreich, die Schweiz, Schweden und

---

64 ESI, The Other Macedonian Conflict, 8.
65 Siehe zu dieser Thematik die äußerst aufschlussreiche Studie der ESI, Ahmeti's Village.

die USA – wurde in den Sechzigerjahren zu einem verbreiteten Phänomen, nachdem Jugoslawien mit mehreren Ländern Abkommen über die Beschäftigung von Gastarbeitern abgeschlossen hatte.[66] Dass in Makedonien Albaner stärker als Makedonier von dieser Möglichkeit Gebrauch machten, hatte mit ihren geringeren Chancen am Arbeitsmarkt, ihrer schlechteren Ausbildung sowie mit ihrem wesentlich stärkeren Bevölkerungsanstieg zu tun. Die Arbeitsmigration hatte quasi eine Ventilfunktion für die rasch wachsende Bevölkerung, die in einem wirtschaftlich schwachen Umfeld lebte. Die geringen staatlichen Investitionen in den ländlichen Gebieten - ein generelles Phänomen der sozialistischen Politik Jugoslawiens - trugen das Ihre zu dieser Entwicklung bei.[67] Waren es in der ersten Generation fast ausschließlich Männer, die als Arbeitsmigranten ins Ausland gingen, so lässt sich seit den Achtzigerjahren eine Tendenz zur Abwanderung ganzer Familien in die Destinationsländer ausmachen.[68] Trotz dieser Tendenz zur Abwanderung von Kernfamilien bleiben die Beziehungen zu den zurück gebliebenen Familien- und Verwandtschaftsmitgliedern zumeist intakt. Auch die dörfliche Zugehörigkeit wird durch die Gründung von Kultur- und Heimatvereinen gestärkt, ein Phänomen, das sich in den europäischen Destinationsländern insbesondere seit den ausgehenden Achtzigerjahren beobachten lässt.[69] Bereits die erste Generation von Arbeitsmigranten hat mit den im Ausland verdienten Geldern nicht allein ihre Familien unterstützt, sondern auch große Anstrengungen unternommen, die dörfliche Infrastruktur aufzubauen. Mangels staatlicher

---

[66] Österreich hat 1965 ein zwischenstaatliche Anwerbeabkommen mit Jugoslawien abgeschlossen. (s. dazu ausführlich: Parnreiter, Christof: Migration und Arbeitsteilung. AusländerInnenbeschäftigung in der Weltwirtschaftskrise. Wien 1994, 98–200.

[67] Auf diesen strukturellen Unterschied, der auch die kommunistische Politik Jugoslawiens insbesondere seit 1953 kennzeichnete, geht Allcock in einem instruktiven Beitrag ein. Allcock, John B.: Rural-Urban Differences and the Break-Up of Yugoslavia. In: Balkanologie VI/1&2, 2002, 101–125.

[68] Dies ergaben Untersuchungen in der Region Struga.

[69] Ausschlaggebend dafür war die prekäre politische Lage in Kosovo aber auch in Makedonien, die viele junge Albaner dazu veranlasste, ihre Heimat zu verlassen. Die kosovoalbanische Regierung unter Ministerpräsident Bukoshi ließ sich Anfang der Neunzigerjahre nach vorübergehenden Stationen in Kroatien und Slowenien in Deutschland nieder. Von dieser Regierung wurden große Anstrengungen unternommen, die albanische Diaspora zu organisieren und in ein Netzwerk einzubinden, das eine politische Mobilisierung ermöglichte und die finanziellen Mittel zur Unterstützung der Aktivitäten in Kosovo bereit stellte. Später wurden diese Netzwerke auch für die Unterstützung des bewaffneten Kampfes der *Nationalen Befreiungsarmee* in Makedonien mobilisiert.

Unterstützung wurden Straßenbau- und Kanalisationsprojekte ebenso in Angriff genommen, wie die Errichtung von dörflichen Ambulanzen, die Finanzierung von Schulgebäuden und die Restaurierung von Moscheen. All diese Aktivitäten stärkten zum einen ein Gefühl von dörflicher Solidarität und Loyalität, zum anderen wurde dadurch die Kluft zum Staat weiter vertieft. Die Menschen wurden in ihrer Überzeugung bestärkt, dass die wesentlichen Bereiche des sozialen Lebens selbst organisiert werden müssen, da der Staat dafür keine Verantwortung übernahm. Die weit verzweigten Familien- und Verwandtschaftsnetzwerke, die durch Ehe- und Patenschaftsbeziehungen ein hohes Maß an sozialer Verflechtung erreichen, blieben dadurch bedeutende, verstrauensstiftende Institutionen, die zentrale soziale Funktionen erfüllen.

Die Mobilisierung der Diasporagemeinden hat neben der ökonomischen und sozialen Relevanz auch eine enorme politische Bedeutung erlangt. Die Arbeitsmigranten agieren als ethnische Netzwerke, die ausschließlich die eigene ethnische Gruppe unterstützen. Besonders deutlich wurde dies an der Unterstützung der Diasporagemeinden für den bewaffneten Aufstand der Albaner in Kosovo und Makedonien. Daran zeigt sich zum einen der transnationale Aktionsradius ethnischer Migrationsnetzwerke, zum anderen wird daran ersichtlich, welche Rolle ethnische und patriarchale Codes für die Sicherung des wechselseitigen Vertrauens spielen.[70]

Abgesehen von der Unterstützung des bewaffneten Aufstandes haben die Ressourcenflüsse zwischen den Heimat- und Diasporagemeinden weit reichende Auswirkungen auf die interethnischen Beziehungen. So haben die zusehends einflussreicher werdenden Diasporagruppen mit ihren Überweisungen in das sukzessiv verarmende Makedonien zu einem Wohlstandsgefälle beigetragen, das in den ethnisch gemischten Regionen des Landes besonders augenfällig ist. In albanischen Siedlungsgebieten, die einen hohen Anteil an Arbeitsmigranten aufweisen, hat in den letzten fünfzehn Jahren ein wahrer Bauboom eingesetzt. Nicht allein die hohe Anzahl an privaten Neubauten, sondern v. a. die Dimensionen der Häuser verblüffen den Betrachter. Die zumeist dreistöckigen Bauten sind für besonders umfangreiche Familien konzipiert, häufig stehen sie aber leer oder es wohnen nur die Eltern mit den Enkelkindern darin, während die Söhne mit ihren Frauen im Ausland sind. Neben der hohen Anzahl an „Mehrfamilienhäusern" sind auch

---

70 Andrees, Beate: Die Vernetzung von Migration und Krieg: Auswirkungen auf die menschliche Sicherheit. (Manuskript); Hockenos, Paul: Homeland Calling. Exile Patriotism and the Balkan Wars. Ithaca, New York 2003.

zahlreiche neue private Betriebe, darunter vorwiegend Baufirmen, Gaststätten und Reparaturwerkstätten für die vielen Autos, die in den letzten Jahren ihren Weg aus Mitteleuropa nach Makedonien gefunden haben, entstanden. Dieser privatwirtschaftlich organisierte Bereich ist jung, dynamisch und von Albanern besetzt.[71] Dagegen wirken viele makedonisch besiedelten Orte so als wäre dort vor circa zwanzig Jahren die Zeit stehen geblieben. Häuser und Wohnungen sind renovierungsbedürftig, die Autos – vielfach noch jugoslawischer Bauart - zumeist desolat und die Menschen sind oft nur noch in der Lage, ihre Basisbedürfnisse zu decken. Besonders betroffen sind Alte, allein stehende und kranke Menschen, die von der staatlichen Unterstützung leben müssen.[72] Nur dort, wo der Tourismus die Chancen für Einnahmen und Investitionen bietet, lässt sich Optimismus ausmachen – dieses Gebiet beschränkt sich im Wesentlichen aber auf den Ohridsee und einige Orte von historischer Bedeutung wie etwa Bitola.

Unter diesen Bedingungen wird die rege Bautätigkeit und der zumeist im informellen Bereich angesiedelte boomende privatwirtschaftliche Sektor der Albaner von den Makedoniern mit Empörung kommentiert. Viele Makedonier empfinden es als demütigend, dass jene Gruppe, die in ihren Augen dem makedonischen Staat niemals Loyalität entgegengebrachte, die weiterhin in kultureller Rückständigkeit lebt und die mit terroristischen Mitteln die Integrität des Staates bedroht, nun in einer ökonomisch bevorzugten Position ist. Dass viele Albaner durch ihre Auslandsbeziehungen nun über mehr Kapital verfügen, wird nicht ihrem Fleiß zugeschrieben, sondern vorwiegend ihren kriminellen Neigungen.[73]

---

[71] Wichtig ist es zu betonen, dass nicht alle albanischen Gebiete von den Rückflüssen der Arbeitsmigranten profitieren. So sind etwa zahlreiche Dörfer im gebirgigen Nordwesten des Landes, wo die Arbeitsmigration nur schwach ausgeprägt ist, von besonders großer Armut geprägt. In diesen strukturschwachen Zonen ist der Einfluss des Staates nach wie vor sehr gering.

[72] Einen umfassenden Einblick in die triste soziale Lage großer Teile der Bevölkerung Makedoniens gibt die Studie: Institute for Sociological and Political-Legal Research (Hrsg.): Qualitative Analysis of the Living Standard of the Population of the Republic of Macedonia (1997–1998). Skopje 2000.

[73] Zweifellos stellt Kriminalität (Drogen-, Waffen-, Menschenhandel, Prostitution) in den vom Staat nur schwach kontrollierten albanischen Gebieten ein großes Problem dar. Die organisierte Kriminalität bleibt aber nicht auf diese Zonen beschränkt, sondern sie reicht bis in die höchsten staatlichen Positionen hinein, von wo sie mitunter auch gesteuert wird. Die ethnische Zugehörigkeit spielt dabei nur eine untergeordnete Rolle. (Siehe dazu: Mappes-Niediek, Norbert: Balkan-Mafia: Staaten in der Hand des Verbrechens –

Der Statusverlust, der gegenüber den Albanern erlebt wird, verstärkt sich noch dadurch, dass die Albaner entsprechend den politischen Bedingungen des Ohrider Rahmenabkommens in einen gleichberechtigten politischen Status gelangen und ihre Nation innerhalb des „eigenen Landes" auf die selbe Stufe gestellt wird, wie die der Gründernation. Die Mehrheit der makedonischen Bevölkerung erachtet diese Entscheidungen als fremdbestimmt und oktroyiert.

Fazit

Zweifellos vermochte das Zustandekommen des Ohrider Rahmenabkommens zur Deeskalation eines gefährlichen ethnischen Konfliktes beizutragen, der den Bestand der Republik Makedonien und die Stabilität der gesamten Region bedrohte. Es war möglich, die beiden Konfliktparteien zu einer Kompromisslösung zu bewegen, bei der v. a. die makedonische Seite zu weit reichenden Zugeständnissen an die albanische Minderheit bereit war. Obwohl die Implementierung des Rahmenabkommens bereits weit fortgeschritten ist, kann noch nicht davon ausgegangen werden, dass die ethnischen Spannungen entschärft und die Stabilität des Landes längerfristig gewährleistet ist. Ausschlaggebend dafür sind u. a. die Folgen der divergierenden soziokulturellen und ökonomischen Entwicklungen, die Makedonier und Albaner seit dem Zweiten Weltkrieg durchlaufen haben. Die dadurch gegebenen unterschiedlichen Ausgangslagen tragen dazu bei, dass die Ursachen für die Probleme des Staates sehr unterschiedlich gewichtet werden. Außerdem zieht die Implementierung des Ohrider Abkommens ethnisch sehr unterschiedliche Konsequenzen nach sich. Es erweist sich als unmöglich, den kategorial verschiedenen Ansprüchen nach Anerkennung der nationalen Eigenart, nach Herstellung einer sozial gerechten Ordnung und nach Durchsetzung einer dem Markt gehorchenden Wirtschaftsordnung in gleicher Weise gerecht zu werden.

---

eine Gefahr für Europa. Berlin 2003.; Phillips, John: Macedonia. Warlords & Rebels in the Balkans. London, New York 2004.) Korruption stellt nach wie vor, wie in allen anderen Transitionsländern, ein großes Problem dar. Besonders ausgeprägt war sie aber in der Zeit zwischen 1998 und 2002. (ICG Balkan Report N° 133: Macedonia's Public Secret: How Corruption Drags the Country Down. 14 August 2002 [http://www.crisisweb.org/home/index.cfm?id=1693&l=1]).

Die Statusangleichung, die das Ohrider Abkommen durchzusetzen bestrebt ist, verlangt von der makedonischen Seite, große Abstriche von bisherigen „Besitzständen" zu machen. Die Makedonier müssen „ihren" Staat, als dessen alleinige „Inhaber" sie sich bisher erachteten und der die Funktion hatte, die makedonische Nation auszubilden, zu erhalten und zu verteidigen, nun mit einer rivalisierenden Nation teilen. Die albanische Seite erachtet diesen Schritt angesichts der jahrzehnte langen Erfahrung der Ausschließung und Marginalisierung als eine Grundvoraussetzung für den Weiterverbleib innerhalb des makedonischen Staates. Nur durch gleichberechtigte Anerkennung ihrer nationalen Eigenart und durch Teilhabe an den Ressourcen des Staates, kann aus ihrer Sicht eine sozial gerechte Ordnung entstehen.

Es stellt sich aber die Frage, ob angesichts der Ethnisierung fast sämtlicher Lebensbereiche die verbesserte Anerkennung der nationalen Eigenart tatsächlich zu einer stärkeren Integration der Albaner in den makedonischen Staat beiträgt. Obwohl die Albaner diesen Schritt als Weg in Richtung Integration verstanden wissen wollen, besteht die nicht unrealistische Befürchtung, dass es sich hierbei um einen ersten Schritt in Richtung Autonomie handelt. Mehr politische Mitbestimmungsrechte werden unter den Bedingungen einer vollständig ethnisierten Parteienlandschaft vorwiegend dazu genutzt, die Interessen der eigenen Gruppe zu bedienen. Da maßgebliche politische Akteure beider Seiten davon ausgehen, dass die bestehenden Grenzen noch nicht dauerhaft gefestigt sind, dürfen Spekulationen über Grenzveränderungen – v. a. im Zusammenhang mit der weiteren Entwicklung in Kosovo - nicht unterschätzt werden. Auch die Anerkennung der albanischen Universität in Tetovo lässt nicht darauf hoffen, dass von dieser Seite Anstrengungen unternommen werden, eine Integration der Albaner innerhalb des makedonischen Staates zu bewerkstelligen. Dort in den Führungsetagen vorherrschende ultranationalistische Positionen bedienen in erster Linie die sezessionistischen und irredentistischen Bestrebungen militanter albanischer Kreise. Es steht zu befürchten, dass die Universität nun noch stärker als bisher die Verbreitung ethnonationalistischer Positionen unter der jungen albanischen Bevölkerung fördert.[74]

Abgesehen von derartig radikalen politischen Positionen, die auch auf makedonischer Seite verbreitet anzutreffen sind, sind es insbesondere die Auseinandersetzungen um die knappen Ressourcen des Staates, die durch die geforderte

---

[74] Gespräche des Autors mit Mitgliedern des Lehrkörpers der Universität Tetovo im Herbst 2002.

proportionale Vertretung der Albaner in der öffentlichen Verwaltung und in den staatlichen Betrieben an Härte zunehmen werden. Bisher ist die makedonische Regierung den Vorgaben des Ohrider Abkommens gefolgt und hat zahlreiche neue Posten im öffentlichen Sektor besetzt, ohne dabei auf die Wirtschaftlichkeit der Institutionen und Betriebe Rücksicht zu nehmen. So hat der staatliche Stromerzeuger auf Geheiß der Regierung 2.129 Personen eingestellt, ohne auf die erforderliche Qualifikation der Angestellten zu achten.[75] Einerseits verschärft eine solche Vorgangsweise die Unproduktivität am Arbeitsplatz, andererseits steht diese Politik im Widerspruch zu den Vorgaben des Internationalen Währungsfonds. Das Dilemma, das an diesem Beispiel erkennbar wird, besteht darin, dass es auf der einen Seite notwendig ist, in den öffentlichen Sektoren eine ausgewogene ethnische Balance herzustellen, um den Anspruch nach Integration der Albaner gerecht zu werden. Andererseits widerspricht diese Vorgangsweise jeglicher marktwirtschaftlicher Logik, die von Makedonien eingefordert wird, will das Land mittelfristig den angestrebten EU-Beitritt realisieren. Würde man andererseits marktwirtschaftliche Standards anwenden, so müsste man nicht nur viele „überzählige" makedonischen Arbeitskräfte entlassen, sondern den Voraussetzungen des Ohrider Abkommens folgend noch über die „ökonomische Schmerzgrenze" hinausgehend Kündigungen durchführen, um dem Anspruch nach ethnischem Proporz folgend Platz für albanische Angestellte zu schaffen. Dies würde vor dem Hintergrund der geschilderten ethnisch divergierenden sozialen und ökonomischen Entwicklungspfade und der daraus resultierenden unterschiedlichen Wahrnehmung der Probleme des Staates die bereits stark strapazierten interethnischen Beziehungen über die Maßen belasten. Unter den gegebenen Verhältnissen ist es möglich, durch finanzielle Unterstützung der Internationalen Gemeinschaft eine fragile politische Stabilität aufrecht zu erhalten, die es Makedoniern wie Albanern ermöglicht, dem Anspruch sichtbar zu sein, und eine Rolle zu spielen gerecht zu werden. Dem Anspruch auf eine sozial gerechte Ordnung kann man aber ab dem Moment nicht mehr gerecht werden, wo von Makedonien verlangt wird, eine moderne, dynamische und wirtschaftlich konkurrenzfähige Gesellschaft zu werden.

---

[75] Gaber-Damjanovska, Natasha; Jovevska, Aneta: Barometer. Political Parties Development in the Republic of Macedonia. (Institute for Sociological, Political and Juridical Research. Skopje, June 2003, 9.)

Rudolf Richter

SOZIALES KAPITAL UND ZIVILGESELLSCHAFT

Ein Befund zu Kroatien, Serbien und Montenegro

Zivilgesellschaft

Gesellschaften sind aus verschiedenen Perspektiven beschreibbar. In den letzten Jahrzehnten rückte der Aspekt der Zivilgesellschaft, bedeutend für die Entwicklung von Demokratie, wieder stärker in den Vordergrund. Vielleicht schon in den Sechzigerjahren, mehr aber noch in den Siebziger- und vor allem in den Achtzigerjahren des 20. Jahrhunderts dringt in die öffentliche Diskussion der Begriff Zivilgesellschaft ein (z.B: Alexander 1991, 1993). Er entsteht weniger in der Analyse westeuropäischer Staaten, als vielmehr durch Entwicklungen innerhalb des kommunistischen Blocks. Die Charta 77, Solidarność, Heimuniversitäten und Diskussionszirkel firmieren unter dem Aspekt einer sich entwickelten zivilen Gesellschaft im Ostblock (vgl. Kneer 1997). So verstanden heißt *civil society* Opposition gegenüber dem Staat.

Die Diskussion wird im westlichen Bereich umfangreich, sowohl politisch als auch politologisch, philosophisch als auch praxisorientiert geführt. Zivilgesellschaft wird zum Synonym für eine entwickelte Demokratie. Darüber sind sich Autoren einig, auch wenn sie aus verschiedenen Richtungen kommen. Denn tatsächlich können wir verschiedene Stränge unterscheiden, womit auch verschiedene Hoffnungen in die Zivilgesellschaft gesetzt werden.

Da sind zunächst die liberalen Konzeptionen, vertreten durch Ralf Dahrendorf (Dahrendorf 1994). Sie zeigen auf, dass Lebenschancen in allen Gesellschaften unterschiedlich verteilt sind. Dies geht mit Herrschaft einher. Jede Herrschaft schafft soziale Ordnung und jede soziale Ordnung heißt immer auch Ungleichheit. In der liberalen Konzeption geht es nicht darum, einen utopischen Zustand von Gleichheit zu schaffen, sondern es geht um die Entwicklung von Bürgerrechten. Bürgerliche Grundrechte im engeren Sinne, aber auch politische und soziale

Rechte gehören dazu. Sie mindern den Klassenkonflikt und damit verringern sie auch soziale Ungleichheit in der Gesellschaft. Eine Pluralität von Assoziationen, die autonom handeln können und eine Entwicklung ziviler Bürgertugenden, oft einfach Zivilität genannt, gehören dazu.

Populärer in der öffentlichen Diskussion sind wohl kommunitaristische Ansätze, wie sie Michael Walzer (Walzer 1992) vertritt. Hier geht es um eine Wiederbelebung des Gemeinschaftsgedankens. Praktizierte Solidarität erscheint wichtiger als abstrakte Rechte. Die Vorstellung von einer „guten Gesellschaft" tritt auf, bezeichnenderweise auch der Titel eines Soziologentages 2000 (Allmendinger 2001). Integration ist das Stichwort. Die Zivilgesellschaft ist eine zivile Gesellschaft im Sinne Walzers, die politisches Handeln, Arbeit und Wirtschaft wie auch Einstellungen umfasst. Eine zivile Gesellschaft ist eine integrierte Gesellschaft, in der keine Sphäre bevorzugt wird.

Von diesem Ansatz unterscheidet sich eine radikaldemokratische Perspektive, in Deutschland etwa von Dubiel (Dubiel 1994) vertreten, die auf eine fortwährende Demokratisierung der Gesellschaft abzielt. Die Etablierung einer solchen Gesellschaft wird als schöpferischer Gründungsvorgang begriffen, vergleichbar mit der Unabhängigkeitserklärung der USA. Wechselseitige Anerkennung als freie und gleiche Bürger sind Grundpfeiler dieser Position. Tendenziell geht es um Schwächung von Macht. Es gibt Machtpositionen, aber die können sich auf Dauer nicht gegenüber der freien Assoziationen der Bürger halten. Macht wird nicht abgeschafft, aber durch die gleichmäßige Teilhabe aller an Macht relativiert.

Schließlich können wir einen diskurstheoretischen Ansatz unterscheiden, den Jürgen Habermas (Habermas 1992) vertritt und der auf Cohen und Arato (1992) zurückgeht. Fruchtbar ist die Unterscheidung zwischen System und Lebenswelt, die Habermas postuliert. System, das ist das politische System, auch das wirtschaftliche, das nach allgemeinen Strukturen und Codes funktioniert. Lebenswelt ist die vom Einzelnen erfahrbare Alltagswelt, die sich zum Beispiel in den Assoziationen der Bürger etabliert. Lebenswelt ist somit eine interaktive Struktur, ein Ort des Aushandelns und der Kommunikation. Lebenswelt und System sind aber nicht gesellschaftlich getrennte Bereiche, sondern stehen miteinander im Austausch. Als Gefahr sieht dieser Ansatz die ständige Tendenz der Systemebene, in die Lebenswelt einzudringen, und diese zu durchdringen. Der Ausbau der Bürgergesellschaft gewährleistet die Aufrechterhaltung der Lebenswelt.

Wenn auch verschiedene Positionen – teilweise normativ, teilweise beschreibend -vertreten werden, so scheinen doch zusammenfassend folgende Kennzeichen funktionierender Zivilgesellschaft auf Konsens zu stoßen (vgl. Kneer 1997):

Zur Zivilgesellschaft gehört die Gesamtheit öffentlicher Assoziationen, die öffentlichen Zusammenkünfte von Bürgern. Es beinhaltet, dass diese Institutionen autonom tätig sind und dass es eine Pluralität dieser Assoziationen gibt. Diese Vereinigungen und Zusammenkünfte müssen legal abgesichert sein. Dazu zählt zum Beispiel Versammlungsfreiheit, Achtung der Menschenrechte oder Medienfreiheit. Schließlich werden wohl auch zivile Verhaltensweisen als Bestandteil der Zivilgesellschaft zu sehen sein, obwohl diese nicht alle Ansätze hervorheben. Ein verständnisvoller, toleranter und gewaltfreier Umgang der Akteure miteinander ist dafür Vorraussetzung. Allen Ansätzen liegt letztendlich ein utopisches Prinzip zugrunde, sie sehen Zivilgesellschaft als einen geschichtlichen Prozess, den es weiter zu entwickeln gilt.

Es ist offensichtlich, dass sich eine Zivilgesellschaft in den Balkanländern erst langsam zu entwickeln beginnt. Die Möglichkeiten, eine solche im Rahmen des Kommunismus zu entwickeln, waren minimal. In Serbien – oder besser, im damaligen Jugoslawien – entstanden freie Assoziationen gegen Ende der Achtzigerjahre (vgl. Božić, Vuletić, Richter 2004). Vorher waren unabhängige Vereinigungen nicht bekannt. Selbst Jagdvereine oder Fischereivereine waren in das politische System als kollektive Mitglieder der Sozialistischen Allianz der arbeitenden Bevölkerung integriert. Diese unterstand der Kontrolle der kommunistischen Partei. Die einzige Ausnahme bildete die Kirche, vor allem die katholische Kirche, die zivilgesellschaftliche Funktionen übernahm.

In den Achtzigerjahren begannen sich Heimuniversitäten zu entwickeln, langsam begannen auch informelle Initiativen und Netzwerke zu entstehen. Die „jugoslawische demokratische Initiative" (UJDI) entstand noch vor dem Fall der Berliner Mauer, vor allem in Großstädten.

In den Neunzigerjahren entwickelten sich in Serbien verschiedene Initiativen, unterbrochen durch den Bürgerkrieg, aber auch solche, die gegen den Krieg opponierten. Ich beziehe mich hier auf eine Expertenumfrage in Belgrad, die von Vuletić (vgl. Božić, Vuletić, Richter 2004) durchgeführt wurde. Nach den Aussagen der Experten formierte sich ein jugoslawisches Prä-Parlament, das später zum runden Tisch von Regierung und Opposition führte. Dieser wurde nach Zusammenbruch der SFR Jugoslawien im Februar 1992 aufgelöst. Fortgesetzt wurden ähnliche Aktivitäten in einer Gruppe, die sich „Leben in Sarajewo" nannte.

Auch im Widerstand gegen das Milošević-Regime kann man wichtige Stimuli für die Entwicklung einer Zivilgesellschaft sehen, so etwa in NGOs, die vom „Open Society Fund in Serbia" und dem „Center for Antiwar Action" finanziert wurden. Sie konnten zwar nicht den Frieden bewirken, aber immerhin

Bewusstseinsarbeit leisten. Durch die Sanktionen gegen Serbien verloren auch die NGOs im Laufe der Zeit Unterstützung durch das Ausland. Die Aktivitäten zu diesem Zeitpunkt wurden im Wesentlichen von einer Elite getragen. Erst nach der Ablösung des Milosevic-Regimes kann man von einer stärkeren Entwicklung von freiwilligen Vereinigungen, NGOs und damit einer Entwicklung zu einer Zivilgesellschaft hin sprechen. Der Prozess ist noch im Gange. Die NGOs werden zumeist von den EU Ländern finanziert, sie arbeiten vor allem im lokalen Bereich mit den regionalen Administrationen zusammen. Durch Unterstützung und Förderungen beeinflusst die Europäische Union die Entwicklung der Zivilgesellschaft.

Die Situation in Kroatien ist langfristig historisch gesehen unwesentlich anders. Durch eine im letzen Jahrzehnt nach dem Bürgerkrieg doch sich zunehmend stabilisierende Gesellschaft konnten sich NGOs und freie Assoziationen schon seit längerem entwickeln. Die befragten Experten weisen darauf hin, dass Tätigkeit in freiwilligen Organisationen nicht weit verbreitet ist. Ein Ausschnitt aus dem Transkript eines Fokusinterviews zeigt dies:

> In Croatia volunteering is something not very common. It started some five years ago and organizations that use volunteers have great many problems with tax administration and similar institutions. Because according to the current law we should sign contracts with each volunteer and this is absurd. You are not allowed to pay volunteers his/her travel expenses more than twice a year, etc. (aus Fokusgruppen-Interview Croatia 2003)

Der Experte bezieht sich auf alte und junge Freiwillige:

> … Young people, they come because they want to make something useful for the community. It was the situation during the last election. We had more than 40 % of young people under 25. And many of them older than 60. Very indicative situation. They said they had more time and could afford to volunteer. (Expaus Fokusgruppen-Interview Croatia 2003)

Zwei Grundprobleme für die Freiwilligenarbeit zeigt dieser Ausschnitt: unzureichende bürokratische Abwicklung und Freiwilligenarbeit gleichsam als Beschäftigung für Arbeitslose. Dies sind schwache Standpunkte der Weiterentwicklung von Zivilgesellschaft.

Die Zivilgesellschaft beruht auf der Möglichkeit sozialer Beziehungen. Heute werden diese unter dem Aspekt des sozialen Kapitals abgehandelt.

Soziales Kapital

Kapitaltheorien konzentrierten sich vor allem auf das ökonomische Kapital. Ökonomen selbst entdeckten aber, dass dies nicht ausreicht, um das Funktionieren der Wirtschaft und des Marktes in einer Gesellschaft zu erklären. In den Sechzigerjahren des 20. Jahrhunderts wies Becker (Becker 1964) auf die Bedeutung des Humankapitals hin. Im Wesentlichen werden darunter das Wissen und die Bildung einer Person verstanden, das Vermögen an persönlichen Qualitäten. In den letzten Jahrzehnten macht der Begriff des sozialen Kapitals Karriere (vgl. z. B.: Baron, Field, Schuller 2000; Dekker, Uslaner 2001; Fukuyama, Khan 2003; Krishna 2002; Lin 2001; Lin, Cook, Burt 2001; Kolankiewicz 1996; McLean, Schultz, Steger 2002; Ostrum, Ahn 2003; Putnam 2000, 2001, 2002; Rotberg 2001; Szreter 2002; Field 2003; Hooghe, Stolle 2003; McLean et al. 2002; Ostron 2003). War Humankapital schon wesentlich schwieriger zu messen als ökonomisches Kapital, so erscheint soziales Kapital noch diffuser.

In den Anfängen war soziales Kapital sehr eng mit den Vorstellungen von Gemeinsamkeit und gegenseitiger Hilfe (vgl. Hanifan 1920) verbunden. Die Nachbarschaft in Städten (Jacobs 1961) wurde als Trägerin des sozialen Kapitals empfunden. Offensichtlich stand hier stärker der Begriff des Sozialen als der des Kapitals im Vordergrund.

Heute kann man im Wesentlichen drei Diskussionsstränge unterscheiden. In der Tradition des Marxismus steht Pierre Bourdieu, der drei Kapitalformen unterschied: ökonomisches, kulturelles und soziales Kapital (Bourdieu 1983). Soziales Kapital galt für ihn als persönliche Ressource, die auf einem Markt einzusetzen ist.

Wirklich populär wurde der Begriff erst durch Putnam, der in einer Studie in Süditalien (Putnam 1993) sich ausführlich mit den sozialen Beziehungen beschäftigte und dann soziale Partizipation in den USA untersuchte (Putnam 2000). Er stellte einen Rückgang an Freiwilligentätigkeit in den USA fest. Das blieb nicht unwidersprochen. Weltweit gab es in anderen Studien widersprüchliche Ergebnisse. Einerseits fand man Bestätigung der These vom Rückgang der Freiwilligkeit, andererseits Widerlegung (Paxton 1999). Auf nationale Besonderheiten wurde hingewiesen, die interkulturelle Vergleiche erschweren (Putnam 2002; Dekker, Uslaner 2001; Hooghe, Stolle 2003). Diese Auffassung des sozialen Kapitals ist eng mit sozialer Partizipation in der Zivilgesellschaft verbunden. Soziales Kapital wird als persönliches Netzwerk gesehen, in dem Normen gegenseitiger Hilfe, Information und vor allem gegenseitiges Vertrauen eingebettet sind. Der Aspekt des Kapitals tritt dabei in den Hintergrund. In Putnams Ansatz geht es besonders darum, zu sehen, wie hoch die Beteiligung in einer Gesellschaft an sozialen Netzwerken ist. Ein dritter Ansatz kommt von Coleman und ist der *Rational Choice* Theorie verpflichtet (Coleman 1988, 1990). Hier bleibt soziales Kapital noch unbestimmter. Im Wesentlichen sieht Coleman darin eine Qualität der Sozialstruktur, die eine nützliche Ressource für die handelnden Personen darstellt. Entstehung und Konsequenzen werden in der allgemeinen Theorie nicht diskutiert.

Wenn auch die Ansätze auseinander liegen, so ist ihnen die Auffassung von sozialem Kapital gemeinsam, es als eine Ressource zu sehen, die zu verschiedenen Zwecken eingesetzt werden kann. Ähnlich wie Geld ist soziales Kapital transferierbar. Mit seiner Hilfe kann man Karriere machen, mit Unterstützung rechnen, Zugang sowohl zu ökonomischem als auch zu Bildungskapital finden. Trotzdem ist es nicht so allgemein konvertierbar wie Geld und deswegen wohl auch nicht so leicht definierbar.

Soziales Kapital wird von diesen Ansätzen als personenunabhängiges Vermögen in der Gesellschaft gesehen, zu dem Personen Zugang haben. Es kann also unabhängig von den Akteuren analysiert werden. Von dieser Vorstellung am weitesten entfernt ist Bourdieu, der die Art des Umgangs mit sozialem Kapital nicht von der Person trennt, die es besitzt. Sein Begriff des Habitus als strukturiertes und strukturierendes Prinzip erfasst dies. Einerseits sind Strukturen vorgegeben, andererseits gestalten wir sie in Interaktionen ständig mit.

Woolcock (1998) entwickelt ein dynamisches Modell des sozialen Kapitals, das auf die Interdependenz von Mikro- und Makrobereich in der Gesellschaft abzielt. Ohne genau zu beschreiben, was soziales Kapital ist, beschäftigt er sich damit, wie es entsteht und wie es in der Gesellschaft wirkt. Hierzu sind prinzipiell zwei Entwicklungsgänge zu unterscheiden: *bottom- up* und *bottom-down* Prozesse. *Bottom-up* Prozesse gehen von der Integration, von der Einbettung in die Sozialstruktur, in der Diktion von Habermas wohl: von der Lebenswelt aus. Sie versuchen die Prozesse der Organisationen – in idealtypischer Weise integer miteinander kooperierend – zu beeinflussen. Der Prozess wirkt auch umgekehrt, indem Organisationen synergetisch auf die Lebenswelt Einfluss nehmen. Eine Gesellschaft hat hohes soziales Kapital im positiven Sinne, wenn diese Prozesse kooperativ, konsensuell und ausgeglichen funktionieren. In der Praxis treten aber Dilemmas auf. Ist die Integration in der Lebenswelt hoch, fehlen aber die Bindungen an integre Organisationen und Institutionen, so entsteht das, was man „amoralischer Familialismus" nennt, ein Begriff, den Banfield (1958) in einer

Arbeit über die italienische Mafia geprägt hat. Hier herrscht enger Zusammenhalt auf der Mikroebene, aber keine Kontrolle und Einbindung in unabhängige Institutionen. Diese Situation finden wir in mafiösen Strukturen in den Balkanstaaten vor, in Serbien stärker, in Kroatien weniger.

Eine weitere Form ist der amoralische Individualismus. Er entsteht, wenn die Integration gering ist und die Organisationen wenig Einfluss haben. In solchen Situationen kommt es zu Plünderungen und Diebstahl. Missachtung von Eigentum und Rechten des anderen sind typisch für diesen amoralischen Individualismus.

Anomie entsteht dann, wenn Individuen zwar an vielen Aktivitäten der Systemebene teilnehmen, aber keinen Rückhalt in einem sozialen Netzwerk haben. Diese Situation kann als typisch für Neuankömmlinge in der Großstadt angesehen werden.

Eine funktionierende Gesellschaft verbindet beides: hohe Partizipation am gesellschaftlichen Geschehen verbunden mit Einbettung in die Gemeinschaft. Dies schafft soziale Möglichkeiten.

Woolcock betrachtet noch eine andere Relation, nämlich die zwischen dem Zusammenhalt der Organisationen auf Systemebene und die der Beziehung zwischen Staat und Gesellschaft. Nur wenn auch die Beziehung zwischen Staat und Gesellschaft hoch bewertet wird, kann es zu einer berechenbaren, flexiblen und kooperativen Atmosphäre kommen. Bricht der organisatorische Zusammenhalt zusammen und entfernen sich Staat und Gesellschaft voneinander, kommt es zur Anarchie. Schwache Staaten hingegen sind dadurch gekennzeichnet, dass zwar der Zusammenhang der Organisationen funktioniert, also die Institutionen miteinander kooperieren, aber es nicht gelingt auf die gesellschaftliche Sphäre Einfluss zu nehmen. Staaten, wo die Organisationen nicht integer sind und verlässlich kooperieren, in der Lebenswelt aber ein starker Zusammenhang gegeben ist, sind Staaten, in denen sich Korruption durchsetzt. Wäre der Begriff nicht politisch belegt, könnte man sie mit Woolcock auch als Schurkenstaaten bezeichnen.

Damit wird klar, dass Woolcock vor allem die Interrelation von Makro- und Mikroebene, von Systemebene und Lebenswelt, von staatlichen Institutionen und privaten Netzwerken für wichtig erachtet. Soziales Kapital, also die Verbindung der Menschen innerhalb und zwischen diesen Ebenen spielt da eine herausragende Rolle. Soziales Kapital kann durch die Beziehungen innerhalb von Gemeinschaften fruchtbar werden, aber auch zwischen verschiedenen Gemeinschaften, zwischen lebensweltlicher und institutioneller Ebene und zwischen den Institutionen. Die Zivilgesellschaft als vermittelnde Instanz spielt eine bedeutende Rolle.

In den Balkanstaaten findet sich diese wohl noch im Aufbau, die Beziehung zwischen Staat und Gesellschaft ist gestört, ohne dass ein Staat direkt in ausschließlich eine der angesprochenen Dimensionen einzuordnen wäre. Wahrscheinlich besteht am ehesten die Gefahr von a-moralischem Familialismus, also von mafiosen Strukturen und Korruption. Dies wird durch schwache, nicht funktionierende Organisationsstrukturen auf staatlicher Ebene verursacht. Die Aussagen von Experten legen dies nahe (vgl. Božić, Vuletić, Richter 2004; Tauber, Richter 2003a, 2003b).

Soziales Kapital hat keineswegs nur positive Funktion. In dem Modell Woolcocks wird klar, dass es auf die Verbindung ankommt. Soziales Kapital, das gehäuft und konzentriert auf eingeschränkte Netzwerke (Familialismus) ist, nicht über zivilgesellschaftliche Organisationen (freiwillige Vereine) mit staatlichen Institutionen verbunden, die autonom handeln können, ist genauso schädlich, wie soziales Kapital, das sich nur auf institutioneller Ebene befindet; wenn also Institutionen miteinander zwar eng verknüpft sind, sie aber keine Verbindung mehr – wiederum über zivilgesellschaftliche Organisationen – mit der Lebenswelt der Menschen haben.

Putnam (2000) hat zwei Qualitäten des sozialen Kapitals entwickelt, durchaus in der Erfahrung, dass es sowohl positive als auch negative Konsequenzen haben kann. Er spricht von *Bonding* und *Bridging*. Soziales Kapital kann die kleine Gemeinschaft an ein soziales Netzwerk anbinden. Einbettung kann durchaus zu individuellem Wohlbefinden beitragen, sie kann aber auch Kontrolle und Unbeweglichkeit bedeuten. Wenn sich kleine Gemeinschaften gegen außen abschotten, dann grenzen sie nicht nur sich selbst ab, sie grenzen andere aus. *Bonding* bewirkt Exklusion. *Bridging* hingegen meint die Verbindung mit anderen. Wenn Gemeinschaften miteinander in Kontakt treten, Netzwerke sich öffnen und verbinden, dann entwickelt sich soziales Kapital im positiven Sinne, im Sinne von Inklusion und Kooperation. Es wird allerdings dann negative Effekte zeigen, wenn darüber bindende Prozesse verloren gehen. Es entsteht dann die Gefahr der Orientierungslosigkeit in der Fülle der Möglichkeiten. Woolcock handelt diese unter Anomie ab.

Soziales Kapital und Zivilgesellschaft: Ergebnisse

Die positiven Konsequenzen des sozialen Kapitals tragen vor allem zum Aufbau einer Zivilgesellschaft bei. Die Bindungen an Gruppen und die Verbindungen zwischen Gruppen sind notwendig, um effektiv am Staat mitzugestalten. Vereinzelung widerspricht der Idee der Zivilgesellschaft.

Hier stellt sich die Frage, wie sich Bürger an der Gesellschaft beteiligen. In der Regel kann man verschiedene Ebenen unterscheiden: die personale, individuelle Ebene des Treffens von Freunden, die Ebene der Beteiligung an Organisationen, also freiwilligen Vereinigungen, und schließlich die Systemebene, bei der es vor allem um das Vertrauen in Institutionen geht. Hier beschäftigen wir uns mit der personalen und organisationellen Ebene.

Es gibt mittlerweile zahlreiche internationale Untersuchungen zu diesen Fragen und die Ergebnisse sind sehr unterschiedlich (Dekker, Uslaner 2001; Lin, Cook, Burt 2001; Hooghe, Stolle 2003). Üblicherweise wird soziale Partizipation von Personen gemessen, das Zusammenspiel sozialer Gruppen und Institutionen und die Offenheit des Systems für solche Beteiligungsformen. Es gibt keine eindeutigen Aussagen über Ursachen und Wirkung des sozialen Kapitals. Festgemacht an Kriterien wie Einkommen oder Bildung gibt es Ergebnisse, die sowohl einen linearen Zusammenhang zeigen, als auch solche, die das nicht tun.

Komplexere Ergebnisse können multivariante Analysen liefern. Aber auch sie erfassen nur eine begrenzte Auswahl von Indikatoren. So kann man die Einflussgrößen, die im Modell berechnet werden, zwar darstellen, nicht aber alle möglichen und denkbaren. Zumeist werden Geschlecht, Einkommen und Bildung berücksichtigt. Als Ergebnis zeigt sich, dass Geschlecht eher eine untergeordnete Rolle spielt. Es ist kein verlässlicher Prädikator für das Ausmaß an Teilnahme, eher für die Art der Organisationen, an denen teilgenommen wird. Frauen dürften tendenziell eher in karitativen Organisationen partizipieren, Männer eher in Berufsorganisationen.

Auch scheint der Grad der Beteiligung mit der Ausbildung linear in dem Sinne zu korrelieren, dass mit höherer Ausbildung auch die Beteiligung steigt, aber nicht immer. Mitglieder der höchsten Bildungsschicht können auch „unter sich" bleiben und zeigen dann weniger häufig Partizipationsfreudigkeit.

Auch geographische Mobilität, von der man vermutet hat, dass sie zu höherem sozialen Kapital beiträgt, tut das nicht nachweisbar. Sie kann ebenso zur

Vereinsamung führen. Wenn man das theoretische Modell von Woolcock heranzieht, dann ist das keine Überraschung. Wir hätten hier den tendenziell anomischen Fall, dass Personen in neue Umgebungen kommen, in deren oft anonymer Öffentlichkeit sie leben, ohne private Bindungen zu besitzen.

Zwar meint man, dass soziales Kapital zur Gesundheit beiträgt, aber auch das ist nicht gesichert. Es gibt krankheitsfördernde Netzwerke.

Wir beschäftigten uns mit der Frage des sozialen Kapitals in Serbien und Montenegro und in Kroatien. Einige Ergebnisse einer empirischen Studie sollen einen Eindruck von der zivilgesellschaftlichen Organisation der Balkanstaaten, im konkreten Kroatiens und Serbiens und Montenegros liefern. Die Daten beziehen sich im Wesentlichen auf Repräsentativumfragen, die von der Paul Lazarsfeld Gesellschaft in diesen beiden Staaten in Auftrag gegeben wurden. Vertieft wurden diese Analysen durch Fokusgruppeninterviews und Experteninterviews. Die Fokusgruppen setzten sich aus je fünf bis sechs Experten zusammen, wobei sich eine eher auf soziologische, sozialwissenschaftliche Experten, eine zweite auf Politikwissenschaftler und politische Praktiker in NGOs (nicht Berufspolitiker) und eine dritte auf Ökonomen stützte. Experten, die einzeln interviewt wurden, kamen aus den gleichen Berufsfeldern, aus Kroatien und Serbien, aber es wurden auch Experten aus Österreich über ihre Sicht befragt. Auf dem Datenmaterial dieser Studie basieren die folgenden Ergebnisse (vgl. dazu Tauber, Richter 2003a, b; Božić, Vuletić, Richter 2004, Bittner, Richter 2003a, b).

In den Untersuchungen war eine Fülle von Variablen vertreten, von denen angenommen werden konnte, sie messen soziales Kapital. Dazu gehörte Mitgliedschaft in Organisationen, Treffen von Freunden, sowie Zufriedenheit. Eine statistische Verlässlichkeitsanalyse erlaubte zu analysieren, wie sehr ein Konzept durch diese Indikatoren abgedeckt wird. Es wird durch Koeffizienten überprüft, welche Indikatoren mehr, welche weniger zur Erklärung beitragen. Aus dieser Analyse ergab sich, dass das soziale Kapital keine konsistente Dimension ist, das heißt, nicht alle diese Variablen zu einem Konzept zusammengehören (Kytir, Richter, Petritsch 2004). Konkret bedeutet dies zum Beispiel, dass im Alltagsleben die Mitgliedschaft in Organisationen nicht einhergehen muss mit einem großen Freundeskreis. Beide Dinge gehören getrennten Sphären an. Nur die Theorie (der Ökonomen und Soziologen) macht sie zu einem Konzept – dem des sozialen Kapitals. Weiters wird deutlich, dass Indikatoren, die rein die Häufigkeit sozialer Partizipation – also zum Beispiel das Treffen mit Freunden oder die Anzahl der Mitgliedschaften – oft weniger differenzierend sind, als die subjektive Bewertung der eigenen sozialen Teilnahme.

Wir werden auch hier diese zwei getrennten Ebenen darstellen, die der Organisationen und die der Freunde. Die Ebene der Organisationen ist eindeutig eine
zivilgesellschaftliche Ebene, die der Freunde die lebensweltliche.
Wie sehr diese Ebenen zusammenspielen oder auch unabhängig voneinander
sind, zeigen die Ergebnisse einer Lebensstilanalyse.

Übersicht 1: Lebensstiltypen und soziales Kapital (Ergebnisse einer Clusteranalyse
aus dem Südosteuropabarometer für Serbien und Montenegro und Kroatien)

	Freunde	Organisationen	Zufriedenheit
Typ 1	-	-	-
Typ 2	+	-	+
Typ 3	+	+	+

Obwohl eine Clusteranalyse, in die Lebensstilindikatoren einbezogen wurden
(Kytir, Richter, Petritsch 2004) vier Typen ergab, können wir sie hinsichtlich
der hier gemessenen Variablen auf drei zusammenfassen. Es gibt einen Typ der
Unzufriedenheit und Isolation. Ein zweiter Typ, der sehr stark auf Lebenswelt
bezogen bleibt, und damit auch zufrieden ist, und schließlich ein dritter, der
alle drei Bereiche umfasst, der also, so könnte man sagen, voll in die Zivilgesellschaft integriert ist. Die Häufigkeit des Vorkommens dieser Typen kann hier
nicht gezeigt werden. Dies hat vor allem statistische Gründe. Die Typen bilden
nicht eine Variable, sondern sind Ergebnisse einer Clusteranalyse, die versucht,
möglichst adäquat und umfassend ähnliches Antwortverhalten zusammenzu-
fassen. Sie tendiert dazu, möglichst eine Gleichverteilung im Datenmaterial zu
erreichen. Deshalb sind unterschiedliche Häufigkeiten der Typen nicht unbedingt
aussagekräftig und zum Teil auch nicht möglich.

Betrachten wir zunächst die lebensweltliche Ebene. Die Anzahl der Freunde
und die Häufigkeit der Treffen tragen nach der statistischen Analyse nicht zentral
zum Konzept bei, das wir messen. Hingegen zeigt sich, dass die Variable „gute
Möglichkeit, mit Freunden in Kontakt zu kommen", gut misst.

Ein zweiter wesentlicher Bereich, der offensichtlich Integration widerspiegelt,
ist der Bereich der Zufriedenheit mit der Teilnahme am gesellschaftlichen Leben,
der ebenso viel zur Erklärung beiträgt, wie die Zufriedenheit mit den demokratischen Institutionen.

Zentral für die Beschreibung einer Zivilgesellschaft bleibt auch die Dimension
der Mitgliedschaft in Organisationen.

Diese vier Indikatoren tragen am meisten zur Beschreibung eines Konzepts des sozialen Kapitals bei, weshalb wir uns hier auf diese vier beschränken. Die gleichen Fragen wurden auch Ende 2003 in einer Untersuchung in Österreich gestellt, sodass Vergleichszahlen vorliegen. Die Ergebnisse sind in Tabelle 1 wiedergegeben.

Tabelle 1: Soziale Partizipation in Kroatien und Serbien in %

	Kroatien	Serbien/ Montenegro*	Österreich
Gute Möglichkeiten, mit Leuten in Kontakt zu kommen			
Keine Möglichkeiten	10	8	2
Wenig Möglichkeiten	45	42	25
Viel Möglichkeiten	45	50	70
Vertrauen in die meisten Leute, die man trifft			
Misstrauen	27	33	16
Neutral	25	26	23
Vertrauen	48	41	60
Anzahl der Mitgliedschaft in zumindest einer Organisation	30	37	69
Zufriedenheit mit demokratischen Institutionen			
Unzufrieden	43	47	33
Neutral	45	38	37
zufrieden	10	9	28
Zufriedenheit mit der Teilnahme am gesellschaftlichen Leben			
unzufrieden	32	52	5
neutral	23	21	26
zufrieden	45	26	65

(Quelle: Süd-Osteuropa Barometer. n=1000 für Kroatien und n=999 für Serbien und Montenegro, Umfrage der Sozialwissenschaftlichen Studiengesellschaft 2003 für Österreich, n=1156)

* Serbien und Montenegro (ohne Kosovo). In den Staatsteilen Serbien und Montenegro findet sich eine annähernd gleiche Verteilung der Antworten, sodass die Zusammenfassung gerechtfertigt erscheint.

Zunächst zeigt sich ein deutlicher Unterschied zwischen den Balkanstaaten einerseits und Österreich andererseits.

Auf der Ebene der Möglichkeiten, mit Freunden in Kontakt zu kommen, antworten in Kroatien 45 % und in Serbien 50 %, sie hätten gute Möglichkeiten. Die Situation ist in diesem Falle sehr ähnlich. In Österreich hingegen sehen deutlich mehr, nämlich 70 % der Befragten gute Möglichkeiten. Wenn die statistischen Analysen stimmen, dass dieser Indikator einen wichtigen Beitrag zum Konzept des sozialen Kapitals liefert, so können wir interpretieren, dass es auf lebensweltlicher Ebene deutlich ist, dass die Staaten Kroatien und Serbien hier Aufholbedarf haben.

Eine andere Frage im Fragebogen zielte auf das Vertrauen in Mitmenschen. Auch hier zeigen sich deutliche Differenzen. In Kroatien geben etwa 48 % an, Vertrauen in die Mitmenschen, die man trifft, zu haben, in Serbien sind es 41 % und in Österreich 60 %. Wie immer man auch diese Unterschiede erklären kann, es zeigt sich deutlich eine stärkere Integration in dem mikrosozialen Bereich in Österreich als in Kroatien und Serbien.

Auch auf der Ebene der Organisationen wird der Unterschied deutlich. In Österreich sind mehr als zwei Drittel in Vereinen tätig, in Serbien 37 %, in Kroatien gar nur 30 %. Der Unterschied zwischen Serbien und Kroatien kann hier nicht ausführlich interpretiert werden. Die höhere Beteiligung der Serben ist einerseits überraschend, andererseits kann dies auch ein Artefakt der Untersuchung sein. Die Befragung fand vor der Ermordung von Djindjić statt, und zeigt großen Optimismus. Dieser dürfte danach gebrochen worden sein.

Es ist allerdings einzuschränken, dass Häufigkeiten der Teilnahme nur bedingt aussagekräftig für die Entwicklung einer Zivilgesellschaft sind. Es zeigen sich auch im westlichen Europa große Unterschiede (vgl. Europäische Kommission 2002). Während die soziale Partizipation in Skandinavien sehr hoch ist (über 80 %), ist sie in den südlichen Ländern sehr gering (20 % und darunter), geringer als wir sie etwa hier in Kroatien und Serbien festgestellt haben. Man kann aber sicher nicht sagen, dass in Griechenland oder Italien die Zivilgesellschaft weniger entwickelt ist als in den Balkanländern. Es dürfte so etwas wie eine historisch-kulturelle Beteiligungskultur geben, vor deren Hintergrund man Quantitäten betrachten muss. Wie gesagt, tragen Häufigkeiten weniger zum Verständnis einer sich entwickelnden Zivilgesellschaft bei, als subjektive Einschätzungen, auf die wir gleich zu sprechen kommen. Dies wäre jedenfalls noch ein offenes Feld für Forschungen.

Wenn wir uns auf die institutionelle Ebene begeben, so erweist sich der Indikator der „Zufriedenheit mit demokratischen Institutionen" als besonders aussagekräftig. Auch hier zeigen sich deutliche Unterschiede. Trotz aller Politikskepsis und Kritik an politischen Institutionen in Österreich, sind fast dreimal so viele Personen (nämlich 28 %) mit den demokratischen Institutionen zufrieden als in Kroatien und Serbien (etwa 10 %). Auch hier ist der Unterschied zwischen den beiden Balkanstaaten nicht so groß. Möglicherweise wurde durch den Mord an Zoran Djindjić die Zufriedenheit noch stärker minimiert. Insgesamt scheint Kroatien sich in den letzten beiden Jahren eher ruhig weiterentwickelt zu haben, während es in Serbien eher schlechter wurde, wie vor allem die qualitativen Ergebnisse zeigen, auf die ich hier aber nicht im Detail eingehe (siehe Tauber, Richter 2003b; Božić, Vuletić, Richter 2004). Erfasst man sozusagen die Gesamtheit der sozialen Integration mit dem sehr allgemeinen Indikator „Zufriedenheit mit der Teilnahme am gesellschaftlichem Leben", so zeigen sich wiederum deutliche Unterschiede. Fast zwei Drittel der Österreicher bezeichnen sich als zufrieden, während dies 45 % in Kroatien und nur 26 % in Serbien tun. Bei dieser Frage sehen wir also deutliche Abstufungen zwischen den Gesellschaften.

Betrachtet man die Unterschiede nach Bevölkerungsgruppen, so zeigen sich im Wesentlichen in allen Ländern ähnliche Zusammenhänge.

Mit dem Alter nimmt die soziale Partizipation ab, besonders stark brechen persönliche Beziehungen weg, während sich die Beteiligung in Organisationen etwas langsamer zurückbildet.

Mit höherer Bildung nimmt sowohl das Ausmaß des sozialen Kapitals als auch die Zufriedenheit mit der Lebenswelt und den demokratischen Institutionen generell zu. Eine Begründung dafür dürfte sein, dass mit höherer Bildung auch die Einflussmöglichkeiten steigen. Das Ausmaß an Misstrauen höher gebildeter Personen ist in Kroatien niederer als in Serbien.

Ähnliches zeigt sich in Zusammenhang mit dem Einkommen. Höhere Einkommensschichten sind häufiger beteiligt und auch zufriedener mit der Situation.

Zwischen den Geschlechtern zeigt sich kein deutlicher Unterschied, weder im Ausmaß noch in der Zufriedenheit.

Für die Beteiligung an der Zivilgesellschaft gibt es allerdings einen Punkt, der zentral ist: der des Vertrauens. Es zeigt sich, dass – deutlicher in Serbien als in Kroatien – die Mitgliedschaft in Organisationen einen Zusammenhang mit dem Vertrauen in die Parteien bildet; wer Mitglied ist, kann den Parteien mehr vertrauen. Auch die Anzahl der Freunde und Möglichkeiten, Freundschaften zu schließen hängt in Serbien deutlicher mit dem Vertrauen in viele soziale Institutionen zusammen. Dies wäre einer eigenen Untersuchung wert.

Schluss

Die vorliegenden Ergebnisse erlauben den Schluss, dass die lebensweltliche Ebene weder in Kroatien noch in Serbien und Montenegro bereits stark integriert ist. Sowohl in Serbien als auch in Kroatien mangelt es an Möglichkeiten, mit Leuten in Kontakt zu kommen. Serbien wie auch Kroatien stehen 2002 noch an einem ähnlichen Ausgangspunkt bei der Zufriedenheit mit politischen Institutionen. Ein deutlicher Unterschied zeigt sich aber in der Zufriedenheit mit der Teilnahme am gesellschaftlichen Leben, die in Kroatien wesentlich höher ist als in Serbien. Beide Gesellschaften sind 2002 noch keineswegs auf der Ebene einer „guten" Gesellschaft (Allmendinger 2001).

Das quantitative Datenmaterial wurde vor zwei Jahren erhoben. Die Experteninterviews und die Fokusgruppen fanden vor einigen Monaten statt und werden weitergeführt. Die ersten Ergebnisse zeigen, dass Kroatien sich eher stabilisiert, während Serbien und Montenegro als äußerst unstabil beschrieben werden müssen, weit entfernt von einer Integration der Systemebene und der lebensweltlichen Ebene. Die aktuellen Unruhen zwischen Serben und Albanern zum Zeitpunkt des Verfassens dieses Artikels sind Ausdruck davon.

Literatur

Alexander, Jeffrey (1991): Bringing Democracy Back In. Universalistic Solidarity and the Civil Sphere. In: Charles Lemert (Hrsg): Intellectuals and Politics. Social Theory in a Changing World. Newbury Park: Sage

Alexander Jeffrey (1993): Citizen and Enemy as Symbolic Classification. On the Polarizing Discourse of civil Society. In: Marcel Fournier; Michele Lamont, (Hrsg): Where Culture Talks. Exclusion and the Making of Society. (S. 283–308) Chicago: University Press

Allmendinger, Jutta (Hrsg) (2001): Gute Gesellschaft? Verhandlungen des 30. Kongresses der Deutschen Gesellschaft für Soziologie in Köln 2000. Opladen: Leske und Budrich

Banfield, Edward C. (1958): The Moral Basis of a Backward Society. New York: Free Press

Baron, Stephen; Field John; Schuller Tim; (Hrsg) (2000): Social Capital Critical Perspectives. Oxford & New York: Oxford University Press

Becker, Gary S. (1964): Human Capital: a theoretical and empirical analysis. New York: National Bureau of Economic Research

Bittner, Marc; Richter, Rudolf (2003a): Südost-Europa-Barometer (SEB). Demokratiestabilität und Sozialstruktur in neuen Demokratien. Länderbericht Kroatien. Forschungsbericht. Gefördert von der Österreichischen Nationalbank. Wien: Paul Lazarsfeld Gesellschaft für Sozialforschung

Bittner, Marc; Richter, Rudolf (2003): Südost-Europa-Barometer (SEB). Demokratiestabilität und Sozialstruktur in neuen Demokratien. Länderbericht Serbien und Montenegro. Forschungsbericht. Gefördert von der Österreichischen Nationalbank. Wien: Paul Lazarsfeld Gesellschaft für Sozialforschung

Bourdieu, Pierre (1983): Ökonomisches Kapital, kulturelles Kapital, soziales Kapital. In: Reinhard Kreckel (Hrsg): Soziale Ungleichheiten. Soziale Welt. Sonderband 2. (S. 183–198) Göttingen: Otto Schwartz

Božić, Saša; Vuletić, Vladimir; Richter, Rudolf (2004): Südost-Europa-Barometer (SEB). Demokratiestabilität und Sozialstruktur in neuen Demokratien. Analyse der Experteninterviews in Kroatien und Serbien. Forschungsbericht. Gefördert von der Österreichischen Nationalbank. Wien: Paul Lazarsfeld Gesellschaft für Sozialforschung

Cohen, Jean L.; Arato, Andrew (1992): Civil Society and Political Theory. Cambridge & London: MIT-Press

Coleman, James (1988): Social Capital in the Creation of Human Capital. In: American Journal of Sociology, Chicago, Vol. 94, S. 95–120.

Coleman, James (1990): „Social Capital". In: James Coleman (Hrsg): Foundations of Social Theory. (S. 300–324) Cambridge Mass. & London: Harvard Univ. Press

Dahrendorf, Ralf (1994): Der moderne soziale Konflikt. München: Deutsche Verlagsanstalt

Dekker, Paul; Uslaner, Eric M. (Hrsg) (2001): Social Capital and Participation in Everyday Life. London & New York: Routledge

Dubiel, Helmut (1994): Ungewissheit und Politik. Frankfurt/Main: Suhrkamp

Europäische Kommission (2002) Die soziale Lage in der Europäischen Union 2002. Brüssel

Ferguson, Adam; Forbes, Duncan (Hrsg) (1966): An Essay on the History of Civil Society. Edinburgh

Field, John (2003): Social Capital. London & New York: Routledge

Fukuyama, Francis; Khan, Mohsin S. (2003): Social Capital and Civil Society. In: Elinor Ostrom; Toh-Kyeong Ahn (Hrsg): Foundations of Social Capital. Cheltenham UK & Northampton MA: Elgar Reference Collection

Habermas, Jürgen (1992): Faktizität und Geltung. Beiträge zur Diskurstheorie des Rechts und des demokratischen Rechtsstaats. Frankfurt/Main: Suhrkamp

Hanifan, L. J. (1920): The Community Center. Boston: Silver, Burdette Co.

Hill, Stephen, Ed. (1996): The British Journal of Sociology. London: Routledge

Hooghe, Marc; Stolle, Dietlind (Hrsg) (2003): Generating Social Capital. New York: Palgrave MacMillan

Jacobs, Jane (1961): The Death and Life of Great American Cities. The failure of town planning. New York: Random House

Kneer, Georg (1997): Zivilgesellschaft. In: Georg Kneer, Armin Nassehi, Markus Schroer (Hrsg) Soziologische Gesellschaftsbegriffe. (S 228–252). 2. Aufl. München: W. Fink

Kolankiewicz, George (1996): Social Capital and social change. In: British Journal of Sociology, London, Vol 47, S. 427–446.

Krishna, Anirudh (2002): Active Social Capital. Tracing the Roots of Development and Democracy. New York: Columbia University Press

Kytir, Sandra; Richter, Rudolf; Petritsch, Wolfgang (2004): Progress Report. Process of Democratic Stability in Southeastern Europe. Unpubl. Manus. Wien.

Lin, Nan (2001): Social Capital. A Theory of Social Structure and Action. Cambridge: Cambridge University Press

Lin, Nan; Cook, Karen; Burt, Ronald S. (Hrsg) (2001): Social Capital. Theory and Research. New York: Aldine de Gruyter

McLean, Scott L; Schultz, David A.; Steger, Manfred B. (Hrsg) (2002): Social Capital: critical perspectives on Community and „Bowling Alone". New York & London: New York University Press

Ostrom, Elinor; Ahn, Toh-Kyeong (Hrsg) (2003): Foundations of Social Capital. Cheltenham UK & Northampton MA: Edward Elgar Publishing

Paxton, Pamela (1999): Is Social Capital Declining in the United States? A Multiple Indicator Assessment. In: American Journal of Sociology, Chicago, Vol. 105 No. 1, S. 88–127.

Putnam, Robert D. (1993): Making Democracy Work. Civic Traditions in modern Italy. Princeton: Princeton University Press

Putnam, Robert D. (2000): Bowling Alone: the collapse and revival of American community. New York: Simon & Schuster

Putnam, Robert D. (Hrsg) (2001): Gesellschaft und Gemeinsinn. Gütersloh: Verlag Bertelsmann-Stiftung

Putnam, Robert D. (Hrsg) (2002): Democracies in Flux. The Evolution of Social Capital in Contemporary Society. New York: Oxford University Press

Rotberg, Robert I. (Hrsg) (2001): Patterns of Social Capital. Stability and Change in Historical Perspective. Cambridge: Cambridge University Press

Szreter, Simon (2002): „The state of social capital: Bringing back in power, politics, and history." In: Theory and Society, Dortrecht, 31/5, S. 573–621.

Tauber, Magdalena; Richter, Rudolf (2003a): Südost-Europa-Barometer (SEB). Demokratiestabilität und Sozialstruktur in neuen Demokratien. Kroatien: Themenanalyse Fokusgruppen. Gefördert von der Österreichischen Nationalbank. Forschungsbericht. Wien: Paul Lazarsfeld Gesellschaft für Sozialforschung

Tauber, Magdalena; Richter, Rudolf (2003b): Südost-Europa-Barometer (SEB). Demokratiestabilität und Sozialstruktur in neuen Demokratien. Serbien: Themenanalyse Fokusgruppen. Gefördert von der Österreichischen Nationalbank. Forschungsbericht. Wien: Paul Lazarsfeld Gesellschaft für Sozialforschung

Walzer, Michael (1992): Zivile Gesellschaft und amerikanische Demokratie. Berlin: Rotbuch

Woolcock, Michael (1998): Social Capital and economic Development: Toward a theoretical synthesis and policy framework. In: Theory and Society, Dortrecht, Vol. 27. S. 151–208.

IRENA RISTIĆ

ZWISCHEN AUTORITARISMUS UND DEMOKRATIE

Politische Kultur in Serbien[1]

Wie andere europäische Transformationsländer leidet auch Serbien – wegen der Regierung Miloševićs dazu noch mit einer zähen, mehr als zehnjährigen Verspätung – an den Kinderkrankheiten junger Demokratien bzw. ehemals kommunistischer Systeme: autoritäre Strukturen, Untertanenkultur, ausgeprägter Kollektivismus und Egalitarismus, verbreitetes Misstrauen der Bürger gegenüber demokratischen Institutionen, Identifizierung vor allem mit der lokalen Gemeinschaft (parochiale Zusammengehörigkeit), die ein Misstrauen gegenüber Anderen/Fremden (Xenophobie) zur Folge hat.[2] Das Individuum, daran gewöhnt, dass der Staat seine existenziellen Probleme löst, muss das Verständnis für Initiative, die Erkennung eigener Interessen und die Risiko- und Verantwortungsübernahme zurückgewinnen bzw. erst erlernen.

Mit dem Sturz von Milošević und dem darauf folgenden Regimewechsel sind in Serbien in Form institutioneller Demokratisierung politisch-strukturelle, jedoch keine grundlegenden gesellschaftlichen Veränderungen festzustellen.[3] Die

---

[1] Diese Arbeit entsteht im Rahmen des Projekts „Die Gesellschafts- und Wirtschaftstransformation Serbiens im Globalisierungs- und Regionalisierungsprozess" (Nr. 1800), das vom Ministerium für Wissenschaft und Naturschutz der Republik Serbien finanziert und vom Institut für Sozialwissenschaften/Universität Belgrad ausgeführt wird.

[2] Vasović, Mirjana, Politička socijalizacija i promene političke kulture (Politische Sozialisation und Wandel der politischen Kultur), in: Vasović, Mirjana (Hrsg.), Fragmenti političke kulture (Fragmente politischer Kultur), Beograd, 1998, S. 80–115, hier: S. 97.

[3] Golubović, Zagorka, Karakter društvenih promena u Srbiji 2001 (Der Charakter gesellschaftlicher Veränderungen in Serbien 2001), in: Vasović, Vučina/Pavlović, Vukašin (Hrsg.) Postkomunizam i demokratske promene (Postkommunismus und demokratischer Wandel), Beograd, 2002, S. 72–80, hier: S. 72.

Fortschritte im Rahmen der sich langsam und schwierig ändernden politischen Kultur von einer Untertanenkultur hin zu einer partizipativen, und die damit zusammenhängende Bildung einer Zivilgesellschaft sind, selbst in vergleichender südosteuropäischen Perspektive bescheiden. Dafür gibt es zwei wesentliche Ursachen. Einerseits begann das bis Anfang der Neunzigerjahre des vergangenen Jahrhunderts fortschrittlich geltende ehemalige Jugoslawien, und vor allem Serbien den Transformationsprozess paradoxerweise geschwächter als andere Ostblockstaaten. Diese damals überraschende und unerwartete Entwicklung lässt sich darauf zurückführen, dass die unter der Herrschaft von Josip Broz-Tito stattfindende Systemliberalisierung und -demokratisierung, im Grunde eine Scheinliberalisierung bzw. -demokratisierung darstellte, deren Schein aber immerhin so weit reichte, dass außer in Slowenien, kein Bedürfnis nach dauerhaften bürgerlichen Widerstandsgruppen und nennenswerter Vertiefung von zivilgesellschaftlichen Elementen geweckt wurde. So war Jugoslawien nach außen hin ein Vorbild für das friedliche und progressive Zusammenleben verschiedener Nationen, im Inneren aber war es ein unvollendeter Staat verspäteter Nationen[4], in dem, aufgrund der Konstellationen im Kalten Krieg und dem daraus hervorgehenden Wohlstand, die Thematisierung der Nationalproblematik und Infragestellung des Herrschaftssystems unter Josip Broz erfolgreich vermieden wurde. Während demnach die Intellektuellen und Bürgerbewegungen in anderen ehemals kommunistischen Staaten mit dem Fall der Berliner Mauer die Gunst der Stunde nutzten und sich auf ihrem früheren politischen Engagement aufbauend maßgebend für Demokratisierung einsetzten, konnten die gleichen Eliten in Jugoslawien bzw. Serbien nicht nur keine derartigen Erfahrung und Strukturen aufweisen, sie rückten zudem auch noch zusätzlich die Lösung der verheerenden Nationalfrage in den Vordergrund. Statt einem Vorsprung hatte Jugoslawien 1989 im Vergleich zu anderen Transformationsländern also einen zweifachen Nachteil: ansteigenden Nationalismus in allen Teilrepubliken einerseits und eine fehlende zivilgesellschaftliche

---

4   Đinđić, Zoran, Pledoaje za petu Jugoslaviju (Plädoyer für das fünfte Jugoslawien), in: Đinđić, Zoran, Srbija ni na Istoku ni na Zapadu (Serbien weder im Osten noch im Westen), Novi Sad, 1996, S. 173–183, hier: S. 174. Siehe auch: Dimitrijević, Nenad, Srbija kao nedovršena država (Serbien als unvollendeter Staat), in: Vujadinović, Dragica et al. (Hrsg.), Između autoritarizma i demokratije: Srbija, Crna Gora i Hrvatska (Zwischen Autoritarismus und Demokratie: Serbien, Montenegro und Kroatien), Band II: Civilno društvo i politička kultura (Zivilgesellschaft und politische Kultur), Beograd, 2004, S. 57–73.

Basis, als ernst zu nehmende Alternative zu der zum Nationalismus tendierenden kommunistischen Nomenklatura andererseits.[5]

Neben diesen gewissermaßen systembedingten Ursachen lassen sich auf der anderen Seite solche einer wenig entwickelten partizipativen politischen Kultur in dem in Serbien ausgeprägten traditionalistischen und patriarchalen Wertesystem ausmachen, das einen autoritären Gesellschaftscharakter zur Folge hatte. Diesem, sowie der in Serbien weitestgehend akzeptierten Auffassung der Serbisch-orthodoxen Kirche über die organische Einheit („Symphonie") von Kirche, Staat und Nation, die Kollektivität der Partikularität vorzieht, steht eine Zivilgesellschaft diametral entgegen.

Dieser Beitrag soll auf die letzteren Ursachen eingehen. Dabei soll von dem Konzept der politischen Kultur (civic political culture) von Almond und Verba[6] ausgehend in einem ersten Schritt die herrschende politische Kultur in Serbien dargestellt werden. Zu diesem Zweck wird es unvermeidlich sein, historische Entwicklungen entscheidender Bestimmungsfaktoren der politischen Kultur zurückzuverfolgen. Im Anschluss darauf soll die mögliche Veränderbarkeit dieser Faktoren nach dem Regimewechsel vom Oktober 2000 hinterfragt werden.

1. Zum Begriff der politischen Kultur

Bei dem Versuch zu erklären, warum formell gleiche institutionell-legislative Lösungen in verschiedenen Ländern nicht die gleichen Ergebnisse nach sich ziehen, entstand in der vergleichenden politikwissenschaftlichen Forschung der Begriff der politischen Kultur. Mit diesem versuchten Almond und Verba in den frühen sechzigern Jahren des 20. Jahrhunderts die Rolle des einzelnen Menschen bzw. Gesellschaftscharakters als eine unumgängliche Variable eines gut funktionierenden politischen Gemeinwesens zu umschreiben. Ihnen zufolge bezieht sich der Begriff der politischen Kultur auf „politische Orientierungen – Einstellungen zum politischen System und seinen Teilen, sowie Einstellungen zur Rolle des

---

5 Golubović, Zagorka, Tradicionalizam i autoritarnost kao prepreke za razvoj civilnog društva u Srbiji (Traditionalismus und Autoritarismus als Entwicklungshindernisse der Zivilgesellschaft in Serbien), in: Pavlović, Vukašin, (Hrsg.), Potisnuto civilno društvo (Die verdrängte Zivilgesellschaft), Beograd, 1995, S. 51–71, hier: S. 52 ff.

6 Almond, Gabriel / Verba, Sidney, The Civic Culture. Political Attitudes and Democracy in Five Nations, Princeton, 1963.

Individuums innerhalb des Systems".[7] Die Inhalte der politischen Kultur einer Gesellschaft sind deshalb auf zwei Ebenen zu erforschen: auf einer gesellschaftlichen Makroebene heißt es die historische Entwicklung (plötzliche Veränderungen des Systems, Revolutionen, Konflikte), die Institutionen und ideologischen Normen, sowie die wirtschaftlichen und sozialen Bedingungen zu analysieren, während auf der Mikroebene anhand einer psychologischen Analyse eine Persönlichkeitsstruktur definiert werden sollte.[8] Politische Kultur kann demnach als ein überindividuelles Phänomen beschrieben werden, das als subjektive und psychologische Dimension des politischen Systems aus verschiedenen Einstellungen zur gegebenen Herrschaftsform zusammengestellt ist. Diese Einstellungen beziehen sich dabei auf ein allgemeineres Verständnis von Politik und somit fokussiert sich die Forschung auf die Frage, inwiefern ein politisches System und seine Institutionen bejaht bzw. abgelehnt werden.[9] Auf diese Weise wird die Verknüpfung zwischen politischer Kultur, politischer Identität und der Legitimierung politischer Herrschaft hergestellt.

---

[7] Šiber, Ivan, Politička kultura, autoritarnost i demokratska tranzicija u Hrvatskoj (Politische Kultur, Autoritarismus und demokratische Transformation in Kroatien), in: Vujadinović, Dragica et al. (Hrsg.), Između autoritarizma i demokratije: Srbija, Crna Gora i Hrvatska (Zwischen Autoritarismus und Demokratie: Serbien, Montenegro und Kroatien), Band II: Civilno društvo i politička kultura (Zivilgesellschaft und politische Kultur), Beograd, 2004, S. 247–262, hier: S. 247 f.

[8] Ebd., S. 249.

[9] Es geht dabei nicht um die Bejahung oder Ablehnung der Institutionen an sich, sondern der Prinzipien und Maximen, auf denen diese beruhen. Dieser Zugang relativiert die Bedeutung der „politischen Tagesforschung" und weist auf die hermeneutische und semiologische Analyse hin. Des Weiteren hebt er hervor, dass die Stabilität eines Systems wesentlich auch von den in ihm verankerten Normen und Werten, Verfahren und Prinzipien abhängt. Demnach geht es nicht nur darum, die Regeln eines politischen Systems auszumachen, sondern auch das Zeremonial, die Symbolik, Ideen, Doktrinen usw. Podunavac, Milan, Politička kultura i političke ustanove (Politische Kultur und politische Institutionen), in: Vasović, Mirjana (Hrsg.), Fragmenti političke kulture (Fragmente politischer Kultur), Beograd, 1998, S. 13–38, hier: S. 25 f.

2. Politische Kultur in Serbien

In der aktuellen Forschung zur politischen Kultur in Serbien herrscht eine Übereinkunft, dass diese, anhand der Klassifizierung von Almond und Verba[10], dem Typus der Untertantenkultur zuzuordnen ist.[11] Diese zeichnet eine starke, meist unkritische Orientierung der Individuen am ausdifferenzierten politischen System und an den Ergebnissen der politischen Prozesse aus, wohingegen das Interesse für eine Teilnahme an selbigem, und somit auch die Eigeninitiative sehr schwach ausgeprägt sind. Das Interesse am so genannten Output des politischen Systems kann als unproportional höher als dasjenige zum Input beschrieben werden. Die Klassifizierung von Almond und Verba, die primär die Stellung des Individuums zum System zum Gegenstand hat, lässt sich durch die von Podunavac erweitern. Seine Klassifizierung von politischer Kultur definiert das Verhältnis zwischen dem Staat und der Gesellschaft. Anhand dieser ist die politische Kultur Serbiens eine politische Kultur der Gemeinschaft, in der eine organische Einheit von Staat und Gesellschaft festzustellen ist.[12]

---

10   Almond und Verba sprechen von drei Idealtypen politischer Kultur: 1. parochiale politische Kultur, 2. Untertanenkultur, 3. partizipative politische Kultur. Almond, Gabriel/ Verba, Sidney, The Civic Culture. Political Attitudes and Democracy in Five Nations, Princeton, 1963, S. 16–19.

11   Siehe dazu u. a.:Pantić, Dragomir, Politička kultura i vrednosti (Politische Kultur und Werte), S. 38–80, Vasović, Mirjana, Politička sozijalizacija i promene političke kulture (Politische Sozialisation und Wandel der politischen Kultur), S. 80–115, Podunavac, Milan, Politička kultura i političke ustanove (Politische Kultur und politische Institutionen), Ebd. S. 13–38, alle drei Aufsätze in: Vasović, Mirjana (Hrsg.), Fragmenti političke kulture (Fragmente politischer Kultur), Beograd, 1998. – Golubović, Zagorka, Autoritarno nasleđe i prepreke za razvoj civilnog društva i demokratske, političke kulture (Autoritäres Erbe und Entwicklungshindernisse der Zivilgesellschaft und demokratischer politischer Kultur), in: Vujadinović, Dragica et al. (Hrsg.), Između autoritarizma i demokratije: Srbija, Crna Gora i Hrvatska (Zwischen Autoritarismus und Demokratie: Serbien, Montenegro und Kroatien), Band II: Civilno društvo i politička kultura (Zivilgesellschaft und politische Kultur), Beograd, 2004, S. 233–247.

12   Diesem Typus stellt er zwei andere gegenüber: 1. politische Kultur kontinentaler staatlicher Gesellschaften (Trennung von Staat und Zivilgesellschaft, z. B. Deutschland), 2. politische Kultur angelsächsischer nichtstaalicher Gesellschaften (Nebeneinander von Zivilgesellschaft und Staat, z. B. England). Podunavac, Milan, Politička kultura i političke ustanove (Politische Kultur und politische Institutionen), in: Vasović, Mirjana (Hrsg.), Fragmenti političke kulture (Fragmente politischer Kultur), Beograd, 1998, S. 13–38, hier: S. 29 f.

2.1. Die Rolle des Individuums

Das Individuum als Untertan ist bestimmt durch das Modell der organischen Einheit von Staat und Gesellschaft, und vice versa. Zur Charakterisierung solcher Individuen können die Ergebnisse der Studie von Adorno und Mitarbeitern herangezogen werden.[13] Demnach ist ein wesentliches Merkmal dieser Personen, welche anhand empirischer Studien in den Neunzigerjahren des 20. Jahrhunderts auch in Serbien ausgemacht wurden[14], ein ausgeprägter Anti-Individualismus, wobei ihr Denken Stereotypisierung und ein rigides vorurteilhaftes Schema auszeichnet, das die Entstehung von schwarz-weiß Bildern und eine manichäische Vorstellung von der Welt und dem Menschen (stark/schwach, Führer/Gefolgschaft, wir/sie, Freund/Feind) nach sich zieht.[15] Weil sich ein solches Individuum nicht seiner eigenen Urteilskraft und Argumente bedient, sondern dem Prinzip der Autorität folgt, ist seine Aussetzung diversen Vorurteilen und einer nicht hinterfragten Identifizierung mit der Gemeinschaft/Nation extrem hoch. Gerade durch diese Identifizierung, die auch als Gruppenhomogenisierung beschrieben werden kann, kompensieren diese Individuen ihre Unsicherheiten und erlangen Sicherheit durch das Kollektiv. Dementsprechend gilt Loyalität, vor allem den politischen Führern gegenüber als die größte Tugend, während eine starke Abneigung denjenigen gegenüber besteht, die den Forderungen der Autoritäten nicht folgen wollen.[16] Eine solche Persönlichkeitsstruktur findet ihren Counterpart in einem starken Staat, in dem Sicherheit vor individuellen Rechten und Freiheiten geht. Damit einher geht ebenfalls eine Idealisierung des Herrschers, der für die

---

13   Adorno, W. Theodor et al., The Authoritarian Personality (I), New York, 1964.

14   Golubović, Zagorka / Kuzmanović Bora / Vasović, Mirjana, Društveni karakter i društvene promene u svetlu nacionalnih sukoba (Gesellschaftscharakter und sozialer Wandel im Licht nationaler Konflikte), Beograd, 1995.

15   Adorno und Mitarbeiter machen die „autoritäre Persönlichkeit" anhand von neun Merkmalen fest: 1. Konventionalismus, 2. autoritäre Unterwürfigkeit, 3. autoritäre Aggression, 4. Anti-Intrazeption, 5. Aberglaube und Stereotypie, 6. Machtdenken und „Kraftmeierei", 7. Destruktivität und Zynismus, 8. Projektivität, 9. Sexualität. Vgl. auch: Rippl, Susanne et al., Die autoritäre Persönlichkeit: Konzept, Kritik und Forschungsansätze, in: Rippl, Susanne et al. (Hrsg.), Autoritarismus, Opladen, 2000, S. 13–33, hier: S. 16.

16   Golubović, Zagorka, Tradicionalizam i autoritarnost kao prepreke za razvoj civilnog društva u Srbiji (Traditionalismus und Autoritarismus als Entwicklungshindernisse der Zivilgesellschaft in Serbien), in: Pavlović, Vukašin, (Hrsg.), Potisnuto civilno društvo (Die verdrängte Zivilgesellschaft), Beograd, 1995, S. 51–71, hier: S. 63 f.

innere Harmonie und die Einheit der Gemeinschaft zu sorgen hat. Diese Vorstellung spiegelt sich anschaulich in der Auffassung der Serbisch-orthodoxen Kirche „Gott im Himmel, Herrscher im Staat, Vater in der Familie" wieder. Das Herrscherbild ist dabei mythologisiert, so dass eine moderne, rationale Legitimitätsformel nicht ausreicht um innerhalb der Gesellschaft Serbiens politische Stabilität zu erzeugen. Die Macht wird demnach nicht in den Institutionen gesehen, sondern als metaphysisch erachtet, was in gegebenen Gesellschaften zu einer Abschottung gegenüber der Außenwelt und eine Abneigung gegenüber Veränderungen hervorruft, gleichzeitig aber auch eine starke kollektive Identität stiftet.[17]

2.2. Die Rolle des Staates

Wie oben bereits erwähnt, sind Menschenbild und Herrschaftsform interdependent. So kann man davon ausgehen, dass eine Untertanenkultur einen paternalistischen Staat nach sich zieht, der in der Regel autoritäre Züge trägt. Historisch betrachtet ist der patriarchal-autoritäre Staat ein wesentlicher und konstant präsenter Bestandteil der politischen Kultur Serbiens. Während diese Form von Etatismus zum Ende des 19. und Beginn des 20. Jahrhunderts, als Serbien seine Unabhägigkeit von der osmanischen Herrschaft erlangte und sich als Königreich konstituierte, nicht sonderlich vom europäischen Usus abwich, ist in der Zwischenkriegszeit eine Vertiefung autoritärer Tendenzen zu bemerken.[18] Trotz radikaler Veränderungen des politischen Systems nach 1945 baut der kommunistische Staat in Jugoslawien seine Autorität auf ähnlichen Prinzipien auf, dem Einparteienstaat und dem charismatischen Führer, während er durch eine

---

17 Podunavac, Milan, Politička kultura i političke ustanove (Politische Kultur und politische Institutionen), in: Vasović, Mirjana (Hrsg.), Fragmenti političke kulture (Fragmente politischer Kultur), Beograd, 1998, S. 13–38, hier: S. 32 f.

18 Obgleich die Weltwirtschaftskrise, außer in der Tschechoslowakei, in allen Ländern der Region autoritäre Regime zur Folge hatte, war die Lage im damaligen Königreich der Serben, Kroaten und Slowenen zusätzlich durch die Forderungen nach Dezentralisierung und nach einer Stärkung parlamentarischer Mechanismen destabilisiert. Diese Entwicklungen fanden ihren Höhepunkt am 6. Januar 1929 als der jugoslawische König Aleksandar Karađorđević eine Diktatur einführte, mit der Absicht auf diese Weise die ökonomische und strukturell-gesellschaftliche Krise zu überwinden. Sekelj, Laslo, Diktatur und die jugoslawische politische Gemeinschaft, in: Oberländer, Erwin (Hrsg.), Autoritäre Regime in Ostmittel- und Südosteuropa 1919–1944, Paderborn, 2001, S. 499–539, hier: S. 506.

systematische politische Sozialisation und die Vermittlung bestimmter Verhaltensmuster autoritäre Einstellungen bei den Individuen bestärkt.[19] Somit fand anstatt einer Diskontinuität zum Etatismus der Monarchie, eine Fortsetzung des tiefen staatlichen Einmischens in wirtschaftliche, kulturelle und politische Gesellschaftsbereiche statt, und damit auch die Dominanz des Staates über den Einzelnen und die Gesellschaft. Dadurch wurde nicht nur ein autonomes Handeln von Gesellschaftssubjekten (Unternehmen, Individuen, kulturellen Einrichtungen) be- bzw. verhindert, sondern auch der Etatismus als herrschendes Bewusstsein und Überzeugung vertieft. Die raison d'État bestand demnach darin, das (Gesellschafts-)Leben vollkommen zu gestalten.[20]

Eine solche Einstellung wurde selbst im Jahr 1993 in einer umfangreichen Studie bestätigt. In ihr stimmten 85 % der Befragten in Serbien mit der Aussage überein, dass „der Staat verpflichtet ist, jedem Bürger einen Arbeitsplatz und einen guten Lebensstandard zu ermöglichen", während nahezu 60 % meinten, dass „der Staat eine größere Rolle in der Wirtschaft und Unternehmen haben sollte". Etwas mehr als drei Viertel der Befragten (78 %) befürworteten, dass „der Staat die Dinge in seine Hand nehmen sollte, um die Arbeitsmoral zu heben, und den damit zusammenhängenden Missbrauch zu minimieren". Für die Anwendung von Gewalt bei „mangelnder Ordnung im Staat" sprachen sich 46 % aus, während 39 % dagegen waren. Gleichzeitig wird der Staat auch als Beschützer gemeinsamer, kollektiver oder „höherer" Nationalinteressen gesehen. So akzeptierte mehr als die Hälfte (57 %) der Befragten, dass „die Interessen des Staates immer wichtiger sein müssen als diejenigen von Individuen". Solche Umfragewerte zeugen von einem hohen etatistischen Bewusstsein, entgegen Erwartungen und Beispielen anderer Transformationsländer, in denen der Zusammenbruch des politischen und ideologischen Systems zur Stärkung liberalistischer und marktwirtschaftlicher Orientierungen führte, bei gleichzeitiger Ablehnung des Zentralismus und der staatlichen Einmischung in die Wirtschaft.[21]

---

[19] Golubović, Zagorka et al., Društveni karakter i društvene promene u svetlu nacionalnih sukoba (Gesellschaftscharakter und sozialer Wandel im Licht nationaler Konflikte), Beograd, 1995, S. 71.
[20] Ebd., S. 95 ff.
[21] Ebd., S. 103 f.

2.3. Ursachen autoritärer und etatistischer Prägungen

Bereits Max Kaase hat die Ursachenbestimmung einer gegebenen politischen Kultur mit dem Versuch verglichen, „einen Pudding an die Wand zu nageln".[22] Bei der Fragestellung, ob gegebene Werte einer Gesellschaft die Institutionen formten, oder aber aus ihnen hervorgingen taucht immer auch die Frage nach der Henne und dem Ei auf. Die Ursachen verbreiteter autoritätsbezogener Persönlichkeiten, so wie es Adorno und Mitarbeiter tun, vor allem in den Sozialisationspraktiken der mittelständisch-patriarchalischen Familie zu suchen, die von einer kühl dominierenden Vaterfigur, strikter Disziplin, Mangel an emotionaler Zuwendung und Orientierung an äußeren Konventionen gekennzeichnet ist, verkürzt komplexe gesellschaftliche Entwicklungen auf eine vereinzelte psychologische Dimension. Der Ansatz von John Duckitt,[23] Autoritarismus weniger als Persönlichkeitszug und mehr im Rahmen einer Theorie von Gruppenprozessen zu beobachten, erweist sich, zumindest im Fall Serbiens, als hilfreicher. Pantić, der 1990 innerhalb des damaligen Jugoslawiens verschiedene Autoritätswerte herausfand[24], dabei aber keinen sonst üblichen Zusammenhang zwischen autoritärem Denken und undemokratischem Verhalten feststellte, führt Autoritarismus auf drei Ursachen zurück: 1. psychodynamische Ursachen (nach dem Konzept von Adorno und Mitarbeiter), 2. kulturell-konformistische Ursachen (gesellschaftliche Entwicklungen/erlerntes Verhalten), 3. situationsbedingte Ursachen

---

22 Kaase, Max, Sinn und Unsinn des Konzepts „politische Kultur" für die vergleichende Politikforschung, oder auch: Der Versuch, einen Pudding an die Wand zu nageln, u: Kaase, Max, Klingemann, Hans-Dieter (ed.), Wählen und politisches System. Analysen aus Anlass der Bundestagswahl 1980, Opladen, 1983, S. 144–173. Hier zitiert nach: Schreyer, Bernhard/Schwarzmeier, Manfred, Grundkurs Politikwissenschaft, Wiesbaden, 2000, S. 77.

23 Rippl, Susanne et al., Die autoritäre Persönlichkeit: Konzept, Kritik und Forschungsansätze, in: Rippl, Susanne et al. (Hrsg.), Autoritarismus, Opladen, 2000, S. 13–33, hier: S. 15f, 20.

24 Er machte dabei im Nordwesten Jugoslawiens (Slowenien) niedrige Autoritätswerte aus, während er auf der Linie Südwesten-Nordosten (Kroatien, Vojvodina, Teil Bosniens) Mittelwerte ermittelte. Den Südosten (Herzegowina, Zentralserbien, Montenegro, Mazedonien und vor allem Kosovo) bezeichnete er als „hoch autoritär". Pantić, Dragomir, Politička kultura i vrednosti (Politische Kultur und Werte), in: Vasović, Mirjana (Hrsg.), Fragmenti političke kulture (Fragmente politischer Kultur), Beograd, 1998, S. 38–80, hier: S. 64 f.

(Reaktion auf gegebene äußere Umstände). Den kulturell und konformistisch verankerten Autoritarismus hält er dabei für den in Serbien ausschlaggebenden.[25] Diese Meinung unterstützen auch die Ergebnisse einer Untersuchung, anhand welcher unter den Jugendlichen in Jugoslawien eine der weltweit höchsten Autoritätsraten ausgemacht wurde, diese aber aufgrund anderer Einstellungen (zur Demokratie, zu ihrem Verhältnis zum Westen u.ä.) traditionellem parochialen Verhalten als einem vereinnahmten kulturellen Wert, und nicht psychodynamischen Prozessen zugeschrieben wurde.[26]

2.3.1. Das kulturelle Erbe

Dieses traditionelle Verhalten beruht auf einem in Serbien ausgeprägten Traditionalismus. Im Gegensatz zur Tradition als einem historischen und kulturellen Erbe, anhand welchem Erfahrungen, Glaube, Ideen und Werte von Generation zu Generation übertragen werden, und auf welchem die kulturelle Identität einer Gesellschaft beruht, versteht man unter Traditionalismus eine einseitige Überbetonung traditioneller Werte und die Verankerung patriarchaler Muster durch ein unkritisches Bewusstsein von der Tradition. Dabei wird die „ruhmreiche" Vergangenheit glorifiziert, während historische Mythen wiederbelebt werden. Traditionalismus, der bereits in der ersten Forschung zur politischen Kultur Serbiens 1971 als ausschlaggebend hervorgehoben wurde,[27] findet seine historischen Ursprünge in der jahrhundertlangen Besetzung durch das Osmanische Reich, womit nicht zuletzt auch das oben erwähnte Phänomen des „unvollendeten Staates und verspäteter Nation" erklärt werden kann. Um der türkischen Herrschaft weitestgehend zu widerstehen, kultivierte sich eine feste ethnische Homogenisierung mit starker Solidarität. Mit dieser gingen enge Bindungen innerhalb der Familien (ausgeprägte Stammesstruktur) und eine Abschottung gegenüber allem Fremden einher. In Korrelation zu der überproportionalen Bedeutung und Befürwortung von primären Gruppen (Familie/Nation) entwickelte sich eine mindere Bedeutung bzw. ablehnende Haltung gegenüber dem Staat bzw. staatlichen Institutionen, politischen Organisationen und der Differenzierung von Menschen,

---

25 Pantić, Dragomir, Politička kultura i vrednosti (Politische Kultur und Werte), in: Vasović, Mirjana (Hrsg.), Fragmenti političke kulture (Fragmente politischer Kultur), Beograd, 1998, S. 38–80, hier: S. 65.

26 Ebd., S. 62.

27 Vgl. Ebd., S. 60.

anhand ihrer fachlich-professionellen Ausbildung.[28] Ein solcher Traditionalismus, der vor allem von ländlichen Bevölkerungsschichten getragen wurde, stand einem Modernisierungsprozess entgegen, da eine Gesellschaft, die primär darauf ausgerichtet ist, den Status-quo zu erhalten, sich allen gesellschaftlichen Veränderungen bzw. Erneuerungen verschließt. Sie formt dabei bei den Individuen eine kollektivistische Wertorientierung, die eine Aufgabe eigener Ziele zugunsten des Kollektivs und die Achtung vor dem pater familias in Verkörperung des autoritären Führers und des Staates nach sich zieht.[29]

2.3.2. Der Einfluss des Kommunismus

Vor diesem Hintergrund ist auch der Zeitraum nach 1945 zu betrachten. Als ein Agrarland, in dem 80 % der Population die ländliche Bevölkerung ausmachte,[30] bot Serbien einen guten Nährboden für die Verschmelzung von Traditionalismus und autoritärem kommunistischen System. Dank der politischen Stellung Jugoslawiens fand unter Josip Broz eine plötzliche wirtschaftliche Modernisierung und Industrialisierung statt, für die es jedoch keine ausreichenden Trägerschichten gab, und die gewissermaßen nicht mit den Bedürfnissen der Mehrheit der Bevölkerung einherging, da diese weiterhin im primären Sektor Beschäftigung fand. Außerdem fand die Modernisierung vor allem im Bereich des Produktionssektors statt, ohne begleitende Demokratisierungsprozesse, sowohl des Systems als auch der Gesellschaft. Da aber die Industrie Arbeitskräfte benötigte, fand eine massive Bewegung vom Land in die Stadt statt und es entstand eine Schicht, die sich soziologisch in der Kategorie der „polutani" manifestierte. Das waren hauptsäch-

---

28 Golubović, Zagorka, Tradicionalizam i autoritarnost kao prepreke za razvoj civilnog društva u Srbiji (Traditionalismus und Autoritarismus als Entwicklungshindernisse der Zivilgesellschaft in Serbien), in: Pavlović, Vukašin, (Hrsg.), Potisnuto civilno društvo (Die verdrängte Zivilgesellschaft), Beograd, 1995, S. 51–71, hier: S. 58 f. Ein sehr hohes nationales Zugehörigkeitsgefühl bestätigt auch die oben erwähnte Studie aus dem Jahr 1993, in der ein klares Bekenntnis der Befragten zur Nation erkennbar ist. Golubović, Zagorka et al., Društveni karakter i društvene promene u svetlu nacionalnih sukoba (Gesellschaftscharakter und sozialer Wandel im Licht nationaler Konflikte), Beograd, 1995, S. 158–167.

29 Golubović, Zagorka, Tradicionalizam i autoritarnost kao prepreke za razvoj civilnog društva u Srbiji (Traditionalismus und Autoritarismus als Entwicklungshindernisse der Zivilgesellschaft in Serbien), in: Pavlović, Vukašin, (Hrsg.), Potisnuto civilno društvo (Die verdrängte Zivilgesellschaft), Beograd, 1995, S. 51–71, hier: S. 59.

30 Ebd., S. 59.

lich Landwirte, die sich zur jeweils einen Hälfte durch ihre Arbeit in der Fabrik und der Arbeit auf dem Lande ernährten, dementsprechend zwischen Land und Stadt pendelten, und sich nie an das Stadtleben gewöhnten, noch damit identifizierten. Für sie war die Modernisierung nur insofern akzeptabel, als dass sie sich ausschließlich in einer vom Staat kontrollierten Industrialisierung abwickelte.[31] Zusätzlich zu diesen strukturellen Faktoren, die die Bildung von Modernisierungsträgern weitergehend verhinderten, spielten auch die kulturellen Faktoren eine entscheidende Rolle. Dabei ist vor allem hervorzuheben, dass die Analphabetenrate 21 % (im Jahr 1961) und 15 % (1981) betrug, und dass weniger als 5 % der Bevölkerung einen Fach- oder Hochschulabschluss hatte.[32]

Pantić beschreibt diese Entwicklungen in Anlehnung an Ralph Dahrendorf als eine „Modernisierung ohne Modernisierung" und führt als Ursachen einen persistenten Patriarchalismus, Prämodernität, schwache Urbanisierung und eine niedrige Bildungsrate an.[33] Dies wiederum verhinderte die Entstehung politischer Bürger und Unternehmer.[34] Darüber hinaus macht Pantić noch ein die jugoslawische bzw. serbische Gesellschaft unter Josip Broz kennzeichnendes „Syndrom des verwöhnten Kindes" aus, das aus der Politik von Broz, aber auch der des Westens gegenüber Jugoslawien resultierte. Diese Politik trug dazu bei, dass sowohl ein objektiv nicht erwirtschafteter und disproportional zur geleisteten Arbeit gelebter Wohlstand, als auch ein Scheinbewusstsein der Modernisierung den Bürgern Jugoslawiens ein falsches Bild von ihrem Potential und der Realität vermittelten.[35]

---

[31] Goati, Vladimir, Socijalna osnova političkih partija u Srbiji (Die gesellschaftliche Basis politischer Parteien in Serbien), in: Pavlović, Vukašin, (Hrsg.), Potisnuto civilno društvo (Die verdrängte Zivilgesellschaft), Beograd, 1995, S. 199–221, hier: S. 199 f.

[32] Golubović, Zagorka, Tradicionalizam i autoritarnost kao prepreke za razvoj civilnog društva u Srbiji (Traditionalismus und Autoritarismus als Entwicklungshindernisse der Zivilgesellschaft in Serbien), in: Pavlović, Vukašin, (Hrsg.), Potisnuto civilno društvo (Die verdrängte Zivilgesellschaft), Beograd, 1995, S. 51–71, hier: S. 60.

[33] Vgl. Pantić, Dragomir, Politička kultura i vrednosti (Politische Kultur und Werte), in: Vasović, Mirjana (Hrsg.), Fragmenti političke kulture (Fragmente politischer Kultur), Beograd, 1998, S. 38–80, hier: S. 65 ff.

[34] Trkulja, Jovica, Sedam fragmenata o DOS-ovskoj demokratiji (Sieben Fragmente über die DOS-Demokratie), in: Vasović, Vučina/Pavlović, Vukašin, Postkomunizam i demokratske promene (Postkommunismus und demokratischer Wandel), Beograd, 2002, S. 144–151, hier: S. 146.

[35] Pantić, Dragomir, Politička kultura i vrednosti (Politische Kultur und Werte), in: Vasović, Mirjana (Hrsg.), Fragmenti političke kulture (Fragmente politischer Kultur), Beograd, 1998, S. 38–80, hier: S. 65 ff. – Pantić, Dragomir, Dominantne vrednosne

Auf politischer Ebene entsprach dies dem Scheinbewusstsein, das aus der „Selbstverwaltung der Arbeiterklasse" hervorging. Das jugoslawische Modell des dritten Weges hatte faktisch das Verlernen und Abgewöhnen der Bürger von jeder Form des politischen Engagements und Eigenverantwortung zur Folge.[36] Die Politik wurde somit durch den Kommunismus aus dem Alltag vertrieben, womit „das (Gesellschafts-)Leben negiert wurde".[37]

2.3.3. Veränderungen durch den Zerfall Jugoslawiens

Das bisher geschilderte deutet darauf hin, dass die Werte des Kommunismus in Serbien nicht als völlig aufoktroyiert betrachtet werden können, da eine kollektivistische Orientierung, gewisse autoritäre Verhaltensweisen, Abneigung gegen (demokratische) politische Institutionen sowie ein Führerkult auch davor ausgeprägt waren. Mit der Einführung des Mehrparteiensystems 1990 ändert sich diese Einstellung nur unwesentlich, so dass Serbien eines der wenigen Länder war, in dem die kommunistische Nomenklatura in Kontinuität weiterregierte. Die Überzeugung der Bevölkerung, in einem gut funktionierenden und auf seine eigenen Kräfte bauenden System gelebt und auch einen verdienten hohen Lebensstandard gehabt zu haben, änderte nicht die verbreitete Etatismusauffassung. Die Bürger sahen keinen klaren Grund, das Wirtschaftssystem zu ändern, sie glaubten an den „guten Sozialismus", den man lediglich etwas anders gestalten müsse.[38]

---

orijentacije u Srbiji i mogućnosti nastanka civilnog društva (Dominierende Wertorientierungen in Serbien und die Entwicklungsmöglichkeiten für eine Zivilgesellschaft), in: Pavlović, Vukašin, (Hrsg.), Potisnuto civilno društvo (Die verdrängte Zivilgesellschaft), Beograd, 1995, S. 71.107, hier: S. 78 f. Pantić führt in diesem Zusammenhang ebenfalls den Begriff der „umgekehrten protestantischen Ethik" ein.

36 Veljak, Lino, Civilno društvo, raspad Jugoslavije i budućnost Jugoistočne Evrope (Zivilgesellschaft, der Zusammenbruch Jugoslawiens, und die Zukunft Südosteuropas) in: Vujadinović, Dragica et al. (Hrsg.), Između autoritarizma i demokratije: Srbija, Crna Gora i Hrvatska (Zwischen Autoritarismus und Demokratie: Serbien, Montenegro und Kroatien), Band II: Civilno društvo i politička kultura (Zivilgesellschaft und politische Kultur), 2004, S. 43–57, hier: S. 48.

37 Đinđić, Zoran, Oni pomeraju brda (Was die nicht alles können), in: Đinđić, Zoran, Srbija ni na Istoku ni na Zapadu (Serbien weder im Osten noch im Westen), Novi Sad, 1996, S. 49–59, hier: S. 52 f.

38 Vasović, Mirjana, Politička socijalizacija u promene političke kulture (Politische Sozialisation und Wandel der politischen Kultur), in: Vasović, Mirjana (Hrsg.), Fragmenti političke kulture (Fragmente politischer Kultur), Beograd, 1998, S. 80–115, hier: S. 99–102.

Für diese Zwecke sollten das Nationalbewusstsein, die ethnische und konfessionelle Identität, nationale traditionelle und kulturelle Werte den Platz, der ihnen gebührt (zurück)erhalten,[39] was als Rückbesinnung auf die „ursprünglich nationalen Werte" bezeichnet werden kann.[40] So gewann auch die während des Kommunismus marginalisierte serbisch-orthodoxe Kirche wieder an Bedeutung, und mit ihr ihre Ideologie der organischen Einheit von Staat und Gesellschaft. Eine Verstärkung patriarchaler Werte war selbst unter der Stadtbevölkerung zu beobachten, begleitet von dem Aufruf zur ethnischen Homogenisierung und nationalen Konsolidierung.[41] Diese Entwicklungen lassen sich gewissermaßen auch als situationsbedingt beschreiben, da der Zeitraum, in dem Milošević regierte, von einer über ein Jahrzehnt andauernden Krise (Krieg, Sanktionen und steigende Armut) überschattet war, die als solche eine Hinwendung zu Kategorien wie Nation und Religion förderte.

3. Veränderbarkeit der politischen Kultur
nach dem Sturz von Milošević

Ralph Dahrendorf bemerkte 1992 im Hinblick auf die ehemals kommunistischen Staaten, dass „für die Veränderung des politischen Systems sechs Monate, für die Veränderung des wirtschaftlichen Systems sechs Jahre und für den Aufbau einer Zivilgesellschaft mindestens sechzig Jahre nötig sind."[42] Die Stunde Null

---

[39] Ebd., S. 103.
[40] Es handelt sich dabei vor allem um diejenigen Werte, die unter der kommunistischen Herrschaft unterdrückt wurden.
[41] Kuzmanović, Bora, Retradicionalizacija političke kulture – Društvena kriza i raspad sistema kao pokretač retradicionalizacije (Retraditionalisierung politischer Kultur – Gesellschaftkrise und Systemzusammenbruch als Anstoß der Retraditionalisierung), in: Vasović, Mirjana (Hrsg.), Fragmenti političke kulture (Fragmente politischer Kultur), Beograd, 1998, S. 257–285, hier: S. 270.
[42] Dahrendorf, Ralph, Betrachtungen über die Revolution in Europa in einem Brief, der an einen Herrn in Warschau gerichtet ist, Stuttgart, 1992, S. 116f, hier zitiert nach: Šiber, Ivan, Politička kultura, autoritarnost i demokratska tranzicija u Hrvatskoj (Politische Kultur, Autoritarismus und demokratische Transformation in Kroatien), in: Vujadinović, Dragica et al. (Hrsg.), Između autoritarizma i demokratije: Srbija, Crna Gora i Hrvatska, (Zwischen Autoritarismus und Demokratie: Serbien, Montenegro und

ist dabei für Serbien nicht wie in anderen Transformationsländern 1989/90, sondern im Jahr 2000 auszumachen, als das langjährige Regime von Slobodan Milošević gestürzt wurde. Mit der Wahl der ersten demokratischen Regierung in der Geschichte Serbiens wurde im Dezember 2000 der Grundstein für eine Demokratie und partizipative politische Kultur gelegt, aber auch die Frage in den Raum gestellt, ob eine Systemveränderung ohne gesellschaftliche Veränderungen überhaupt vollzogen werden kann.

Nahezu übereinstimmend herrscht dementsprechend in der Fachliteratur die Meinung, dass zwar das Regime, nicht aber das Gesellschaftssystem geändert wurde. Somit lässt sich eine Diskontinuität mit dem autoritären System einerseits, und eine Kontinuität des autoritären Gesellschaftscharakters andererseits feststellen.[43] Veranschaulichen lässt sich dies in dem weiterhin zentralisierten Entscheidungssystem, in dem die wichtigsten Entscheidungen in Parteizentralen getroffen werden und von dort auf das, somit marginalisierte Parlament und den Staatsapparat übertragen werden.[44] Politische Partizipation der Bürger wird weder verlangt noch gefördert, was die Bildung einer Öffentlickeit als Kontrollinstanz des politischen Systems einerseits und als Interessenformulierungsinstanz andererseits verlangsamt.[45] Auf der einen Seite kristallisiert sich eine politische Elite heraus, die sich berufen fühlt, die gesellschaftlichen Prozesse – zwar demokratischer, aber ebenfalls weitestgehend untransparent – zu gestalten, und auf der anderen finden sich Individuen, die weiterhin alles von den Politikern bzw. vom Staat erwarten, ihnen somit auch jegliche Verantwortung für all das geben, womit sie nicht zufrieden sind, ohne dabei ihre eigene Rolle in dem veränderten System zu sehen. Das traditonalistisch-paternalistische Muster ist demnach

---

Kroatien), Band II: Civilno društvo i politička kultura (Zivilgesellschaft und politische Kultur), Beograd, 2004, S. 247–262, hier: S. 247.

43 Golubović, Zagorka, Karakter društvenih promena u Srbiji 2001. (Der Charakter gesellschaftlicher Veränderungen in Serbien 2001), in: Vasović, Vučina/Pavlović, Vukašin (Hrsg.), Postkomunizam i demokratske promene (Postkommunismus und demokratischer Wandel), Beograd, 2002, S. 72–80, hier: S. 72 f.

44 Ebd., S. 74.

45 Die Öffentlichkeit kann somit als „frei von" (Druck, Repressionen), aber nicht „frei für" (selbständiges Handeln) bezeichnet werden. Daraus folgt eine Fortsetzung der einseitigen Kommunikation innerhalb des politischen Systems von „oben" nach „unten", in der das Input weiterhin wesentlich von den politischen Entscheidungsträgern bestimmt wird.

weiterhin präsent[46], was nicht nur als Erbe der Vergangenheit und somit Stärke des Autoritarismus, sondern nun auch als Schwäche des neuen demokratischen Systems angesehen wird.[47] Darüber hinaus haben die meisten Parteien weiterhin einen stark nationalistischen Charakter und sind vom „Führer-Prinzip"[48] gekennzeichnet. Es kann außerdem eine Klerikalisierung der Gesellschaft und die damit einhergehende größere Gesellschaftsrolle der Serbisch-orthodoxen Kirche und ihrer Werte beobachtet werden, die mit einer Demokratie und einer partitzipativen politischen Kultur nicht vereinbar sind.[49] Hand in Hand damit gehen die Forderungen nach der Rückkehr der serbischen Königsdynastie Karađorđević.[50] Schließlich kommt auch der Armee weiterhin eine bedeutende Rolle zu. Unter den staatlichen Institutionen genießen bei der Bevölkerung Serbiens die Streitkräfte das größte Vertrauen (71,8 %).[51]

---

[46] Dies untermauert auch eine empirische Studie aus dem Jahr 2003, wonach bei den Einwohnern Serbiens mit 41 % die Traditionalisten gegenüber dem Modernisten (27 %) überwiegen. Komšić, Jovan /Pantić, Dragomir /Slavujević, Zoran: Osnovne linije partijskih podela i mogući pravci političkog pregrupisavanja u Srbiji (Parteitrennlinien und mögliche Richtungen politischer Umgruppierungen in Serbien), Beograd 2003, S. 100.

[47] Golubović, Zagorka, Karakter društvenih promena u Srbiji 2001. (Der Charakter gesellschaftlicher Veränderungen in Serbien 2001), in: Vasović, Vučina/Pavlović, Vukašin (Hrsg.), Postkomunizam i demokratske promene (Postkommunismus und demokratischer Wandel), Beograd, 2002, S. 72–80, hier: S. 75–78.

[48] Wegen der spezifisch negativen Konotation des Wortes „Führer" in der deutschen Sprache, könnte man an dieser Stelle stattdessen von einem ausgeprägten „Leadership-Prinzip" sprechen.

[49] Jakšić, Božidar, Demokratski deficiti političkih promena u Srbiji (Demokratiedefizite des politischen Wandels in Serbien), in: Spasić, Ivana/Subotić, Milan (Hrsg.), R/Evolucija i poredak (R/Evolution und Staatsordnung), Beograd, 2001, S. 225–241, hier: S. 228–234.

[50] Pavlović, Vukašin, Konsolidacija demokratije i civilnog društva (Konsolidierung der Demokratie und Zivilgesellschaft), in: Vasović, Vučina/Pavlović, Vukašin (Hrsg.), Postkomunizam i demokratske promene (Postkommunismus und demokratischer Wandel), Beograd, 2002, S. 101–126, hier: S. 106.

[51] Glišić, Jasmina / Hadžić, Miroslav et al., Javnost Srbije i Crne Gore o reformi vojske (Die öffentliche Meinung in Serbien und Montenegro zur Armeereform), Beograd, 2003, S. 9, 41.

Dies alles deutet darauf hin, dass sich zwar eine Schicht von politisch engagierten Bürgern gebildet hat – diejenige, die wesentlich die politischen Demonstrationen 1996/97 und 2000 getragen hat –, dass diese aber weiterhin keine dauerhafte kritische Masse erreicht hat, mit der sich eine aufgeklärte Öffentlichkeit und Elemente der bürgerlichen politischen Kultur verfestigen könnten. Der Grund dafür liegt einerseits in den von der serbischen Gesellschaft unabhängigen Faktoren, wie etwa in dem von Dahrendorf hervorgehobenen Zeitproblem, oder in der alle Transformationsländer betreffenden Schwierigkeit, gleichzeitig die kollektive Identität zu definieren bzw. einen Basiskonsens zu erreichen und demokratische Strukturen, soziale Gerechtigkeit und Marktwirtschaft aufzubauen.[52] Andererseits sind die Gründe in den Hindernissen innerhalb der serbischen Gesellschaft zu suchen, die vom Erbe der prämodernen Gesellschaft, des „unvollendeten Staates und verspäteter Nation", sowie von Krieg und Sanktionen gekennzeichnet ist. Dieses Erbe erschwert nicht unwesentlich das jetzige Etablieren eines modernen Rechtstaates und einer partizipativen politischen Kultur.[53] Für die Überwindung dieses Teufelskreises, in dem mal mehr, mal weniger traditionalistische herrschende politische Eliten immer weiteren Traditionalismus generieren und eine tief greifende Modernisierung verhindern, wird vor allem ein langwieriger Frieden von Nöten sein. Dafür aber wiederum wird die National- und Staatsfrage gelöst werden müssen.

---

52   Diese Staaten stehen somit vor dem umgekehrten Aufbau stabiler Verfassungsstaaten, in denen auf den Rechtsstaat in einem ersten Schritt Freiheit, und in einem zweiten Demokratie folgte. Podunavac, Milan, Temelji bazičnog konsenzusa (Die Bausteine für den Grundkonsens), in: Vasović, Vučina/Pavlović, Vukašin (Hrsg.), Postkomunizam i demokratske promene (Postkommunismus und demokratischer Wandel), Beograd, 2002, S. 126–136, hier: S. 127.

53   Podunavac, Milan, Srpski put u građansku normalnost/normalnu državnost (Der serbische Weg in die bürgerliche Normalität/normale Staatlichkeit), in: Vujadinović, Dragica et al. (Hrsg.), Između autoritarizma i demokratije: Srbija, Crna Gora i Hrvatska (Zwischen Autoritarismus und Demokratie: Serbien, Montenegro und Kroatien), Band II: Civilno društvo i politička kultura (Zivilgesellschaft und politische Kultur), Beograd, 2004, S. 73–89, hier: S. 81 f.

4. Traditionalismus als wesentliche Modernisierungshürde

Als ein Staat, der über mehrere Jahrhunderte hinweg besetzt war, ist Serbien von missglückten Modernisierungsversuchen und dementsprechend von einer verspäteten Nation gekennzeichnet. Die sich deshalb verfestigte Untertanenmentalität und der mit ihr Hand in Hand gehende paternalistische Staat, können für die wesentlichen Eigenschaften der politischen Kultur des neuzeitlichen Serbien gehalten werden. Diese durch die Monarchie im Zeitraum von 1918 bis 1941 unterstützte Haltung wurde durch die Etablierung des kommunistischen Systems unter Josip Broz nur noch verstärkt. Dabei aber hat die kommunistische Herrschaft in Jugoslawien dank der politischen Lage des Landes und wohl auch dank der Geschicktheit des Präsidenten Josip Broz eine Schein- bzw. Teilmodernisierung durchgeführt, die wirtschaftlich durch eine partielle Industrialisierung einen Wohlstand ermöglichte, gleichzeitig aber politisch die Bildung von Zivilbewusstsein und alternativen politischen Strukturen verhindert, und so den politisch unmündigen Bürger generierte. Durch den 1990 ausbrechenden Krieg und erstarkten Nationalismus kam es dann zu einer zusätzlichen Potenzierung von autoritären Persönlichkeitsmerkmalen.

Mit dem Sturz von Milošević, zu dem nicht unwesentlich eine sich über Jahre hinweg etablierende Bürgerbewegung beitrug, kam es zu einem Regimewechsel, nicht aber auch zu durchgreifenden gesellschaftlichen Veränderungen. Dies hat einerseits mit objektiven und externen Gegebenheiten zu tun, aber andererseits auch mit dem weiterhin ausgeprägten autoritären Erbe der serbischen Gesellschaft, das wesentlich von Traditionalismus gekennzeichnet ist. Dieser hat ein Individuum zur Folge, das trotz demokratischer Institutionen weiterhin sein Leben in die Hände des Staatsapparates legen möchte, und für den Demokratie vor allem bedeutet, eine Demokratie-orientierte Regierung zu wählen. Die an die Macht gekommenen demokratischen Parteien wiederum zeichnen sich nicht durch ein transparentes Regieren, noch zeichnet dies ihre innerparteilichen Strukturen aus. Dennoch sind Fortschritte zu sehen, nicht zuletzt durch die strukturellen Änderungen des Systems, die eine wesentliche Voraussetzung für das Gedeihen demokratischer Institutionen und einer partizipativen politischen Kultur darstellen.

136 Irena Ristić

Literatur

1. Adorno, W. Theodor et al., The Authoritarian Personality (I), New York, 1964.
2. Almond, Gabriel / Verba, Sidney, The Civic Culture. Political Attitudes and Democracy in Five Nations, Princeton, 1963.
3. Đinđić, Zoran, Srbija ni na Istoku ni na Zapadu (Serbien weder im Osten noch im Westen), Novi Sad, 1996.
4. Glišić, Jasmina / Hadžić, Miroslav et al., Javnost Srbije i Crne Gore o reformi vojske (Die öffentliche Meinung in Serbien und Montenegro zur Armeereform), Beograd, 2003.
5. Golubović, Zagorka / Kuzmanović Bora / Vasović, Mirjana, Društveni karakter i društvene promene u svetlu nacionalnih sukoba (Gesellschaftscharakter und sozialer Wandel im Licht nationaler Konflikte), Beograd, 1995.
6. Komšić, Jovan / Pantić, Dragomir / Slavujević, Zoran, Osnovne linije partijskih podela i mogući pravci političkog pregrupisavanja u Srbiji, (Parteitrennlinien und mögliche Richtungen politischer Umgruppierungen in Serbien) Beograd 2003.
7. Oberländer, Erwin (Hrsg.), Autoritäre Regime in Ostmittel- und Südosteuropa 1919–1944, Paderborn/München/Wien/Zürich, 2001.
8. Pavlović, Vukašin, (Hrsg.), Potisnuto civilno društvo (Die verdrängte Zivilgesellschaft), Beograd, 1995.
9. Rippl, Susanne / Seipel, Christian / Kindervater, Angela (Hrsg.), Autoritarismus, Opladen, 2000.
10. Spasić, Ivana / Subotić, Milan (Hrsg.), R/Evolucija i poredak (R/Evolution und Staatsordnung), Beograd, 2001.
11. Vasović, Mirjana (Hrsg.), Fragmenti političke kulture (Fragmente politischer Kultur), Beograd, 1998.
12. Vasović, Vučina / Pavlović, Vukašin (Hrsg.), Postkomunizam i demokratske promene (Postkommunismus und demokratischer Wandel), Beograd, 2002.
13. Vujadinović, Dragica et al. (Hrsg.), Između autoritarizma i demokratije: Srbija, Crna Gora i Hrvatska (Zwischen Autoritarismus und Demokratie: Serbien, Montenegro und Kroatien), Band II: Civilno društvo i politička kultura (Zivilgesellschaft und politische Kultur), Beograd, 2004.

BILDUNGSWESEN, HUMANRESSOURCEN, MIGRATIONEN, KULTURPROZESSE

Michael Daxner

KULTUR, BILDUNG, MIGRATION

Der Kosovokonflikt beginnt mit kulturellen und bildungspolitischen Auseinandersetzungen, deren Wurzeln wiederum bis weit zurück ins 19. Jahrhundert
reichen. Die Schuld der damaligen Kolonialmächte Österreich, England, Türkei,
die panslawische Bewegung, der unaufgeklärte Kulturnationalismus allerorten
hat natürlich vor diesem kleinen Landstück nicht Halt gemacht, das dann durch
Internationalisierung seiner Existenzfrage (1912/13 und 1998/99) auf sich aufmerksam machte. Kosovo ist nur ein Beispiel. Das 20. Jahrhundert zählt nicht nur
zwei Weltkriege, die den Balkan bitter betroffen haben, sondern auch über 50 Vertreibungen und Umsiedlungen in der Region, die verheerende Auswirkungen auf
Bildung, Zivilisation und Zukunftschancen von Millionen Menschen hatten.

Bildungspolitik und Hochschulpolitiker waren 1999 von den Waffenstill-
standsverhandlungen und der Herstellung des UNMIK-Mandats über Kosovo
ausgeschlossen. Sie spielten auch in Bosnien, bei und nach Dayton, keine politische Rolle. Ich sehe einen ursächlichen Zusammenhang zwischen diesen Sachverhalten und der Tatsache, dass Bosnien-Herzegovina heute viel stärker ethnisch
„entmischt" ist als je zuvor, und dass im Kosovo fünf Jahre vergeudet wurden,
die Klöster und Moscheen brennen, Hunderte Häuser sind wieder zerstört, wer
nicht zusammenleben will, kann es auch nicht, und der Kitt fehlt – Aufklärung,
Wissen, Qualifikation.

Wir diskutieren auf dieser Konferenz drei prekäre Komponenten zivilgesellschaftlicher Erneuerung: Demographie, Brain Drain und Brain Gain, Migration und
Rückkehr sind ein Komplex, ein „Cluster" von Faktoren, die in der Politik immer
nur bei akuten Konflikten ernst genommen werden, ansonsten im Gemurmel
der Wirtschaft und Sicherheitspolitik untergehen. Frau Kollegin Hausmaninger

hat uns ein Beispiel dafür gegeben, was wir aus einem mikrosozialen Beispiel lernen können und sollen, sie betreibt Forschung als Aufklärung. Und sie rückt schon ein Islambild zurecht, das später auf dieser Tagung (im Beitrag von Frau Heuberger) noch einmal vertieft wird. Wie reagieren Schulen, Lehrer, Familien auf das „Re-Surfacing" einer Religion, die akut ins Gerede um die christlichen Wurzeln der europäischen Verfassung eingreift, die mit entscheiden wird, ob die Türkei Mitglied der EU werden darf und ob wir Kopftücher politisch oder waren-ästhetisch zu interpretieren haben. Der Abstand zu Frau Mocanus Referat könnte nicht grösser sein. Hier geht es um die klare, zielbestimmte und ergebnisorien-tierte Berufsbildung fortgeschrittener Ebene. Bildungspolitiker der betroffenen Länder und der EU können gar nicht genau genug die Analysen verwerten, um den Vorstellungen von künftiger Kohäsion eine Grundlage zu geben. Bangalore-Effekte werden erwartet, Ungarn wird in Rumänien, Österreich in der Slowakei, und Serbien in Bosnien arbeiten lassen, zu wessen Gunsten, zu wessen Lasten? Die Reformen, die angestrebt und hoffentlich, meistens, bisweilen, die Interessen der Betroffenen und der Geberländer vereinen, müssen koordiniert werden. Frau Mayrs kluger Ansatz zeigt, was gemacht werden kann. Im Hochschulbereich ist die Gratwanderung zwischen Wissenschaftsfreiheit, pädagogischem Affekt und schierer materieller Not besonders krass, das Projektmanagement muss mehr können als viele der Mitwirkenden, denen bloss fachliche Kompetenz und Über-einstimmung mit den Zielen abverlangt werden. Aber es muss auch motivieren können, dass sich dieser Zustand ändert, dass Eigentümerschaft und Bürgerschaft in die Hände der Betroffenen übergehen, gerade, wenn diese nicht mehr unmit-telbar betroffen und traumatisiert sind.

Kultur? Der Westen fragt seit einiger Zeit, ob er sich Kultur leisten kann, im bisherigen Umfang und in bisheriger Breite und Qualität. Der Zynismus dieser Frage wird offenbar, wenn wir das Leben, die Arbeitsumstände und die Wir-kung von Kunst und expliziter Alltagskultur in Südosteuropa während der letzten Jahrzehnte betrachten. Es besteht kein Grund zur Herablassung, wenn wir viele Diagnosen über die Kultur der Lüge (D. Ugrecic) auf unsere Gesellschaften nicht anwenden müssen, eher kritische Selbstbeobachtung und viel Solidarität mit den Intellektuellen und Künstlern in der Region. Der Balkan war hellwach: er wusste genau, was bei uns vor sich ging, konnte nicht viel übernehmen, musste und wollte sich abgrenzen, aber: man wusste Bescheid. Zoran Terzic Darstellung ist schwierig, rechtfertigt gleich ein weiteres Seminar. Jenseits der Opferrolle und ohne abwehrende Verinnerlichung gegenüber den Machthabern hat sich etwas entwickelt, das im faulen Frieden zu ersticken droht, ohne dass man sich die

Diktatur zurückwünschen dürfte. Die Widerständigkeit selbst droht an den neuen wirtschaftlichen und sozialen Umdeutungen der Realität zu scheitern. Das bringt mich zum Vortrag von Herrn Kowar, den wir heute leider nicht hören werden. Österreich spielt im Bildungsgeschehen von Südosteuropa eine grosse Rolle, die mit dem Graz-Prozess (seit 1998) und dem Bologna-Prozess untrennbar verbunden sind. Hier sind nicht umkehrbare Markierungen gesetzt, die den neuen Demokratien Standards setzen, sie aber auch zugänglich zur Mitgestaltung und Korrektur machen sollen. Und der Widerstand? Während der Diktatur von Milosević haben die Kolleginnen von AAEN (Alternative Academic Education Network) gezeigt, wie Widerstand produktiv, niveauvoll, ja, auf Exzellenz und Anerkennung ausgerichtet, Politik machen und vorbereiten kann. Das war weder gefahrlos noch ein symbolischer Akt. Mit der Vizeministerin Srbjanka Turajlić und vielen ihrer Kolleginnen – es waren überwiegend Frauen! – wurde unter Djindjić eine Hochschulpolitik eingeleitet, die Serbien aus seiner Isolierung hätte führen können. Damit ist es jetzt wieder vorbei, die nationalistische Regierung wird heftig zurückrudern, so wie auch aus der nationalen Politik Kroatiens und selbst von Slowenien weniger europäische Töne zu hören sind, im letzteren Fall hoffentlich nur auf den Versuch begrenzt, die slowenische Sprache für die Hochschulen zu nobilitieren.

Die Zeiten sind nicht gut für die Bildung, sie stehen schlecht für die Aufklärung. Dass viele Länder mit mehr Begeisterung der NATO beitreten als der EU, und das auch noch früher, ist kein gutes Omen. Denn dahinter steht auch die kurzfristige Umorientierung auf eine Verdrängung der kommunistischen Zeit statt einer langfristigen Orientierung auf eine europäische Erneuerung, die doch für alle 1945 begann, wenn auch im Kommunismus mit langer Verzögerung. Dieser Zusammenhang bleibt, solange er unbegriffen Politik beeinflusst, eines der heimlichen Curricula des neuen Europa.

Schon haben einige der neuen Länder mehr Haushaltsmittel für ihre militärischen Einsätze out of area als für ihre Schulen und Hochschulen. Nicht alles, was verständlich ist, sollte unkommentiert bleiben. Es steht zu befürchten, dass die unterlassenen Schulreformen, Hochschulerweiterungen, Europäisierungen auch dazu führen, dass eine zukunftslose neue Generation sich weiter den Extremen annähert, sich von ihnen anziehen lässt. Umgekehrt kann man ja mit hehren Worten allein nichts bewirken: so wie Unabhängigkeit allein dem Kosovo nichts als eine Fahne bringen wird, so wie die Universität in Mitrovica nicht daran gemessen wird, wer sie „besitzt", sondern was sie leistet, so sehr müssen wir, im glücklicheren Westen, uns bereit finden zu teilen und mitzuteilen.

Manfred Pittioni

BILDUNGSWESEN, HUMANRESSOURCEN, MIGRATIONEN, KULTURPROZESSE

1. Bildungswesen

Angesichts der noch immer vorhandenen Spannungen wird es noch lange dauern, bis auf dem Konfliktherd Balkan der Frieden einkehren wird. Eine der wichtigsten Aufgaben der Politik ist es vor allem, neben der politischen auch eine wirtschaftliche Stabilität zu erzeugen, welche den Menschen Hoffnung gibt und Vertrauen in den Staat und sein politisches System schafft.

Eines der Kernelemente für eine hoffnungsreichere Zukunft ist dabei das Bildungssystem. Wir alle haben angesichts der Konflikte der jüngeren Geschichte mit ansehen müssen, wie schnell alte Klischees der Vergangenheit wieder aufgetaucht sind und für politische Konfrontationen missbraucht werden können. Dabei macht es keinen Unterschied, ob wir von einem slawischen Nationalismus oder von einem islamischen Fundamentalismus sprechen. Beide Systeme haben in ihren radikalen Auswüchsen den Menschen viel Unheil gebracht.

Die Korrektur solcher radikaler Weltanschauungen, vor allem wenn es sich um jahrhunderte alte Dogmen handelt, ist sehr schwierig. Bekanntlich beginnt der Geschichtsunterricht in der Familie. Kinder lernen von ihren Eltern Mythen und hören immer wieder vom Schicksal getöteter Verwandter. So wird schon im Kindesalter das Bewusstsein der Feindschaft zu einer anderen Ethnie entwickelt. In der Grundschule und im Freundeskreis werden die Klischeebilder weiter verstärkt. Eine einseitig national ausgerichtete Geschichtsschreibung und die ebenso ausgerichtete Darstellung in den Medien vervollständigen dann das Bild vom Erzfeind und von der von ihm ausgehenden Bedrohung. Es bedarf nur mehr der Argumentation einiger Demagogen, Presseberichte über scheinbar erlittenes Unrecht und das Vorhandensein von Waffen, um tödliche Auseinandersetzungen auszulösen. Die tradierten ethnischen Feindbilder sind die Hauptursachen für die Gewaltausbrüche.

Diesen Teufelskreis zu durchbrechen ist ein sehr schwieriges Unterfangen. Im Prinzip müsste an den Anfängen angesetzt werden, das heißt im Bewusstsein der Erziehungsverantwortlichen und im Geschichtsunterricht in der Grundschule. Dazu müßte aber die Geschichte neu geschrieben werden. Selbst bei günstigen Umständen würde es dann eine Generation dauern, bis die unzähligen Gräueltaten in Vergessenheit geraten und zwischen den Konfliktparteien eine entspannte Atmosphäre herrscht. Dazu braucht man aber ein neues Geschichtsbild, das sich auf eine objektive Erforschung der Geschehnisse stützt. Wie lange wird es zum Beispiel dauern, bis Balkanländer ihr Verhältnis zum Osmanischen Reich so sehen, wie wir es tun. Oder wie lange wird es brauchen, bis ein Bewusstsein entsteht, welches ein Zusammenleben von verschiedenen Ethnien als ein erstrebenswertes Ziel ansieht und nicht als eine Belastung für den Staat ?

Für die junge kommende Generation wird es dadurch besser werden, wenn die Kriterien der Europäischen Union für das Zusammenleben der Völker stärker wirksam werden. Aber so lange der Teufelskreis von Arbeitslosigkeit, Armut, politischer Agitation, Korruption und Hoffnungslosigkeit noch vorhanden ist, wird es nahezu unmöglich sein, in Frieden zu leben.

An dieser Stelle wäre es vielleicht angebracht zu erwähnen, dass die wirtschaftlichen Zwänge eine große Rolle bei der Entwicklung zum Frieden spielen. Nur wenn Ruhe und Ordnung vorhanden sind, wenn das Rechtssystem funktioniert und eine politische Stabilität erwartet werden kann, dann fließen auch die Investitionen. Unter dem Druck der Auflagen, welche internationale Kredite beinhalten, sind schon manche Systemänderungen erfolgt.

Im Bildungssystem spielt auch der Sprachunterricht eine nicht zu unterschätzende Rolle. Er bietet den jungen Menschen Europas die Möglichkeit, miteinander zu kommunizieren und sich besser zu verstehen. Dabei spielt die englische Sprache als *lingua franca* unseres Jahrhunderts eine entscheidende Rolle, bietet sie sich doch auch als Schlüssel zum Internet und zum Verständnis der internationalen Medien an.

Die Kooperation der europäischen Universitäten mit Hochschulen auf dem Balkan besteht bereits einige Jahre. Es geht in den bereits geschlossenen Abkommen um den Austausch von Studenten, Anerkennung von Diplomen und Kooperation in Wissenschaft und Forschung. Auch private Universitäten haben sich in zunehmendem Maß in verschiedenen Ländern des Balkans niedergelassen.

An ein Bildungssystem, welches einen entscheidenden Beitrag zur Verbesserung der politischen Lage bringt, wären die folgenden Anforderungen zu richten:

– Es sollte ein neues und objektives Geschichtsbild vermittelt werden.
– Die Forderungen der vielen Minderheiten sollten berücksichtigt werden, ohne
  dass dabei der Staat als Ganzes in Gefahr gerät. Ein gutes Beispiel für diesen
  Fall wäre dabei Mazedonien.
– Die Erziehungssysteme sollten sich nach den EU Normen orientieren und eine
  Vernetzung mit anderen europäischen Ländern mittels Studentenaustausch
  zulassen.
– Wichtig ist eine flexible Anpassung an die Anforderungen der modernen
  Informationstechnologie.

Ein sehr lobenswertes Projekt hat der Milliardär George Soros in Ungarn initiiert. Er hat eine Reihe von Stiftungen in verschiedenen Ländern Ost- und Südosteuropas ins Leben gerufen, welche zu einem Netzwerk zusammengefasst sind
und sich auch zu einem großen Teil mit Bildungsaufgaben befassen. In Budapest
gibt es zum Beispiel das Institut „Offene Gesellschaft", welches Programme im
Bereich der Bildungs-, Sozial- und Gesetzgebungsreform entwickelt und durch-
führt. Dabei sollen die Grundschul- und Mittelschulbildung maximiert werden,
es gibt ein Unterstützungsprogramm für Hochschulen sowie ein Institut für
Verfassung und Gesetzgebung. Es werden Initiativen gesetzt, um Probleme der
Menschenrechte, der Zivilgesellschaft sowie der Minderheiten in Ost- und Südosteuropa aufzuzeigen und Lösungsvorschläge vorzuschlagen. Im Bereich der
politischen Organisation wird das Prinzip vertreten, dass die Lokalbehörden einer
Region eine relativ große lokale Autonomie haben sollten und die gesamtstaatli-
che Verwaltung dezentralisiert werden sollte. Die Rechte der Minderheiten und
die multikulturelle Gesellschaft sollten gewahrt werden.

Abschließend sei zu diesem Thema noch die Bemerkung erlaubt, dass ein gutes
Bildungswesen nicht nur eine Frage des Geldes ist, sondern auch ein Ausdruck
des politischen Willens der Verantwortlichen. Wir sehen am Beispiel von vielen
Ländern der Dritten Welt, welche weitaus ärmer als viele Länder des Balkan sind,
dass mit geringen Mitteln ein durchaus beachtlicher Erfolg in Erziehung und Ausbildung geleistet werden kann. Ich denke da zum Beispiel an Ägypten, das eine
wirklich große Zahl von gut ausgebildeten jungen Menschen hervorbringt.

2. Humanressourcen

Diese sind in den einzelnen Ländern ohne Zweifel vorhanden. Es gibt viele Bildungsstätten mit guten Lehrkräften, im Prinzip genügend Schulen und andere Lehrstätten. In vielen Regionen herrscht jedoch ein Mangel an geeigneten Lehrkräften für die Ausbildung von Minderheiten. Auch in vielen ländlichen Gebieten herrschen noch Mängel an Ausbildungsstätten und Lehrern. Positive Aspekte bietet die derzeitige Ausbildung der Jugend. Sie ist der Hoffnungsträger für die Zukunft. Die Verwaltung der Europäischen Gemeinschaft bietet für ambitionierte Akademiker noch immer attraktive Jobchancen. Für die Bürokratie Brüssels melden sich auch viele junge gut ausgebildete Menschen aus den Balkanländern. Eine Reihe von europäischen Kollegs bilden Akademiker aus, die dann in der EU als Beamte arbeiten. So hat Slowenien zwölf Stipendienplätze gestiftet, welche heimischen Kandidaten zur Verfügung stehen, ähnlich agieren Ungarn und Polen. Auch in Temeşvar wurde ein Deutsches Kulturzentrum aufgebaut, das europäische Sprachen lehrt. Dort lernen die jungen Menschen europäisch zu denken. Herkunft und ethnische Zugehörigkeit spielen in diesen Ausbildungsstätten keine Rolle.

Diese Schicht ist jedoch angesichts der vielen Jugendlichen, welche keine Arbeitschancen haben, sehr dünn und fällt im Gesamtzusammenhang gesehen kaum ins Gewicht.

3. Migrationen

Dieser Themenkomplex ist zu einer politischen Kontroverse ersten Ranges geworden und wird in unserer Zeit von den Medien zumeist negativ behandelt. Zu sehr spukt die Angst vor dem Fremden in den Köpfen der Menschen herum. Kriminalität und Furcht vor noch höheren Arbeitslosenzahlen lassen eher den Emotionen freien Lauf als den nüchternen statistischen Zahlen. Wir haben immer noch die Fernsehberichte aus Italien und Albanien vor Augen, in denen das Flüchtlingsproblem dargestellt wurde. Jeder von uns erinnert sich an die überladenen Schiffe, welche hunderte von Albanern an die italienische Küste gebracht haben. Die Schlepperindustrie blüht, sie ist ein äußerst lukratives Geschäft, welches sich in der Höhe seiner Gewinnspannen denen des Drogenhandels nähert.

Tragisch ist der Aspekt, dass unter dem Ansturm der illegalen Einwanderer auch die so genannten echten „Genfer Konventions – Flüchtlinge" eine schlechtere Behandlung erhalten, da eine klare Unterscheidung nicht immer möglich sein wird oder aber die Einwanderungsbehörden schlicht und einfach überfordert sind.

Im Zuge der Erweiterung der Europäischen Union wird sich für Österreich die EU – Außengrenze an die entsprechenden Grenzen der betreffenden neuen Mitglieder verschieben. Damit werden ehemalige COMECON und andere exkommunistische Staaten EU – Mitglieder. Es entsteht damit eine neue Situation, deren wirtschaftliche und soziale Auswirkungen derzeit noch nicht erforscht werden können. Zur Analyse dieser zukünftigen Veränderungen gehört auch die Erfassung der zu erwartenden Migrationsströme sowie die Erarbeitung neuer Kriterien für die Asyl- und Flüchtlingspolitik. Gerade das Thema der Migration, die Angst vor der Unterwanderung der eigenen Bevölkerung durch Ausländer, spielt in der heutigen Politik eine große Rolle. Alle Medien schenken diesem Thema große Aufmerksamkeit, da es wie kein Zweites geeignet ist, die Massen zu mobilisieren.

Bei der Erfassung des jeweiligen Migrationspotentials müssen verschiedene Blickwinkel herangezogen werden. Es sind dies:

– soziologische
– psychologische und
– volkswirtschaftliche.

Bei den soziologischen Aspekten muss erfasst werden, wie viele Menschen an eine Migration denken. Bei den psychologischen Gesichtspunkten muss die Stärke des Wunsches nach Auswanderung erfasst werden, die volkswirtschaftliche Bewertung der Migration soll unter dem Gesichtspunkt einer Kosten-Nutzen Rechnung getätigt werden. Es gibt auch die Begriffe des allgemeinen und des speziellen Migrationspotentials, welches einerseits von der Lage der Gesamtbevölkerung und speziell von der einer bestimmten Gruppe ausgeht.

Bei der Betrachtung der zu erwartenden Migrationen muss auch in Erwägung gezogen werden, dass keinesfalls nur Auswanderung in den so genannten Westen bzw. die EU untersucht wird, sondern auch die zwischen den einzelnen Staaten z. B. des Balkans stattfindenden.

Erhoben werden die Daten über Migrationsbereitschaft durch wissenschaftlich aufbereitete Fragebögen, welche vorerst Rohdaten ermitteln können. Danach werden bereinigte Daten im Rahmen von detaillierten Gesprächen herausgearbeitet. Dabei kommt Grenzregionen eine besondere Bedeutung zu, da in ihnen die Bereitschaft zum Auswandern besonders hoch ist.

Die so genannte Schengener Grenze, also die Außengrenze der Europäischen Union, wird ja erst ab 2007 zur neuen Außengrenze werden, das heißt an die heutige slowenisch-kroatische bzw. an die ungarisch-kroatisch-jugoslawische Grenze vorrücken. Bis dahin müssen Ungarn und Slowenien ihren neuen Grenzschutz aufgebaut haben. Dabei müssen auch die Visapflicht-Regelungen der EU eingehalten werden. Für Ungarn ist dies besonders problematisch, da es ja die großen ungarischen Minderheiten in Jugoslawien und Rumänien gibt, welche davon betroffen sein werden.

Sichere Grenzen sind eine Top-Priorität der EU. Viele Politiker machen sich über durchlässige Grenzen Sorgen. Denn es geht nicht nur allein um die echten Flüchtlinge und Migranten, sondern längst schon um das internationale Verbrechen, welches offene Grenzen zu seinem Vorteil ausnützt.

Interessant ist auch die Migration, welche in den letzten Jahren aus Rumänien in den Westen eingesetzt hat. Sie ist vor allem in den Ländern Spanien und Portugal spürbar. Dort gibt es tausende Rumänen, welche in der Alters- und Krankenpflege sowie als Haushaltshilfen tätig sind. Eine wichtige Rolle spielt dabei die Sprache. Spanisch und Portugiesisch sind eben für Rumänen leicht erlernbar. Als Beweis der Verbundenheit mit diesen Ländern dient auch die Tatsache, dass in Bukarest portugiesische und spanische Fernsehprogramme ausgestrahlt werden.

In einer für Ungarn angestellten wissenschaftlichen Untersuchung über das Migrationsproblem wurden einige interessante Fakten erhoben. So hat sich Ungarn zum Beispiel von einem Migrationstransitland zu einem Zielland entwickelt. Derzeit beträgt das Migrationspotential (kurz- und langfristige Arbeitsaufnahme und Auswanderung) der ungarischen Bevölkerung rund fünfzehn Prozent. Zielländer sind vorrangig Österreich und die Bundesrepublik Deutschland. Unter den Migrationswilligen gibt es doppelt so viele Männer wie Frauen. Bei einer Aufgliederung nach der Schulbildung standen an erster Stelle Berufsschulabsolventen und Maturanten, die Akademiker standen an letzter Stelle.

Nach „Klassenzugehörigkeit" standen an erster Stelle die Angehörigen der „unteren Mittelklasse", während die so genannten Mitglieder der „Arbeiterklasse" oder der „unteren Schichten" das Land nicht verlassen wollten.

Die Studie warnt auch vor unüberlegten Schlussfolgerungen, denn weder die objektive finanzielle Situation (Einkommen) noch die subjektive materielle Lage (Zufriedenheit) würden das Migrationspotential beeinflussen. Eine Untersuchung des Demoskopischen Instituts TARKI, welche sich auf die Zeit nach dem Beitritt

Ungarns zur EU bezog, hat ergeben, dass die überwiegende Mehrheit der repräsentativ Befragten (79 %) nicht an eine Arbeitsmigration denkt, nur 21 % möchten in einem EU-Land arbeiten. Dies bezeugt eine relativ niedrige Mobilitätsbereitschaft der Ungarn.

Anders stellt sich die Lage für die ungarischen Minderheiten in den Nachbarländern dar. Es gibt in Rumänien rund 1,5 Millionen, in der Slowakei 520.000, in Serbien 340.000, in der Ukraine 156.000 und in Kroatien 16.000 Ungarn. Man schätzt die Gesamtzahl der Auslandsungarn auf rund 2,4 Millionen. In diesem heiklen Bereich ist mit Migrationsströmen zu rechnen, welche über die oben genannten Zahlen weit hinausgehen werden. Wahrscheinlich wird der größte Zufluss von Serbien und Rumänien nach Ungarn stattfinden. In den beiden genannten Ländern haben die ungarischen Minderheiten bereits Wünsche auf Erteilung einer Doppelstaatsbürgerschaft angemeldet. Aber auch Wien wird sich auf einen Migrationsstrom aus Ungarn einstellen müssen.

Ganz allgemein wird für den gesamten Raum Ostmitteleuropas ein Migrationspotential von 1–3 % der erwerbsfähigen Wohnbevölkerung angenommen, das sind zwischen 0,7 bis 2 Millionen Menschen. Also keine große Zahl angesichts einer europäischen Gesamtbevölkerung von 376 Millionen (EU 15). Dazu kommt noch, dass die demographische Entwicklung in Richtung einer starken Überalterung der Region geht. Daher wird der heimische Arbeitsmarkt für die jüngere Generation immer mehr Chancen bieten.

Das Migrationsproblem ist direkt von der Lage der Arbeitsmärkte der Region bestimmt. Die Arbeitsmärkte leiden alle unter Strukturproblemen auf verschiedenen Ebenen. Eines der Kernprobleme ist die Dauerarbeitslosigkeit der Jugend. Dabei können die Volkswirtschaften der betroffenen Länder kein soziales Netz zur Verfügung stellen, welches die Situation lindern würde. Zusätzlich besteht auch kein rechtlicher Schutz, welcher eine Sicherung der Arbeitsplätze gegen willkürliche Kündigung gewährleisten könnte. Im Gegensatz zur sozialistischen Periode, welche durch Vollbeschäftigung gekennzeichnet war, stehen die jungen Arbeitssuchenden einem Arbeitsmarkt gegenüber, der durch starke Konkurrenz und durch schwindende Chancen für einen Arbeitsplatz charakterisiert wird. Dabei kommen besonders die ungelernten und nur mangelhaft ausgebildeten Menschen unter die Räder.

Die laufenden Restrukturationsmaßnahmen in den Volkswirtschaften haben die Nachfrage nach verschiedenen Fertigkeiten dramatisch reduziert. Viele Arbeitssuchende haben den Kampf aufgegeben und sind aus dem Markt ausgeschieden. Um die Arbeitslosigkeit, welche eines der Hauptübel der Region darstellt, wirksam zu bekämpfen, müssen an die Politik die folgenden Postulate gerichtet werden:

- der private Sektor und die Unternehmenskultur müssen gefördert werden
- die Flexibilität und die Mobilität auf dem Arbeitsmarkt müssen verbessert werden
- die rechtliche Absicherung der Arbeitenden muss gewährleistet werden
- die Ausbildung bzw. Fortbildung sollte gefördert werden
- es sollten Anreize für Unternehmensgründungen geschaffen werden
- die Arbeitsplatzvermittlung sollte reformiert werden.

All diese Forderungen entsprechen den strukturpolitischen Programmen der Europäischen Gemeinschaft.

4. Kulturprozesse

Es ist ein sehr schweres Unterfangen, alle Kulturprozesse zu erfassen, welche im Balkanraum vor sich gehen. Es gibt zu viele Ebenen, auf welchen sie stattfinden und es sind zu komplexe Vorgänge, welche wahrscheinlich erst im Rahmen von Untersuchungen späterer Historiker deutlich werden.

Um nur einige hervorzuheben: Die Globalisierung ist auch am Balkan nicht vorübergegangen. Internet, moderne Kommunikation und moderne Medien hinterlassen ihre Spuren und verändern traditionelle Strukturen wie Familie, Brauchtum und Religion. Dazu kommt noch, dass im Zuge der Auseinandersetzungen zwischen dem Islam und den Ansichten der westlichen Welt auch dieser Konflikt wieder verstärkt und heftig am Balkan ausgetragen wird. Die Ideologien des 19. Jahrhunderts, der Kampf des Christentums gegen die osmanische Unterdrückung sind wieder aus den Gräbern auferstanden.

Große Unterschiede bestehen auch zwischen den Menschen in Städten und solchen, welche noch in den traditionellen Familien- und Sippenstrukturen auf dem Land leben. Dort bestehen noch Wertvorstellungen und konservative Haltungen, welche der fragmentierten und entideoligisierten westlichen Gesellschaft fremd und auch archaisch erscheinen. Europa steht vielen dieser Vorstellungen ratlos gegenüber und versucht durch militärische Präsenz bzw. durch die Übernahme von Polizeiaufgaben Ruhe zu schaffen. Dass es unter der Oberfläche weiter gärt, ist inzwischen Allgemeinwissen.

Eine der großen Fragen des gesamten Balkanraums ist die Frage der Minderheiten und deren Verhältnis zum Nationalstaat. War unter der Herrschaft des Kommunismus die Minderheitenfrage in den meisten Fällen kein Thema, da man die Existenz von Minderheiten fallweise einfach geleugnet hat, so stellt sich die Lage in der postkommunistischen Gesellschaft weitaus komplizierter dar. In fast allen Staaten Ost- und Südosteuropas wurden Minderheiten rechtlich anerkannt und ihre Existenz nicht in Frage gestellt. Die EU hat mit ihrer Politik der Anerkennung das Ihre dazu beigetragen. Allerdings hat sich nunmehr ein anderes Problem ergeben, welches nicht minder gravierend geworden ist und gefährliche politische Auswirkungen zeigt. Das ist die Tatsache, dass zwar die Rechte der Minderheiten betont und gefördert werden, aber nicht die Rechte der Nationen und Nationalstaaten. Die ehemals zentralistischen Einheitsstaaten Mittel- und Osteuropas sind im Begriff, das Erbe des Totalitarismus zu überwinden und Staaten zu schaffen, die von Dezentralisierung, Regionalisierung und der Anerkennung der Rechte nationaler Minderheiten bestimmt sind. Dabei gerät die Idee der Anerkennung und der Glaube an den Gesamtstaat ins Hintertreffen. Jeder Staat bedarf jedoch, um seinen Bestand zu sichern, einer Staatsidee, eines Glaubens und einer Identifizierung seiner Bürger mit dem Gesamtstaat. Ist dies nicht der Fall, dann entstehen Spannungsfelder, wie sie in Mazedonien vorhanden sind, oder wie sie in der Frage des Verhältnisses zwischen Serbien und Montenegro zu Tage traten. Ganz krass manifestiert sich das Fehlen einer Staatsidee und einer Identifikation seiner Bürger mit dem Staat in den Konflikten im Kosovo und in Bosnien.

Positivere Auswirkungen für Integrationsprozesse kommen aus dem Bereich der Wirtschaft. Sie hat ja als Erste begonnen, Brücken zu schlagen und sie hat mit ihren Investitionen politische Prozesse beschleunigt. Europäische Banken waren unter den Pionieren einer de facto-Ostöffnung, lange, bevor Politiker Abkommen und Verträge formulieren konnten. Besonders die Bemühungen der Klein- und Mittelbetriebe konnten Verbindungen herstellen, die in Unternehmensgründungen und Joint Ventures mündeten. Jedoch verlangt der Investor nach politischer Stabilität, rechtlicher Absicherung und einer funktionierenden Verwaltung. Diese Parameter sind leider noch immer nicht in allen Teilen der Balkanregion vorhanden, obwohl in vielen Ländern bereits sehr gute Geschäfte gemacht werden. Es werden tatsächlich in vielen Bereichen, wie etwa der Kommunikationsindustrie oder im Dienstleistungsbereich, bessere Geschäfte gemacht als man glauben könnte. Die vielen nicht immer positiven Presseberichte über den Balkan haben ein etwas negatives Bild über die Region erzeugt.

Es bleibt zu hoffen, dass die Fünfte Erweiterung der Europäischen Union dazu beitragen wird, die Wirtschaft in den einzelnen Ländern noch mehr zu beleben und das derzeitige Wohlstandsgefälle abzubauen.

Einen nicht unwesentlichen Beitrag zur Integration einzelner Länder in das europäische Wirtschaftssystem leisten dabei die Gastarbeiternetzwerke. Viele Arbeiter und Angestellte, welche in europäischen Ländern gearbeitet haben, kehren wieder in ihre Heimat zurück und investieren dort ihre Ersparnisse. Viele von ihnen bringen dabei das Wissen ihres Berufes mit und tragen zu Unternehmensgründungen bei.

Ein herausragendes Merkmal der Balkanländer waren immer ihre multiethnischen und multikulturellen gesellschaftlichen Strukturen. Orthodoxe, Christen, Juden und Moslems haben lange Zeit friedlich zusammen gelebt, sei es als Bürger des Osmanischen Reiches oder der Habsburgermonarchie. Ab dem 19. Jahrhundert begannen die Vertreibungen, ethnische Säuberungen und Pogrome mit dem Ziel, homogene Nationalstaaten zu schaffen. Trotz zweier Weltkriege und des letzten furchtbaren Balkankonflikts der Neunzigerjahre des letzten Jahrhunderts wurden aber viele alte Kulturgrenzen nicht beseitigt.

Deutlich erkennbar am Balkan ist zum Beispiel das Erbe der Habsburger durch ihre Architektur und durch die Gestaltung von Städten und Dörfern oder das der osmanischen Periode durch ihre Moscheen und Brücken. Es erfolgten durch die Literatur des zwanzigsten Jahrhunderts Tausende von Bestandsaufnahmen vergangener Zeiten in Form von Büchern und Photos. Nach dem Ende des Kommunismus kam es sogar zu einem verstärkten Nostalgietourismus aus dem Westen, welcher vor allem von Deutschen und Österreichern bestimmt wurde. Aber auch die Nachfahren jener Juden aus USA und Israel, die im Holocaust umgekommen sind, bereisen die Stätten ihrer Vorfahren und besuchen die Moldauklöster, die Bukowina und Galizien. Auch der österreichische Rundfunk brachte vor kurzem eine Sendung, welche eine Bestandsaufnahme des Judentums am Balkan zum Inhalt hatte, und ihre Spuren bis ins Spanien des fünfzehnten Jahrhunderts zurückverfolgte.

Ein Dank gebührt hier der Österreich – Kooperation, welche den Studentenaustausch fördert, Deutsch-Lektoren und Übersetzungen fördert, und Stipendien und Wissenschafts-Partnerschaften vermittelt. Die Wiedererweckung Alt-Österreichs wird zwar sicherlich nicht wieder gelingen, dazu ist zu viel Zeit vergangen und dazu gab es zu viele Konflikte. Es wird aber vielleicht möglich sein, ein neues Bewusstsein einer gemeinsamen Vergangenheit zu erwecken, welches frei von bitteren Erinnerungen und von gegenseitigen Vorwürfen ist. Denken wir an

die gemeinsame Geschichte der norditalienischen Gebiete Südtirol, Friaul und
Triest, welche heute ohne böse Reminiszenzen sowohl von Italienern wie auch von
Österreichern als ein gemeinsames Geschichtserbe angesehen wird. Die Donau-
monarchie schwingt immer noch mit. Sie beansprucht aber nicht mehr das poli-
tische Parkett, sondern spielt sich im Bereich der Literatur, der Kunst und der
Musik ab.

Zum Schluss dieser Überlegungen ein Zitat des Baseler Historikers Jakob
Burckhardt, welches auch für die gegenwärtige Lage sehr treffend ist:

> Tödlich für Europa war immer nur eines – das erdrückende Machtmonopol eines Staa-
> tes, möge es von innen oder von außen kommen. Jede nivellierende Tendenz, sei sie poli-
> tisch, religiös oder sozial, ist für unseren Kontinent lebensgefährlich. Was uns bedroht,
> ist die Zwangseinheit, die Homogenisierung; was uns rettet, ist unsere Vielfalt.

Dieser Gedanke des 19. Jahrhunderts hat auch heute die gleiche Aktualität, sie hat
sogar nach dem Aufbruch Ost-Mitteleuropas noch an solcher gewonnen.

Typisch für unseren Kontinent Europa, zu dem immer auch der Balkan gehört
hat, sind die Einheit und die Vielfalt. Es kann nur eine Formel geben, welche ein
gedeihliches Zusammenleben unter der blauen Flagge mit den goldenen Sternen
gewährleistet. Nämlich so viel Autonomie für die Regionen wie möglich, so viel
Zentralgewalt wie nötig. Während der gesamteuropäische Integrationsprozess
vorangetrieben werden muss, sollen die Regionen gleichzeitig gestärkt werden,
um die Einigung für die Menschen akzeptabel zu machen. Ein Europa von oben,
eine Herrschaft der Brüsseler Bürokratie wird krisenanfällig sein, da ihm die Legitimierung von unten fehlt. Europa von unten hat nur eine Chance, wenn es den
Bedürfnissen der Menschen in Bildung, Kultur, Freiheit und sozialer Sicherheit
entgegenkommt. Jeder normale Arbeitnehmer sollte das Bewusstsein entwickeln,
dass es ihm ohne die Europäische Gemeinschaft schlechter ginge. Um dies umzusetzen, muss man die Menschen vor Ort beteiligen.

Es wird noch ein langer Weg sein, bis die Europäische Integration vollendet
ist. Denn der Nationalstaat hat ein zähes Leben und stirbt nur langsam.

Europäertum ist nicht nur eine Frage, wie man sich auf dem zukünftigen Bin-
nenmarkt zurechtfindet, sondern es bedeutet, Europa zu verstehen. Dieses Verstehen beinhaltet das Verständnis des Nachbarn mit seinen Eigenarten und sein
Anderssein als gleichwertig anzusehen. Darauf muss eine europäische Bildungspolitik hinarbeiten.

Für die meisten Staaten des Balkan wird die Rückkehr nach Europa noch
ein langer Prozess sein. Jedoch bin ich überzeugt, dass die neue Generation der

Jugend schon viel „europäischer" denkt und fühlt als ihre Väter und Großväter. Gesellschaftliche Veränderungsprozesse dauern eben sehr lange. Angesichts der komplexen Probleme der gesamten Region ist aber in manchen Bereichen schon Erstaunliches geleistet worden, wenn wir leider auch immer noch Gebiete vor uns sehen, in denen Hass und Misstrauen regieren.

Anna Hausmaninger

ETHNISCHE IDENTITÄT – EINE NOTWENDIGKEIT?

Slawische Muslime in einem westmakedonischen Dorf zwischen Zuweisung und Selbstwahrnehmung

Der folgende Beitrag befasst sich mit Fragen der Identität Makedonisch sprechender Musliminnen und Muslime - in der Literatur meist als Torbeschen (*torbeši*) bezeichnet - in einem westmakedonischen Dorf, in dem sie mit einer orthodoxen makedonischen Bevölkerung zusammenleben.[1] Danach zu fragen, wer die Torbeschen Makedoniens[2] sind, bedeutet, sich damit zu beschäftigen, wer diese Frage aufwirft und wer sie beantwortet.

Nach einigen theoretischen Überlegungen zur Erforschung von Gruppenidentitäten in Makedonien[3] wird der soziopolitische Kontext, in welchem sich ethnische Identitäten im untersuchten Dorf Brezovo[4] seit 1944 konstituieren, erläutert.

---

[1] Die Überlegungen basieren auf Forschungen, die im Rahmen des vom FWF (Fonds zur Förderung der wissenschaftlichen Forschung) finanzierten Projektes „Familienstrukturen und Nation – Makedonische Fallstudien" an der Abteilung für Geschichte des südöstlichen Europas der Uni Graz durchgeführt wurden.

[2] Aufgrund der besseren Lesbarkeit wird diese Gruppe der makedonischen Bevölkerung, deren Muttersprache Makedonisch ist, und die sich zum Islam bekennt, als Torbeschen bezeichnet, ohne damit eine politische Stellungnahme zu beabsichtigen (zur umstrittenen Bezeichnung vgl. unten). Im Hinblick auf die makedonische Bevölkerung folge ich der in der Literatur üblichen Bezeichnung „ethnische Makedonier" um zu signalisieren, dass der Begriff Makedonier auch alle StaatsbürgerInnen der Republik bezeichnen könnte. Um eine bessere Lesbarkeit zu erzielen, habe ich in diesem Artikel darauf verzichtet, die weiblichen Formen gesondert anzugeben, wenn es sich um Bevölkerungsgruppen handelt, und bitte die Leserin und den Leser, diese beim Lesen mitzudenken.

[3] Mit dem Begriff Makedonien beziehe ich mich in diesem Beitrag auf die FYROM (Former Yugoslav Republic of Macedonia).

[4] Um die Anonymität der befragten Personen zu wahren, wurde der Name des Dorfes durch die fiktive Bezeichnung Brezovo ersetzt.

Schließlich wird kritisch erörtert, inwiefern es zur Notwendigkeit wird, sich in einer Welt, in welcher Bevölkerungszahlen über das Schicksal von Menschen bestimmen, als zu einer ethnischen Gruppe zugehörig zu definieren. Abschließend wird die real wahrgenommene Differenz der beiden im Dorf lebenden Bevölkerungsgruppen, die sich neben der unterschiedlichen Religionszugehörigkeit auch in ihrem Migrationsverhalten unterscheiden, beschrieben.

Theoretische Überlegungen

Ich möchte zunächst auf ein grundsätzliches Problem aufmerksam machen, welches sich aus der Beschäftigung mit Identität und Differenz von Bevölkerungsgruppen in Makedonien ergibt. Maria Todorova weist darauf hin, dass der Balkan für Europa „als ein Müllplatz für negative Charakteristika gedient [hat], gegen den ein positives und selbstbeweihräucherndes Image des ‚europäischen Europäers' und des ‚Westens' konstruiert worden ist."[5] Ethnizität wurde daher nicht nur von lokalen nationalistischen Akteuren und Akteurinnen, sondern ebenso innerhalb eines europäischen Diskurses fundamentalisiert und pathologisiert. Auch Jane Cowan kritisiert etwa, dass das Bild, die jüngsten Kriege auf dem Boden des ehemaligen Jugoslawien seien Folge eines jahrhundertealten Hasses zwischen den Ethnien, nicht nur von politischen Akteurinnen und Akteuren der Region, welche ihre Macht auf diversen Nationalismen gründen, sondern auch von westlichen Journalistinnen und Journalisten gezeichnet wird.[6] Andererseits wird auch durch die endlose Wiederholung von Multikulturalitätsmetaphern in vielen wissenschaftlichen Arbeiten, die bemüht sind, die negative Konnotation des Begriffs „Ethnizität" zu überwinden oder auf die historische Konstruiertheit von Nationen und Ethnien hinzuweisen, die Essenzialität von Ethnizität immer wieder bestätigt.[7]

Was bedeuten nun diese Überlegungen für mich als Wissenschafterin, die sich mit dem Zusammenhang von Ethnizität, Familie und Migration in Makedonien beschäftigt, um u. a. einen Beitrag zum Verständnis gegenwärtiger Spannungen

---

5 Maria Todorova: *Die Erfindung des Balkans. Europas bequemes Vorurteil.* 1997, S. 267.
6 Keith Brown / Jane K. Cowan: *„Introduction. Macedonian Infections."* In: Keith Brown / Jane K. Cowan: *Macedonia. The Politics of Identity and Difference,* 2000, S. 6.
7 Vgl. ebd. S. 8 f.

zwischen den „Ethnien" zu leisten? Ist es möglich, der Falle zu entgehen, mit einem solchen Fokus Ethnizität weiter festzuschreiben?

Ich gehe davon aus, dass Identitäten zwar konstruiert sind, jedoch als „real existierend" wahrgenommen und erlebt werden. Es geht darum, einerseits Differenzen innerhalb von „Kollektiven" sowie die Prozesshaftigkeit von Identitätsbewusstsein zu analysieren, und andererseits die Bedeutung von Ethnizität als einen bestimmenden Faktor für die politische und ökonomische Situiertheit von Menschen herauszuarbeiten.

Georg Elwert, der bemüht ist, die Annahme, Ethnizität sei das natürliche Ordnungsprinzip von Menschen, die nicht in Nationen eingebunden sind, als Mythos zu entlarven, definiert ethnische Gruppen als „familienübergreifende und familienerfassende Gruppen, die sich selbst eine (auch exklusive) kollektive Identität zusprechen. Dabei sind die Zuschreibungskriterien, die die Außengrenze setzen, wandelbar. Sie beanspruchen jedoch Dominanz gegenüber anderen Zuordnungskriterien."[8] Im Folgenden wird der Frage nachgegangen, ob im Fall der Torbeschen Brezovos von einer kollektiven ethnischen Identität ausgegangen werden kann, wie eine solche definiert wird und unter welchen soziopolitischen Voraussetzungen sie sich konstituiert.[9]

Der Kontext

Das Dorf Brezovo, dessen Bewohnerinnen und Bewohner seit dem 20. Jahrhundert vor allem von der vorübergehenden Arbeitsmigration der männlichen Bevölkerung (*pečalba*) lebten, wird von Muslimen sowie von orthodoxen Christen bewohnt. Das demographische Verhältnis zwischen muslimischer und christlicher Bevölkerung im gesamten Gebiet Makedoniens blieb seit 1953 ungefähr gleich, wobei die muslimische Bevölkerung etwa ein Drittel der Gesamtbevölkerung ausmacht. Es handelt sich aber bei den Muslimen um keine homogene Gruppe: Etwa zwei Drittel der muslimischen Bevölkerung Makedoniens sind Albaner, weiters

---

8   Georg Elwert: *„Nationalismus und Ethnizität. Über die Bildung von Wir-Gruppen."* 1989, S. 447.
9   Zur Erforschung von Ethnizität in Südosteuropa vgl. Ulf Brunnbauer: *„Einleitung"*. In: Ulf Brunnbauer (Hg.): *Umstrittene Identitäten. Ethnizität und Nationalität in Südosteuropa.* S. 11–30.

setzt sich diese aus Türken, Roma und Torbeschen zusammen. Nathalie Clayer schätzt die Zahl der Torbeschen in den 1990er Jahren auf 70.000. In den offiziellen Bevölkerungszählungen wird diese Gruppe, die als Menschen mit makedonischer Muttersprache und muslimischer Religion definiert wird, nicht berücksichtigt. Die Mitglieder dieser Gruppe deklarieren sich als makedonisch, albanisch, türkisch, muslimisch, oder national unbestimmt.[10]

In Brezovo ergab sich nach dem Zensus von 1961 folgendes Bild: 86 % der im Dorf lebenden Menschen waren muslimisch und 14 % christlich-orthodox.[11] Die Gesamtheit der hier erfassten Muslime gehört der Gruppe der Torbeschen an.[12] Davon gaben 56 % „makedonisch" als nationale Zugehörigkeit an. Weiters ordneten sich 3 % der Kategorie „muslimisch", 16 % der Kategorie „albanisch" und 25 % der Kategorie „türkisch" zu. Zum gegenwärtigen Zeitpunkt sind die Detailergebnisse der Bevölkerungszählung aus dem Jahr 2002 nicht zugänglich, es liegen lediglich die Ergebnisse für die gesamte Gemeinde vor. Es ist daher noch nicht möglich, die Zensusergebnisse von 1961 und 2002 zu vergleichen. Durch Schätzungen lässt sich jedoch die Tendenz feststellen, dass, während 1961 über die Hälfte der Muslime die Kategorie „makedonisch" gewählt hatte, diese Option im Jahr 2002 neben der Nationalität „albanisch" und „türkisch" bzw. „andere" eine untergeordnete Rolle spielte.[13]

Was lässt sich nun durch den Vergleich der beiden Ergebnisse über die Ethnizität oder den Wandel des ethnischen Bewusstseins der Torbeschen aussagen? Sicher ist lediglich, dass sich seit der Bevölkerungszählung von 1961 etwas verändert hat. Was sich nicht feststellen lässt, ist, ob es die Machtverhältnisse waren und sind, die das jeweilige Ergebnis hervorgerufen haben, oder ob ein Wandel im kollektiven Bewusstsein der Makedonisch sprechenden Muslime stattgefunden hat. Zweifelsohne stehen die jeweiligen Machtverhältnisse in einem direkten Zusammenhang mit Gruppenbildungen. Dennoch ist davon auszugehen, dass, sich als makedonisch, albanisch, türkisch etc. zu deklarieren, nicht unbedingt

---

[10] Vgl. Nathalie Clayer: *„L'Islam, facteur des recompositions internes en Macédoine et au Kosovo."* 2001, S. 179.

[11] Im Zensus ist die Konfession der Bewohnerinnen und Bewohner des Dorfes nicht festgehalten. Aufgrund der muslimischen und christlichen Namen ließ sich diese Kategorie jedoch eruieren.

[12] Möglicherweise gibt es vereinzelte Ausnahmen, die mir jedoch nicht bekannt sind.

[13] Für die Ergebnisse des Zensus von 2002 bezogen auf die Gemeinden vgl. <http://www.stat.gov.mk/pdf/10–2003/2.1.3.30.pdf>

bedeutet, sich der jeweiligen Gruppe zugehörig zu fühlen. Nach der oben genannten Definition von Ethnizität ist aber gerade ein solches Bewusstsein notwendig, um überhaupt von einer ethnischen Gruppe sprechen zu können.

Die Stellung der ethnisch makedonischen Bevölkerung als *narod* in der sozialistischen Republik Makedonien könnte diese Kategorie attraktiver gemacht haben.[14] Der Nationsbildungsprozess der ethnisch makedonischen Bevölkerung stand in engem Zusammenhang mit der Gründung der Republik im Jahr 1944. Die Nation wurde vor allem über die neu kodierte Sprache, die neu gegründete Republik sowie die orthodoxe Kirche[15] definiert. Das führte dazu, dass sich die ethnisch makedonische Bevölkerung von vorneherein leichter mit der Republik identifizieren konnte, als etwa die vorwiegend muslimischen Albaner Makedoniens, die den Status einer *narodnost* hatten. Um das Nationalbewusstsein der ersteren zu stärken, wurden viele Schlüsselpositionen im Staatsapparat sowie in den neuen Staatsbetrieben mit ethnischen Makedoniern besetzt.

Zu diesen Anreizen, welche die Zugehörigkeit zum makedonischen *narod* bot, kam, dass die kommunistischen Behörden vor allem infolge des erstarkenden albanischen Nationalismus der 80er Jahre aktiv versuchten, unter der muslimischen Bevölkerung mit makedonischer Muttersprache das Bewusstsein zu schaffen, Teil der makedonischen Nation zu sein. Man beabsichtigte damit den Trend unter der muslimischen Bevölkerung zu bremsen, sich als albanisch zu deklarieren.[16]

---

14   Nach dem Nationalitätenprinzip des kommunistischen Jugoslawien wurde zwischen drei Kategorien unterschieden: 1) Unter die Bezeichnung „narod" fielen die sechs Nationen der Serben, Kroaten, Slowenen, Makedonier, Montenegriner und Muslime. Diese waren einer Republik innerhalb Jugoslawiens zugeordnet. 2) Die zweite Kategorie der „narodnosti" war mit einer Reihe von kulturellen Rechten ausgestattet. Diese „Nationalitäten" hatten einen Bezugsstaat außerhalb der Grenzen des ehemaligen Jugoslawien. Unter diese Kategorie fielen etwa Ungarn und Albaner. 3) Zuletzt gab es noch die Kategorie „andere Nationalitäten und ethnische Minderheiten" wie etwa Roma, Türken, Vlachen, etc.

15   Eine eigenständige makedonische orthodoxe Kirche wurde 1958 mit Unterstützung der kommunistischen Partei gegründet. Zur Vorgeschichte dieser interessanten Neugründung einer Kirche durch eine kommunistische Partei vgl. Stephen E. Palmer und Robert R. King: *Yugoslav Communism and the Macedonian Question.* 1971, S. 165 ff.

16   1981 wurde ein wissenschaftliches Kolloquium zum Thema „Muslime mit makedonischer Sprache" in Gostivar organisiert. Muslioski Redžo sprach 1983 während einer Diskussion des Zentralkomitees der kommunistischen Partei Makedoniens sogar vom „nationalen Erwachen" der makedonischen Muslime. In der Folge kam es zu einer Reihe von

Heute, in der Phase der Transition und der Krise der staatlichen Industrie, in welcher es häufig Albaner sind, die private Kleinunternehmen besitzen und mit im Ausland erwirtschaftetem Geld ehemalige staatliche Betriebe aufkaufen, hat die Zugehörigkeit zu dieser Gruppe an Attraktivität gewonnen. Bei der Arbeitssuche etwa spielt die nationale Zugehörigkeit eine wichtige Rolle. Im „demographischen Zahlenstreit" zwischen der albanischen und ethnisch makedonischen Elite werden den Dorfbewohnerinnen und Dorfbewohnern von beiden Seiten Versprechungen bzw. Angebote gemacht – sei das nun der Bau eines Fußballstadions oder die Zusicherung bestimmter politischer Positionen. Die politische Krise im Jahr 2001, in der es zu Auseinandersetzungen zwischen albanischen Freischärlern und den makedonischen Sicherheitskräften gekommen war, und die damit verbundene Kriegsangst kann ebenfalls als ein möglicher Entscheidungsfaktor genannt werden.

Im Friedensabkommen von Ohrid[17], welches diesen militärischen Konflikt beendete, wurde, trotz der Bemühungen, ethnische und nationale Begriffe durch zivilstaatliche zu ersetzen, Ethnizität in hohem Maße institutionalisiert. Das heißt, Menschen werden als Angehörige ethnischer Gruppen in diversen Staatsinstitutionen repräsentiert.[18] Die Frage nach der ethnischen Identität der Torbeschen wird also bereits durch die Verfassung gestellt. Die jeweilige Antwort hat zur Folge, Teil der Mehrheitsbevölkerung, Teil einer „Gemeinschaft mit einem Anteil von mehr als 20 % an der Gesamtbevölkerung"[19] bzw. Teil einer anderen Gemeinschaft, „die nicht der Mehrheit angehört", zu sein.[20]

Publikationen, welche die Zugehörigkeit der makedonischen Muslime zur makedonischen Nation darstellen. Vgl. Nathalie Clayer: *L'Islam, facteur des recompositions internes en Macédoine et au Kosovo.* 2001, S. 185.

[17] Zum Friedensabkommen von Ohrid vgl. z. B. Ulf Brunnbauer *„Doch ein historischer Kompromiss? Perspektiven und Probleme der Verfassungsreform in Makedonien."* (2001) S. 346–368.

[18] Florian Bieber: *„Institutionalizing Ethnicity in the Western Balkans. Managing Change in Deeply Divided Societies."* 2004; Jenny Engström: *„Multi-ethnicity or Bi-nationalism? The Framework Agreement and the Future of the Macedonian State."* 2002.

[19] Eine Reihe von Zugeständnissen wurde im Abkommen an Gemeinschaften mit einem Bevölkerungsanteil von über 20 % gemacht. Die Bestimmungen betreffen die albanische Gemeinschaft Makedoniens, die als die Einzige einen Anteil von über 20 % an der Gesamtbevölkerung aufweist.

[20] Vgl. Framework Agreement <http://www.president.gov.mk/eng/info/dogovor.htm> (18.05.2004).

Die Entscheidung für die eine oder andere Zensuskategorie kann also aus politischen oder wirtschaftlichen Gründen erfolgen und sagt unter Umständen nichts über das tatsächliche Gruppenbewusstsein der Torbeschen aus. Diese haben mit beiden großen Gruppen, d. h. der albanischen und ethnisch makedonischen, etwas gemeinsam. – So wie natürlich alle Gruppen, d. h. auch die albanische und ethnisch makedonische Bevölkerung viele Gemeinsamkeiten aufweisen, wobei es wichtig ist, darauf bedacht zu sein, nicht aus der Perspektive von 2004 die Unterschiede mehr zu betonen als die Gemeinsamkeiten. – Zunächst teilt die Torbeschenbevölkerung mit der albanischen Bevölkerung die Zugehörigkeit zum Islam. Wenngleich der albanische Nationalismus in Makedonien in hohem Ausmaß von der nationalen und stark links orientierten Studentenbewegung der 1980er Jahre in Prishtina geprägt wurde, in welcher Religion keine dominante Rolle spielte, kommt dem Islam neben der Sprache eine wichtige Funktion bei der Abgrenzung zur orthodox-makedonischen Mehrheitsbevölkerung zu. – Die orthodoxen Albaner haben sich zum Großteil an die ethnisch makedonische Mehrheitsbevölkerung assimiliert, und die junge Generation spricht kein Albanisch mehr.[21]

Neben der Religion teilen die Torbeschen des Dorfes mit der albanischen Bevölkerung die Ehrfahrung der Arbeitsmigration in sozialistischer Zeit und danach. Damit im Zusammenhang steht, dass die beiden Gruppen in Gesamtmakedonien einen starken Anteil an Landbevölkerung aufweisen. Die kulturellen Unterschiede zwischen Land- und Stadtbevölkerung waren im ehemaligen Jugoslawien für die Menschen mitunter oft stärker spürbar, als die kulturellen Unterschiede zwischen Ethnien bzw. Religionsgemeinschaften.

Mit den orthodoxen Makedoniern teilen die Torbeschen die Sprache, weiters prägt sie eine lange Kontinuität des Zusammenlebens im Dorf. Es gibt also innerhalb des Dorfes einerseits zwei durch die Religion markierte kulturelle Gemeinschaften, die sich in Abgrenzung zueinander definieren, andererseits gibt es jedoch auch ein Bewusstsein, Teil einer beide Gruppen umfassenden Dorfgemeinschaft zu sein. Welche dieser Gemeinsamkeiten werden nun als relevant erachtet?

---

[21]   Vgl. Nathalie Clayer: *„L'Islam, facteur des recompositions internes en Macédoine et au Kosovo."* 2001, S. 177.

Zur Konstruktion ethnischer Identität

Im Folgenden fasse ich drei Positionen zur Identität der Torbeschen zusammen, die sich im Laufe eines dreimonatigen Feldforschungsaufenthaltes im Jahr 2003 als die am meisten vertretenen herauskristallisierten: Wenn ich mit Menschen der Region über meine Arbeit im Dorf Brezovo sprach, waren die häufigsten Reaktionen von orthodoxen Makedoniern, dass es sich bei der Torbeschenbevölkerung eigentlich um [ethnische] Makedonierinnen und Makedonier handle, die in osmanischer Zeit gezwungen wurden, zum Islam überzutreten oder aus mangelndem Patriotismus bzw. aus Eigennutz freiwillig übergetreten sind. Wichtig ist, darauf hinzuweisen, dass diese Meinung von Menschen vertreten wurde, die nicht im Dorf selbst, sondern in den nahe gelegenen städtischen Zentren wohnen. Es wird hier deutlich, dass man die Torbeschen zwar einerseits für die eigene Gruppe beansprucht, aber sie aufgrund ihrer Religion dennoch nicht vorbehaltlos als makedonisch akzeptieren will. Sie bleiben in den Augen der ethnischen Makedonier nur „eigentliche" Makedonier, denn die „echte" makedonische Bevölkerung ist orthodox.

Seitens der albanischen Bevölkerung wird behauptet, die Torbeschen seien albanisch und hätten sich aus Eigennutz bzw. aufgrund der Diskriminierungspolitik des kommunistischen Regimes assimiliert. Doch auch in Gesprächen mit einflussreichen Personen aus einem benachbarten albanischen Dorf wurde klar, dass Albaner, die Makedonisch sprechen, zwar willkommen sind, solange der Anteil der albanischen Bevölkerung in den Gemeinden dadurch steigt, dass man den Umstand einer Makedonisch sprechenden albanischen Minderheit mit den eigenen Vorstellungen einer albanischen Nation dennoch nicht ohne weiteres in Einklang bringen kann.

Den Torbeschen wird sowohl von albanischer als auch von ethnisch makedonischer Seite der Vorwurf gemacht, nicht zu wissen, wer sie seien bzw. es sich zu richten, wie es ihnen gerade passen würde. Während Albaner sowie ethnische Makedonier mich sehr häufig von ihrer Position darüber, wer die Torbeschenbevölkerung nun wirklich sei, zu überzeugen versuchten, war es im Dorf lediglich die politische oder kulturelle Elite, die versuchte, eine bestimmte Position als die richtige darzustellen. Viele Menschen im Dorf hatten keine eindeutige Position. Dennoch deutet vieles - etwa die geringe Zahl an interethnischen Eheschließungen oder häufige Hinweise auf Bräuche und kulturelle Eigenheiten, die sich von denen der anderen Gruppen unterscheiden - auf ein eigenständiges kollektives

Bewusstsein hin. Die Antwort auf die Frage „wer seid ihr?", scheint jedoch nicht in einem Mythos über eine gemeinsame Abstammung und ein gemeinsames Blut zu liegen. Vielmehr ist das Identitätsbewusstsein durch eine gemeinsame kulturelle Praxis, in welcher Religion eine zentrale Rolle spielt, und gemeinsame Erfahrungen – und zwar teilweise auch mit anderen Gruppen, wie etwa mit der albanischen und orthodox-makedonischen geteilte – begründet.

Es zeigt sich, dass dieses Konzept in einer Situation, in der sich die Nationalismen der anderen Gruppen zuspitzen, nur schwer standhält. Der Druck von außen führt bei vielen Menschen zu einer Identitätskrise, und eine klare Definition der eigenen Identität scheint notwendig. Die kulturelle und politische Elite des Dorfes beantwortet die für viele Muslime als bedrohlich wahrgenommene Frage „wer seid ihr eigentlich?" mit drei unterschiedlichen Konzepten:[22]

Das erste entspricht der Variante, die von vielen orthodoxen Makedoniern vertreten wird: Es geht davon aus, dass die Sprache für die nationale Zugehörigkeit bestimmend ist. Die Torbeschen sind danach zuerst Angehörige der makedonischen Nation. - Die Religion ist zweitrangig. Die Vertreter dieses Konzeptes haben meist ein positives Bild von der kommunistischen Vergangenheit. Das zweite Konzept entspricht der Version, die von vielen Albanern vertreten wird, und hebt den Islam als wichtiges identitätsstiftendes Merkmal hervor. Vertreter und Vertreterinnen dieses Konzepts stehen der kommunistischen Zeit meist kritisch gegenüber. Es wäre interessant zu untersuchen, inwiefern Kontakte zwischen den beiden Gruppen im Ausland dafür von Bedeutung sind. Die Vertreter der beiden Konzepte berufen sich entweder auf einen assimilierten albanischen Bevölkerungsanteil oder auf eine zum Islam übergetretene slawische Bevölkerung des Dorfes.[23] Die dritte Identitätsdefinition beruft sich auf eine eigenständige Geschichte der Torbeschen und versucht, einen eigenen Ursprungsmythos zu entwerfen. Die Vertreter dieser Definition sind u. a. von den nationalen Konzepten der bosnischen Muslime beeinflusst. So wird eine Geschichte konstruiert, welche die Makedonisch sprechenden Muslime schon vor ihrer Konvertierung

---

22 Gespräche wurden mit dem Bürgermeister, mit Dorflehrern, einem Hodža und weiteren einflussreichen Personen geführt.

23 Laut dem Ethnologen Jovan F. Trifunoski setzen sich die Torbeschen Brezovos einerseits aus ansässigen und aus den Regionen Debar und „Goli Brda" zugewanderten „Torbeschen" bzw. andererseits aus zugewanderten und assimilierten albanischen Familien zusammen. Vgl. Jovan F. Trifunoski: *Ohridsko-Struška oblast. Antropogeografska proučavanja,* 1992, S. 194.

zum Islam als eine eigene Gemeinschaft, nämlich als Angehörige der christlichen Bogumilen[24], erscheinen lässt.

Der unabgeschlossene Prozess der ethnischen Formierung spiegelt sich auch in den Unsicherheiten über die Bedeutung des Namens wider: Während für die einen der Name „Torbeschen" ein Schimpfwort ist, mit dem sie sich nicht identifizieren wollen, sehen die anderen gerade in dieser Bezeichnung den Hinweis auf ihre Herkunft, auf eine eigene Geschichte, eine eigene Identität. Die Interpretationen, von denen hier nur drei erwähnt werden sollen, sind sehr unterschiedlich:

Ein einflussreicher Dorfbewohner deutet den Namen folgendermaßen: Die Torbeschen seien die ersten Christen in der Gegend gewesen, die ihre eigenen Bräuche und Sitten pflegten. Als später Kyril und Method das Christentum in der Gegend verbreiteten, zeigte sich, dass es große Unterschiede zum alten christlichen Glauben gab. Im 10. Jahrhundert seien die Anhänger und Anhängerinnen des altchristlichen Glaubens auf Anordnung der oströmischen Führung in unwegsame, bergige Gebiete wie etwa Golo Brdo, Gora, Pindos-, Rila- und Rhodopengebirge, Sandschak und manche weiter bis ins heutige Bosnien vertrieben worden. Die Vertriebenen hätten das Recht gehabt, eine Tasche (auf Makedonisch *torba*) mit Speis und Trank mitzunehmen. Deshalb bezeichne man sie bis heute als Torbeschen.[25] Ein Hodscha aus dem Dorf erklärte, dass „Torbesch" auf Türkisch „der fünfte Enkel" bedeute. Die Torbeschen wären von den Osmanen so bezeichnet worden. Der erste Enkel seien die bosnischen Muslime und die Muslime im Sandschak gewesen, der zweite die Goranci[26], der dritte die Pomaken[27], der vierte die Muslime Griechenlands und der fünfte schließlich die Torbeschen. Sie alle seien Bogumilen gewesen, bevor sie zum Islam übergetreten sind. Der Informant meinte, dass man in der kommunistischen Zeit versuchte, der Bezeichnung eine

---

[24] Der Name Bogumilen geht auf einen bulgarischen Dorfpriester namens Bogumil zurück. Er lebte im 10. Jh. und verkündete einen gemäßigten religiösen Dualismus. Der Bogumilismus verbreitete sich in Bulgarien, dann im byzantinischen Kaiserreich, in den anderen Balkanländern und in Russland. Die Anhänger gerieten oft in Konflikt mit der Großkirche und dem Staat.

[25] Vgl. Demiš Demišoski: *„I nie torbešite sme potomci na pelazgite"*. Makedonsko Sonce 18.08.2000., S. 24 f.

[26] Als Goranci werden die makedonischsprachigen Muslime, die auf dem Gebiet Gora in Makedonien, Albanien und dem Kosovo leben, bezeichnet.

[27] Die Pomaken sind eine bulgarischsprachige muslimische Bevölkerungsgruppe, die vor allem im an der bulgarisch-griechischen Grenze gelegenen Gebirge der Rhodopen siedelt.

negative Konnotation zu verleihen. Eine andere Version, die mir ein ethnischer Makedonier[28] anvertraute, lautet: Die Torbeschen hießen Torbeschen, weil sie in ihrer Tasche (*torba*) alles mitnahmen, wofür sie keine Steuern zahlen wollten.

In den beiden ersten Varianten wird der Bezug der eigenen Gruppe zu den Slawisch sprechenden Muslimen der gesamten Balkanregion deutlich. In den Interviews sprechen die Informanten an, dass sich leider viele Torbeschen schämen, sich als solche zu bezeichnen. Einer von ihnen schreibt dazu in einem Zeitungsartikel: „Ich habe das Gefühl, dass wir Torbeschen als minderwertige Leute angesehen werden und so benehmen sich auch alle uns gegenüber."[29] Die dritte Interpretation bezieht sich auf das oben erwähnte Argument, dass die Torbeschen aufgrund der steuerlichen Begünstigungen der Muslime im Osmanischen Reich zum Islam übergetreten wären. Die offizielle Bezeichnung „Makedonische Muslime" macht das Ziel deutlich, diesen Bevölkerungsteil in die eigene Nation zu integrieren.

Migration und Identität

Dass die Zugehörigkeit zu einer bestimmten Gruppe nicht nur eine theoretische Angelegenheit ist, wird bei der Betrachtung der konkreten Lebenssituation der Menschen im Dorf deutlich: Das Dorf Brezovo ist an einem Hang gelegen. Die vielen Neubauten sind daher dicht aneinander gereiht und es ist tatsächlich beeindruckend, durch die engen Häuserschluchten zu spazieren. Besitzer dieser imposanten, bis zu fünfstöckigen Häuser sind Torbeschen, die das im Ausland erwirtschaftete Geld zur Schau stellen. An zentraler Stelle befindet sich auch die neue Moschee, der Stolz vieler Dorfbewohnerinnen und Dorfbewohner. Sie wurde durch Spenden der im Ausland arbeitenden Bevölkerung errichtet und ist weithin von der Ebene aus sichtbar. Geht man weiter hinauf ins christliche Dorfviertel, ändert sich das Bild: Die Häuser sind hier älter und vielfach dem Verfall preisgegeben. Was hier sichtbar wird, ist eine Entwicklung, die sich in großen Teilen Makedoniens beobachten lässt: In der Zeit des kommunistischen Jugoslawiens hat ein Differenzierungsprozess zwischen muslimischer und christlich-

---

28 Der Informant kommt nicht aus dem Dorf und lebt in Österreich.
29 Vgl. Demiš Demišoski: „*I nie torbešite sme potomci na pelazgite*". Makedonsko Sonce 18.08.2000, S. 24.

orthodoxer Bevölkerung stattgefunden, der u. a. zur Entwicklung unterschiedlichen Migrationsverhaltens führte:

Viele orthodoxe Makedonier zogen im Zuge der Modernisierung und Urbanisierung vom Land in die Stadt, dagegen sah ein Teil der muslimischen Bevölkerung in der vorübergehenden Arbeitsmigration ins Ausland, aber auch in andere Republiken des ehemaligen Jugoslawiens eine Perspektive, die Existenz ihrer Familien in den Dörfern zu sichern. Ihr Lebensmittelpunkt blieb also sehr oft auf dem Land.

Es muss betont werden, dass es sich hier um die Beschreibung einer Tendenz handelt, welche etwa die seit Generationen in den Städten lebenden Muslime nicht berücksichtigt. Dennoch liegt in diesen unterschiedlichen Entwicklungen einer der Gründe für die kulturelle Differenzierung zwischen der makedonisch-orthodoxen Mehrheitsbevölkerung und den muslimischen Minderheiten. So entwickelten etwa die in die städtischen Zentren zugewanderten Generationen sehr rasch eine eigene „Stadtkultur", und grenzten sich von der auf dem Land verbleibenden Bevölkerung ab. Im gegenwärtigen Konflikt liegt in der aus dieser unterschiedlichen Entwicklung resultierenden ungleichen Ressourcenverteilung ausreichend Zündstoff: Die orthodox-makedonische Bevölkerung, die seinerzeit am meisten von den kommunistischen Modernisierungsbestrebungen und den neuen Möglichkeiten der Erwerbsarbeit in den staatlichen Betrieben profitiert hatte, leidet heute am stärksten unter der Wirtschaftskrise. Dagegen lebt ein Teil der muslimischen Bevölkerung dank Überweisungen von im Ausland lebenden Familienangehörigen bzw. eigener Ersparnisse oder ausländischer Pensionen heute in relativem Wohlstand.[30] Die Emotionen, die das Thema hervorruft, lassen sich mit einer Aussage eines muslimischen Interviewpartners verdeutlichen: „Damals hat meine Mutter geweint, weil ich ins Ausland musste, heute weinen ihre [orthodoxen; A.H.] Mütter, weil sie kein Geld haben." Die Mutter fungiert hier gleichsam als ein Symbol für die Situation der jeweiligen Gemeinschaft. Es wird deutlich, wie soziale und ökonomische Unterschiede das Gruppenbewusstsein unterstreichen.

Bei genauerer Betrachtung des Dorfes fällt jedoch auf, dass die alten Häuser im christlichen Viertel von vergangenem Reichtum erzählen. In der Zwischenkriegszeit haben viele christliche Männer als Arbeitsmigranten v. a. in Belgrad gearbeitet, wo sie im Gastgewerbe tätig waren. Damals wie heute spielte das Haus

---

[30] Vgl. ESI: *„Ahmet's Village. The Political Economy of Interethnic Relations in Macedonia."* 2003.

als Symbol von Heimat für die Migranten eine wichtige Rolle. In vieler Hinsicht kann man also von einem ähnlichen aber zeitlich verschobenen Entwicklungsprozess der beiden Bevölkerungsgruppen sprechen.

Dies zeigt sich auch im veränderten Migrationsverhalten der muslimischen Dorfgemeinschaft während der letzten zehn Jahre: Die vorübergehende Arbeitsmigration von Männern wird zunehmend von der dauerhaften Emigration abgelöst. Ein Gesprächspartner aus dem Dorf hat diese Tatsache folgendermaßen kommentiert: „Gut für die Familie. Schlecht für unser Volk." Aus eigener Erfahrung und aus der kollektiven Erfahrung einer Dorfgemeinschaft, die über ein Jahrhundert von der Arbeitsmigration lebte, weiß der Informant, welche Herausforderung die Abwesenheit von Ehemännern und Vätern für die Familien darstellt. Er selbst möchte bei seinem nächsten Arbeitsaufenthalt in Italien seine Frau und seinen Sohn nicht mehr alleine zurücklassen. Andererseits weiß er, dass die muslimische Gemeinschaft des Dorfes - und auf diese dürfte sich der Begriff „unser Volk" beziehen - durch die Abwanderung der jungen Generation „gefährdet" ist: Viele Menschen werden, sobald ihre Kinder im Ausland aufwachsen, nicht mehr ins Dorf zurückkehren. Die Folgen dieses Prozesses lassen sich erahnen, wenn man die verbleibende christliche Gemeinschaft des Dorfes betrachtet, in der die zurückgebliebenen „älteren" Menschen den „guten Zeiten" nachtrauern, in der es noch junge Menschen im christlichen Dorfviertel gab.

Es gibt allerdings nicht nur getrennte, sondern auch geteilte Migrationserfahrungen. In der Zwischenkriegszeit arbeitete ein Teil der christlichen und muslimischen Dorfbewohner gemeinsam in den städtischen Zentren Makedoniens. Hat also das unterschiedliche Migrationsverhalten auf der einen Seite zu einer Differenzierung der Gruppen beigetragen, gibt es auf der anderen Seite gemeinsame Erfahrungen und vor allem gemeinsame Erzählungen über Migration, die als Plage des Dorfes verflucht und als Lebensquell gepriesen wird.

Schlussfolgerung

Die scheinbar eindeutigen Ergebnisse von Bevölkerungzählungen, in welchen die nationale bzw. ethnische Identität von Menschen festgeschrieben wird, können keinen eindeutigen Aufschluss über das tatsächliche ethnische Gruppenbewusstsein von Menschen geben. Die Entscheidung für die eine oder andere Zensuskategorie, ist oft von pragmatischen Gesichtspunkten abhängig, und kollektive Identitäten sind kontextbezogen: Die Grenzziehung zwischen dem „Wir" und dem „Anderen" in den Erzählungen der Menschen über das gegenwärtige und vergangene Leben sind im Dorf Brezovo nicht immer notwendig. Werden ein Mal Differenzen betont, bezieht man sich das andere Mal auf kollektive Erfahrungen der Dorfgemeinschaft. Dagegen machen Bevölkerungszählungen, staatliche Institutionen und der Druck von außen das Bekenntnis zu einer ethnischen Identität sehr oft zur Notwendigkeit.

Literaturangaben

BIEBER, Florian: (Februar 2004): *„Institutionalizing Ethnicity in the Western Balkans. Managing Change in Deeply Divided Societies."* <http://www.ecmi.de/doc/download/working_paper_19.pdf> (31.03.04).

BRUNNBAUER, Ulf: *„Doch ein historischer Kompromiß? Perspektiven und Probleme der Verfassungsreform in Makedonien."* In: Südosteuropa. Zeitschrift für Gegenwartsforschung 50 (2001) S. 346–368.

BRUNNBAUER, Ulf: Umstrittene Identitäten. Ethnizität und Nationalität in Südosteuropa. Frankfurt am Main [usw.]: Peter Lang 2002.

CLAYER, Nathalie: *„L'Islam, facteur des recompositions internes en Macédoine et au Kosovo."* In: BOUGAREL, Xavier; CLAYER, Nathalie (Hrsg.): *Le nouvel islam balkanique. Les musulmans, actuers du post-communisme (1990–2000).* Paris: Maisonneuve et Larose 2001, S. 177–240.

COWAN, K. Jane; BROWN, K. S.: *„Introduction. Macedonian Infections."* In: *Macedonia. The Politics of Identity and Difference,* London: Pluto Press 2000, S. 1–27.

ELWERT, Georg: *„Nationalismus und Ethnizität. Über die Bildung von Wir-Gruppen."* In: Kölner Zeitschrift für Soziologie und Sozialpsychologie 3 (1989), S. 440–464.

ENGSTRÖM, Jenny (2002): *„Multi-ethnicity or Bi-nationalism? The Framework Agreement and the Future of the Macedonian State."* <http://www.ecmi.de/jemie/download/Focus1-2002Engstrom.pdf> (31.04.04).

ESI (Dezember 2003): *„Ahmeti's Village. The Political Economy of Interethnic Relations in Macedonia."* <http://www.esiweb.org/pdf/esi_document_id_36.pdf> (14.01.2004).

PALMER, Stephen E. Jr; KING, Robert R.: Yugoslav Communism and the Macedonian Question. Hamden: Archon Books 1971.

TODOROVA, Maria: *Die Erfindung des Balkans. Europas bequemes Vorurteil,* Darmstadt: Primus Verlag 1999.

TRIFUNOSKI, Jovan F.: *Ohridsko-Struška oblast. Antropogeografska proučavanja* (Das Gebiet von Ohrid-Struga. Anthropo-geographische Studie). Belgrad: Srpska Akademija Nauka i Umetnosti 1992.

MARIANA MOCANU

IT IN RUMÄNIEN. FACHKRÄFTE NACH BEDARF

Bericht über ein internationales Postgraduierten-Programm

Strategische Entscheidungen

Auch Rumänien entwickelt sich zu einer Informationsgesellschaft. In diesem Zusammenhang ist die Aus- und Weiterbildung von geeigneten Fachkräften von außerordentlicher Bedeutung. Im ganzen Land gibt es über 52 staatliche oder staatlich anerkannte Privathochschulen mit Universitätsrang. In allen größeren Städten – hierzulande gibt es acht Städte mit über 300.000 Einwohnern – finden sich Hochschulen mit Studiengängen und Lehrveranstaltungen in den verschiedensten Informations- und Kommunikationstechnologien (IT). Die Absolventen dieser Studiengänge kommen verhältnismäßig leicht in den Beruf und sie finden auch Beschäftigungsmöglichkeiten in anderen Ländern wie Deutschland, Frankreich, England, USA und Kanada. Nicht wenige schneiden im Wettbewerb mit Kandidaten aus anderen Ländern in internationalen Ausschreibungen erheblich gut ab. Ist dies der Beweis für eine gute Ausbildung? Richtet sich das Studium an unseren Hochschulen nach dem Bedarf der Wirtschaft und Gesellschaft? – Dies sind grundsätzliche Fragen, die wir bei der Planung von neuen Studiengängen, insbesondere im postgraduierten Bereich berücksichtigen müssen. Dabei sind wir gut beraten, wenn wir zugleich die EU-Richtlinien von Bologna beachten.

Seit Jahren wird in Rumänien darüber diskutiert, ob das Erziehungsministerium oder die Hochschule alleine über die Struktur der Studiengänge entscheiden soll, oder ob sie sich nach dem Markt orientieren sollen. Manche vertreten die Meinung, dass die Universitäten als Träger von Wissenschaft und Forschung am besten entscheiden können, welche Kenntnisse wichtig und zukunftsträchtig sind, unabhängig von der Zusammenarbeit mit dem Staat oder dem einen oder anderen Unternehmen der Wirtschaft. Damit könnte man das wissenschaftliche

Niveau halten und langfristig gute Fach- und Führungskräfte dem Land zur Verfügung stellen. Andere sind der Auffassung, dass sich auch die Universitäten und Hochschulen nach der Marktnachfrage an Fach- und Führungskräften richten müssen; damit könnte man auch das ewige Budgetproblem der Hochschulen einigermaßen lösen.

Ausbildungspartnerschaften zwischen Hochschule und Wirtschaft

Die Politechnische Hochschule in Bukarest (Universitatea POLITEHNICA din Bucureşti) ist mit rund 18.000 Studenten die größte technische Hochschule in Rumänien. Sie hat eine hundertjährige Geschichte. 1882 wurden hier die ersten Bau- und Maschinenbauingenieure ausgebildet. Inzwischen gibt es 12 Fakultäten, in denen alle technischen und eine Reihe von wirtschaftlichen Studiengängen (darunter auch fremdsprachige mit englisch, französisch und deutsch) angeboten werden, nicht zuletzt auch in verschiedenen Informations- und Kommunikationstechnologien. Es gibt das traditionelle Studium im Informatikbereich, in Elektronik, Kommunikationswissenschaften mit dem Abschluss der ersten Diplomprüfung, aber auch insbesondere interdisziplinär in Aufbau- und Ergänzungstudien verschiedener Aufbaustudien, die nicht nur die Vertiefung auf eigenem Gebiete anbieten, sondern sich auch interdisziplinär entfalten.

Zu der interdisziplinären Ausbildung gehört auch das vor drei Jahren entwickelte Postgraduierten Programm „Integrierte Informationssysteme", das von der Politechnischen Universität Bukarest zusammen mit einem schweizerischen Consulting-Unternehmen als so genannter „business integrator" und mit einem großen deutschen Handelsunternehmen der Lebensmittelbrache, das dafür Praktikantenplätze in Deutschland zur Verfügung stellte, getragen wird. Voraussetzung für die Teilnahme an diesem Programm war, dass die Teilnehmer über einen anerkannten Hochschulabschluss in Informatik, Wirtschaftsinformatik, Betriebswirtschaft mit Informatik oder auch verwandter technischer Studiengänge sowie über gute Fremdsprachenkenntnisse in Deutsch und Englisch verfügen.

Die Ziele dieser beruflichen Weiterbildung wurden von Anfang an festgelegt: Nach dem Abschluss der dreijährigen Ausbildung müssen die Absolventen in der Lage sein, eine Führungsposition, als voll qualifizierter SAP-Berater (für Zwecke der innerbetrieblichen Organisation), als Teilprojektleiter, Projektleiter oder Teamleiter zu übernehmen. Neben der erforderlichen Fachkompetenz müssen sie über soziale Kompetenzen und andere Fähigkeiten und Fertigkeiten verfügen, wie z. B. in der Präsentation oder in der Verhandlungsführung. Diese Ziele werden in jedem Ausbildungsjahr verfeinert und nach entsprechenden Bewertungskriterien überprüft.

Ablauf und Inhalt der Ausbildung

Entscheidend für den Erfolg dieser Ausbildung war die Festlegung der Inhalte für jedes Ausbildungsjahr. Das Curriculum wurde von den Partnern gemeinsam erstellt. Der Grundgedanke war die Verbindung von Theorie und Praxis in internationaler Zusammenarbeit. So entstanden folgende Inhalte in den vorgesehenen drei Ausbildungsjahren:

Erstes Ausbildungsjahr

1. Modul: Persönliche Grundlagen
– Deutsche Sprache (mindestens in der Mittelstufe 2)
– Persönliche und soziale Fähigkeiten (z. B. im Selbstmanagement, Kommunikation und Team-Arbeit, Grundlagen des Projekt-Managements, Zeit-Management, Problemlösung)
– Techniken und Instrumente der persönlichen und beruflichen Präsentation

2. Modul: Theoretische Fortbildung
– Grundlagen der Betriebswirtschaft und Buchhaltung
– Begriffe der Systemtheorie
– Enterprise Ressource Planning- Systeme; Prozessmodellierung
– Die objektorientierte Modellierung und Entwurf
– Workflow-Management
– Systeme des Informationsmanagement
– Systemanalyse
– Verteilte Anwendungssysteme
– Datenbanken (Relationale und objektorientierte Systeme)
– Data-Warehouse und Data Mining
– Programmierung im Netzwerk/in Java

3. Modul: Praktikum im „Zentrum für die Fortbildung von Fach- und Führungs-
kräften" (CPRU) an der Politechnischen Universität Bukarest
  Einführung in SAP/R3 durch deutsche SAP-Experten:
  – Gesamtüberblick in SAP/mySAP-Lösungen
  – sichere Navigation in SAP
  – praktisches Training im Retailumfeld (durchgängiger Geschäftsprozess)
  – Customizing-Fähigkeiten
  – Grundsätze der ABAP-Programmierung
  – Abrufen / Ändern von Standardreports

4. Modul: Praktikum in Deutschland
SAP/R3-Praktikum in konkreten Projekten des deutschen Partners.

Zweites und drittes Ausbildungsjahr

Die Ausbildung findet in der Zentrale und verschiedenen Zweigstellen des deutschen Unternehmens statt. Sie beinhaltet vorwiegend die Einarbeitung in Projekte, die durch theoretische Fortbildungsmaßnahmen ergänzt wird. Die Teilnehmer (Trainees) müssen genau definierte Aufgaben lösen, die in die Projekte des
Unternehmens integriert werden. Dabei wird der laufende Projektbetrieb nicht
unterbrochen. Für jeden Teilnehmer wird ein individueller Ausbildungsplan
erstellt, der sich nach dem allgemeinen Ausbildungsplan im jeweiligen Arbeits-
bereich richtet. Sie müssen sich zunächst durch Selbstarbeit in ihrem Aufgabenbereich einfinden. Ihre Aufgabenstellung und ihre Arbeitsergebnisse werden
zu bestimmten Zeiten mit einem Betreuer (Coach) und in Seminaren besprochen.
Die Ausbildung wird durch qualifizierte Trainer begleitet. Diese Ausbildung deckt somit folgende drei Bereiche ab: erstens Fachkompetenz (System,
Architektur und Geschäftsprozesse), zweitens Methodenkompetenz (Präsentation, Moderation, Führungsmethoden, Konfliktbewältigung und Modellierung)
und drittens soziale Kompetenz (Team-Arbeit, Umgang mit Kollegen, Vorgesetz-
ten und Kunden).

Formen der Ausbildung

Um die Ausbildung möglichst abwechslungsreich und wirksam zu gestalten,
wurden folgende Ausbildungsformen eingesetzt:

a) Selbststudium
Das Selbststudium ist projektbezogen, von Trainee zu Trainee unterschiedlich.
Es wird vom Ausbildungskoordinator gesteuert. Jeder Teilnehmer verfügt über
die erforderlichen Informationsmaterialien (Bücher, Adressverzeichnisse, Internet), um selbstständig zu lernen.

b) Fernstudium
Der Kontakt mit der Technischen Universität Bukarest wird durch Fernstudium
aufrechterhalten. Die Trainees bearbeiten verschiedene Themen, die sie ihren
Dozenten zur Überprüfung und Bewertung schicken.

c) Interne Seminare
Im Unternehmen selbst werden sowohl Fachseminare als auch Seminare zur Per-
sönlichkeitsentwicklung durchgeführt. An diesen Seminaren nehmen neben den
Trainees grundsätzlich so weit als möglich auch ihre deutschen Kollegen teil.
Theoretische Aspekte, Lösungsvorschläge und Projektfortschritte werden prä-
sentiert und diskutiert.

d) Externe Schulung
Den Trainees wird darüber hinaus die Möglichkeit geboten, auswärts an fach-
spezifischen Lehrgängen teilzunehmen soweit die Themen mit ihren Projektauf-
gaben verbunden sind.

Die gesamte Ausbildung stellt sich im Überblick wie folgt dar:

| | Ausbildungsbereiche | | |
Ausbildungsformen	Fachkompetenz	Methodenkompetenz	Soziale Kompetenz
Selbststudium	laufend	laufend	permanent
Fernstudium	zwei Themen pro Jahr		
Interne Seminare	zwei Fachseminare pro Jahr	ein Seminar pro Jahr	ein Seminar pro Jahr
Externe Schulung	zwei Schulungen		

Laufende Bewertung

Nach jedem Modul werden die Trainees anhand bestimmter Bewertungskriterien geprüft, und zwar sowohl hinsichtlich ihrer weiteren Fachkenntnisse als auch ihrer sozialen Kompetenzen. Im Laufe der Ausbildung sind folgende Maßnahmen eingeführt worden, um die Fortschritte der Ausbildung laufend zu überprüfen.

– Die tägliche Projektarbeit wird nach festgelegten Maßstäben von den Betreuern (Coaches) bewertet.
– Die Ergebnisse der Arbeit werden untereinander in Arbeitsgruppen vorgestellt und diskutiert. Die Ergebnisse werden benotet und als Zwischenbewertung dem Ausbildungsleiter vorgelegt.
– Zu Ende jeden Jahres legen alle Ausbildungsteilnehmer eine Zwischenprüfung ab, die über das weitere Verbleiben im Programm entscheidet.

Eine Untersuchung

Die Erfahrungen in diesem Projekt wurden durch eine Befragung von Arbeitgebern und Arbeitnehmern in Rumänien, die mit Aufgaben der Informations- und Kommunikationstechnik befasst sind, verglichen. Diese Untersuchung wurde von der Verfasserin mit freiwilligen Mitarbeitern des World University Service-Romania im Februar/März 2003 durchgeführt. Sie zeigt, dass eine Neuorientierung der IT-Ausbildung in Rumänien, mehr Flexibilität in der Gestaltung der Curriculaplanung und innovatives Denken in der beruflichen Fortbildung erforderlich sind. Die wesentlichen Ergebnisse der Studie „Professional Education in IT in Romania" sind im Internet unter folgender Adresse zu finden: http://cs.pub.ro/prof/MMocanu/index.php.

Wir haben zunächst einen Fragebogen für Arbeitgeber in Rumänien entwickelt. Dieser wurde an rund 100 Unternehmen der Datenverarbeitung (im Aufgabenbereich Hardware, Software und Consulting) verteilt, sowie an weitere Arbeitgeber, die in nicht unerheblichem Ausmaß Datenverarbeitung nutzen. Erfreulicherweise haben 63 Arbeitgeber unsere Fragen beantwortet. Die Antworten kamen von fast allen großen rumänischen und ausländischen Unternehmen der Datenverarbeitung in Rumänien, aber auch von Banken, Versicherungen, Behörden, Hochschuleinrichtungen und kulturellen Institutionen. Unter den befragten

Arbeitgebern befanden sich sowohl kleine Betriebe mit weniger als 10 Angestellten als auch mittlere und große Unternehmen mit über 250 Angestellten

Die Ansicht der Arbeitgeber über die Ausbildung der Datenverarbeitung an den Hochschulen

- 62 % der Arbeitgeber finden die theoretische Ausbildung in der Datenverarbeitung an den Hochschulen gut oder sehr gut
- allerdings werden die praktischen Fähigkeiten der Absolventen weniger gut eingeschätzt, nur 36 % der Befragten halten sie für gut oder sehr gut
- die Arbeitgeber bevorzugen eindeutig die Zusammenarbeit mit Mitarbeitern, die ein Hochschulstudium abgeschlossen haben (75 %); nur etwa die Hälfte von ihnen erwarten eine Ausbildung in der Datenverarbeitung
- 24 % der Arbeitgeber, die sich direkt mit Aufgaben der Datenverarbeitung befassen, sind auch bereit, Studenten zu beschäftigen. Andere Arbeitgeber sind diesbezüglich viel zurückhaltender (4 %); ihnen liegt mehr daran, dass ihre Mitarbeiter ein Studium in der Datenverarbeitung absolviert haben
- über die Hälfte der Arbeitgeber erwarten von ihren Mitarbeitern eher kommunikative Kompetenzen (33 %), Kenntnisse in der Unternehmensführung, so genannte Management-Kenntnisse (29 %), Wirtschaftskenntnisse (27 %) und ein interdisziplinäres Denken (27 %)
- bei näherer Betrachtung rückt der Aufgabenbereich des Unternehmens in den Vordergrund: Unternehmen der Datenverarbeitung erwarten nicht so sehr Kenntnisse der Wirtschaftswissenschaften, als Firmen, die die Datenverarbeitung nur anwenden.

Kritik der Arbeitgeber an der Ausbildung in Rumänien

Nach Ansicht der Arbeitgeber sind die Hochschulabsolventen in Rumänien gute Fachkräfte der Datenverarbeitung, jedoch gibt es bedeutende Unterschiede in der Qualität der Ausbildung zwischen den einzelnen Hochschulen und Universitäten. Als Schwächen im Studium werden insbesondere gesehen:

- ein überholter Lehrbetrieb, insbesondere auf didaktischem Gebiet
- das Lehrpersonal ist nicht besonders motiviert, viele von ihnen wandern in die Wirtschaft ab
- die Hochschulen sollten sich mehr nach dem Bedarf in der Wirtschaft richten
- eine unzureichende Ausstattung an Lehr- und Lernmitteln

- ein zu geringer interdisziplinärer Ansatz im Unterrichtstoff
- kaum Erfahrungen der Hochschullehrer im Projektmanagement
- zu wenig Verständnis für den wirtschaftlichen oder beruflichen Hintergrund der Datenverarbeitung
- zu wenig Praktika
- manchmal zu wenig Arbeitsdisziplin

Die Arbeitgeber empfehlen den Hochschulen außerdem

- eine bessere Vernetzung zwischen den Hochschulen in Rumänien
- eine wirksame Zusammenarbeit mit ausländischen Hochschulen
- eine engere Zusammenarbeit mit Unternehmen der Datenverarbeitung und Betrieben, in denen die Datenverarbeitung weitgehend eingesetzt wird
- eine bessere technische Ausrüstung
- Maßnahmen zur Motivation des Lehrpersonals.

Die Ansicht der Arbeitnehmer

Über die Befragung der Arbeitgeber hinaus haben wir rund 200 Fragebogen an Arbeitnehmer geschickt, die mit Aufgaben der Datenverarbeitung befasst sind. 128 Fragebogen kamen beantwortet zurück. Im Großen und Ganzen sind die Arbeitnehmer derselben Ansicht wie ihre Arbeitgeber; jedoch variiert ihre Ansicht mit dem Alter: jüngere Leute legen mehr Wert auf geschäftliche Kommunikation und soziale Kompetenzen und weniger auf interdisziplinäres Denken und allgemeine Kulturwerte als die älteren.

Im Übrigen meinen die Arbeitnehmer über ihr Studium:

- dass ihnen die Datenverarbeitung mehr berufliche Vorteile bringt, und zwar berufliche Einstiegsmöglichkeiten, attraktive Tätigkeiten und ein gutes Gehalt
- die meisten von ihnen halten ein Studium von mindestens fünf Jahren für notwendig
- viele von ihnen sind der Ansicht, dass sie im Studium genügend Fachwissen vermittelt bekommen haben, aber noch mehr halten den Lehrstoff für nicht ausreichend
- 60 % finden das Verhältnis zwischen Grundwissen und spezifischem Wissen für ausgewogen
- 45 % finden, dass man ihnen zu viel Theorie vermittelt hat und zu wenig projektorientierte Aufgaben

- 61 % würden ihr Studium wieder wählen; wer aber nicht Informatik studiert hat würde eher ein Studium auf dem Gebiet der Datenverarbeitung wählen
- weniger als ein Viertel der Beschäftigten halten ihre technische Ausrüstung für sehr gut, 40 % nur für ausreichend.

Empfehlungen der befragten Arbeitnehmer

- die Unternehmen der Datenverarbeitung sollten enger mit den Fakultäten der Datenverarbeitung zusammenarbeiten
- Lehrveranstaltungen in Unternehmensführung, Marketing und Verwaltung werden für erforderlich gehalten
- die Hochschulen sollten eine bessere technische Ausrüstung und Zugang zu „up to date" Software haben
- sie wünschen sich junge, gut ausgebildete und motivierte Lehrer
- die Forschung sollte sich vor allem nach den Bedürfnissen der Wirtschaft und Gesellschaft richten
- man möchte mehr praktische Übungen
- Kenntnisse im Projektmanagement werden gewünscht
- die Fakultäten sollten auch Kurzzeit-Studienprogramme anbieten
- moderne Unterrichtsmethoden sollten verwendet werden
- mehr Team-Training wird für erforderlich gehalten
- sowie eine engere Zusammenarbeit mit ausländische Hochschulen
- die Lehrveranstaltungen sollten häufiger überarbeitet werden
- und attraktive Alternativen zur Motivation der Lehrkräfte sollten angeboten werden.

Das Curriculum als Qualitätsfaktor

Die Lehrinhalte, die sowohl von den Arbeitgebern als auch von den Arbeitnehmern als notwendig angesehen werden, sind:

- Programmiersprachen (C/C++, Java)
- Software-Grundlagen und Software Engineering
- Datenbanken
- Netzwerke
- Betriebssysteme
- Modellierung
- Projektmanagement

– Betriebswirtschaft
– Kommunikation und Teamarbeit

Datenverarbeitungsausbildung in postgraduierten Lehrveranstaltungen

– sowohl die Arbeitgeber (82 %) als auch die Arbeitnehmer (80 %) halten Post-
graduierten- Studiengänge für erforderlich
– fast die Hälfte der Arbeitgeber (45 %) wünschen sich dabei ein berufsbezoge-
nes Praktikum
– knapp ein Viertel der Befragten halten ein Praktikum innerhalb der Hochschule für ausreichend
– große Unternehmen sind dagegen der Ansicht, dass die Mitarbeiter sich um
ihre Weiterbildung in der Datenverarbeitung selber kümmern müssen
– die Arbeitnehmer allerdings halten ein Aufbaustudium oder eine praktische
Ausbildung innerhalb des Unternehmens für die beste Möglichkeit sich wei-
terzubilden
– die Arbeitnehmer sind der Auffassung, dass sich ein Aufbaustudium in Rumänien oder im Ausland für ihre Karriere lohnt
– 87 % der Befragten halten ein Postgraduierten-Studium, in dem ihnen Kenntnisse der Datenverarbeitung und der Wirtschaftswissenschaften vermittelt
werden, für überaus nützlich.

Ein Erfolg?

Schon als der Gedanke zur Entwicklung dieses Studiengangs aufkam, haben sich
die Partner kritisch gefragt, ob das Programm zum Erfolg führen kann. Einen
dreijährigen Aufbaustudiengang an der Universität nach dem Bedarf eines Unternehmens aufzubauen, war für die Hochschule etwas völlig neues. Die drei Partner
hatten von Anfang an die Zielvorstellung, die persönlichen Wünsche der Auszu-
bildenden mit ihren Berufsvorstellungen zu vereinen.

Für die Universität bot sich eine gute Chance, ihr Ausbildungszentrum für
Fach- und Führungskräfte gut zu nutzen, und weiter auszubauen. Die Ausbildung zum SAP-Experten ist im Allgemeinen sehr gefragt und sehr teuer, davon
konnten die Teilnehmer dieses Programms profitieren und das Unternehmen in
Deutschland hat mit der Ausbildung zeitweilig Mitarbeiter mit dem gewünsch-
ten Profil und guten Fachkenntnissen vermittelt bekommen. Das beteiligte

Consultingunternehmen kann mit dem Erfolg dieses Projekts trotz mancher Anlaufschwierigkeiten zufrieden sein.

Ist das Vorhaben ein Erfolg? Wir meinen ja, obwohl die gesamte Ausbildung in drei aufeinander folgenden Stufen noch nicht abgeschlossen ist. Im ersten Jahr haben sich für 20 Plätze 22 Interessenten beworben, im zweiten 35 und im vergangenen Jahr 70. Von der ersten Gruppe, die ihre Ausbildung nunmehr erfolgreich abgeschlossen haben ist ein guter Teil nach Rumänien zurückgekehrt, andere sind mit einer so genannten Greencard legal als Mitarbeiter bei der Partnerfirma vollbeschäftigt. Alle Teilnehmer an diesem Programm haben eine einmalige Chance erhalten, ihre in Rumänien erworbenen theoretischen Kenntnisse in die Praxis umzusetzen und dabei internationale Erfahrungen zu sammeln. Über ihre weitere berufliche Zukunft braucht man sich wohl vorläufig keine Sorgen zu machen.

ANDREA CHRISTIANE MAYR, KLAUS SCHUCH

HÖHERE BILDUNG IN ALBANIEN, BOSNIEN-HERZEGOWINA, KOSOVO UND MAZEDONIEN

Eine Herausforderung für die Österreichische Entwicklungszusammenarbeit[1]

Einleitung

Dieser Beitrag bezieht sich auf die strukturellen Probleme im Hochschulwesen in Südosteuropa, unter Berücksichtigung der wichtigsten Resultate der vor Ort Erhebungen in Albanien, Kosovo, Mazedonien und Bosnien-Herzegowina, die seitens des Zentrums für Soziale Innovation (ZSI) im Auftrag des Bundesministeriums für auswärtige Angelegenheiten (BMaA) im Frühjahr 2003 für Bosnien-Herzegowina und im Herbst 2004 für Albanien, Kosovo und Mazedonien durchgeführt worden sind.

Ziel dieser Missionen vor Ort war es, Grundlagen für ein Bildungssektorprogramm für die oben angeführten Länder zu erarbeiten, um Koordinationsprojekte zwischen Österreich und der Zielregion Südosteuropa im Bereich der höheren Bildung und der Berufsschulbildung zu identifizieren. Darüber hinaus ist das ZSI seit 1996 als Monitoring-Agentur für Projekte, die seitens des BMaA in der Arbeits- und Sozialpolitik sowie in der Bildungspolitik in Südosteuropa unterstützt werden, tätig.

Österreich ist einer von wenigen internationalen Geldgebern, die in der höheren Bildung bereits über mehrere Jahre hinweg in der Zielregion Südosteuropa aktiv sind. Insbesondere auch durch die vor Ort Strukturen von World University

---

[1]   Die im Artikel geäußerten Meinungen und Ansichten sind die der Autoren dieses Beitrags und decken sich nicht zwangsläufig mit der Meinung des Bundesministeriums für auswärtige Angelegenheiten (BMaA) bzw. der Austrian Development Agency (ADA).

Services Austria / WUS-Austria, u. a. in Bosnien-Herzegowina, Serbien, Montenegro und im Kosovo, hat sich eine österreichische USP („unique selling proposition") entwickelt, die sowohl von den Endbegünstigten als auch der internationalen Gemeinschaft positiv wahrgenommen wird.

Die Systeme der höheren Bildung in Südosteuropa orientieren sich in den letzten Jahren stark an europäischen Entwicklungen und Standards (Bologna-Prozess, Qualitätssicherung, Akkreditierung, Evaluierung etc.). Die Bedürfnisse in der Region an direkter operativer und struktureller Unterstützung im Hochschulbereich sind diesbezüglich noch immer sehr hoch.

In unserem Beitrag werden wir die Tätigkeit der Ostzusammenarbeit des Außenministeriums (OZA) bzw. der Austrian Development Agency (ADA) kurz vorstellen, die Dimensionen unseres Monitorings in Bildungsprojekten der OZA/ADA sowie die strukturellen Probleme der höheren Bildung in Südosteuropa ansprechen, als konkretes Projektbeispiel das „Business Start-up Centre an der Universität Tuzla" näher erklären, und abschließend unsere Empfehlungen für das Projektdesign künftiger Hochschulprojekte der OZA/ADA in Südosteuropa darlegen.

Die Ostzusammenarbeit des Außenministeriums (OZA) und die Austrian Development Agency (ADA)

Die Ostzusammenarbeit im Bundesministerium für auswärtige Angelegenheiten (OZA) ist seit Beginn der 1990er Jahre das Kerninstrument bilateraler österreichischer Ostförderung. Schwerpunktregion der OZA ist Südosteuropa, insbesondere Albanien, Bosnien und Herzegowina, Kroatien, Mazedonien sowie Serbien und Montenegro inkl. Kosovo. Das Schwerpunktprogramm in diesen Ländern konzentriert sich auf vier Sektoren: Umwelt/Wasser und Energie, Bildung, Wirtschaft und Beschäftigung, Rechtsstaatlichkeit und Zivilgesellschaft.

2002 wurden von der Ostzusammenarbeit insgesamt Mittel in der Höhe von 10,6 Mio. Euro für Projekte zur Verfügung gestellt, davon 9,28 Mio. Euro für die Schwerpunktregion Südosteuropa.

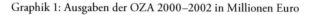

Graphik 1: Ausgaben der OZA 2000–2002 in Millionen Euro

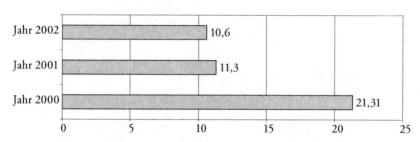

Graphik 1 zeigt einen Vergleich der Höhe der OZA-Mittel von 2000 bis 2002.[2] Hierbei lässt sich eine Halbierung der Fördermittel feststellen.

Graphik 2: Verteilung der Fördermittel auf Länder in Prozent (2002)

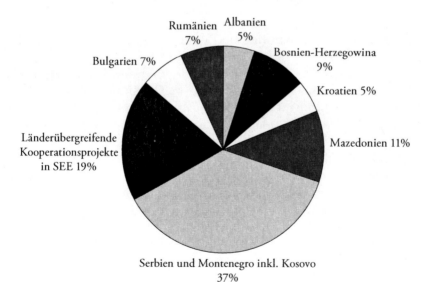

---

[2] Ostförderbericht 2002 des Bundesministeriums für auswärtige Angelegenheiten, Seite 20.

Die größten Empfängerländer der OZA waren Serbien und Montenegro inkl. Kosovo mit 3,37 Mio. Euro, Mazedonien mit 1,05 Mio. Euro und Bosnien-Herzegowina mit 0,88 Mio. Euro. 1,75 Mio. Euro der Mittel entfielen auf südosteuropaübergreifende Projekte (siehe Graphik 2).[3]

Die meisten Mittel flossen 2002 in den Sektor „Wasserversorgung & sanitäre Einrichtungen" (26,8 %); an zweiter Stelle lag der Sektor Bildung mit 23,7 %, wobei über die Hälfte dieser Mittel für die Unterstützung der höheren Bildung verwendet wurden. Etwa 56 % der Auszahlungen für Bildungsprojekte wurden in Serbien und Montenegro inkl. Kosovo getätigt.[4]

Seit 1. Jänner 2004 hat die Austrian Development Agency GmbH (ADA) alle Programme und Projekte der Entwicklungs- und Ostzusammenarbeit des Außenministeriums übernommen und ist für deren operationelle Durchführung zuständig. Die Sektion VII für Entwicklungs- und Ostzusammenarbeit im Außenministerium widmet sich verstärkt der Formulierung und Steuerung entwicklungspolitischer Positionen und strategischer Rahmenbedingungen.

Dimensionen des Monitorings in Bildungsprojekten der OZA/ADA

Die Leistung des ZSI betrifft nicht nur die Begleitung der Umsetzung einzelner Projekte, sondern umfasst auch vorgelagerte Tätigkeiten wie fact-finding, Machbarkeitsanalysen, Projektentwicklung, Ausschreibungsdurchführung und Antragsprüfung. Darauf aufbauend bzw. auch unabhängig von derartigen Vorleistungen erfolgt das eigentliche projektbegleitende Monitoring. Hierbei agiert das ZSI im Falle bilateraler Bildungsprojekte zwischen Österreich und den südosteuropäischen Partnerländern als externes Bindeglied zwischen dem Fördergeber (dem BMaA bzw. der ADA), dem eigentlichen Auftraggeber (i.d.R. eine Organisation aus dem Partnerland, z. B. ein Bildungsministerium oder eine Universität) und dem Projektträger.

Der Projektträger ist die Institution, die das Projekt implementiert und die nötigen Kapazitäten und das erforderliche Know-How für die erfolgrei-

---

[3] Ostförderbericht 2002 des Bundesministeriums für auswärtige Angelegenheiten, Seite 17.

[4] Ostförderbericht 2002 des Bundesministeriums für auswärtige Angelegenheiten, Seite 20.

che Projektumsetzung dem Auftraggeberwunsch entsprechend entgeltlich zur Verfügung stellt. In der Regel waren Projektträger bisher österreichische Agenturen/NGO's/Vereine. Künftig wird jedoch in Hinblick auf die Nachhaltigkeit und das Empowerment lokaler Strukturen vermehrt darauf geachtet, Projektträger aus der Region auszuwählen. Die Aufgaben der österreichischen Expertinnen und Experten könnten sich in erster Linie auf Know-how-Transfer und die Vermittlung europäischer Standards beschränken.

Das Monitoring hat nicht nur die von vielen Akteuren einzig wahrgenommene Dimension einer inhaltlich gesteuerten input-output bezogenen Kontrolle *(accountability)*, sondern dient – mindestens ebenso wichtig – der Verbesserung von Implementierungsprozessen *(learning)* durch eingebaute Feedbackschleifen und Empfehlungen, die – vermittelt über den Fördergeber, den Auftraggeber oder durch die Monitoring-Agentur selbst – dem Projektträger zur Kenntnisnahme bzw. zur Diskussion und Verbesserung übermittelt werden. Wichtig in diesem Zusammenhang ist auch die arbeitsteilige Kooperation mit dem eventuell vorhandenen internen Monitoring (in-house Monitoring), das oftmals vom Projektträger selbst organisiert wird (z. B. in Form von Feedbackfragebögen an Workshopteilnehmerinnen und -teilnehmer). Eine dritte wichtige Dimension des Monitorings ist die *Mediation*, die die Monitoring-Agentur als neutraler, der Qualität des Projektes und den intendierten Projektergebnissen verpflichteter Partner, im Beziehungsgefüge Auftraggeber, Fördergeber und Projektträger übernimmt.

Vom Monitoring zu unterscheiden ist die Evaluation. Während das Monitoring eine Begleitung des Projektes darstellt, ist die Evaluation an bestimmte Erfüllungszeitpunkte gebunden. Oft wird Evaluation mit ex-post-Evaluierung gleichgesetzt. Seltener sind in einer Reihe von Programmen bzw. größeren Projekten auch ex-ante und mid-term-Evaluierungen vorgesehen. Stärker noch als das Monitoring befasst sich die Evaluierung mit dem Kriterium *accountability*. Auch das Kriterium *learning* spielt für Evaluation eine wichtige Rolle, wenngleich es sich hierbei oftmals um ein „ex-post learning" handelt und daher in diesem Fall eher für zukünftige Projekte und vor allem für das Redesign von ganzen Programmen seinen besonderen Wert entfaltet.

Strukturelle Probleme der höheren Bildung in Südosteuropa

An den Universitäten in Südosteuropa liegt derzeit die Schwerpunktsetzung auf der Anpassung an europäische Standards und dem Bologna-Prozess. Bisher scheiterten Reformprozesse im Hochschulbereich oft an der weit gehenden Autonomie der Fakultäten, die vor allem für die Länder des ehemaligen Jugoslawiens charakteristisch ist.

Die Bildungsminister von Albanien, Bosnien-Herzegowina, Mazedonien und Serbien und Montenegro verpflichteten sich im September 2003 in Berlin, den Bologna-Prozess in ihren Ländern zu implementieren. Das beinhaltet folgende Verpflichtungen:

- Strukturen für die interne und externe Qualitätssicherung von Hochschulen zu schaffen
- Einführung von Bachelor-, Master- und Doktoratsabschlüssen (dreistufiges Studiensystem)
- Einführung eines Leistungspunktesystems (ECTS – European Credit Transfer System) sowie des „diploma supplement" (System vergleichbarer Abschlüsse)
- Förderung der Mobilität
- Förderung der europäischen Dimension in der Hochschulbildung (Curricula, joint study programmes).

Es besteht derzeit ein großer Bedarf in den südosteuropäischen Ländern nach Unterstützung bei der Implementierung der Ziele des Bologna Prozesses.

Die Universitäten in Südosteuropa sind nach wie vor mit großen strukturellen Problemen konfrontiert, wie veraltete und mangelhafte Infrastrukturausstattung, rückständige Lehrpraxis, dem Fehlen von wissenschaftlicher Forschung, ungenügende Managementstrukturen und -kenntnisse, der schlechten internationalen Vernetzung der Assistentinnen und Assistenten und Professorinnen und Professoren, dem Brain Drain von Absolventinnen und Absolventen und dem universitären Personal, kaum bis keine Kooperationen mit der Wirtschaft, dem Arbeitsmarkt etc.

In einigen Ländern der Region (Mazedonien, Bosnien-Herzegowina und Kosovo) verläuft die höhere Bildung überdies auch – zumindest teilweise – entlang ethnischer Trennlinien. Die Frage der institutionellen Gestaltung der höheren Bildung in diesen Ländern hat daher auch immer eine politische Dimension.

So zeichnet sich z. B. in Bosnien und Herzegowina das Hochschulwesen durch eine starke Fragmentierung aus: Die sieben existierenden Universitäten bestehen entlang ethnischer Gruppierungen und erfüllen z. T. nicht die notwendigen akademischen Standards und Mindestkriterien von europäischen Universitäten.

Auch im Kosovo ist das Hochschulwesen nach wie vor durch eine albanisch-serbische Segregation gekennzeichnet und eine hoch politische Angelegenheit (Albanerinnen und Albaner studieren an der Universität Prishtina, Serbinnen und Serben an der Universität in Nord-Mitrovica). In Mazedonien gibt es seit kurzem eine eigene staatliche albanische Universität, die ehemalig „illegale" Universität in Tetovo, obwohl bereits im Jahr 2001 die privat geführte Südosteuropa-Universität (SEEU) in Tetovo, die durch eine internationale Stiftung in der Schweiz gegründet wurde und von zahlreichen internationalen Geldgebern unterstützt wird, ihren Betrieb aufgenommen hat. Ursprünglich vorgesehen für albanische Studentinnen und Studenten in Mazedonien, beträgt der Anteil der nicht-albanischen Studentinnen und Studenten an der SEEU mittlerweile 25 %, da das moderne und internationale Studienangebot auch für die mazedonische Bevölkerungsmehrheit sehr attraktiv ist. Probleme könnte es in Hinblick auf die Nachhaltigkeit der SEEU geben, sollten die internationalen Fördermittel in Zukunft deutlich reduziert werden.

Der Zulauf zu den Universitäten ist in Südosteuropa generell sehr hoch. So hat sich z. B. in Albanien die Anzahl der Studierenden von 1990 bis 2002 mehr als verdoppelt. Ein Universitätsstudium hat in der Region eine hohe gesellschaftliche Geltung. Der erhöhte Zulauf zu den Universitäten wird teilweise auch als Bypass junger Menschen aus der Arbeitslosigkeit interpretiert, die allerdings in Anbetracht der nach wie vor sehr angespannten Arbeitsmarktlage in Südosteuropa auch ein Universitätsabschluss häufig nicht verhindern kann.

Die für moderne Universitäten selbstverständliche gesellschaftliche Grundfunktion, zum Fortschritt der Wissenschaft und zur technologischen Wettbewerbsfähigkeit der Nationalökonomie beizutragen, wird von den Universitäten in Südosteuropa kaum wahrgenommen. Der Beitrag der Universitäten zur Stärkung der regionalen und nationalen Innovationskraft ist marginal. Es fehlt an funktionierenden Interaktionen mit der Regionalökonomie und an technologieorientierter Forschung und Entwicklung.

Darüber hinaus tragen Universitäten wenig zur arbeitsmarktadäquaten Ausbildung ihrer Absolventinnen und Absolventen bei. Der Unterricht ist durch einen hohen „Verschulungsgrad", eine fehlende Praxisorientierung und einen veralteten didaktischen Zugang gekennzeichnet. Die unternehmerischen Fertigkeiten der jungen Expertinnen und Experten werden nicht ausreichend entwickelt und gefördert: Es gibt kaum Programme zur Förderung der Selbständigkeit der Absolventinnen und Absolventen. Gerade aber im Bereich von Existenzgründungen und universitären spin-offs könnte durch eine entsprechende Programmierung ein wirksamer Beitrag zur Jobschaffung für Universitätsabsolventinnen und -absolventen sowie zur Setzung kreativer, innovativer und technologieorientierter Impulse für die Regionalökonomie gegeben werden.

Bildungsprojekte, die eine Brückenfunktion hin zum lokalen bzw. regionalen Arbeitsmarkt, zur Wirtschaftsförderung oder etwa gar zur Technologieentwicklung anvisiert haben, waren bislang kaum im Fokus der OZA/ADA-Projekte; stellen jedoch in der künftigen Programmentwicklung der OZA/ADA bzw. in den von uns erarbeiteten Empfehlungen einen Ansatz dar. So wurde das Projekt „Business Start up-Centre for University Graduates" im Rahmen des Bildungssektorprogramms für Bosnien-Herzegowina konzipiert.

Business Start-up Centre an der Universität Tuzla

Seit 1. Jänner 2004 wird von der OZA/ADA an der Universität Tuzla in Bosnien-Herzegowina das Projekt „Business Start up-Centre for University Graduates at the University Tuzla" gefördert, das als Referenzprojekt mit Pilotcharakter für die gesamte Region gilt. Durch Trainings- und Beratungsangebote des Business Start-up Centre sollen Wege in die Selbständigkeit gefördert werden bzw. sollen junge Universitätsabsolventinnen und Universitätsabsolventen ermutigt und unterstützt werden, ihr eigenes Unternehmen zu gründen. Instrumente, die dabei eingesetzt werden, sind u. a.: Infoworkshops, Webplattform, fachspezifische Intensivseminare, Coaching, Unterstützung bei der Businessplanerstellung, Businessplan-Wettbewerb und Gründungsbegleitung.

In diesem Projekt wird erstmals auch ein für die Struktur der OZA/ADA-Projekte neuer Ansatz gewählt: das Projektmanagement wird nicht von einer österreichischen Institution/Agentur ausgeführt, sondern von einer bosnischen NGO. Die Tätigkeit der österreichischen Expertinnen und Experten beschränkt sich ausschließlich auf Know-how Transfer beim Aufbau des Business Start-up Centre und bei den Trainingseinheiten zur Ausbildung von bosnischen Trainerinnen und Trainern.

Im Vordergrund steht das „ownership" und das „empowerment" von lokalen Strukturen, um eine nachhaltige Entwicklung zu gewährleisten. Dazu ist eine Eigenleistung der Universität Tuzla – wie auch bei den anderen Projekten der OZA/ADA – zwingend vorgesehen. Das Business Start-up Centre sollte langfristig (ab 4–5 Jahren) in der Lage sein, seine Aktivitäten selbst zu finanzieren bzw. von lokalen Geldgebern (mit)getragen werden, um nicht ausschließlich auf internationale Fördergelder angewiesen zu sein. Finanzielle Beiträge des Kanton Tuzla und von anderen lokalen „stakeholdern" sowie von der Universität Tuzla selbst und mögliche Einnahmen aus dem Serviceangebot des Centres sind für die Nachhaltigkeit des Business Start-up Centre unbedingt erforderlich. Dazu ist in der zweiten Projekthälfte die Ausarbeitung eines Business Plans durch alle Beteiligten vorgesehen, um u. a. gemeinsam eine „phasing-out"-Strategie aus der Abhängigkeit von internationalen Fördergeldern zu entwickeln. Um von Anfang an die Einbindung lokaler Stakeholder zu garantieren, wurde ein Advisory Board eingerichtet, in dem u. a. Repräsentantinnen und Repräsentanten des Kantons Tuzla, des Wissenschaftsministeriums, der Wirtschaftskammer, des Arbeitsamtes, NGO's bzw. internationale Institutionen im Bereich Unternehmensgründungen vertreten sind.

Herausforderung für die österreichische Entwicklungszusammenarbeit

Das österreichische Engagement im Bereich der höheren Bildung in Südosteuropa, das bisher größtenteils von WUS-Austria repräsentiert worden ist, war bislang vor allem sehr konkreten, operativen Hilfestellungen gewidmet (Unterstützung durch Stipendien, Studentinnen- und Studentenberatung, Wiedererrichtung der Infrastruktur etc.). Mit einer Adaptierung des WUS Programms 2003 wurde eine Schwerpunktverlagerung in Richtung Qualitätserhöhung der Lehre durch ein Course Development Programme und durch ein Brain Gain Programme eingeleitet. Das Course Development Programme (CDP) unterstützt die Curricula-Entwicklung an den Universitäten, mit dem Ziel der Anpassung an europäische Standards. Das Brain Gain Programme (BGP) richtet sich an qualifizierte Akademikerinnen und Akademiker, die aus der Region emigriert sind, und im

Rahmen von kurzfristigen Gastaufenthalten als Lektorinnen und Lektoren an Fakultäten in ihrer ehemaligen Heimat unterrichten. Zusätzlich steht dieses Programm auch österreichischen Gastlektorinnen und -lektoren offen.

Strukturelle Reformen auf Universitätsmanagementebene sowie politisch-strategische Interventionen (inkl. Gesetzgebung) werden von der OZA/ADA erst seit kurzem verstärkt unterstützt (siehe Graphik 3).

Graphik 3: Interventionspyramide

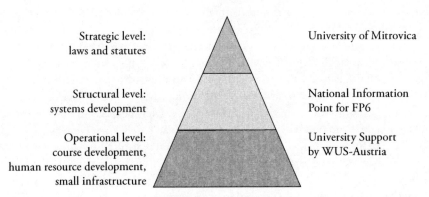

Strategic level:
laws and statutes

University of Mitrovica

Structural level:
systems development

National Information
Point for FP6

Operational level:
course development,
human resource development,
small infrastructure

University Support
by WUS-Austria

Seit Dezember 2003 gibt es im Hochschulbereich erstmals ein OZA/ADA-Projekt auf politisch-strategischer Ebene: „Reorganisation und Reform der Universität von Kosovska Mitrovica" sowie seit kurzem auch auf struktureller Ebene: „National Information Point for FP6 in Bosnia-Herzegovina to promote the involvement of Bosnian-Herzegovinian researchers and research organisations in the 6th European Framework Programme for Research, Technological Development and Demonstration". Auch die Projekte von WUS-Austria sprechen mit Programmschienen wie dem „Course Development Programme" vermehrt die strukturelle Ebene an, indem Aspekte wie die ECTS-Einführung berücksichtigt werden.

Bei den vom ZSI erarbeiteten Grundlagen für die Bildungssektorprogramme werden verstärkt Projekte auf struktureller Ebene vorgeschlagen, bei denen die Schnittstellen zwischen dem Hochschulsektor und wichtigen sozialen und wirtschaftlichen Subsystemen gesellschaftlicher Entwicklung (z.B. Arbeitsmarkt, KMU-Förderung, Innovationssystem etc.) in den Mittelpunkt gerückt werden. Das bedingen auch veränderte Rahmenbedingungen. Diesbezüglich sind insbesondere das Ende von Kampfhandlungen in der Region, der auslaufende Bedarf nach unmittelbar wirkenden Hilfsprojekten (bei immer noch vorhandener großer regionaler Divergenz), die Überführung alter „governance"-Systeme in moderne zivilgesellschaftliche Strukturen (insbesondere auch im Bildungsbereich) sowie eine deutliche Zunahme von strukturellen (anstatt von kriseninterventionistischen) Einflussnahmen durch internationale Donors (insbesondere EU) zu nennen.

Vor diesem Hintergrund erscheint es uns notwendig, die konkreten Ansatzpunkte des österreichischen Engagements im Bildungsbereich in Südosteuropa neu zu justieren und weiter zu entwickeln. Das betrifft insbesondere die proaktive Antizipierung europäischer Entwicklungen, die unter dem programmatischen Dach des „europäischen Hochschulraums" und des „europäischen Forschungsraums" subsumiert sind, sowie eine Anschlussfähigkeit der Projekte des Hochschulbereichs in Richtung Wirtschafts- und Technologieentwicklung sowie Arbeitsmarkt (Hochschulen dienen zunehmend als Puffer für versteckte Arbeitslosigkeit) sicherzustellen.

Das impliziert eine tendenzielle Abkehr von isolierten Interventionen auf rein operativer Ebene (z. B. kleine Ausstattungsprojekte, Konferenzbesuchsförderung, kleine „Überlebensstipendien") hin zu strukturell wirksamen Reformmaßnahmen, die Aktivitäten auf Ebene des „capacity building" und des „institution building" mit einschließen können. Derartige Ansätze bedingen in der Regel aber auch eine Zunahme des Ressourceneinsatzes, und zwar sowohl quantitativ (mehr Budget, längere Laufzeiten) als auch qualitativ (mehr und besseren Know-how-Transfer; komplexere Projektdesigns, bedingt durch stärkere Einbindung lokaler Strukturen zur Sicherstellung von „empowerment", „ownership" und Nachhaltigkeit). Ergebnisse von den ersten diesbezüglichen Pilotprojekten (siehe Liste aktueller Projekte im Annex) werden Mitte 2005 vorliegen. Sie werden zeigen, inwieweit sie den veränderten Rahmenbedingungen und Anforderungen zur Entwicklung von leistungsfähigen lokalen Bildungsstrukturen in Südosteuropa hilfreich gewesen sind.

Liste aktueller Projekte der OZA/ADA im Hochschulbereich 2004

- „Unterstützung der höheren Bildung in Bosnien-Herzegowina, Kosovo, Serbien und Montenegro"
  Projektträger: WUS Austria
  Aktivitäten: Course Development Programme (mit Infrastrukturunterstützung), Brain Gain Programme, e-learning-Aktivitäten, Balkan Case Challenge
- „Unterstützung der höheren Bildung in Mazedonien an der Universität Skopje"
  Projektträger: navreme & Konsortium
  Aktivitäten: Unterstützung bei der internen Evaluierung, Infrastrukturunterstützung sowie Förderung von Gastprofessorinnen und -professoren
- „Business Start up-Centre for University Graduates at the University Tuzla"
  Projektträger: TALDi
  Aktivitäten: Aufbau eines Business Start-up Centre, Beratungs- und Informationsveranstaltungen, Business Plan-Wettbewerb, Train the trainer-Maßnahmen, Trainingskurse für Universitätsabsolventinnen und -absolventen, Coaching der Jungunternehmerinnen und Jungunternehmer
- „Reorganisation und Reform der Universität von Kosovska Mitrovica"
  Projektträger: Konsulent DI Georg Wöber
  Aktivitäten: Beratungsleistung zur Reorganisation, Reform und Heranführung an europäische Standards von Lehrbetrieb und Administration der Universität von Kosovska Mitrovica, Statuten- und Strategieentwicklung
- „National Information Point for FP6 in Bosnia-Herzegovina to promote the involvement of Bosnian-Herzegovinian researchers and research organisations in the 6th European Framework Programme for Research, Technological Development and Demonstration" Projektträger: SUS-BiH (Svjetski univerzitetski servis BiH), gemeinsam mit dem BIT
  Aktivitäten: Aufbau einer Beratungseinrichtung (NIP – National Information Point), Entwicklung jährlicher Arbeitsprogramme, Training des NIP-Personals und der Beratungsschnittstellen an den Hochschulen, Informationsveranstaltungen, Beratungsaktivitäten für Forscherinnen und Forscher aus dem akademischen Bereich und der Industrie.

Zoran Terzić

VON PHANTOMKULTUREN UND NATIONALEN LOGIKEN

Vier Thesen zur postjugoslawischen Befindlichkeit

Angesichts der Tatsache, dass im ehemaligen Jugoslawien die hauptsächlichen Impulse des Nationalismus aus der Kulturproduktion stammten (initiiert durch Schriftsteller, Akademiker, Künstler), möchte ich im Folgenden auf etwaige Kontinuitäten oder Brüche dieses Phänomens innerhalb der letzten zehn Jahre eingehen.

Meine Fragestellung befasst sich mit den Auswirkungen, die die Radikalität der Neunzigerjahre auf dem Felde der Kulturproduktion hinterlassen hat. Welches sind ideologische Relikte der in den Achtzigern und Neunzigern „ins Feld" geführten Vergangenheitsrhethoriken? Wo liegen Kontinuitäten kultureller Kategorisierung und Kodierung, und wo liegen deren Brüche? Wie positioniert sich Kulturproduktion heute in den Nachfolgestaaten? Und: Welche erhellenden Lehren sind aus den Kulturdebatten der Neunzigerjahre vor dem europäischen Horizont zu ziehen?

Ich versuche, in 4 Stichworten die postjugoslawische Befindlichkeit zu erfassen:

1) Vor dem Krieg ist nach dem Krieg? Kriegerischer Nachhall und Kulturkampf als „self-fullfilling prophecy"; Poetik des Krieges

Ein Regisseur erklärte einmal flamboyant: „Krieg ist nur eine Kulisse". Was meinte er damit? Im englischen Sprachgebrauch existiert der Ausdruck des „Theatre of War", des Kriegsschauplatzes. Bedienen wir uns für einen Augenblick dieses Bildes, dass der Krieg also eine Kulisse im „Theatre of War" ist, was wird dann eigentlich auf der Bühne gespielt? Was ist die eigentliche Handlung?

Die Antwort auf diese Frage rührt womöglich an eine tiefere – d. h. unangenehmere – Wahrheit, als sie politologische, historische oder ökonomische Ansätze zu Tage fördern können: Es geht um das Phänomen, dass alle militärischen Kriegshandlungen im Grunde nur eine notwendige Kulisse eines unbarmherzigen, auf der Ebene der Sinnproduktion ablaufenden Konfliktes sind. Der Grund für Kriege mag (wie so oft) völlig sinnlos oder arbiträr sein, die Handlungen innerhalb des „Theatre of War" laufen jedoch streng nach konzeptualen Vorgaben einer „Freund/Feind"-Logik ab. Das heisst: Bevor es zu Zerstörungen von Bibliotheken kommt, muss es Metaphern geben, die diese Zerstörung einfordern. Bevor es zu Bücherverbrennungen kommt, muss es Bücher geben, die diese Verbrennungen einfordern.

So schreibt Dževad Karahasan in einem kürzlich in *Lettre International* erschienen Essay:

> Schon vor Beginn des ersten Krieges [1991] lebten wir im Chaos, in einem Ambiente, in dem alles möglich war – dass hohe politische Funktionäre wie Propheten und Gassenjungen reden, dass man die Kultur durch Zerstörung von Kulturdenkmälern verteidigt, einfach alles.[1]

Die vorauseilenden Kriegsmetaphern, Rhetoriken und Feindbilder sind, so gesehen, das eigentliche Vernichtungswerk, denn:

> Die Kriege, die 1991–1995 folgten, brauchte man nicht zur Zerstörung Jugoslawiens, sondern zur Aufteilung seiner Überreste. (ebd.)

Andrew B. Wachtel belegt in „Making a Nation, Breaking a Nation" (1997), dass die eigentliche Zerstörung der jugoslawischen Idee vornehmlich den Werken künstlerischer Eliten (vornehmlich Schriftstellern und Akademikern) zuzurechnen ist, die identitäts-basierten Konflikten erst eine „Sprache" und ein intellektuales Umfeld ermöglichten.[2]

Das vermeintliche Leidens- und Opferpathos des serbischen Volkes beispielsweise brachte in den Achtzigerjahren immer wieder Autoren wie Dobrica Ćosić, Danko Popović, Matija Bećković, Vuk Drašković u. v. a. bild- und sprachstark in die öffentliche Wahrnehmung und lieferte somit Sinnvorlagen für eine

---

1   In: Karahasan (2003: 41ff).
2   Zur Sprache des Krieges siehe z. B.: Čolović (2000, 1999), Bugarski (1997).

Nationalisierung des gesellschaftlichen Diskurses. Als zu Anfang der Neunzigerjahre in serbischen Massenmedien von einem drohenden „Genozid an Serben" in Kroatien und im Kosovo geschrieben wurde, da war die meiste intellektuelle Arbeit bereits geleistet. Die einstmals literarischen Metaphern wurden nun zur gesellschaftlichen Realität, wie Dubravka Ugrešić schrieb[3], und Historienromane wurden zu politischen Programmen umfunktioniert, wie z. B. im Fall der von Vuk Drašković und Vojislav Šešelj gegründeten SPO, die sich klar unter der intellektuellen Schirmherrschaft von Danko Popović und seinem Bestseller „Knjiga o Milutinu" (Buch über Milutin) befand.[4]

Der vermeintlich ursprüngliche „Tiefsinn", der im künstlerischen Werk das Volksganze zu umfassen vermag – eine Werksstrategie, die man seit dem 19. Jahrhundert hinreichend vom romantischen Kulturnationalismus kennt[5] – und die oftmals in diesem Tiefsinn begründete Ernstfalllogik, welche das Drama von Nation und Geschichte zum Mythos formt, wurde in den „jugoslawischen" Neunzigerjahren zur bitteren Realpolitik.

Überlegen wir also: Wie viel Wahrheit und wie viel Verhängnis steckt in Literatur und Kunst? Vermag der Schriftsteller die „Seele eines Volkes" (– die beispielsweise der epische Dobrica Ćosić und sein kroatisches Abziehbild Ivan Aralica avisierten –) in vollendeter Form auszudrücken, um so sein Geschick zu bestimmen oder zu lenken? Das ist die Falle, in die uns bestimmte Kunstformen locken möchten. Völker haben keine Seelen. Im Grunde beschäftigt sich ein Künstler nur mit seinem persönlichen Innenleben. Verfängt er sich jedoch im klebrigen Netzwerk eines „höheren" Auftrags, d. h. glaubt er plötzlich (z. B. aufgrund übermässigen Erfolges) an die Objektivität seiner Kunst, so ist dies der Anfang einer grossen Lüge, deren Folgen unübersehbar und durchaus verhängnisvoll sein können.

---

[3] Siehe: Ugrešić (1994: 80).

[4] Siehe: Budding (1998: 378ff). Popovićs Roman, der 1986 erschien, sollte in kürzester Zeit auf über 20 Neuauflagen (!) kommen. Im Roman wird in Gestalt des bäuerlichen Simplizissimus Milutin allegorisch das Schicksal des serbischen Volkes als ein in die Wogen der Geschichte verschlagenes historisches Subjekt geschildert, das z. B. immer wieder von fremden Mächten (Monarchisten, Faschisten, Kommunisten) getötet, getäuscht oder seiner Freiheit beraubt worden ist.

[5] Siehe hierzu Kapitel in: Rocker (1976a: 280ff).

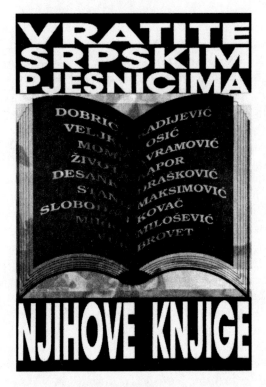

Abbildung 1

„Gebt den serbischen Schriftstellern ihre Bücher zurück!" prangt auf dem Poster Goran Trbuljaks, das 1991 auf der Ausstellung „Zur Verteidigung und Erneuerung Kroatiens" in Zagreb zu sehen war. Hier wird auf den Konflikt innerhalb der Kulturproduktion angespielt, indem man die Werke serbischer Literaten implizit als mitverantwortlich für den Krieg herausstellt. Die Geste des Zurückschickens ist konstruktiver als die des Verbrennens oder Zerstörens, denn sie soll die Verantwortung des Schriftstellers vor seinem Werk einfordern.

Aber: Wie weit geht die Verantwortung von Literaten? Beim Internationalen Gerichtshof in Den Haag ist bislang jedenfalls kein „geistiger Brandstifter" angeklagt worden. Daher ist zu vermuten, dass es sich bei der Verantwortung des Schriftstellers/Künstlers um eine ästhetische oder moralische und weniger um eine juristische Verantwortung handelt. Die ästhetisch-moralische Sanktion ist, wie in diesem Fall, die Missachtung oder Ächtung des Werks. In anderen Fällen landeten Werke vieler Autoren auf dem Müllhaufen, und Bücher wurden aus Schulen und Bibliotheken verbannt, was schliesslich zu einer „Nationalisierung" des Lesebestandes ausuferte.[6]

---

6 Siehe: Ugrešić (1994: 89, ebd.: 98f).

Von Richard Wagners programmatischer Forderung nach dem „Untergang Ahasvers", d. h. der Judenvernichtung[7], bis hin zu Gottfried Benns „Selbstzüchtung des Volkes" – immer war das grosse Nationseine als Schöpfungsschatten und „höherer Auftrag" anwesend. Ich behaupte, Benn ist in dem Moment, als er seine Rundfunkansprache von 1933 („Der neue Staat und die Intellektuellen") schreibt, ein „reinerer", authentischerer und überzeugterer Nazi, als es Hitler und seine Parteigenossen je werden können. Denn Benn hat die Sprache. Er schreibt: „Das Volk ist viel". Das „Volk" aber ist in Wirklichkeit gar nichts. Die Stärke des künstlerischen Ausdrucks ist Verlockung und Lüge zugleich, mittels derer man sich über die gesellschaftliche Realität hinweggrettet.[8]

Der Umfang der jugoslawischen Nationalisierung und des Krieges hat ganz analog eine intellektuelle und „bildgebende" Dimension, die zeitlich vor und nach den eigentlichen Kämpfen ent- und besteht und sich in Vorurteilen, Ressentiments, Mythenbildungen und kulturellen Identitätsausformungen ausdrückt.

Nur so ist es überhaupt zu erklären, dass beispielsweise in den späten Achtzigerjahren die Thematisierung des Zweiten Weltkriegs in Literatur und Massenmedien (Aufbereitung offiziell tabuisierter alter Kriegsverbrechen, historischer Revisionismus in Bezug auf den faschistischen Ustaschastaat NDH oder den Tschetnikführer Draža Mihajlović) derart effektiv sein konnte, dass man Topoi

---

[7]   Siehe hierzu Richard Wagners Essay *Das Judentum in der Musik* (1851). Zur Thema der Verquickung von Kunst und Volk schreibt Wagner am 15. Juni 1866 in einem Brief an Karl Graf von Enzenberg: „Mir ist es längst zur Überzeugung gekommen: Mit Deutschland steht oder fällt mein Kunstideal." In: Wagner, Richard: Richard Wagner an Freunde und Zeitgenossen. Hrsg. von Erich Kloss. Richard Wagners Briefe in Originalausgaben, Bd. XVII. Leipzig 1912, S. 462.

[8]   Benns Rundfunkansprache siehe in: Benn, Gottfried; Gesammelte Werke in 4 Bänden, hrsg. v. D. Wellershof, Wiesbaden 1958–1961. Es ist durchaus kein Widerspruch, dass Benn in den Jahren nach der Machtergreifung z. B. verbalen Angriffen der SS-Zeitung „Das schwarze Korps" ausgesetzt war und dass ihm letztlich 1938 ein Schreibverbot auferlegt wurde. Benns überzogene idealistische Absicht, eine nationalsozialistische Kunstkultur als Fortsetzung und Vollendung europäischer Avantgarde zu beschreiben und zu gestalten, musste im Angesicht des realen, trivialen, volkstümlichen, bürokratischen „Korpus" des Nationalsozialismus scheitern. Die Klarheit und der künstlerische Stoizismus seiner Gedanken lässt Benn völlig in die Irre gehen. Irre*führer* seiner selbst.

der Vergangenheit (Tschetniks, Ustascha, *Vozd, Jame,...*[9]) willig in die Gegenwart transplantierte, ohne die Widersprüche wahrhaben zu wollen.[10]

Und nur so ist es zu erklären, wieso heutzutage trotz aller „politischer Normalisierung" die Konflikte in gewissem Sinne in subtilen Formen weiterschwelen, gefiltert durch akademische, ästhetische und kulturpolitische Umgehensformen, die die „political correctness" innerhalb der jugoslawischen Nachfolgestaaten auferlegt. Reizworte- und Themen der Kriegszeit prägen aber immer noch das öffentliche und teils das (nicht ganz) öffentliche Bewusstsein:

– *Heldenverehrung.* Tudjman-Denkmäler, Verehrung angeklagter Militärheroen, wie Mladić, Gotovina, u. a. Das Verehrungsphänomen hat bisweilen absurde Züge: In einem Restaurant in Zemun bei Belgrad, ist eine Schnitzelspezialität nach Vojislav Šešelj, dem Anführer der serbischen Radikalen, benannt;

---

[9] *Vozd* (Führer) ist ein alter serbischer Ausdruck für Prinz Karadjordje. Er kam im Zuge von Miloševićs politischem Aufstieg in die Gazetten und verschwand ebenso schnell wieder, als sich die nationale Euphorie mit der Kriegserfahrung und dem wirtschaftlichen Abstieg legte. *Jame* (Grube) bezog sich auf die Massengräber als Folge der Verbrechen, die Ustascha-Soldaten an der serbischen Zivilbevölkerung verübten. Dieses Wort wurde nicht zuletzt durch seine Verwendung in Gedichten und in neuerer Kriegsliteratur zum Enigma des serbischen Leids.

[10] Ein paradigmatisches Beispiel ist der serbische Dokumentarfilm „Bog i Hrvati "[Gott und die Kroaten] aus dem Jahre 1994. Der Film erfindet zwar nicht die Ustascha-Verbrechen und die Implikationen des Vatikans mit den Achsenmächten. Propagandistische Wirkung hat aber die unzweideutige Verknüpfung dieser Verbrechen mit dem Konflikt der Gegenwart. In einer Schnittfrequenz sieht man z. B. abwechselnd jubelnde Ustascha-Anhänger von 1941 und Sequenzen von Franjo Tudjman während einer Parade 1990. Das Mittel der Analogie ist ein simples Mittel, aber es funktioniert trotz eines „besseren Wissens". Wir kennen diesen Effekt aus Rufmordkampagnen in Massenmedien: Trotz offensichtlicher Unwahrheit wird beim Leser das Gefühl erzeugt: „es muss wohl etwas dran sein". Faktizität trotz Kontrafaktizität – das ist eigentliche Kulturlogik: Es wird postuliert und ab einem gewissen Punkt wird gar nicht mehr hinterfragt. Ich habe 1990 im kroatischen Fernsehen Kunsthistoriker über den angeblich engen ikonografischen Wesensbezug des serbischen Wappens zum nazistischen Hakenkreuz debattieren gesehen – mit dem unzweideutigen Ziel, das Serbentum als „genuin faschistoid" darzustellen. Die „serbo-kroatischen" Rhethoriken überbieten sich Anfang der Neunzigerjahre mit gegenseitigen Faschismusvorwürfen, ohne jedoch den eigenen „Gesinnungsfaschismus" wahrzunehmen. Zur kompetitiven Ikonografie des Krieges siehe: Senjković (1993).

- *Gedenktage und -orte*, die Gefallene, Massakeropfer oder militärische Siege ehren, z. B. Vukovar, Srebrenica, Knin;
- *Öffentliche Monumente und Gedenktafeln*: in Bosnien beispielsweise sind entsprechend einer alten balkanischen Tradition der „Kodputasci", dt. „Am-Wege-stehende", oftmals entlang der grösseren Verbindungsstrassen Gedenktafeln angebracht, die an gefallene Familienangehörige erinnern;
- *Ruinen, Kriegsschäden*: Vieles ist inzwischen wieder aufgebaut oder restauriert. Andererseits: Auch Vieles kann oder soll nicht wieder aufgebaut werden, wenn es nicht in den ethno-kulturellen „Masterplan" passt. Die demonstrativ vielen, neu errichteten Kirchen bzw. Moscheen in Bosnien, teilweise finanziert durch ausländische Geldquellen – z. B. saudi-arabische – sind im Grunde nichts anderes als pompöse Glaubensruinen: Mit erhöhter Glaubensbereitschaft innerhalb einer zunehmend säkularisierten Gesellschaft hat dies wenig zu tun. Es sollen vielmehr Fakten geschaffen werden – „Wo *unsere* Kirche, da *unsere* Kultur";
- *Traumata*: andauernde psychische oder soziale Nachwirkungen; diese Effekte sind nicht immer diagnostisch fassbar, aber dennoch „spürbar";
- *Mediendebatten, Projekte*: Versuche der Vergangenheitsaufarbeitung z. B. wie in Foren des Belgrader „Zentrums für kulturelle Dekontamination";
- *Ausstellungen, Publikationen, Konzerte* usw.

Auch wenn man allerorts den Konflikt längst hinter sich wähnen möchte: ganz zuletzt wird er dennoch in den Köpfen der Menschen weiterhin sein Unwesen treiben.[11]

Wie fragil die Situation noch ist (– einmal ganz abgesehen von der Kosovo-problematik!), zeigte sich vor etwa zwei Jahren, als der Dokumentarfilm „Oluja nad Krajnom" (Der Sturm über der Krajna) der Zagreber Gruppe FAKTUM im kroatischen Fernsehen ausgestrahlt wurde.

---

[11] Wir können ja am deutschen Beispiel ersehen, wie sehr ein nunmehr seit 60 Jahren zurückliegender Krieg die Gemüter noch zu erhitzen pflegt, wenn es darum geht, unangenehme Thematiken aufzuarbeiten. Ich denke an Goldhagens „Hitlers willige Vollstrecker" oder die Wehrmachtsausstellung des Hamburger Instituts für Sozialforschung. Gemütliche Geschichtserinnerung à la Guido Knopp und seiner ZDF „Soap History", die immer wieder das „Hitlervolk" auf der einen und das („in die Irre geführte") Deutsche Volk auf der anderen Seite je in dramaturgischer Absicht wohl behütet, ist keine Geschichtsverarbeitung, sondern eine *Geschichtsverabreichung*.

Der Film rührte erstmals an der unbefleckten Fassade des „vaterländischen Krieges" (1991–1995), indem er von kroatischen Einheiten verübte Verbrechen während der „Oluja"-Offensive im Sommer 1995 nachzuspüren versuchte. Allein diese kritische Attitüde reichte aus, um einen wütenden Sturm der Entrüstung – eine zweite „Oluja" gewissermassen – in der kroatischen Medienlandschaft hervorzurufen.

Abbildung 2

Links: Ein Teil der „Visual Culture", die an den Krieg erinnern, sind z. B. in Kroatien Kriegsmonumente wie z. B. dieser umfunktionierte Panzerwagen „Kresimir". Diese Amateur-Skulptur könnte kurioserweise mit ihrer an Pop Art gemahnenden Ästhetik ebenso gut aus einer New Yorker Galerie für Gegenwartskunst stammen.

Rechts: Der oftmals anzutreffende Restaurantname „Oluja" in Dalmatien, der sich auf die vermeintlich glorreiche Seite des Krieges bezieht, bleibt ein visueller Bezug zu den Konfliktjahren. Es sind paradoxerweise oftmals gerade die offensiven Aussteller dieser stolzen Kriegsreferenzen, die nun „nichts mehr von dieser Zeit hören möchten", in der z. B. Touristen fernblieben. Für vornehmlich deutsche Touristen – und manche von ihnen fahren immer noch, salopp formulierend, „nach Jugoslawien an die Adria" – soll irgendwie alles „wie vor dem Krieg" sein, damit sie sich „wie damals" wohl fühlen können. Diese Art der „Jugonostalgie" des Massentourismus ist durchaus eine wichtige Einnahmequelle Kroatiens.

2) Neue Mythenbildungen – Affirmative Kulturprozesse im Ausgang des Krieges. „Historische Standardisierung", europäische Integration durch kulturelle Separation

Die erfolgte politische Unabhängigkeit der Nachfolgestaaten Jugoslawiens wurde von einer „historischen" Unabhängigkeit komplementiert. Wie geschah dies? Historiker und Ethnologen suchten spätestens seit Beginn der Neunzigerjahre verstärkt nach unwiderlegbaren Merkmalen zur Etablierung von Jahrhunderte währenden exklusiven Nationaltraditionen, deren Kontinuität und Originalität angeblich durch Fremdbesatzungen (z. B. Osmanisches Reich, Donaumonarchie) und zuletzt durch die Tito-Ära, d. h. mittels einer „kommunistischen Gleichmacherei", unterbrochen worden war.

„In den Teams zum Aufbau der schlummernden, verlorenen, ‚repressierten' nationalen Identität arbeiteten einmütig die Kollegen: Universitätsprofessoren, Linguisten, Journalisten, Schriftsteller, Historiker, Psychiater,..." heisst es bei Dubravka Ugrešić.[12]

Historiendebatten wurden in den Fachwissenschaften geführt, Geschichtsbände publiziert, Filme produziert, usw., um die Positionierung des Nationalstaatlichen schnellstmöglich in der konstitutiven Logik der europäischen Staatengemeinschaft unterzubringen.

Paradigmatisch trat dieser Prozess etwa im Bereich der linguistischen Separation zutage (z. B. weit gehende Ausdifferenzierung des Serbischen und Kroatischen[13], Etablierung neuer Standardsprachen – Bosnisch, Montenegrinisch), aber auch bildende, schreibende und darstellende Künste erfassten durch wei-

---

[12] In: Ugrešić (1994: 60).

[13] Der serbische Kinofilm „Rane" (Verletzungen) lief kürzlich in Zagreb mit kroatischen Untertiteln. Der Philologe und Schriftsteller Sinan Gudžević hat mit der gebührenden Polemik einen Beitrag hierzu verfasst. Es sind rein symbolische Akte, die Sprachseparationen begründen, denn selbstverständlich versteht das kroatische Publikum den serbischen Film. Dieser soll jedoch im symbolischen Sinne nicht einfach nur verstanden, sondern „auf Kroatisch" verstanden werden.
Die Nationalisierung des Sinnes ist es jedoch, die den wahren Nationalismus offensichtlich macht. Dieser Nationalismus existiert unabhängig von politischen rechts-links Ausrichtungen. Es ist ein Irrtum zu glauben, Anfang der Neunzigerjahre seien „Rechte" an die Macht gekommen.

Abbildung 3

Puppen für die kroatische Ewigkeit – Der Bildhauer Kruno Bošnjak, Professor an der Akademie der Künste in Zagreb, schuf Skulpturen von Personen, die seiner Meinung nach Kroatiens Weg in die Unabhängigkeit ermöglichten – von links nach rechts: *Alois Mock, Hans Dietrich Genscher, Papst Johannes Paul II., Margaret Thatcher, Helmut Kohl* und *Franjo Tudjman.*

Diese Figuren sind im Katalog „Die Menschen für alle kroatischen Zeiten" abgebildet, der 1992 – als ernst gemeintes Dankeschön an westliche Regierungen – vom Kroatischen Außenministerium veröffentlicht wurde.

Die etwa buchgroßen Skulpturen erinnern stilistisch an den Riemenschneider Altar: Jede Figur repräsentiert einen gewissen geistigen Ausdrucksgestus: Man beachte etwa Margaret Thatchers dramatische Erleuchtungspose oder Tudjmans/Kohls staatsmännische Haltungen. Tudjman ist im Katalog als „Pater Patriae" beschrieben und reiht sich demzufolge so in den Chor der großen Staatsmänner und Staatsfrauen genauso wie sich Kroatien in den Chor der „großen Kulturnationen" reiht. Überzogen und ungewollt komisch ist auch die dynamische „Silver-Surfer"-Pose des Papstes, deren Ausdruck eher einer „Missionarsrakete" gleicht.

Der Patriotenprofessor Bošnjak wollte „große Kunst" vollbringen. Dies ist ihm kurioserweise – sehr unbewusst – tatsächlich gelungen, denn was sind die großen Staatsmänner und -frauen anderes als Marionetten kleinbürgerlicher Wertevorstellungen, an denen man sich etwa in der behaglichen Wohnzimmeratmosphäre ergötzt oder vergeht. In der Regel liefert jedoch „unser aller Fernseher" derartige skulpturale Gewissheiten.

Dubravka Ugrešić bestätigt irgendwie diese künstlerische Logik, wenn sie sagt: „Tudjman war nur unsere Puppe" und damit auf die katalysatorische Wirkung politischer Protagonisten im reziproken Machtgefüge Führer/Gefolgschaft anspielt. „Führer, folge uns! Wir gehorchen dir." Nicht Tudjman habe Kroatien geschaffen, schreibt Boris Buden, sondern Kroatien habe einen alterndes „Großväterchen" zu seiner letzten historischen Mission berufen.[14]

---

[14]   In: Buden (1997).

tere Standardisierungen des „Status Quo" ein perfektes Standbild der jeweiligen Kulturgemeinschaft.

Beispielsweise wurden zu Anfang der Neunzigerjahre international eine Reihe von Projekten und Ausstellungen realisiert, die Kroatien und Slowenien die notwendigen kulturpolitischen Foren boten, die neuerworbene politische Unabhängigkeit gewissermaßen „künstlerisch" zu belegen. Dieser kulturelle Rechtfertigungsdruck, der im Kroatien der Tudjman-Ära etwa mit der staatlich unterstützten Ausstellung „Čudo Naive" (Wunder der Naive, 1994) seinen zweifelhaften Höhepunkt erreichte[15], hatte unter anderem den Zweck, die von Historikern und Politikern immer wieder propagierte Zugehörigkeit Kroatiens zum „westlichen Kulturkreis" zu untermauern.[16]

Uniforme Kollektivisierungen erscheinen vor allem dort, wo Kriegsereignisse mit emotionaler Wirkung reüssiert und medial vermittelt werden. Beispielsweise haben in Kroatien die jährlichen Feierlichkeiten zur Oluja-Offensive aus dem Jahre 1995 eine relativ große Identifizierungswirkung, wenn man zudem bedenkt, dass sich die gesamte politische Führung und der Klerus hieran beteiligen. Auch die zahlreichen (im Übrigen sehr teuren – wenn man dies angesichts des maroden Finanzhaushalts erwähnen darf –) Papstbesuche hatten stets eine zusammenschweißende nationale Wirkung, die die postsozialistische Stellung der katholischen Kirche und ihre Einheit mit dem „Volkskörper" zu etablieren half. Wer den Nationalstaat „hat", muss für ihn sorgen, indem er dessen ideelles Symbolgerüst aufrecht erhält.[17]

---

[15] Tudjman interessierte sich für „državnotvorne", d. h. „staatsschöpfende" Aktivitäten, die die gesamte Palette von Militär bis Kunst beinhaltete. Hier war der Missbrauch von Folklore im nationalen Sinne erwünscht, obwohl die Konzepte von Folklore und Nation nichts miteinander gemein haben. Freilich wurden nur solche Projekte unterstützt bzw. geduldet, die die Aura einer Hochkultur besaßen und somit die Erhabenheit und Seriosität einer alten Kulturnation auszudrücken vermochten.

[16] Jedoch: Phänomene wie der deutsche Nationalsozialismus gehören auch zum „westlichen Kulturkreis". Welches utopische Ideal verbindet man also mit diesen Kategorisierungen, die weder richtig noch falsch sein können? Es genügte eben nicht, nur auf die EU zu verweisen. Rechtfertigung musste auf historische Relevanz zielen, daher sprach man vom „westlichen Kulturkreis".

[17] In der Logik der Vormoderne galten ökonomische Erwägungen gegenüber machtpolitischen immer als zweitrangig. Die Erhabenheit des Staates war das Primat, dem sich alle Aktivitäten unterzuordnen hatten. Dieses Eichungsschema („Decorum") zwischen erhaben/hoch und nützlich/tief durchzog alle repräsentativen Gesellschaftssphären (siehe:

Die Idee des „Volkskörpers" ist überhaupt das Master Narrative der Neunzigerjahre. In der serbischen National-Mythologie lieferte u. a. der Topos des „ewigen Verlierers der Geschichte" die Vorlage für die Opfer-Rhethoriken, die letztlich die aggressive innere Mobilmachung bewirkten.

Mihailo Markovićs Satz 1991 über die serbische Minderheit in der Krajina (Kroatien) drückt dies auf sehr einfache Weise aus: „Wir brauchen keine Vereinigung, denn wir sind bereits vereinigt." Da ist im Kopfe des Philosophen – nochmals: wir schreiben das Jahr 1991 – ganz nach dem unmittelbaren deutschen Vorbild der „Wiedervereinigung", im Kopfe zusammengewachsen, was territorial scheinbar zusammen gehören sollte.[18]

Mühlmann, 1996). Diese vormoderne Praxis hat sich bis in die heutige Zeit fortgesetzt. Man denke etwa an die Entscheidung des Bonner Bundestages, den teuren Umzug nach Berlin zu vollziehen, oder an die Entscheidung Helmut Kohls, die Deutsche Einheit aus den Sozialversicherungskassen zu finanzieren. Ökonomische Vernunft, wie sie seinerzeit Oskar Lafontaine eingefordert hatte, hatte innerhalb dieser Bewertungslogik keinen Platz. Die nationale Einheit ging vor finanziellen Erwägungen. Lafontaine wurde von Rechten als „Vaterlandsverräter" beschimpft. Ganz anders ist die Logik im Fall Milošević: Für viele Serben ist Milošević nicht ein Kriegsverbrecher oder „Vaterlandsverräter", sondern ein Dieb und Gauner, der Staatsgelder in die eigene Tasche wandern ließ. Eine Decorums-Formel könnte somit vielleicht lauten: Das Volk nimmt jegliches Verbrechen eines Politikers hin, aber: persönliche Bereicherung ist unverzeihlich. In Deutschland treten Politiker, wenn überhaupt, dann nie aufgrund von Lügen, sondern immer nur aufgrund von „Finanzaffären" zurück.

18 Zitat aus: Vukic (1994). Wir neigen dazu, in historischen oder gesellschaftspolitischen Fragen von „Natürlichkeit" und „Unnatürlichkeit" auszugehen. Gleichsam erscheint dem westlichen Beobachter die Deutsche Einheit als natürlicher Vorgang, da die DDR zugleich als ein unnatürlicher Staat angesehen wird. Die – unbarmherzig formuliert – „Heim-ins-Reich"-Attitüde des bundesrepublikanischen Patriotismus von 1990 wird aber aufgrund der demokratischen Vorgehensweise und der allgemeinen Euphorie dieser Zeit kaschiert. Die neuen Bundesländer gehörten 1990 nicht mehr oder weniger „natürlich" zur BRD als das „groß-serbische" Projekt die serbisch besiedelten Ländereien in Bosnien und Kroatien für sich zu beanspruchen glaubte. Freilich war die Wahl der Mittel eine radikal unterschiedliche! Dennoch: Wir vermeiden in der Regel solche Vergleiche, weil wir der demokratisch gewählten Diktatur im Serbien der Neunzigerjahre nicht den selben Stellenwert zuordnen möchten wie einer gefestigten deutschen Demokratie, obwohl beiden Phänomenen der selbe alte „unnatürliche" Gedanke zugrunde liegt: alle Nationszugehörigen versammelt auf einem Territorium.

Abbildung 4

Die Malerei eines serbischen Künstlers aus dem Jahre 1996 (Nebojša Djuranović, „Quo vadis domine?" Abb. 4) benutzt auf analoge Weise die innere Verknüpfungslogik kultureller Identität. Sie bezieht ikonografisch den Exodus der Serben aus der Krajina (1995) auf das Historiengemälde Paja Jovanovićs, welches seinerseits die Flucht der Serben aus dem Kosovo im 17. Jahrhundert darstellt (zitiert in der linken Bildhälfte). Mit dem Mittel der analogen Verknüpfung wird ein historisches Kontinuum suggeriert, in dem sich das Schicksal des „Volkes" vollzieht. Der Bildraum ist hier gewissermaßen Nationsraum und beansprucht dieselbe Aura, die ein Territorium für die nationale Historiographie darstellt (– z. B. das Kosovo in Bezug zur serbischen Kultur).

Insgesamt sind dies alles Begründungsstrukturen, die man seit dem frühen 19. Jahrhundert aus den ersten nationsbildenden Diskursen der Moderne kennt: Man formt einzelne Geschichten zu einer „Geschichte", einer Choreografie des Schicksals, die die Wesenheit und den Ursprung der jeweiligen Kulturgemeinschaft „belegen" sollen.[19]

---

[19] Zur Fiktionalität des Kulturbegriffs siehe: Brock (2002: 332ff).

3) Negation und desillusionierte Realität. Zustände und Aktivitäten wider den Ethno-„Homogenismus" und den Primat des Kultur-Kollektivismus

Jegliche affirmativen Bemühungen im oberen Sinne scheitern andererseits aufgrund der sozialen Unausführbarkeit des kulturell basierten Nationalismus, am beispielhaften und ermahnenden Vorbild Bosniens ersichtlich.[20]

Folglich herrscht innerhalb des postjugoslawischen Diskurses eine Art „Zweck-Nihilismus" im demokratischen Kleid: der Glaube an die neue (europäische) Form mit alten Mitteln und noch älteren Inhalten.

Das Gespenst der „ethnischen Homogenität" und ein alter europäischer Fehler im Denken führen dazu, die Anschauungsformen, die Nationalisten in den Neunzigerjahren vorgegeben haben, bewusst oder unbewusst zu akzeptieren. Dies gilt vom Begriff der „Mischehe" bis hin zu den „ethnischen Säuberungen"[21]. Indes, das Gebiet des ehemaligen Jugoslawien war noch nie so „gemischt" wie heutzutage. Vertreibungen und Umsiedlungen erzeugten Myriaden von Fremden (unabhängig ihrer Ethno-Etikette), die sich nur ob ihrer vermeintlichen Kulturzugehörigkeit zusammenhorten mussten.[22]

---

20 Gerade in Bosnien wird doch deutlich, dass die kulturellen Narrative längst zu Paradigmen geworden sind. Und was Intellektuelle in den achtziger und Neunzigerjahren nicht schafften, das schuf der Krieg. Auf der Ebene der Kulturproduktion wird inzwischen etwa mittels zahlreicher Publikationen an einer Kulturgeschichte der Republika Srpska gebastelt, während die herzegowinischen Nationalisten vom Široki Brijeg fröhlich Tudjmandenkmäler errichten. Durch Bosnien fahrend sieht man sehr häufig serbische oder kroatische Fahnen wehen. Dies ist präzise der Zustand einer „reinen" Multikultur: kategorial sich voneinander unterscheidende Entitäten innerhalb eines Territoriums. Das so viel beschworene friedliche Zusammenleben der Völker in den ruhigen Phasen des Sozialismus wurde ja nur dadurch bedingt, dass man in breiten Bevölkerungsschichten die Entitäten nicht so thematisierte wie nun in der Gegenwart.

21 Ich habe bislang noch niemanden getroffen, der den Begriff der Mischehe anders als rassistisch benutzte. Das heißt, niemand verstand unter „Mischehe" z. B. die Ehe eines Bankangestellten mit einer Künstlerin. Das Gleiche gilt im Hinblick auf die „ethnischen Säuberungen", die man empört zurückweist, aber im Grunde die Resultate und das Denken, das sich hinter diesem Ausdruck verbirgt, akzeptiert und willig benutzt. Die gesäuberten Ethnien sollen nun nach westlichem Vorbild Bosnien oder das Kosovo konstituieren. Hierzu soll – welch Ironie der Geschichte – in Grundzügen gerade die Verfassung implementiert werden, die 1974 ein Ausgangspunkt der allmählichen Desintegration Jugoslawiens gewesen ist.

Die Protagonisten der Gesellschaftskritik (unabhängige Intellektuelle, alternative Kunstszene, oppositionelle Gruppierungen, Publikationen, Foren, usw.), die während der Kriegsjahre marginalisiert wurden, verstanden und verstehen daher Europa-Identität nicht als retrogrades Moment eines kollektivistischen Selbstbewusstseins (d. h. verstanden Europa-Identität nicht „europäisch"), sondern als Instanz einer profunden Selbstkritik: Negation als Leitidee zukünftigen kulturellen Handelns. Nicht das Nations-Eine bestimmt hier den Handlungsimpuls wie noch die Mainstream-Kulturen während der Neunzigerjahre, sondern die Selbstreflexion, die auf einer ethischen, aber nicht auf einer ethnischen Referenz beruht.

Abbildung 5[23]

---

[22] Die Flüchtlingssituation in Belgrad wird einem beispielsweise bewusst, wenn man im Bus nach einer Touristenattraktion fragt und niemand kann Auskunft geben. In diesen Fällen trifft man auf Menschen, die z. B. 1995 aus der ländlichen Krajina in Kroatien vertrieben wurden und sich nun schwerlich im Stadtleben zurechtfinden. Es ist absurd zu behaupten, diese Flüchtlinge gehörten der selben ethnischen Gruppe („Serben") an wie die ortsansässigen Belgrader (auch „Serben"). Diese Menschen gehören zunächst der ethnischen Gruppe „Flüchtlinge" an. Dies gilt natürlich auch für andere Gruppen nach ethnischem Muster, gesetzt man akzeptiert eine funktionalistische Auslegung des Ethnienbegriffs. Welche Wissenschaftlichkeit rechtfertigt überhaupt diese Kategorisierungen? Was ist damit gewonnen?

[23] Ich benutze dieses und das vorhergehende Bildbeispiel in verschiedenen Kontexten immer wieder, da sie – unabhängig von der Intention und dem Stellenwert der Künstler – eine Diskurslogik gut sichtbar machen.

Das Projekt „Computer Cleansing" (1997) von Čedomir Vasić exemplifiziert diesen Diskurs. Es bezieht sich ebenso auf das oben erwähnte Historiengemälde Jovanovićs, nur arbeitet es unter umgekehrten ideologischen Vorzeichen. Das Ausradieren von Gewesenem als Möglichkeit geht paradigmatisch von der Kontingenz geschichtlicher Ereignisse aus. Das Bild fragt: „Was wäre, wenn die Migration nicht stattgefunden hätte?" Was als Resultat bleibt, ist das Residuum einer Desillusion des Mythos: Land ohne Leute. *The image of no image.*

Dies sind nicht Diskurse „abstrakter Pazifisten", wie einsatzbereite östliche und westliche Intellektuelle ihre Gegner gerne betitelten, sondern die kritischen Diskurse sind Diskurse abstrakter Realisten. Es sind Diskurse von Individuen, die den imaginären Gehalt realpolitischer Entscheidungen durchaus scharfsinnig durch- und erschauen können bzw. konnten.

Ich darf daran erinnern, wie theatralisch die Zusammenkunft politischer Repräsentanten in Dayton 1995 anmutete (wie z. B. von Richard Holbrooke detailliert beschrieben), die wie Kleinkinder auf historischen und geografischen Landkarten herumkritzelten, um ihre politische Position und damit das Schicksal tausender Menschen nach historisch-militärisch-kulturellem Gutdünken zu verhandeln.

Auf diese Weise aber entscheidet der Leviathan der Geschichte bislang immer über Tod und Ausgrenzung: kindisch und theatralisch, bisweilen dümmlich, trivial und frivol (z. B. Milosevićs „Whisky-Korridor"[24]).

Aus der Sicht der radikalen Kulturkritik ist diese „Realpolitik" die eigentliche abstrakte künstlerische Träumerei – man denke hier an den 1992 auf den Hügeln vor Sarajevo schreitenden und vor sich hin dichtenden Radovan Karadžić, der sich seines kulturellen Auftrags sicher, fast mit einer kindlichen Hingabe mit dem russischen Schriftsteller Lionow über literarische Angelegenheiten zu sprechen kam, während die Stadt – wie einst in Karadžićs frühen Gedichten vorausgesehen – unter Feuer lag.[25]

Auf diese unangenehme Tatsache hinzuweisen – nämlich, dass das Kunstdenken Zerstörung und Schöpfung als ein und denselben Antrieb ansieht – ist die nicht-affirmative Kulturproduktion (im obigen Sinne) unter anderem verpflichtet.

---

[24] Holbrooke, der über die Konferenzteilnehmer sagt: „These people are wild", schildert, wie ein Versorgungskorridor nach Goražde unter Einbeziehung erheblicher Mengen an Whiskey mit Milošević ausgehandelt wird.

[25] Zu sehen in dem Film „Serbian Epics" von Pawel Pawlikowski (BBC 1992).

Nichts anderes meint Walter Benjamins Diktum, demzufolge jedes Denkmal der Kultur auch ein Denkmal der Barbarei sei.[26]

4) Cultural Recycling. Das „Jugo-Phantom" und die Überbleibsel der „glücklichen Zukunft"

Neben den bereits erwähnten Aspekten halten sich immer noch hartnäckig Themen und Fragen, die sich mit dem jugoslawischen „Phantom" beschäftigen (ob in jugo-nostalgischer Prägung oder in Form der juristischen, kulturellen bzw. politisch-historischen Aufbereitung – Stichwort: post-socialist studies).

„Wie soll man das Kapitel Jugoslawien zu Ende erzählen?" lautete daher die Titelfrage eines vor nicht allzu langer Zeit veröffentlichten Beitrags im kroatischen Kulturmagazin *Zarez*. Auch hier gilt: Jugoslawien gibt es nicht mehr, aber entscheidend sind die Prägungen, Erinnerungen und Relikte, die die jugoslawische Kultur[27] hinterlassen hat, so dass es eigentlich unwichtig wird, ob es einen Staat als solchen gibt. Denn es ist wichtig, wie man nach der Tragödie seinen Emotions- und Ideenhaushalt rejustiert.

---

[26] Hier gibt es keine exakten Grenzen der Bestimmung, wenn man sich dem Problem abstrakt annähert. Die Zerstörung der Saddam Hussein Statuen durch Amerikaner waren in einem gewissen Sinne barbarisch, ebenso die Zerstörung der gewaltigen Buddha-Statuen durch die Taliban. In beiden Fällen sieht man in den Repräsentationen einen Ausdruck der Barbarei – für die Amerikaner stellt die Diktatur Saddams eine Antithese westlicher Demokratien dar, und für die Taliban stellt die barbarische Gottesdarstellung eine Antithese des sakralen Staates dar.
Für den westlichen Beobachter fällt der Vergleich schwer, denn er sieht die Begründungsstrukturen anders gewichtet. Die Taliban sind für ihn bereits Barbaren und sie zerstören ein „Weltkulturerbe", das eine internationale Staatengemeinschaft ausgerufen hat. Die Zerstörung von Statuen kann einerseits für den westlichen Beobachter niemals als kultureller Akt gelten. Dennoch ist er sich bewusst, dass Zerstörung von Kultur zur konstitutiven Logik der westlichen Kulturgeschichte gehört. Aber er sieht dies eben nur als verortete Geschichte, als vergangene Ursprünge, über die man sich nun erhebt. Die autosuggestive Konsequenz des Westens lautet somit: Die „westliche Wertegemeinschaft" kann allein dadurch, dass sie in der Gegenwart existiert, keine Kulturdestruktion betreiben. Und das, was zerstört wird, dient dem Neuaufbau, dient dieser Gegenwart.

[27] Ein Indiz für das Interesse an der ehemaligen jugoslawischen Kulturarena ist vielleicht die 2003 in Kroatien, Serbien und Bosnien erschienene Neuauflage von P. Matvejevićs Buch „Jugoslovenstvo Danas" („Jugoslawentum Heute") aus dem Jahre 1982.

Abbildung 6

(Etwa:)„Ich pfeife auf: Serbanden und Kommunarden", 1991, Poster von Tomislav Gotovac „zur Verteidigung und Erneuerung Kroatiens" in der gleichnamigen Ausstellung in
Zagreb.[28]

In Tudjmans Schimpfwort vom „Serbokommunismus", das Gotovac auf seine Weise
annimmt, spiegelt sich eine formulaische Ohnmacht der Zeit. Ein Kommunismus, dessen
einstiger Chefideologe Slowene war und dessen einstige Karrierebürokraten Kroatien zur
Unabhängigkeit führen, ist wohl nur mitunter als „serbisch" zu bezeichnen. Durch eine
Ethnisierung des Kommunismus soll neben dem realen Feind (JNA, serbische Paramilitärs)
auch das ideelle Feindbild geschärft werden, das man zur ideellen Verteidigung des angegriffenen Kroatiens bekämpfen muss.

Viele Fachleute würden vielleicht beim Terminus der Jugoslawischen Kultur widersprechen, denn die nationale Aufsplitterung sei doch gerade der Beleg, dass es jene nicht
gegeben hat. Mein Kriterium ist die Frage, ob es z. B. mindestens einen bedeutenden
Autor gibt, für den der – vielleicht paradox – Begriff zutrifft. Dieser „mindestens Eine"
ist z. B. Danilo Kiš. Der bosnische Kroate Ivo Andrić, der sich einmal als Jugoslawe,
ein anderes Mal als Serbe sah, passt wohl in kein Kulturschema und ist somit wohl der
paradigmatische Jugoslawe schlechthin. Meine Vermutung ist: Man kann über Identitäten gar nicht sprechen, ohne – wenigstens unbewusst – zu lügen.

28 Gotovac hat diesen Postervordruck (jeweils mit variablem Inhalt, „frei zum Ausfüllen")
meines Wissens bereits in den 70er Jahren eingeführt.

Indes, das Poster ist nicht nur konzeptuell, sondern auch als psychosoziale Entäußerung zu verstehen: Kroatien ist im Ausnahmezustand, und Künstler versuchen, eine „Antwort" auf diesen Zustand zu finden. Viele finden sich notgedrungen „auf der Seite Kroatiens", auch weil es jeweils „andere" sind, die einem die kulturelle Identität zuschreiben – *Zufallsnationalismus*. Aber: kann man hieraus eine Notwendigkeit propagieren, dass Künstler sich im Ausnahme- und Ernstfall auf die Seite eines Kollektivs stellen müssen? Ich denke, nein.

Man hat z. B. Emir Kušturica vorgeworfen, sich als vermeintlicher „Bosniake" nicht eindeutig zu der Sache des föderalen Bosnien bekannt zu haben – der französische Philosoph Alain Finkielkraut etwa hat Kušturicas Film „Underground" als „plumpe serbische Propaganda" diffamiert. In der Regel kommen aber derartige Vorwürfe oftmals von Seiten durchaus nicht minder „propagandistischer" Geister: Finkielkraut diskreditiert Anfang der Neunzigerjahre eine der ideellen Grundlagen Jugoslawiens – den Panslavismus – (vielleicht zurecht?!) als trügerischen Mythos. Im selben Atemzug hofiert und affirmiert er jedoch den kulturellen Ursprungsmythos des kroatischen Nationalismus![29] Hüten wir uns daher, wie im Fall Kušturica, vor schnellen Aburteilungen durch „missionarische" Philosophen. Es gibt – wer sie sucht – viel eindeutigere Fälle des künstlerischen „Serbismus": einstmals kongenialer Rockpoet Bora Djordjević der Gruppe „Riblja Čorba", der Tschetniktum, serbischen Chauvinismus und Rockmusik zum persönlichen Ausdrucksmittel formte.[30]

Ich unterscheide grob 4 Formen der „Jugo-Nostalgie" – bzw. allgemeiner formuliert: des ideellen Bezugs zum ehemaligen Jugoslawien:

a) Revisionismus
b) Eskapismus
c) Aktiver Nihilismus
d) Ästhetizismus

a) Jugo-Nostalgie, verstanden als „Revisionismus", d. h. eine Wiedererweckung der politischen jugoslawischen Idee, war nie wirklich als Programmatik existent, sondern diente Nationalisten oftmals als Denunziations- und Exklusionsgrund. Im Schimpfwort der „Jugo-Zombies", der „Roten Bande" des „Serbo-Kommunismus", beispielsweise wurde das Feindbild „Jugoslawien" in Tudjmans Kroatien medial ausgespielt und regelmäßig all jenen Kroaten und Nicht-Kroaten angeheftet, die nicht das kroatophile Gebaren des HDZ-Kanons übernahmen. Opfer dieser Kampagne wurden beispielsweise die öffentlich als „Hexen" gebrandmarkten

---

29   Siehe: Finkielkraut (1992: 27 ff.).
30   Siehe: Ljubanović (1999).

Autorinnen Rada Iveković, Jelena Lovrić, Slavenka Drakulić, Vesna Kešić und Dubravka Ugrešić.[31]

b) „Eskapismus" bezieht sich auf das Phänomen der „inneren Emigration", der imaginierten Flucht in das Bild der einstmals friedlichen Vergangenheit der jugoslawischen Multikultur. In der wirtschaftlichen Not des Nachkriegszustands wirkt die Ausflucht hin zur „glücklichen Vergangenheit" als Hoffnungsventil für bessere Zeiten. Die problematische Seite des Eskapismus besteht darin, dass man sich damit auch einer konsequenten Aufarbeitung von Geschichte entzieht. Träumen ist schön bis man aufwacht und sich plötzlich in einem realen Alptraum befindet: Der jugoslawische Staatskommunismus war eskapistisch darin, dass er sich einer kritischen Diskussion zu Problematiken des Zweiten Weltkriegs durch Zensur, Demagogie, formulaische Rhethorik und Ignoranz entzog und so dem (im weitesten Sinne) nationalistisch gesinnten Dissidententum einen Nährboden schuf (– man denkt hier gleich an die Fälle Šešelj und Paraga, aber es gehören auch die „weichen" Protagonisten Izetbegović, Tudjman, Čosić, u. a. hinzu).

Eskapistisch ist zudem die „Jugo-Nostalgie" des Massentourismus: Man lässt sich das Bild des vergangenen Urlaubsparadieses nicht durch neue politische Realitäten und Komplexitäten nehmen. Ob z. B. Čevapčiči „jugoslawisch" oder „kroatisch" sind, kümmert den ignoranten Magen des Urlaubers (zu Recht!) wenig. Die „Adria" wurde spätestens seit den Sechzigerjahren eine Form der musealisierten Kultur, die der Tourismus zu einer distinken überzeitlichen Urlaubsregion erklärte. Die „Flucht aus dem Alltag" und die jahrein-jahraus „ewig" gleiche Idylle des Urlaubsortes sind schließlich die Hauptmotive des seit wenigen Jahren wieder einsetzenden Massentourismus in Kroatien und Montenegro.

c) „Aktiver Nihilismus" ist gewissermaßen die aktivistische Form des Eskapismus und ähnelt der unter Punkt 3 behandelten Kulturkritik. Diese Form der Nostalgie entflieht nicht der Gegenwart, sondern versucht sie innerlich zu überwinden. Bei Friedrich Nietzsche meint dieser Terminus u. a. die Zerstörungskraft gegen jegliche Form von „festen Überzeugungen".

In unserem Zusammenhang gilt die Zerstörungskraft des aktiven Nihilismus den neuen nationalstaatlichen Attitüden und Rhethoriken, die denen des einstigen Staatskommunismus in nichts nachstehen (– was auch nicht verwundert, denn die Nationaleliten von Tudjman, Kučan bis Milošević hatten im alten System durchaus konformistisch Karriere gemacht).

---

[31] Siehe: Ugrešić (1994) oder spezifisch zum Fall: Tax (1993).

Abbildung 7
Der real existierende virtuelle Jugoslawe – Eine Art der Vergangenheitsbewältigung bietet etwa die Flucht in das Internet: Man kann die Staatsbürgerschaft in Cyber-Yugoslavia beantragen (www.juga.com), so man denn ein virtuelles „Ministeramt" bekleidet (– dies kann z. B. ein Ministeramt für „krummen Gang" oder „schlechten Atem" sein). Das Territorium des Nostalgie-Staates hat die Ausmaße von 0 m².

Überlegenswert ist in diesem Zusammenhang, ob es tatsächlich eine „variable Heraldik" geben sollte/könnte, d. h. repräsentative Ausdrucksformen, die eher gesellschaftlichen Prozessen und nicht einem historisch-politischen Status Rechnung tragen.

Im Wappen versucht man die konstitutive Logik des Staates auszudrücken, daher ist das Wappen ursprünglich „unbeweglich". Ein Staat kann aber in der *realen Auslegung* seiner konstitutiven Logik durchaus widersprüchliche oder multiple Formen annehmen (Multilateralität, EU-Beitritt, Teilnahme an einem grundgesetzwidrigen Angriffskrieg, usw.).

Im Falle von „Cyber-Yuga" erkennen wir, dass der ehemals „kommunistische" rote Stern und der Ährenkranz verschwunden sind und das ganze Gebilde eher einem Rettungsring ähnelt, mit dem sich ehemals gestrandete Jugoslawen nun in die Virtualität „hinüber-retten" können. Reale „Brüderlichkeit und Einigkeit" ist vielleicht nur in der Anonymität des Cyber Space möglich und erfahrbar. Eine *Domaine* ist schließlich auch eine Form von Heimat.

Diese Zerstörungskraft kann sich durchaus ironisch oder parodistisch äußern: In der Vojvodina hat vor wenigen Jahren ein „aktiver Nihilist" sein Grundstück von einigen Hektar Land als „Jugoslawien" deklariert und hält dort seitdem mit anderen gleich gesinnten (und natürlich „gleichgeschalteten") neuen Altjugoslawen Paraden und Feste ab, während derer alte Partisanenlieder zum Besten gegeben werden.

Andere aktivistische Tendenzen kommen aus künstlerischen Kreisen oder anarcho-liberalen Gruppierungen, die in Ausstellungen, Filmen, Konzerten oder Magazinen (z. B. ARKZIN, dem Sprachorgan der Antikriegskampagne ARK in Kroatien) der jeweiligen nationalstaatlichen Logik trotzen.

Abbildung 8

d) Der vierte Aspekt der Jugo-Nostalgie, der „Ästhetizismus", ist inzwischen ein „internationales" Lifestyle-Phänomen. Bilder und Slogans einer politischen Vergangenheit werden aus ideologischer Ferne und sinnlicher Nähe in einen Gegenwartskontext transplantiert. Die politischen Signaturen, die einst so schematisch und lebensfern wirkten, sollen nun – ihres eigentlichen realen Gehalts entledigt – *Spaß* bringen.

Die alljährlichen Feiern des „Dan Mladosti" (Tag der Jugend) zu Ehren Titos in Berlin beispielsweise sind im Grunde Tanzparties, auf denen von 80er/90er „Jugo-Rock", Wave, Ska, Sevdah, u. a. alles gespielt wird, was im weitesten Sinne mit „Balkan" zu tun hat (www.balkanbeats.de). Es geht darum, mit der Last der einstmaligen bleiernen sozialistischen Staatsymbolik frei zu jonglieren. Es scheint paradox, aber was die Staatsrhethoriken im alten Jugoslawien nicht vermochten, das vermögen sie nun innerhalb der westlichen Demokratien: „Verbrüderung", „Verschwesterung" und echte südslawische Einigkeit herrscht im Ausleben des organisierten Vergnügens. Die *Party* und nicht der *Staat* ist der Ort der „Brüderlichkeit und Einigkeit".

Ferner entstand in den letzten Jahren ein gewisser Titokult: Ich habe in Belgrad T-Shirts gesehen mit der Aufschrift: „Tito, komm zurück. Alles sei Dir verziehen", und dergleichen mehr. Hier sei auch Želimir Žilniks Film „Tito wieder unter den Serben" erwähnt, der nostalgische Reaktionen von Straßenpassanten auf ein Titodouble dokumentierte. Zudem gibt es eine Reihe von jugonostalgischen „Tito-Bars" von Montreal bis zu Sarajevo und Ljubljana. (In Slowenien, so wurde mir erzählt, präsentierte das Titodouble Ivo Godnić bis vor kurzem beliebte Parodien des verblichenen Marschalls). Auch Tito-Websites (z. B. www.titoville.com) gehören zur „Tito Community". Zwei schwedische Künstler, die Comic Strips zu den Balkankriegen verfassen, bringen zu ihren Ausstellungen in einem Kühlschrank stets ein Skelett in Marschallskostüm mit, von dem sie stur behaupten, es sei Tito auf Rundreise.

Es wurde inzwischen in Belgrad ein Lexikon der „Jugo-Mythologie" veröffentlicht, und, abhängig von *Mediahype* oder Marketingstrategien, bleibt nur abzuwarten, welche weiteren Ästhetiken und Gadgets der „Ostalgie" medial greifen werden.

Kurz: Das Schema des *Cultural Recycling*, welches in jeglicher veräußerlichten Form von Nostalgie oder der Verarbeitung von erlebter Geschichte steckt, hat einerseits keine primär politische Dimension; niemand will bislang in nostalgischer Wendung eine neue DDR mit Gregor Gysi als Parteisekretär ausrufen; andererseits verstehe ich „Jugo-Nostalgie" in diesem Kontext nicht nur als bloßes „Betroffenheitsgefühl" oder bloße Träumerei.

Jugo-Nostalgie ist – abgesehen von den erwähnten Vermarktungsstrategien – in der Regel ein subtiles Phänomen, das etwa Geschmacksfragen begleitet, Einkaufsverhalten beeinflusst oder eine gewisse Erinnerungskultur bestimmt. Dubravka Ugrešić schrieb von der Vergessens- und Verdrängungskultur der

Nationalisten zu Beginn der Neunzigerjahre (– in Kroatien wurden zunächst Denkmäler – auch kroatischer – Partisanen als Symbol des „Serbo-Kommunismus" systematisch zerstört, bevor nach der Tudjmanära die Rückbesinnung auf diesen Teil der „kroatischen Geschichte" wieder einsetzte). Insofern sind nostalgische Entäußerungen auch eine Trotzreaktion auf die zur Staatsbildung vermeintlich notwendigen Lügen des Nationalismus. Der selbe „turbokroatische" Nachbar, der mir 1990 prophezeite, dass mit der neuen Nationalwährung *Kuna* „alles besser" würde, hofft nun inständig, dass selbige nun verschwinden möge und dem Euro Platz machte. Man ist pragmatisch geworden.

Es gilt aber auch in diesem Fall: Man wird die Vergangenheit nicht mit Ignoranz und Tabuisierungen los – dies ist auch die bittere Lehre des jugoslawischen Staatskonzeptes – daher entsprechen die Umgehensformen der „Nostalgie" auch symbolischen oder psychologischen Verarbeitungen von persönlicher Geschichtserfahrung.

Abbildung 9
Vlado Martek, ohne Titel (USA-Balkan), 1996

Im Osten nichts Neues – Zusammenfassung und Ausblick: Der Balkan-Topos als der ewige Übergang; Sinnverquickungen und Balkanhype

Während der Wiener Konferenz „Bilanz Balkan" 2004 wurde von Ökonomen immer wieder die Notwendigkeit der politischen Stabilisierung als eine Vorbedingung für wirtschaftliches Wachstum benannt.

Das Paradox der Gesellschaft beruht indes darin, dass es zwar materielle Verhältnisse sind, die gegebenenfalls ideelle Einstellungen bewirken (z. B. die These: „Wirtschaftskrise führt zu politischer Radikalisierung", z. B. in der Weimarer Republik 1929–1933, Ostdeutschland 1991–1994 oder Jugoslawien 1981–1989). Zugleich aber sind materielle Verhältnisse untrügliche Folgen eines ideellen Netzwerks: Wenn 1990 allein ökonomische Vernunft die politischen Handlungen geleitet hätte, so hätte sich Ante Markovićs wirtschaftliches Reformprojekt gesamtjugoslawisch durch- und fortgesetzt, und es hätten sich Entwicklungen ähnlich denen in anderen Ostblockstaaten ergeben. Allein, dies sind philosophisch-kontrafaktische Überlegungen. Die Tabellen der Ökonomen, die eine politische Stabilisierung einfordern, zeigen eben, dass die Wirtschaftskraft der mehr oder weniger freien Marktwirtschafen im ex-jugoslawischen Raum bis zum heutigen Tage noch nicht einmal das „sozialistische" Niveau von 1990 erreicht hat.[32]

Die vier in diesem Essay unterschiedenen Gesellschaftsphänomene: 1) das Kriegserbe, 2) nationale Affirmation, 3) Gesellschafskritik und 4) *Culture Recycling* beruhen analog auf der Vermutung, dass in erster Linie Konzepte und Ideen – und nicht primär „Fakten" – handlungsleitend sind.[33]

---

[32] Dafür gibt es unzählige nationale und auch internationale „Kriegsprofiteure", wie z. B. die Deutsche Telekom oder die Westdeutsche Allgemeine Zeitung, die sich günstig und großanteilig in den kroatischen Telekommunikations- bzw. Zeitungsmarkt eingekauft haben. Boris Buden schreibt zu Recht, dass sich die jugoslawischen Nachfolgestaaten in Bezug zur EU in weit größerer wirtschaftlicher Abhängigkeit befinden werden, als es je innerhalb des sozialistischen Jugoslawien der Fall gewesen war. Die Idee einer ökonomischen nationalen Unabhängigkeit – als wichtiger Teil beispielsweise des kroatischen nationalen Projektes – ist und war in diesem Sinne schon immer eine Chimäre. Siehe Buden (2003: ixff).

[33] Haruki Murakami schreibt: „Es ist eine traurige Tatsache, dass von der Wirklichkeit abgekoppelte Sprache und Logik sehr viel stärker wirken als Sprache und Logik, die

Dies heißt nicht, das „gute, alte" Dogma des Marxismus oder des Neoliberalismus aufzugeben, wonach das Primat der Ökonomie menschliche Entscheidungen bestimmt. Es wäre absurd, diese Möglichkeit auszuschließen, aber ich gebe zu bedenken, dass z. B. Geld auch einer symbolischen Idee zu Grunde liegt, und dass wir, wenn wir von „materiellen", infrastrukturellen oder wirtschaftlichen Verhältnissen sprechen, oftmals die ideelle Seite des „Materiellen" ignorieren und uns in einen letztlich wirklichkeitsfernen „materialistischen Realismus" flüchten, dessen Menschenbild aus systemischen Aktanten, entropischen Verbrauchskörpern (z. B. „Arbeitenden" und „Arbeitslosen") oder gar „Klassen" aufgebaut ist: der Mensch als Wirtschaftsstandort, der mühsam erhalten werden muss. Aber – wie bereits angedeutet – der Mensch – auch der heutige – ist nicht nur ein *animal laborans* (Hanna Arendt), d. h. ein durch Arbeit wert-schöpfendes Wesen (unabhängig davon, ob Freischaffender, Arbeiter oder Dienstleister), sondern auch ein *animal rationale*, d. h. ein durch Gedankenkraft „arbeit-schöpfendes" Wesen. Wäre dem nicht so, so könnte man sich Analysen (wie die hier vorliegende) aus dem Bereich der Kulturproduktion sparen, und *allein* die Diagnosen der Mikro- oder Makroökonomie würden die gesellschaftliche Realität bestimmen helfen. Das wäre – frei nach Leibniz – sicherlich die einfachste aller möglichen Welten, und es kann durchaus sein, dass wir im Zuge der Globalisierung auf diese einfachste aller möglichen Welten zusteuern. Auf dem Weg dorthin müssen wir uns jedoch noch unweigerlich mit den hier skizzierten (nicht nur „balkanischen") Kultur-Querelen beschäftigen – dem Sand im Getriebe des Globalkapitalismus –, die sich durch anhaltende Inklusions- und Exklusionsproblematiken vereinnahmenden Lösungen widersetzen (z. B. Darf, soll, muss, kann die Türkei in die EU? Hier wird von Rechten oftmals wiederum das gute alte „kroatische" Argument vom *westlichen Kulturkreis* entgegengehalten, in den die Türkei angeblich historisch, d. h. letztlich *kategorial*, nicht hineinpasst. Hier gibt es keine *Lösungen*, sondern nur *Entscheidungen*).

Bedenken wir also die in diesem Essay skizzierte Relevanz und Reichhaltigkeit der Problematiken, die aus den Konflikten der Neunzigerjahre in unsere Zeit hineinragen, so ist es kein Zufall, dass sich nicht nur die Wirtschaft, sondern auch

---

die Wirklichkeit wiederzugeben versuchen." In: Brock (2002: 221) Invertiert heißt es irgendwo bei Puschkin (wenn ich mich recht erinnere) sinngemäß: „Lieber einen einzigen phantasievollen Gedanken als hunderte von präzisen wissenschaftlichen Wahrheiten."

Abbildung 10

Die Verbindung von Geld zur Welt. Nach Sretenović (1996) geht von etwa 1991 bis 1995 in Serbien der inflationäre Verfall der Währung einher mit einem Verfall gesellschaftlicher Sinnkonstitution überhaupt. Wenn der Kurs vom Vortag heute nicht mehr gilt, projiziert sich dies auch auf die Wahrnehmung von Inhalten, denn Geld ist ein wichtiger Indikator von Wertschöpfung. Insofern könnte man von einer Hyperinflation von Bedeutungen und Vermengungen von divergenten Sinnmärkten in Zeiten der Gesellschaftskrise sprechen. Ganz folgerichtig ist dies auch die Zeit der Verquickung von Nationalisten und Sozialisten, von Dissidenten und Bürokraten, von Dilettanten und Professionellen, von Volk und Führer, von Privatisierungen und Verstaatlichungen, von Intimität und Öffentlichkeit, von Helden und Verbrechern, von Paramilitärs und Militärs, von Euphorie und Hass, von technokratischen Heilsbringern und königstreuen Nostalgikern, von Lyrikern und Politikern, von Gangstern und Predigern, von Rechten und Linken. Wenn der Wert einer Währung den Wert des Papiers, auf dem sie gedruckt ist, unterschreitet, so ist gewissermaßen das Prinzip der Wertschöpfung ausgesetzt und „alles wird möglich", wie Karahasan schrieb.

der europäische Kulturbetrieb verstärkt dem neu entdeckten „Balkan" zugewandt hat.

Verschiedene Institutionen und Ausstellungsprojekte, wie zum Beispiel „In Search of Balkania" (Graz, 2002), „Blut und Honig. Zukunft ist am Balkan" (Klosterneuburg bei Wien, 2003) und jüngst „In den Schluchten des Balkan" (Friedericianum Kassel, bis 23. November 2003) haben auf vielgestaltiger Grundlage Interpretationen und Konzeptionen im Hinblick auf einen „neuen" Südosten Europas vermittelt, der noch bis vor wenigen Jahren ein düsterer Schauplatz des politischen Zusammenbruchs und nationaler bzw. internationaler kriegerischer Interventionspolitik war.

Wie sieht denn dieses „Neue" des Balkan aus? Was will man hier konzeptuell erschließen? Geht man hier nach veralteten, kulturgeografischen Konzepten vor? Sucht man, wie einst beim „Jugoslawismus", erneut nach einem gemeinsamen Nenner der südosteuropäischen Kulturproduktion? Oder ist der „Balkan" einfach eine Marketing-taugliche Vermittlungsstrategie, mittels derer man dem europäischen Kunstmarkt neue Anreize verschaffen möchte?

Mein Verdacht ist: Dieses „Neue" des Südosten ist *typisch*, und daher nicht wirklich neu. Der westliche *media hype* um die Dramatik der politischen Brüche und Umbrüche ist verflogen und macht nun einfach einem *culture hype* Platz, der alle Unstetigkeiten in Form des exotischen Balkanbegriffs glatt zu bügeln versucht. Der „Balkan" wird (ganz im „guten, alten" jugoslawischen Sinne!) als kulturgeografischer Hort avisiert, um kulturpolitischen Debatten ein Forum zu bieten und dadurch einen selbstgenügsamen westlichen Kulturbetrieb auf Trab zu halten, ihm durch pointierte Entgegnung und Differenzierung westlicher Projektionen, einerseits das „Andere" des Westens (Klischees, Fantasmen, Fluchtorte der Vorstellung, usw.) und andererseits das „Andere" des Ostens (kulturpolitische Parallelen, westlich-östliche Sinnbezüge, usw.) vorzuführen.

Vielleicht kann man also die Rolle des so genannten „Balkan" gegenwärtig folgendermaßen verstehen: einerseits als das nicht verortbare, *atopische*, nicht einpassbare, verquere Element auf Europas Lichterbühne, (für das man nicht einmal einen passenden Namen finden kann), und andererseits als europäischen Regelfall mit seinen prototypischen Kulturphantasmen, die während der Kriegsjahre in aller Deutlichkeit hervortraten. Der „Balkan"-Diskurs ist im Grunde ein Kunst-Phantom, das ebenso schnell verschwinden kann, wie es gekommen ist, das aber zugleich reelle Auswirkungen auf die gesellschaftliche Wahrnehmung haben kann. Ich erinnere daran, dass im Jahre 1904, bevor überhaupt ein Jugoslawien existierte, die erste „jugoslawische" Ausstellung (organisiert u. a. von Ivan

Mestrović und Nadežda Petrović) stattfand. Wir ersehen vielleicht daraus, dass „Phantome" der Kulturproduktion durchaus reale Gestalt annehmen können. Und wir sehen ebenso, dass die Zerstörung dieser realen Gestalt (Jugoslawien) wiederum zu neuen Phantomen („Balkan") führt.

Sind wir heute bewusstseinsmäßig – in der Gesamtschau aller Phänomene – wirklich weitergekommen?

Ich möchte mit einer Diagnose antworten, die mir der Belgrader Schriftsteller Brača Zulfirkapašić vor ein paar Jahren nahe legte. Auf die Frage, wie er denn die postjugoslawische Periode wahrnehme, formulierte er diesen obigen „zweieckigen" Nachkriegsbefund mit den Worten:

„Nichts ist, wie es einmal war. Und nichts ist anders."

Vielleicht ist die oberste Einsicht des „Postjugoslawismus" ein paradoxaler und paradiesischer Zustand, in dem zugleich alles und zugleich nichts möglich wird. Wie aber definiert sich in einer solchen Situation politisches Handeln? Wie formuliert sich gesellschaftliches Engagement im Hinblick auf die Kollapse der Neunzigerjahre? Was oder wer wird die oftmals beschriebene Leere der Nachkriegszeit mit belebenden Narrativen und neuer Imagination ausfüllen?

Im Zustand bewusster Paradoxie sind vielleicht nicht mehr die substanziellen Pole „Ich" / „Welt", „Wir" / „Andere", „Nationalität"/ „Internationalität", usw. von Belang, sondern die Relation beider, d. h. die Prozesse der gesellschaftlichen und informationstechnologischen Netzwerkbildung und „Hybridisierung", die sich ohne jegliche „Theorie" bereits jetzt vollziehen, und so im Grunde den Individualismus des Alltags gegen die Überzeitlichkeit kultureller Vorstellungen setzen. Im Akzeptieren des *Jetzt*, schreibt José Luis Borges (2002), liegt das Wesen des modernen Menschen.

Glauben wir dem französischen Kulturanthropologen Bruno Latour (1998), dann sind wir aber bislang „nie modern gewesen", und Modernität wäre eine große Selbsttäuschung des ethnozentristischen westlichen Diskurses, der sich Alteritäten wie Balkan- und Orientbilder – bis hin zu Terroristenbildern – kultiviert, um sich seiner selbst gewiss zu sein.

Ist dem so, dann kann nur *jetzt* die Zeit sein, diese Selbsttäuschung der „westlichen Identität" zu durchdenken. Beginnen wir auf dem „Balkan".

218   Zoran Terzić

Literaturnachweise

Anić, Alen / Hg. (1995) „Dossier: Pisci, Rat i Vlast", in: www.aimpress.org/dyn/pubs/archive/
data/199511/51111-001-pubs-zag.htm (Download 20. Februar 2000)

Borges, José Luis (2002), Das Handwerk des Dichters. Hanser Verlag, München

Brock, Bazon (2002) Der Barbar als Kulturheld. Ästhetik des Unterlassens. Kritik der Wahrheit wie man wird, der man nicht ist. Dumont, Köln

Budding, Audrey Helfant (1998) Serbian Intellectuals and the National Question. Harvard University Press, [Published Manuscript-Version], Cambridge

Buden, Boris (2003) Kaptolski kolodvor. Politicki Eseji. Vesela Nauka, CSUb, Beograd

Buden, Boris (1997) „Mission Impossible."; in: Arkzin, Zagreb, Croatia, Nr. 83, 31. Januar 1997; online: www.arkzin.com/actual/buden83.html (Download 22. Juni 2004)

Bugarski, Ranko (1997) Jezik od Mira do Rata. Cigoja Stampa, Zemun

Cassirer, Ernst (2002) Vom Mythus des Staates. Felix Meiner Verlag, Hamburg

Čolović, Ivan (1999) Divlja Knjizevnost. Biblioteka XX Vek, Beograd

Čolović, Ivan (2000) Politika simbola. Biblioteka XX Vek, Beograd

Feldman, Lada Cale et al. (Hg.), Fear, Death and Resistance. An Ethnography of War: Croatia 1991–1992. Institute of Ethnology and Folklore Research, Matica Hrvatska, X Press, Zagreb

Finkielkraut, Alain (1992) Kako se to moze biti Hrvat? CERES, Zagreb

Gellner, Ernest (1999) Nationalismus – Kultur und Macht. Siedler Verlag, Berlin

Hobsbawm, Eric und *Ranger, Terence* / Hg. (1993) The Invention of Tradition. Cambridge University Press, Cambridge

Holbrooke, Richard (1999) To End a War. Modern Library, New York

Karahasan, Dževad (2003) „Drei Schritte zum Teufel. Der Fall Balkan oder: Das Ende der politischen Gesellschaft"; in: Lettre International, No. 63, S. 41 ff.

Latour, Bruno (1998) Wir sind nie modern gewesen. Fischer Verlag, Frankfurt/Main

Ljubanović, Nandor und *Borić, Drago* (1999) Od Velike Srbije do SAO Riblje Čorbe. Kulturbunt, Pančevo

Mühlmann, Heiner (1996) Die Natur der Kulturen – Entwurf einer kulturgenetischen Theorie. Springer, Wien/New York

Popov, Nebojša / Hg. (1996) Srpska strana rata – Trauma i katarza u istorijskom pamčenju. REPUBLIKA, Beograd

Ratko, Vince et al. / Hg. (1996) Čudo Hrvatske Naive. Amalteja i Hrvatski Muzej Naivne Umjetnosti, Zagreb

Rocker, Rudolf (1976a) Nationalismus und Kultur. Band I, Vita Nova Verlag, Zürich

Rocker, Rudolf (1976b) Nationalismus und Kultur. Band II, Vita Nova Verlag, Zürich

Senjković, Reana (1993), „In the beginning there were a coat of arms, a flag and a ‚pleter'", in *Feldman, Lada Cale* et al. (Hg.), Fear, Death and Resistance. An Ethnography of War: Croatia 1991–1992. Institute of Ethnology and Folklore Research, Matica Hrvatska, X Press, Zagreb

Sretenović, Dejan (1996) „Art in a Closed Society"; in: Center for Contemporary Arts/ Hg. (1996) Art in Yugoslavia 1992–1995. Fund for an Open Society, Belgrade

Tax, Meredith (1993) „The Five Croatian ‚Witches': A casebook on ‚trial by public opinion' as a form of censorship and intimidation" [1. Juli 1993], Women's World – Organization for Rights, Literature and Development, USA; in: www.wworld.org/archive/archive. asp?ID=157 (Download 22. Juni 2004)

Ugrešić, Dubravka (1994) Kultur der Lüge. Suhrkamp, Frankfurt/Main

Vukić, Radivoj / Hg. (1994) Svastalice – kronika ideoloske konjunkture 1991–1994. Gradjanska Čitaonica, Zrenjanin – Banat

Wachtel, Andrew Baruch (1998) Making a nation, breaking a nation. Literature and Cultural Politics in Yugoslavia. Stanford University Press, Stanford

Zelinsky, Hartmut (2000) „Verfall, Entrückung, Weltvernichtung. Richard Wagners antisemitische Werk-Idee als Kunstreligion und Zivilisationskritik und ihre Verbreitung bis 1933."; in: *Friedländer, Saul* und *Rüsen, Jörn* (2000) Richard Wagner im Dritten Reich. Symposion Schloss Elmau. Verlag C.H.Beck, München, S. 309–341

Zizek, Slavoj (1993) Tarrying with the Negative. Kant, Hegel and the Critique of Ideology. Duke University Press, Durham

Abbildungen

Abb. 1) Fond za kulturu / Hg. (1991) *Za obranu i obnovu Hrvatske.* Katalog, Stadt Zagreb

Abb. 2) Copyright des Autors © 2002/2003

Abb. 3) Bošnjak, Kruno (1992) *Die Personen für alle kroatischen Zeiten.* Ausstellungskatalog, Aussenministerium der Republik Kroatien, Zagreb

Abb. 6) www.nebojsadjuranovic.co.yu/srpski/ciklusi/svetlostivatre/html/quovadisdomine. html

Abb. 5) Akademie der Künste Berlin / Hg. (2000) *Dossier Serbien. Wirklichkeit der 90er Jahre.* Katalog, Berlin

Abb. 6) Fond za kulturu / Hg. (1991) *Za obranu i obnovu Hrvatske.* Katalog, Zagreb

Abb. 7) Signet von www.juga.com

Abb. 8) Balkanbeats Flyer (2002), Berlin

Abb. 9) Abbildung aus der Presse-CD ROM der Ausstellung „In den Schluchten des Balkan" im Fridericianum, Kassel, 2003

Abb. 10) N.N.

DER BALKAN IM INTERNATIONALEN KONTEXT, INTERREGIONALE BEZIEHUNGEN

PAUL LEIFER

DER BALKAN IM INTERNATIONALEN KONTEXT

In seiner Einleitung zu diesem Symposium hat der Direktor des Österreichischen Ost- und Südosteuropa-Instituts, Herr Dozent Jordan, auf vier Grundprobleme der Balkan-Region hingewiesen, die sich auf alle Teilbereiche auswirken. Wenn man die wechselvolle Geschichte dieses Raumes bis zur aktuellen Situation im westlichen Balkan vor Augen hat, so drängt sich ein weiteres problematisches Charakteristikum auf:

Die Völker und Ethnien dieses Raumes kennen keine Phase politischer und gesellschaftlicher Stabilität ohne außerregionalen Einfluss, ohne von außerregionalen Mächten maßgeblich bestimmte Grenzziehungen und Regeln des Zusammenlebens. Auch der Zerfall des (unter aktiver Mitwirkung außerregionaler Regierungen zustande gekommenen) Staatengebildes Jugoslawien war durch das Ende des Kalten Krieges und den Siegeszug des westlichen Demokratie-Konzeptes mitbedingt. Die blutigen interethnischen Konflikte konnten als Folge der herrschenden internationalen Interessenskonstellation zwar nicht verhindert werden, das schließliche Einschreiten der internationalen Gemeinschaft hat sie aber zumindest vor einer weiteren Eskalation bewahrt.

Die bis heute ungelösten Grenz- und Status-Fragen sowie Probleme der interethnischen Beziehungen (Montenegro, Kosovo, Bosnien-Herzegowina) werden vorläufig noch durch von außen aufoktroyierte und von der internationalen Gemeinschaft aufrechterhaltene Provisorien unter Kontrolle gehalten. Die unvereinbaren Positionen und die Mentalität der Protagonisten in der Region geben kaum Hoffnung für Ansätze zu haltbaren Lösungen. Was sie allerdings gemeinsam haben, ist das zumindest mehrheitliche Bekenntnis zur Bereitschaft, einen neuen endogenen Faktor wirken zu lassen, nämlich die EU-Beitrittsperspektive. Deren Verwirklichung setzt aber eine von den betroffenen Bevölkerungsteilen

bisher nie geforderte Überwindung von tief sitzenden Denk- und Handlungs-
weisen voraus.

Die Behandlung der Rolle endogener politischer Konzepte und ihrer Akzep-
tanz in der aktuellen Situation des Balkans ist Schwerpunktthema dieses Panels.
Sein Titel sollte zu Beiträgen einladen, welche die Realitätsbezogenheit, Relevanz
und Wirksamkeit der zur Stabilisierung dieses Raumes von der internationalen
Gemeinschaft angebotenen Konzepte und eingesetzten Instrumente hinterfra-
gen, und Anhaltspunkte für notwendig erscheinende Korrekturen sowie für realistische Alternativen liefern. Der Inhalt der Beiträge liegt in der ausschließlichen
Verantwortlichkeit der Autoren.

Henriette Riegler

SICHERHEITSPOLITISCHE ASPEKTE

Südosteuropa und insbesondere die Region Ex-Jugoslawien lässt sich ohne die internationale Dimension nicht denken. Immer wieder, nicht nur im Zusammenhang mit den rezenten Kriegen, war dies eine Region intensiver außerregionaler politischer und militärischer Einflussnahme. Das internationale (europäische wie transatlantische) Engagement konnte den institutionell-politischen Zusammenbruch Jugoslawiens nicht verhindern und konnte auch die gewaltsamen Auseinandersetzungen nicht verhindern, die um das Erbe dieses Staatengebildes geführt wurden. Ob das aus Mangel an Interesse, Furcht vor der eigenen Courage, Selbstüberschätzung oder simpel einer falschen Analyse über das Ausmaß der herannahenden Katastrophe geschah, ist eine noch im Gange befindliche Debatte. Der Befund, dass eine adäquate Antwort auf den Zusammenbruch nicht gefunden wurde, ist klar, sieht man sich den Konsequenzen, v. a. den Opferzahlen und dem Ausmaß an materieller und immaterieller Zerstörung, gegenüber.

Momentan wird in der Internationalen Politik und innerhalb der „International Relations" eine andere Debatte geführt. Die Debatte um präventive Intervention.

Diese Debatte dreht sich um die Frage, wann der ideale Zeitpunkt ist, in dem man (von außen) in sich aufbauendes Konfliktpotential eingreifen soll, um das Ärgste zu verhindern. Auf der Basis dieser Debatte lässt sich eines über den Konfliktherd Ex-Jugoslawien unwidersprochen sagen: hier wurde zu spät und mit zu schwachen Instrumenten eingegriffen. Über die Motive lässt sich streiten, siehe oben.

Dies vor Augen, lässt sich eine Bilanz der heutigen Situation ziehen. Wieder muss man fragen: werden Konfliktpotentiale richtig eingeschätzt, genügend Ressourcen und die richtigen Mittel eingesetzt, um sie zu entschärfen und heute eindeutige Signale der präventiven Abschreckung an zukünftige Kriegsherren gerichtet wie dies mit dem Instrument des Internationalen Kriegsverbrechertribunals möglich ist? Oder wartet man wieder einmal zu, darauf dass sich politische

Entscheidungen von selber klären, sich etwa die längst überfällige Entscheidung des Status des Kosovo von alleine löst und hofft im Übrigen, dass es so schlimm nicht kommen werde. Diese Hoffnungen hatte man bereits einmal und sie haben sich als falsch herausgestellt. Auch ein politisch schwaches und auf eine ökonomistische Logik fixiertes europäisches Integrationssignal hat damals nicht ausgereicht, warum sollte es heute genügen? Die Jugoslawienkriege und die gegenwärtige weltpolitische Lage haben zumindest eines klar gezeigt: es kommt immer so schlimm, wie weit die internationale Gemeinschaft es Aggressoren erlaubt, zu gehen. Aufgabe aufgeklärter Forschung muss es deshalb sein, die Gefahren beschränkter Handlungsfähigkeit mangels analytischer Deutung zu minimieren, und auf die Bedeutung rechtzeitig getroffener und mit ausreichend Macht durchgesetzter politischer Entscheidungen aufmerksam zu machen.

Klaus Bachmann[1]

DIE ROLLE DES INTERNATIONALEN JUGOSLAWIEN-TRIBUNALS BEI DER STABILISIERUNG UND VERSÖHNUNG IM EHEMALIGEN JUGOSLAWIEN

Das „Internationale Straftribunal für das frühere Jugoslawien" (International Criminal Tribunal for the Former Jugoslavia, ICTY) wurde 1993 aufgrund der UN-Sicherheitsratsresolution 827 und auf Antrag Frankreichs gegründet. Der Resolution ging ein eine Grundsatzbeschluss über die Gründung des ICTY in der Resolution 808 voraus. Gegründet wurde das Tribunal unter dem Eindruck der ethnischen Konflikte und damit einhergehenden Verbrechen an der Zivilbevölkerung im zerfallenden Jugoslawien. Das ICTY, dessen Sitz in den Haag ist, erhielt mit den Sicherheitsratsresolutionen eine Reihe konkreter Aufträge:[2]

---

[1] Der folgende Artikel versucht nachzuweisen, dass das Internationale Jugoslawien-Tribunal aufgrund seiner inherenten Mängel, die zum großen Teil gerade aus seinem Charakter als internationales Tribunal herrühren, nicht imstande ist, die meisten der Aufgaben zu erfüllen, die ihm von den Vereinten Nationen auferlegt wurden, bzw. die es sich selbst auferlegt hat. Paradoxerweise erfüllt es eine Aufgabe am besten, die nie Anlass seiner Errichtung war: Das Sammeln von (allerdings öffentlich kaum zugänglichen) neuen Erkenntnissen über den Zerfall Jugoslawiens und die ethnischen Konflikte, die damit zusammenhängen.

[2] Sicherheitsratsresolution 808 siehe http://www.un.org/icty/basic/statut/S-RES-808_93.htm
Sicherheitsratsresolution 827 siehe http://www.un.org/icty/basic/statut/S-RES-827_93.htm

1) Personen zu richten, die sich schwerer Verstöße gegen internationales Völkerrecht zuschulden kommen ließen[3] („Gerechtigkeit")
2) Zur Wiederherstellung und Sicherung des Friedens beizutragen[4] („Versöhnung")
3) Die Verbrechen in der Region zu beenden und potentielle Täter von weiteren abzuschrecken. („Abschreckung")[5]

Das Tribunal kann Recht sprechen in vier Bereichen des humanitären Völkerrechts, d. h. bei:

- schweren Verstößen gegen die Genfer Konventionen (grave breaches of the Geneva Conventions)
- Kriegsverbrechen (violations of the laws and customs of war)
- Völkermord (genocide)
- Verbrechen gegen die Menschlichkeit (crimes against humanity)

Es richtet ausschließlich natürliche Personen, also keine Organisationen. Es hat parallele Jurisdiktion (concurrent jurisdiction) im Verhältnis zu nationalen Gerichtsbarkeiten, kann aber jederzeit den Vorrang (priority) beanspruchen, was bedeutet, dass ein Gericht, das einen vom ICTY banspruchten Fall bearbeitet, diesen auf Verlangen an das ICTY abgeben muss.[6] Dies ist ein wichtiger Unterschied zum Internationalen Straftribunal (International Criminal Court, ICC), der nur tätig werden kann, nachdem er den Nachweis geführt hat, dass ein Verbrechen nicht von der zuständigen nationalen Gerichtsbarkeit verfolgt wurde.[7]

---

3   Wörtlich (laut SRR 808): „to put an end to such crimes and to take effective measures to bring to justice the persons who are responsible for them".
4   Wörtlich (laut SRR 808): „(...) contribute to the restoration and maintenance of peace".
5   Wörtlich (laut SRR 827): „contribute to ensuring that such violations are halted and effectively redressed".
6   M. Castillo: La compétence du Tribunal Pénal pour la Yougoslavie. In: Revue Générale de Droit Public 98/1994, nr.1, S. 61–87. A. Pellet: Le Tribunal Criminel pour l'Ex-Yougoslavie. Poudre aux yeux ou avancée décisive? In: Revue Générale de Droit Public 98/1994 nr.1, S. 7–60.
7   Zur Entstehung des ICTY siehe (u. a.): Gary Jonathan Bass: Stay in the Hand of Vengeance. The Politics of War Crimes Tribunals. Princeton, Oxford 2000. Verschiedene Ansichten zur völkerrechtlichen Legalität des ICTY bei: Jianming Shen: A Politicized ICTY Should Come to an End. In: http://jurist.law.pitt.edu/shen.htm

Das ICTY besteht aus dem eigentlichen Gericht, bestehend aus 3 Kammern und einer Apellationskammer mit zusammen 16 ständigen und 9 so genannten „ad litem" Richtern, der Registratur und dem Büro des Anklägers (Office of the Prosecutor, OTP). Es verhandelt in Englisch, Französisch und einer Sprache, die in der Gerichtspraxis als BCS (bosnisch, kroatisch, serbisch) bezeichnet wird, in besonderen Fällen (im Rahmen der Beweisaufnahme zur Kosovo-Anklage gegen den früheren serbischen Präsidenten Slobodan Milošević) auch in Albanisch.

Das Statut, das vom UN-Sicherheitsrat verabschiedet und von den Richtern selbst mehrfach geändert wurde, stellt eine Mischung aus angelsächsischen und kontinentalen Prinzipien, Straf- und Militärrecht (common law, civil law and military law) dar.[8] So kennt das Tribunal keine Ermittlungsrichter, sondern unabhängige Ankläger, die selbst ermitteln und ihre Ergebnisse vor Gericht vortragen (zugleich aber auch entlastendes Beweismaterial zur Verfügung stellen müssen). Jede Seite kann ihre eigenen Zeugen aufrufen und verhören, die Gegenseite kann sie dann ins Kreuzverhör nehmen. Über Schuld und Unschuld entscheidet eine Kammer aus drei Richtern ohne Jury, weshalb auch Hörensagen bis zu einer meist ad hoc von den Richtern bestimmten Grenze als Beweis zugelassen ist. Zwischen den verschiedenen Elementen des Statuts besteht eine Spannung, die dazu führt, dass oft nicht klar ist, ob das Ziel eines Prozesses die Wahrheitsfindung oder die Schuldermittlung sein soll. Darauf wird später noch eingegangen.

Ein Verfahren besteht aus folgenden Schritten:

1. Ermittlungen der Anklagebehörde
2. Erstellung der Anklageschrift, die von einem Richter genehmigt werden muss. Das Gleiche gilt für Änderungen der Anklageschrift, deren Aufhebung und so genannte „plea agreements", die ebenfalls eine Änderung der Anklageschrift darstellen. Anklageschriften können, um die Festnahme und Überstellung eines Angeklagten zu erleichtern (bei denen das ICTY vollkommen von der Mitwirkung der betroffenen Staaten und internationalen Organisationen abhängig ist), geheim gehalten werden.

Cathrin Schütz: Die NATO-Internvention in Jugoslawien. Hintergründe, Nebenwirkungen und Folgen. Wien 2003, S. 32–34.

8   Diane Marie Amann: Harmonic convergence? Constitutional Criminal Procedure in an International Context. In: Indiana Law Journal 75/3, 2000, S. 841–844. http://www.law.indiana.edu/ilj/v75/no3/amann.pdf

3. Ausstellung eines internationalen Haftbefehls (wenn sich der Angeklagte nicht selbst stellt).
4. Erste Anhörung des Angeklagten nach seinem Erscheinen vor Gericht.
5. Eigentliche Hauptverhandlung
6. Eventuelle Apellationsverhandlung

Zusätzlich zu den Aufgaben, die dem ICTY vom Sicherheitsrat der Vereinten Nationen auferlegt wurden, hat es sich noch zusätzliche Aufgaben gestellt:

– zur historischen Wahrheitsfindung über die Konflikte im zerfallenden Jugoslawien beizutragen
– den Opfern der dabei geschehenen Verbrechen zu Gerechtigkeit zu verhelfen

Darüber hinausgehend hat es die Aufträge, zur Wiederherstellung des Friedens und seiner Sicherung beizutragen dahingehend interpretiert,[9] „die Versöhnung im ehemaligen Jugoslawien zu fördern." Diese Interpretation ist alles andere als selbstverständlich, denn das Gericht bedient sich dabei eines Begriffes, der weder detailliert und stringent aus der UN-Sicherheitsresolution 827 hergeleitet, noch näher definiert wurde und – wie Urteile des Gerichts zeigen – auch unter den Richtern selbst umstritten ist. So lässt sich mit dem Rückgriff auf „Versöhnung" ein relativ mildes Urteil gegen einen geständigen Täter (wie im Fall Biljana Plavšić) ebenso rechtfertigen, wie ein relativ hartes Urteil gegen einen ebenso geständigen Täter, der ähnlich schwerer Verbrechen angeklagt war (wie im Fall Dragan Nikolić). Eine besondere Dehnung erfuhr der Begriff der Versöhnung, als sich im Frühjahr 2004 die Registratur des Gerichts entschied, gegen Slobodan Milošević und Vojslav Šešelj ein Kontaktverbot auszusprechen, um diesen die Beteiligung am serbischen Wahlkampf unmöglich zu machen, wo beide – trotz ihres Status als U-Häftlinge in Scheveningen – als Kandidaten aufgestellt worden waren. Damit

---

[9]   Wörtlich: In harmony with the purpose of its founding resolution, the ICTY's mission is fourfold:
to bring to justice persons allegedly responsible for serious violations of international humanitarian law
to render justice to the victims
to deter further crimes
to contribute to the restoration of peace by promoting reconciliation in the former Yugoslavia.
http://www.un.org/icty/glance/index.htm

wird die Interpretation des UN-Auftrags durch das Tribunal zu einer Erweiterung ins Politische, ohne dass das Gericht diese näher begründet hätte. Auch die Frage, wie das Tribunal gedenkt, Opfern gegenüber Gerechtigkeit walten zu lassen, ist nie näher ausgeführt worden. Für die Anklagebehörde, die sich – insbesondere in Gestalt von Chefanklägerin Carla Del Ponte – dazu mehrfach geäußert hat, kann das nur heißen, möglichst viele Verbrechen aufzuklären, die Schuldigen hart zu bestrafen und die Opfer vor Gericht zu Wort kommen zu lassen. Keines dieser Ziele lässt sich allerdings ohne Einbußen bei der Effektivität der Anklagen und der Rechtssprechung verwirklichen. Auch zwischen den anderen Aufträgen des Tribunals gibt es Spannungen: z. B. zwischen dem Gebot der Fairness der Verfahren und deren Effizienz.

Die Effizienz des ICTY

Die Erfüllung jener Aufträge, die relativ deutlich umrissen und messbar sind – Effizienz, Fairness der Verfahren – kann auf mehrere Arten gemessen werden: Absolut oder relativ. Relativ z. B. durch Vergleiche mit verwandten Institutionen (wie z. B. dem Internationalen Ruanda-Tribunal oder dem ICC), durch Vergleiche mit nationalen Gerichten und deren Handlungsweise bei ähnlich komplizierten Prozessen oder durch die Anwendung von vom Tribunal selbst anerkannten Normen. Wichtige Kriterien sind dabei u. a. die Länge der Verfahren, die Bedeutung der verhandelten Verbrechen und Angeklagten und – was die Effizienz der Anklagebehörde angeht – das Verhältnis von Anklagen und Verurteilungen.

Wegen der sehr unterschiedlichen Ausgangslage und von den betreffenden Gerichten behandelten Materien bietet sich ein Vergleich zwischen ICTY und ICTR nicht an. Das Gleiche gilt für das ICC, das bisher noch keinen einzigen Fall behandelt hat. Selbst komplizierte Prozesse mit relativ prominenten Angeklagten und politischen Implikationen werden dagegen von nationalen Gerichten in der Regel schneller als vom ICTY abgewickelt.

Ein Vergleich mit den vom Europäischen Menschenrechtsgerichtshof in Strassburg aufgestellten Normen, basierend auf der Europäischen Menschenrechtskonvention (EMRK), ergibt, dass eine ganze Reihe von Verfahren vor dem ICTY wegen ihrer Länge zumindest problematisch sind.

„Gerechtigkeit"

Die EMRK verlangt in ihren Artikeln 5.3 und 6.1., dass ein Angeklagter „unverzüglich" einem Richter vorgeführt wird, dass er (Art. 5.3) „innerhalb einer angemessenen Frist abgeurteilt" und (Art. 6.1) angehört werde.[10] Mit der Forderung nach „unverzüglicher Vorführung" hatte das ICTY bisher nur ausnahmsweise Probleme. In der Regel werden Angeklagte bereits am Tag nach ihrer Überstellung nach den Haag einem Richter vorgeführt, der ihnen Gelegenheit gibt, sich zur Anklage zu äußern und über ihre weitere Haft entscheidet. In der Regel erhalten dabei Täter, die sich freiwillig gestellt haben, Haftverschonung. Auch mit der „unverzüglichen Anhörung" gibt es also kaum Schwierigkeiten. Anders sieht die Sache aus, betrachtet man die Forderung der EMRK nach „Aburteilung in angemessener Zeit." Der Strassburger Gerichtshof hat so beispielsweise in der Sache „DP gegen Polen" einem Kläger Recht gegeben und eine Entschädigung zuerkannt, dessen Gerichtsverfahren insgesamt 33 Monate gedauert hatte bis zur erstinstanzlichen Verurteilung.[11] Darüber hinaus hat es zahlreiche Urteile gefällt, in denen Verfahrenszeiten, die deutlich länger waren als 33 Monate, als Verstöße gegen Art. 5.1, 5.3 und 6.3 EMRK ausgelegt wurden.

Nimmt man 33 Monate als unterste Messlatte für das ICTY, so stellt sich heraus, dass das ICTY sehr häufig gegen diese Norm verstößt. Beachtet werden muss dabei, dass dies noch nicht bedeutet, dass das ICTY damit gegen die EMRK verstößt. Für diese Feststellung müsste durch den Strassburger Gerichtshof eine Einzelfallprüfung durchgeführt werden, bei der dann auch die Komplexität des Verfahrens berücksichtigt werden müsste. Man kann also nicht davon ausgehen, dass ein Verfahren von 33 Monaten automatisch einen Verstoß gegen die EMRK darstellt. Nichtsdestotrotz bietet sich das 33-Monate-Kriterium als Maßstab natürlich an.

---

[10] Konvention zum Schutze der Menschenrechte und Grundfreiheiten.
      http://www.echr.coe.int/Convention/webConvenGER.pdf
[11] Arret nr. 34221–96, ergangen im Jahr 2000.

Tab. 1 Die Länge der Verfahren vor dem ICTY (bis zum Urteil der ersten Instanz)

Verfahren	Dauer von der Vorführung des Angeklagten bis Beginn der Hauptverhandlung	Dauer der Hauptverhandlung	Gesamte Dauer
Dragan Nikolić	40	3	43
Momir Nikolić	15	7	22
S. Galić	23	24	47
B. Šimić	7	25	32
H. Stakić	13	15	28
Neletić	25	18	43
H. Vasiljević	20	6	26
Kvočka	22	21	43
Krstić	15	21	36
Kordić/Cerkez	18	22	40
Blaskić	14	33	47

Quelle: ICTY (berücksichtigt wurden nur Verfahren, die bis Anfang März 2004 erstinstanzlich abgeschlossen waren)

Es fällt auf, dass eine bedeutende Zahl von Verfahren die 33-Monatsgrenze deutlich übersteigt. Die Gründe für die lange Dauer der Verfahren sind vielfältig und hängen nahezu alle mit dem internationalen Charakter des Tribunals zusammen:

– Das Tribunal kann bei der Einberufung von Zeugen und der Sicherung von Beweismaterial nur auf die Dienste betroffener Staaten zurückgreifen. Im Falle von Nachfolgestaaten des ehemaligen Jugoslawien stößt es dabei oft auf Obstruktion, die auch damit zusammenhängt, dass diese vor anderen Tribunalen (dem Internationalen Gerichtshof) gegeneinander klagen und befürchten, Beweismaterial, das vom ICTY verlangt werde, könne vor dem Internationalen Gerichtshof gegen sie verwendet werden. Dies betrifft insbesondere die Klage von Bosnien-Herzegowina gegen Jugoslawien wegen Völkermord, bei der es um Entschädigungen geht. Auch westliche Staaten sind zurückhaltend bei der Zusammenarbeit und können Beweise zurückhalten, indem sie sie zu Staatsgeheimnisse erklären oder wichtigen Zeugen die Aussagegenehmigung verweigern (wie dies die USA in zahlreichen Fällen getan haben).

- Aufgrund seines Statuts ist das Tribunal gezwungen, die Existenz jedes einzelnen Verbrechens, das einem Angeklagten vorgeworfen wird, durch Zeugenaussagen zu beweisen. Zum Beweis, dass im Kosovo ethnische Säuberungen stattgefunden haben, genügt es daher nicht, aus Berichten internationaler Organisationen zu zitieren. Im Fall Milošević war die Anklage gezwungen, aus jedem Dorf, dessen Zerstörung dem Angeklagten in der Anklageschrift vorgeworfen wurde, Zeugen aussagen zu lassen.
- Alle rechtlich relevanten Dokumente müssen in die jeweils anderen offiziellen Sprachen des Tribunals übersetzt werden.
- Die Kreuzverhöre, die die Parteien mit Zeugen durchführen, sind sehr zeitaufwendig.
- Grundsätzlich müssen Zeugenaussagen, die schriftlich vorliegen, von den jeweiligen Zeugen bestätigt werden und diese Zeugen müssen von der Gegenseite ins Kreuzverhör genommen werden können. Unter dem Eindruck des Milošević-Prozesses wurde diese Prozedur inzwischen etwas abgekürzt.

Besser sieht es dagegen mit der Effizienz der Anklagebehörde aus. Von den 91 Angeklagten, die bis März 2004 vor Gericht standen, wurden 85,1 Prozent verurteilt. In zehn Fällen wurden Verfahren von Angeklagten, die vorgeführt worden waren, aufgrund von Identitätsverwechslungen, des Todes der Angeklagten und anderen Gründen eingestellt, in fünf Fällen wurden die Angeklagten unschuldig befunden.

„Versöhnung"

Die Frage, ob und wenn ja, inwieweit die Tätigkeit des ICTY zur Versöhnung in der Region beigetragen hat, kann aus den genannten Gründen nicht beantwortet werden. Dazu müsste ausserdem an dieser Stelle eine Definition dieses Begriffes eingeführt werden, was einer Überführung psychologischer Kriterien in Geschichtewissenschaft und Politische Wissenschaften gleichkäme. Darüber hinaus müsste entschieden werden, welcher Perspektive Vorrang eingeräumt wird: Der interethnischen, der zwischenstaatlichen, der Perspektive der Opfer, oder einer objektivierenden Sichtweise. Stattdessen soll hier eine einfache, leicht verständliche und messbare Vorgehensweise erprobt werden, die die Voraussetzungen für eine Versöhnung überprüft, ohne auf den Begriff selbst direkt einzugehen. Es wird davon ausgegangen, dass die Tätigkeit des ICTY zur Versöhnung in der Region nur dann beitragen kann, wenn dem Tribunal selbst Vertrauen entgegengebracht wird. Untersuchungen zeigen, dass dies tatsächlich der Fall ist, sich aber von ethnischer Entität zu ethnischer Entität und zwischen den jugoslawischen Nachfolgerepubliken stark unterscheidet.

Tab. 2 Vertrauen in ICTY und Carla Del Ponte

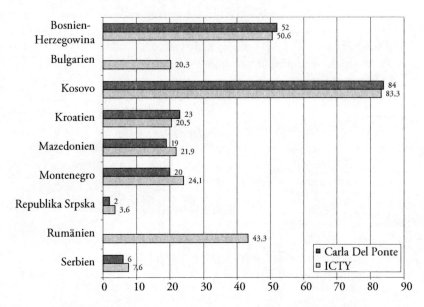

Quelle: Strategic Marketing and Media Research Institute, Belgrade
http://www.smmri.co.yu/english/research-archivee.asp?type=opinions

Die Hoffnung, das ICTY werde zur Versöhnung in der Region beitragen, kann sich so gesehen also allenfalls im Kosovo und der Bosnischen Föderation, ganz sicher nicht in Serbien und der Serbischen Republik Bosnien-Herzegowinas erfüllen. Es fällt auf, dass die Vertrauenswerte für das ICTY und Carla Del Ponte umgekehrt proportional sind zur Zahl der Anklageerhebungen des ICTY gegenüber Angeklagten, die in den Auseinandersetzungen beim Zerfall Jugoslawiens auf der jeweiligen Seite standen. So gibt es zahlreiche Anklageschriften gegen Politiker und Militärs aus Serbien und der Republika Srpska, aber wenige gegen Politiker und Militärs aus Bosnien und fast keine gegen Kosovo-Albaner.[12]

---

[12] Die ethnische Zugehörigkeit scheidet als Kriterium dabei aus, da sie sich nicht immer mit der Zugehörigkeit zu einem kämpfenden Lager deckt. So war einer der ersten Angeklagten

Tab. 3 Zugehörigkeit der ICTY-Angeklagten zu einem ethnisch-religiösen Lager
(Stand vom 1.7.2003)

Serbien und serbische Republik Bosnien-Herzegowina	Kroatien	Kosovo-Albaner	Bosnier[13]
72	16	3	8

Quelle: ICTY, eigene Berechnungen

„Abschreckung"

Konnte das ICTY dazu beitragen, potentielle Täter abzuschrecken und die Gewalttaten beim Zerfall Jugoslawiens zu stoppen? Ein Blick auf die historische Chronik scheint eher das Gegenteil zu beweisen. Nur zwei Jahre nach der Gründung des ICTY durch den UN-Sicherheitsrat geschah das schlimmste Verbrechen im Rahmen der ethnisch-religiösen Auseinandersetzungen in der Region – die Erstürmung der bosnischen Enklave Srebrenica und die anschließende Ermordung von 7000 seiner männlichen Einwohner. Der Komplex Srebrenica hat das Tribunal seither in mehreren Verfahren beschäftigt. Dabei wurde deutlich, dass der Massenmord von Srebrenica offenbar von langer Hand geplant war, da er umfangreiche Vorbereitungen erforderte. Ihm lag ausserdem ein klares Kalkül zugrunde, in welchem das ICTY sogar eine gewisse Rolle spielte. Als Zeuge der Anklage im Prozess gegen Slobodan Milošević hat so Miloševićs früherer Vertrauter und Berater Zoran Lelić, der später selbst jugoslawischer Präsident wurde, bestätigt, es habe im Juli 1995 – unmittelbar vor den Massenmorden, für die (laut einer weiteren Anklageschrift des ICTY) der Oberkommandierende der bosnisch-serbischen Truppen, Ratko Mladić, verantwortlich gemacht wird – eine Abmachung zwischen Mladićund dem französischen Präsidenten Jacques Chirac gegeben. In dieser Abmachung sichere Chirac Mladić zu, dieser werde nicht an

---

des Tribunals, Drazen Erdemović, Kroate, der aber wegen seines Einsatzes bei bosnisch-serbischen Erschießungskommandos bei Srebrenica verurteilt wurde.

13 Die Bezeichnung gilt für Politiker und Militärs, die während der Auseinandersetzungen auf der Seite der Regierung in Sarajevo standen, unabhängig von ihrer Religionszugehörigkeit, also für Menschen, die in den Medien als „bosnische Muslime" bezeichnet werden.

das ICTY ausgeliefert, wenn er im Gegenzug französische Piloten, die in die Hände von Einheiten der bosnischen Serben gefallen waren, freilasse. Die Piloten wurden freigelassen, Mladić konnte bis heute nicht von SFOR-Truppen festgenommen und an das ICTY ausgeliefert werden, obwohl gegen ihn seit Jahren eine Anklage vorliegt.[14]

Der Vorfall zeigt, dass die Existenz des Tribunals potentielle Täter ganz offensichtlich nicht von Verbrechen abschreckte, dass es aber zugleich den Aufwand, den diese treiben mussten, um sich Srraflosigkeit zu verschaffen, deutlich erhöhte. Mit anderen Worten: Ohne das Tribunal hätte Mladić sicherlich andere Zugeständnis für die Freilassung der französischen Piloten verlangt. Mit der Gründung des Tribunals hat die westliche Staatengemeinschaft in gewisser Weise die „Transaktionskosten" für Angeklagte in die Höhe getrieben und damit, ökonomisch gesprochen, Verbrechen aus der Sicht potentieller Täter „verteuert". Dass es von Verbrechen nicht abgeschreckt und die ethnischen Säuberungen und

---

14 Milošević-Prozess, transcripts, 9.7.2003, transcript page 23906 ff.
   http://www.un.org/icty/transe54/030708ED.htm
   Die Information über Chiracs angebliches Versprechen stammt aus Abhörprotokollen eines westlichen, nicht näher bekannten Geheimdienstes. Sie enthalten Gespräche aus dem Dezember 1995, die der damalige Präsident Jugoslawiens, Zoran Lilić, der serbische Präsident Slobodan Milošević und der jugoslawische Generalstabschef Momcilo Perisić miteinander führten. In den Protokollen ist die Rede von einer Garantie für Mladić, nicht an das Jugoslawien-Tribunal ausgeliefert zu werden. Aus den Gesprächen wird deutlich, dass eine solche Garantie von Milošević, Lilić und Chirac gewährt worden ist, um die Freilassung der französischen Piloten zu erreichen. Lilić bestätigte im Kreuzverhör, die Authentizität der Protokolle, soweit sie ihn betrafen und die Garantie Chiracs. Ein Sprecher des Elysee-Palastes dementierte dagegen am 9.7.2003 Lelićs Aussage. Chirac habe seit seinem Amtsantritt eine klare und harte Haltung gegenüber Serbien und den bosnischen Serben eingenommen. Zur Freilassung der Piloten habe es keinerlei Verhandlungen gegeben. Die Ankläger des Jugoslawien-Tribunals hatten die Protokolle an Milošević weitergegeben ohne ihre Zulassung als Beweisstücke zu beantragen, da die Originalbänder nicht vorliegen. Auch das genaue Zustandekommen der Abschriften und ihre Herkunft konnte vor Gericht nicht geklärt werden. Der vorsitzende Richter Richard May betonte, das Gericht werde über eine Zulassung der Abhörbänder als Beweise erst entscheiden, wenn die Originalbänder vorlägen. Nach dem Statut des Tribunals sind die Ankläger verpflichtet, Angeklagten entlastendes Material zu überlassen. Auf diesem Weg war Milošević an das Material gekommen und hatte im Kreuzverhör Lelić damit konfrontiert.

Massenmorde nicht zum Halten gebracht hat, erscheint angesichts der historischen Entwicklung nach 1993 unstrittig.

Die Fairness der Verfahren vor dem ICTY

Die Frage, ob das ICTY in der Lage ist, faire Prozesse zu führen, ist in der Fachwelt seit der ersten Anklage verhandelt worden. Besondere Publizität erhielt der Fall Duško Tadić auch deshalb, weil dessen Anwälte von Anfang die Jurisdiktion der ICTY, seine Rechtmäßigkeit und die Fairness seiner Verhandlungsführung in Frage stellten. Stein des Anstoßes war dabei vor allem die Entscheidung des Gerichts, grundsätzlich, wenn auch unter Bedingungen, die Aussagen anonymer Zeugen zuzulassen – eine Entscheidung, die nicht nur auf den Widerspruch eines Mitglieds der dreiköpfiger Apellationskammer stieß, sondern auch vom stellvertretenden Chef der Anklagebehörde, dem Australier Graham Blewitt mit Skepsis betrachtet wurde.[15] Bedeutsam ist dabei vor allem, wie die Richter die Zulassung anonymer Zeugenaussagen begründeten: Das Tribunal fühle sich zwar an die EMRK und den Internationalen Pakt über bürgerliche und zivile Rechte gebunden, nicht aber an die Rechtssprechung anderer Tribunale wie des EMRG in Strassburg. Gerade sein Status als internationaler Gerichtshof, der besonderen Bedingungen unterliege (u. a. die Tatsache, dass das ICTY kein eigenes Zeugenschutzprogramm habe und beim Zeugenschutz von der Hilfe der betroffenen Staaten abhängig sei), erfordere eine flexible Auslegung der einschlägigen Standards über faire Gerichtsverfahren.[16] Seither hat die Anklage immer wieder – im Milošević-Prozess besonders extensiv – von Aussagen anonymer Zeugen Gebrauch gemacht und die Argumentation aus dem Fall Tadić damit weitgehend ad absurdum geführt. Da sich Milošević selbst verteidigt, genießt er in einer Person – als Angeklagter und Verteidiger – die entsprechenden Privilegien.

---

[15] Sara Stapleton: Ensuring a Fair Trial in the International Criminal Court. Statutory Interpretation and the Impermissibility of Derogation. In: New York University Journal of International Law and Politics 535 / 1999, S. 555–574 (Stapleton beschäftigt sich ausführlich mit dem Fall Tadić).
http://www.nyu.edu/pubs/jilp/main/issues/31/pdf/31n.pdf

[16] Prosecutor vs. Tadić, ICTY IT-94-I-T, 10.8.1995.

Damit erhält er, nach einer Entscheidung des Gerichts, 10 Tage vor der Aussage eines geschützten Zeugen dessen Daten, um sich auf das Kreuzverhör vorzubereiten. Diese Daten darf er nicht weitergeben und nicht während des Kreuzverhörs preisgeben. In einigen Fällen ist es allerdings geschehen, dass das Kreuzverhör so detailliert wurde, dass sich die Identität eines Zeugen mühelos erkennen ließ. In einem Fall (der Zeuge und spätere Angeklagte Milan Babić) verzichtete schließlich auf die Anonymität (wobei sich die Frage stellt, wozu er von der Anklagebehörde überhaupt als anonymer Zeuge angemeldet worden war), in einem anderen verpflichtete das Gericht die anwesenden Prozessbeobachter zu Stillschweigen über die Details, die danach aus dem Protokoll gelöscht wurden.[17] Angesichts dieser Praxis hat die Anonymisierung von Zeugen kaum noch die ursprünglich von den Richtern herausgehobene Schutzfunktion, sie schränkt lediglich die Möglichkeiten der Verteidigung ein, das Kreuzverhör zu führen und beschränkt die Kontrolle durch die Öffentlichkeit.[18] Es hat bisher nicht zu einem Sinneswandel des Gerichts geführt, dass die Schutzfunktion der Anonymisierung illusorisch geworden ist, zugleich aber nicht nur im Widerspruch zum Postulat einen fairen Verhandlungsführung, sondern auch zur Forderung nach Öffentlichkeit der Verhandlung (und damit indirekt ableitbar zum Auftrag, zu Versöhnung beizutragen, was mit Verhandlungen hinter verschlossenen Türen kaum erreicht werden kann) steht.

Diese Praxis hat allerdings dazu beigetragen, das ICTY zu einem geradezu vorbildlichen Tribunal aus der Sicht der Opfer und Zeugen werden zu lassen. Auch hier ist allerdings zu fragen, ob dies in einigen Fällen nicht auf Kosten des Postulats einer fairen Verhandlungsführung gegangen ist. Während das Tribunal in mehreren Fällen wegen Missachtung des Gerichts gegen Anwälte und Journalisten vorgegangen ist, ist der einzige Fall, in dem ein Zeuge wissentlich eine Falschaussage gemacht hat, für diesen glimpflich ausgegangen.[19] Kosovo-albanische

---

17 Bei dem zweiten Zeugen handelte es sich um einen Mann, der im Kreuzverhör zugab, wegen des Mordes an Želko Raznjatović („Arkan"), Chef der vom serbischen Innenministerium unterhaltenen Freischärlertruppe „Arkans Tiger", gesucht zu werden.

18 Die Verteidigung (im Fall Milošević der Angeklagte und die „amici curiae") kann durchaus auch ein Kreuzverhör zum Werdegang eines anonymen Zeugen führen, allerdings dann unter Ausschluss der Öffentlichkeit. Dies ist im Milošević-Prozess auch ausführlich geschehen.

19 Der Mann war nach eigener Aussage von der bosnischen Regierung beauftragt worden, um Tadić zu belasten, konnte aber von dessen Verteidigung der Falschaussage überführt werden. Er wurde danach nach Bosnien überstellt, wo er ohnehin noch eine Freiheits-

Zeugen im Milošević-Prozess haben mehrfach den Eindruck gemacht, auf eine einseitige Weise auf den Prozess vorbereitet worden zu sein. Sie waren sehr gesprächig bei der Beschreibung von serbischen Übergriffen auf ihre Dörfer, erinnerten sich aber selbst dann nicht an die Aktivitäten der UČK, wenn eigene Verwandte zu dieser gehörten und konnten selbst dann nichts über die Bombenangriffe der NATO berichten, wenn diese nachweislich Ziele in ihrem Dorf zerstört hatten.

Die Verteidiger im Prozess gegen Tadić machten auch geltend, dass die Rechte der Verteidigung bei der Vorladung von Zeugen nicht die gleichen seien wie die der Anklage, die sich auf ihren offiziellen Status berufen konnte, um Zugang zu früheren Tatorten und Schutz für ihre Zeugen zu verlangen.[20]

Negative Rückwirkungen auf die Fairness der Verfahren vor dem ICTY gibt es nicht nur in Folge der politischen Einflüsse, die in Gestalt von Kooperationsverweigerung seitens der jugoslawischen Nachfolgerepubliken und der USA auf das ICTY ausgeübt werden, sondern auch infolge der politischen Rücksichten, die die Anklagebehörde selbst nimmt, um ihren eigenen Prioritäten gerecht zu werden und den Fortgang der Verhandlungen zu beschleunigen. Dazu gehören Entscheidungen, bestimmte Verdächtige nicht zu verfolgen, weil sie als Zeugen gegen – aus der Sicht der Anklage – wichtigere Angeklagte gebraucht werden, „plea agreements" mit bestimmten Angeklagten abzuschließen, um Kräfte für – wiederum aus der Sicht der Ankläger – wichtigere Prozesse frei machen zu können. Die Wahl, die dabei getroffen wird, ist eine politische, nicht zuletzt deshalb, weil sie politische Auswirkungen hatte. So hat Carla Del Ponte jahrelang darauf verzichtet, gegen führende Mitglieder des Polit- und Geheimdienstestablishments in Serbien Anklage zu erheben, obwohl sie diese Personen selbst in Anklageschriften gegen andere Angeklagte als Mittäter aufgeführt hatte. Mehrere dieser Personen wurden als Zeugen der Anklage gegen Milošević in den Zeugenstand gerufen.[21] Dessen Sturz im Oktober 2000 wurde möglich durch das Stillhalten einer einflussreichen paramilitärischen Gruppierung, der so genannten „Roten Berette",

---

strafe abzusitzen hatte. Das Tribunal sah sich auf Anfrage des Autors nicht imstande, zu erklären, ob er Mann für seine Falschaussage jemals bestraft worden ist.

20 Stapleton: Ensuring a Fair Trial, S. 557–558.

21 Dazu gehören der ehemalige Geheimdienstgeneral Aleksander Vasiljević und Milan Babić. Letzterer wurde schließlich – nach seiner Aussage gegen Milošević, in der er zunächst als anonymer Zeuge auftrat, seine Anonymität dann aber aufgab – doch angeklagt und schloss ein „plea agreement" mit der Anklage.

die zugleich zur organisierten Kriminalität und zum serbischen Geheimdienst gehörte. Viele ihrer Mitglieder werden Kriegsverbrechen verdächtigt, wurden aber sehr lange nicht vom ICTY angeklagt. Einige Mitglieder der Berette sagten dagegen als Zeugen der Anklage gegen Milošević aus, nachdem die Gruppe – deren Anführer „Legija" Milorad Luković für den Mord an Premierminister Zoran Djindjić verantwortlich gemacht wird – nach dem Djindjić-Attentat zerschlagen worden war. Berette-Gründer „Captain Dragan" Vasiljković sagte gegen Milošević aus, Luković wurde bis heute nicht unter Anklage gestellt.[22]

Für problematisch wird in der Literatur und von Beobachtern auch das Auseinanderklaffen der Urteile gehalten, deren Höhe dabei oft willkürlich erscheint. So erhielt einer der ersten Angeklagten, der Soldat Dražen Erdemović, der geständig war, Reue zeigte (er brach mehrmals während der Verhandlung weinend zusammen) und kooperationsbereit war (er trat später in mehreren anderen Prozessen als Zeuge der Anklage auf) und zumindest teilweise aus Furcht um sein eigenes Leben an dem Erschießungskommando auf der Farm bei Pilica (in der Umgebung von Srebrenica) teilgenommen hatte, zunächst in erster Instanz zu zehn Jahren Freiheitsstrafe verurteilt. Erst die zweite Instanz verminderte das Urteil um 5 Jahre. In Urteilsbegründungen des Gerichts wurde sowohl die Tatsache, dass ein Angeklagter Schreibtischtäter (also Auftraggeber) bei Morden war, als auch die Tatsache, dass er nur Ausführender war mal als erschwerend, mal als mildernder Umstand gewertet. Bisher haben sich die Richter auf keine kohärenten Standards geeinigt – das Status definiert nur die Kriterien für bestimmte Verbrechen, legt den Richtern aber weder nach unten, noch nach oben Begrenzungen bei den Urteilen auf (mit Ausnahme der Todesstrafe). Die Folge: Miroslav Kvočka, Milojica Kos und Duško Tadić waren alle Wachmänner im gleichen Lager – in Omarska. Allen drei wurden Verbrechen gegen die Menschlichkeit und Kriegsverbrechen, darunter mehrere Morde vorgeworfen und sie wurden deshalb verurteilt. Doch Kvočka erhielt 7 Jahre Gefängnis, Kos 6 Jahre, Tadić dagegen 20 Jahre. Tahomir Blaskić, in einem kroatischen Lager in Bosnien in ähnlicher Funktion, wurde in erster Instanz zu 45 Jahren Gefängnis verurteilt. General Stanislav Krstić, Kommandierender der Truppen, die Srebrenica erstürmten und verurteilt zusätzlich wegen Völkermords, erhielt genau ein Jahr mehr als Blaskić. Biljana Plavšić dagegen, als Ex-Vizepräsidentin der Republika Srpska, hatte nicht

---

22 Gemma Pörzgen, Klaus Bachmann: Im Netz der Agenten und Todeskommandos. Frankfurter Rundschau 28.4.2003.

nur Befehle gegeben, sondern ethnische Säuberungen befohlen, dazu aufgerufen und gerechtfertigt. Sie schloss ein „plea agreement" mit der Anklage, die den Völkermordvorwurf fallen ließ. Ergebnis: 11 Jahre Gefängnis.

Tab. 4 Ausgewählte Urteile des ICTY

Fall	Charakteristika der Anklage	Urteil in 1. Instanz	Urteil in 2. Instanz
T. Blaskić	s, i,c,b,v	45 Jahre	
D. Erdemović	i,c,v	10 Jahre	5 Jahre
D. Kordić	s, i, c,b,v	25 Jahre	
M. Cerkez	s,i,c,b,v	15 Jahre	
D. Tadić	i, c,b,v	20 Jahre	20 Jahre
M. Nikolić*	i, c,v,cg	27 Jahre	
D. Obrenović*	i,s,c,v,cg	17 Jahre	
S. Krstić	i,s,c,v,gg	46 Jahre	
P. Banović*	i,c,v	8 Jahre	
R. Cesić*	i,c,v	18 Jahre	
M. Kos	i,s,c,v	6 Jahre	
B. Plavšić*	i,s,c,v,gg	11 Jahre	
M. Kvočka	i,s,c,v	7 Jahre	
S. Galić	i,s,c,v	20 Jahre	

Erläuterungen:
i   individuelle Verantwortlichkeit (individual responsability)
s   Verantwortlichkeit als Vorgesetzter (superior responsability)
c   Verbrechen gegen die Menschlichkeit (crimes against humanity)
b   Schwere Verstöße gegen die Genfer Konventionen (grave breaches of the Geneva Conventions)
v   Kriegsverbrechen (violations of the laws and customs of war)
cg   Beihilfe zum Völkermord
gg   Völkermord (in allen Fällen enthalten die Vorwürfe mehrere Morde, „murder" oder „willfull killing")
*   Angeklagter bekannte sich schuldig und schloss „plea agreement" mit der Anklage.

Quelle: ICTY, eigene Berechnungen

Für die bisher 41 Angeklagten, gegen die ein erstinstanzliches Urteil ergangen ist, beträgt die durchschnittliche Freiheitsstrafe 15 Jahre Gefängnis. In allen Fällen ging es um einen oder mehrere Morde.[23]

Es soll an dieser Stelle nicht verschwiegen werden, dass das ICTY auch über einige Charakteristika verfügt, die es positiv – bezüglich der Fairness der Verhandlungen – von nationalen Gerichten in einigen EU-Mitgliedsländern abheben. Dazu gehört ein hohes Niveau der Übersetzungen im Gerichtssaal, relativ gute Honorare für die Pflichtverteidiger (fast alle Angeklagte lassen sich durch solche vertreten), sowie die Tatsache, dass die Anklage durch das Statut verpflichtet ist, einem Angeklagten alles Material zur Verfügung zu stellen, das geeignet ist, diesen zu entlasten.

Der Zielkonflikt des ICTY – Effizienz kontra Fairness

Dass die Effizienz eines Gerichts auf Kosten der Fairness erhöht werden kann, ist ein Phänomen, das auch aus nationalen Gerichtsbarkeiten gut bekannt ist. Die Wahl zwischen beiden Zielen ist dabei immer eine politische: Ein wie hohes Risiko auf ein ungerechtes Urteil (bis zur Verurteilung von Unschuldigen) ist eine Gesellschaft bereit, in Kauf zu nehmen, um ihre Justiz effizienter zu machen? Im Falle des ICTY steckt hinter diesem Zielkonflikt allerdings keine politische Entscheidung, denn das ICTY wurde von einem relativ kleinen Gremium, dem UN-Sicherheitsrat gegründet, hinter dem keine Gesellschaft steht, die diese politische Entscheidung treffen, legitimieren und gegebenenfalls wieder rückgängig machen könnte. Die Entscheidung für oder gegen mehr Effizienz bzw. Fairness resultiert vielmehr aus der inneren Dynamik der Entwicklung des ICTY und ist damit eine weitere Eigenschaft, die sich aus dem internationalen Charakter des ICTY ergibt. Dieser führte in dem hier interessierenden Rahmen zu zwei Konsequenzen, von denen eine durch die Gründer vorgesehen war, während sich die andere im Laufe der Entwicklung erst herauskristallisierte.

---

[23] Rachel S. Taylor: Sentencing Guidelines Urged. Legal experts say arbitrary sentencing practices could undermine tribunal's credibility. In: Institute for War and Peace Reporting, Tribunal Update 347, 8.3.2004.
http://www.iwpr.net/index.pl?archive/tri/tri_347_3_eng.txt

„Completion Strategy"

Von Anfang an war klar, dass das Tribunal nicht alle Verbrechen – auch nicht alle, die unter sein Statut fallen – würde aburteilen können, zu denen es während und nach dem Zerfall des ehemaligen Jugoslawien gekommen war. Zu Beginn seiner Tätigkeit war das Tribunal aber noch nicht gezwungen, eine Wahl zu treffen, denn in der Anfangsphase (die ca. 3 Jahre dauerte) hatte das Tribunal noch überhaupt keine Angeklagten. Die ersten Angeklagten, die sich einstellten, waren, im Jargon der Beobachter, „eher kleine Fische", also untergeordnete Täter, ohne größere politische Bedeutung. Sie wurden – so sieht man im Nachhinein – relativ hart bestraft. Ihre Fälle wurden ausführlich behandelt.

Dies änderte sich dramatisch mit der Überstellung immer höherrangiger Politiker und Militärs, denen immer umfangreichere Verbrechen vorgeworfen wurden. Aus dem unterbeschäftigten Tribunal wurde ein überlastetes, so sehr, dass während des Milošević-Prozesses das Problem auftauchte, dass es im Tribunal zu wenig Verhandlungssäle gab, um alle Prozesse gleichzeitig führen zu können. Zugleich wurde auf das Tribunal von Seiten der US-Regierung Druck ausgeübt, die Verhandlungsführung zu beschleunigen, um das Tribunal bis spätestens 2008 abwickeln zu können. Damit stieg auch der Druck auf Richter und Ankläger, bei der Wahl zwischen „Effizienz" und „Fairness" zu Ungunsten letzter zu entscheiden. Das Tribunal entschied mit der so genannten „Completion Strategy" nur noch die wichtigsten Fälle zu verfolgen. Die beiden Kriterien dabei: Die Schwere eines Verbrechens und die Bedeutung eines Angeklagten. Diesen Kriterien zugrunde lag die Erkenntnis, dass die lokale Gerichtsbarkeit – die das Tribunal in ihren Bemühungen unterstützt und sie zugleich überwacht – zunehmend imstande sein würde, Verbrechen von geringerem Ausmaß und Verfahren gegen politisch weniger bedeutende Täter auf eigene Faust zu führen. Die Auswahl wird dabei in erster Linie von der Anklagebehörde getroffen, denn das Gericht hat keine Möglichkeit, diese zur Erhebung von Anklagen zu zwingen. Es kann nur erfolgte Anklagen als unzureichend ablehnen. Die im Grunde politische Wahl, wer angeklagt wird und wer der lokalen Gerichtsbarkeit überlassen bleibt, liegt damit de facto in den Händen der Anklagebehörde (OTP). In Fällen, in denen diese aus Opportunitätsgründen (Mangel an Ressourcen, politischen Rücksichten etc.) auf Anklagen verzichtet, die potentiell Betroffenen aber vor Ort über genügend Einfluss verfügen, sich vor der Justiz zu schützen, bedeutet dieser Verzicht eine faktische Straflosstellung (impunity). So wurden zahlreiche Personen aus dem Umfeld serbischer Geheimdienste und paramilitärischer Einheiten, die in Unterlagen des Tribunals in einen Zusammenhang mit Verbrechen gebracht werden, weder vor dem ICTY, noch vor einem serbischen Gericht angeklagt. Die Aktivitäten des ICTY haben damit etwas willkürliches. Zugleich hat diese Praxis negative Rückwirkungen auf die Möglichkeiten, den selbstauferlegten Auftrag der Versöhnung, und das Postulat der Gerechtigkeit zu erfüllen. Natürlich leidet auch die Glaubwürdigkeit des Tribunals, etwa wenn aus einer ethnischen Gruppe Täter wegen Verbrechen verfolgt werden, die im Bezug auf Verdächtige aus anderen Ethnien nicht zur Strafverfolgung führen.[24]

„Plea agreements"

Die aus dem US-Strafrecht bekannte Praxis, zwischen Anklage und Verteidigung ein Abkommen zu schließen, um ein Verfahren und insbesondere eine aufwendige Beweisführung abzukürzen, ist im Statut des ICTY nicht vorgesehen, sie wird durch dieses aber auch nicht ausgeschlossen. Diese Praxis hat sich mit der Zeit eingebürgert – umso mehr, je stärker das Tribunal unter Zeitdruck geriet und je mehr die Überlastung zunahm. Eine erste Spur eines noch informellen „plea agreement" stellt bereits das Urteil im Fall Erdemović dar, bei dem die Richter es als strafmildernd werteten, dass der Angeklagte geständig war, mit der Anklagebehörde zusammenarbeitete und Reue zeigte. Einen regelrechten Dammbruch in der Praxis des ICTY stellt aber erst der Fall Plavšić dar.

Biljana Plavšić, ehemalige Präsidentin und Vizepräsidentin der Republika Srpska, hatte vor dem Friedensabkommen von Dayton ethnische Säuberungen propagiert, betrieben und gerechtfertigt, nach Dayton setzte sie sich – im Konflikt

---

24 Der Vorwurf wurde mehrfach erhoben im Bezug auf die Anklage gegen Naser Orić und die ersten Anklagen gegen Mitglieder der Kosovo-Befreiungsarmee (UCK). Amra Kebo: Bosnien Fury at Orić Arrest. In: Institute for War and Peace Reporting, Tribunal Update 309, 14.-18.4.2003.
http://www.iwpr.net/index.pl?archive/tri/tri_309_8_eng.txt
Chris Stephen: Orić Hague Demo. In: Institute for War and Peace Reporting, Tribunal Update 309, 14.-18.4.2003.
http://www.iwpr.net/index.pl?archive/tri/tri_309_7_eng.txt
Bei dem Fall der UCK-Mitglieder handelt es sich um Limaj u. a. IT-03-66, Der Fall Naser Orić trägt die Nummer IT-03-68.
Augstin Palokaj: Tribunal lossing support in Kosovo. In: Institute for Peace and War Reporting, Tribunal Update 333, 15.11.2003.
http://www.iwpr.net/index.pl?archive/tri/tri_333_5_eng.txt

mit der restlichen Führung der bosnischen Serben – für die Durchsetzung der Friedensbedingungen ein. Sie wurde des Völkermords, der Verbrechen gegen die Menschlichkeit und Kriegsverbrechen angeklagt, darin war auch der Vorwurf enthalten, die Vertreibung von 200 000 nichtserbischen Bosniern organisiert zu haben. Plavšić stellte sich freiwillig dem Tribunal und erhielt dafür Haftverschonung, wobei die serbische Regierung eine Sicherheitsgarantie für sie ausstellte und sie in Belgrad unter Hausarrest stand. Sie plädierte zunächst auf unschuldig, änderte dann aber im Oktober 2002 überraschend ihre Haltung und schloss ein Abkommen mit der Anklagebehörde. Plavšić erklärte sich zur Kooperation bereit (wollte allerdings nicht als Zeuge gegen andere Angeklagte aussagen), legte ein umfangreiches Geständnis ab, das andere Angeklagte (insbesondere die flüchtigen Ratko Mladić und Radovan Karadžić sowie Slobodan Milošević) stark belastete, bekundete Reue, worauf die Anklage im Gegenzug mehrere Anklagepunkte, darunter „Völkermord" fallen ließ. Anklage und Verteidigung einigten sich gemeinsame Zeugen, die dem Gericht helfen sollten, die Schwere der Schuld und mildernde Umstände zu beurteilen. Die Anklage forderte 15 bis 25 Jahre Gefängnis, die Verteidigung eine Strafe, die de facto unter lebenslänglich bleibe, also angesichts des fortgeschrittenen Alters und der angegriffenen Gesundheit der Angeklagten unter 8 Jahre. Das Urteil lautete auf 11 Jahre und hat seither heftige Kontroversen ausgelöst.[25]

Das relativ milde Urteil, das es Plavšić ermöglichen würde, unter Einrechnung einer vorzeitigen Entlassung ihren Lebensabend in Freiheit zu genießen, muss auf andere Verfahren wie eine Aufforderung zur Nachahmung gewirkt haben. Seither folgt ein „plea agreement" auf das andere. Zugleich wurden aber auch die Grenzen und Missbrauchsmöglichkeiten solcher Abkommen deutlich. So erwies sich im Fall von Miroslav Deronjić, einem bosnisch-serbischen Militär, der im Zusammenhang mit Massenmorden nach dem Fall Srebrenicas angeklagt war und ein „plea agreement" geschlossen hatte, dass dieser Teile seines Geständnisses aus Büchern bezogen hatte, um so die Anlage zufrieden zu stellen. Als er als Zeuge in anderen Prozessen aussagte, widersprach er sich selbst. Offenbar hatte er, um zu einem Handel mit der Anklage zu kommen, sogar mehr Schuld auf

---

25 Chris Stephen, Mirna Jancić: Courtside. Krajsnik and Plavsić Case. In: Institute for War and Peace Reporting, Tribunal Update 283, 30.9.-4.10.2002. http://www.iwpr. net/index.pl?archive/tri/tri_283_5_eng.txt
„Experts: Plavsić door VN-Tribunal heel mild bestraaft. In: NRC Handelsblad 28.2.2003.

sich genommen, als ihm zukam – wohlgemerkt um ein milderes Urteil zu erhalten.[26] Im Fall des kroatischen Serbenführers Milan Babić, der schon vor seiner Anklage als Zeuge der Anklage im Prozess gegen Milošević ausgesagt hatte, einigten sich Anklage und Verteidigung sogar auf ein so niedriges Strafmaß und eine so geringe Schuldfestlegung Babićs, dass der erste Entwurf eines „plea agreemens" von den Richtern abgelehnt wurde. Der zweite Entwurf wurde erst nach Korrekturen genehmigt.[27] Schließlich gab es einen regelrechten Richterprotest gegen die „agreements", in dessen Rahmen die Richter zweimal deutlich über dem von der Verteidigung und der Anklage ausgehandelten Strafmaß blieben, bei den Urteilsverkündungen gegen die beiden serbischen (nicht miteinander verwandten) Angeklagten Momir und Dragan Nikolić. Zuvor hatte ein Urteil Aufsehen und heftige Proteste ausgelöst, bei dem ein mehrerer sadistischer Morde wegen Angeklagter mit 18 Jahren davon gekommen war, obwohl sein seinerzeit nicht geständiger Mitangeklagter zu dieser Zeit bereits eine 40-jährige Freiheitsstrafe in Italien absaß, wohin er vom ICTY nach seiner Aburteilung transferiert worden war.[28] In einem ähnlichen Fall war der Wärter eines serbischen Camps in Bosnien sogar nur zu acht Jahren verurteilt worden, exakt das Maß, auf das sich Anklage und Verteidigung geeinigt hatten.[29]

---

[26] Ana Uzelac: New Twist in Deronjić Trial. In: Institute for War and Peace Reporting. Tribunal Update 347, 8.3.2004. http://www.iwpr.net/index.pl?archive/tri/tri_347_2_eng.txt

[27] Karen Meirik: Babić expresses remorse. In: Institute for War and Peace Reporting. Tribunal Update 341. 30.1.2004. http://www.iwpr.net/index.pl?archive/tri/tri_341_2_eng.txt

[28] Emir Suljagić: Guilty Plea from Prison Camp Killer. In: Institute for War and Peace Reporting. Tribunal Update 328. 10.102003. http://www.iwpr.net/index.pl?archive/tri/tri_328_3_eng.txt

[29] Chris Stephen: What Price Justice. In: Institute for War and Peace Reporting. Tribunal Update 332. 7.11.2003.
http://www.iwpr.net/index.pl?archive/tri/tri_332_4_eng.txt

Tab 5. Bisherige „plea agreements" und ihre Auswirkungen auf die Urteile

Fall	Strafforderung Anklage	Strafford. Vert.	Urteil
B. Plavšić	15–25	<8	11
D. Nikolić	15	27	
D. Obrenović	15–20	17	
R. Cesić	13–18	18	
M. Deronjić	10*	–	
M. Babić	11**	–	
M. Nikolić	15	<10	23
P. Banović	8	8	8
D. Mrdja	15–20	–	

Anmerkungen:
– noch kein Urteil ergangen
* Plea agreement von Richtern in Zweifel gezogen
** Plea agreement nach mehrmaligen, von den Richtern erzwungenen Änderungen genehmigt.

Quelle: Institute for War and Peace Reporting, ICTY, eigene Aufzeichnungen.

Der Unmut einiger Richter rührt insbesondere daher, dass die plea-agreements keine Beweisaufnahme und damit keine Ermittlung der Wahrheit, sondern nur der Schuld des Angeklagten erlauben. Jene Anklagepunkte, die die Anklage im Rahmen eines „plea agreement" fallen lässt, sind damit der Möglichkeit der Richter, deren faktische Basis festzustellen, entzogen. Damit geraten die im Namen der Effizienz geschlossenen Abkommen in ein Spannungsverhältnis mit mehreren Aufträgen des ICTY:

– Sie verhindern Versöhnung eher, als sie sie fördern, da in der Öffentlichkeit der Eindruck entsteht, die niedrigen Urteile hätten ihren Ursprung mehr in der Kooperationsbereitschaft der Angeklagten als in deren Reue (wie das Beispiel Babić illustriert)
– Sie widersprechen dem Postulat nach Gerechtigkeit, weil die Differenzen in Urteilen gegen geständige und nichtgeständige Täter, denen ähnliche Taten vorgeworfen werden, auf einer kaum noch rational zu begründenden Skala differieren (wie das Beispiel der ursprünglich gemeinsam angeklagten Cesić

und Jelisić zeigt, wobei der Erste, weil geständig, 18 Jahre erhielt, der Zweite dagegen ohne Geständnis 40 Jahre)

– Sie büßen ihre Abschreckungswirkung ein, weil von ihnen das Signal ausgeht, dass es genügt, zu gestehen, Reue zu demonstrieren und mit der Anklage zusammenzuarbeiten und andere Angeklagte zu belasten, um relativ einfach „davonzukommen". Damit wird die Glaubwürdigkeit des gesamten Tribunals in Mitleidenschaft gezogen, weil diese Praxis die ursprüngliche Legitimierung, die von ihr ausging (führende Politiker, die ihrer eigenen ethnisch-staatlichen Gemeinschaft gegenüber Verbrechen eingestehen) wieder reduziert.

- Auch der selbstauferlegte Auftrag nach historischer Aufklärung lässt sich dann nicht mehr erfüllen, denn die Geständnisse von Angeklagten (siehe Deronjić) verlieren an Glaubwürdigkeit und durch das Wegfallen der Beweisaufnahme gehen Quellen verloren.

Ein Tribunal für die Nachwelt

Bei der Erfüllung seines Auftrags, für Gerechtigkeit zu sorgen, bleibt das ICTY weit hinter den Leistungen nationaler Gerichte und den Auflagen internationaler Normen zurück. Für Versöhnung kann es nicht sorgen, weil es selbst zu umstritten ist. Mit in ihrer Höhe willkürlich anmutenden Urteilen, politischen Rücksichten und Einflüssen, problematischen Einschränkungen für die Verteidigung und seiner politischen Mandatierung sorgt es selbst dafür, dass es umstritten bleibt. Vor den schlimmsten Verbrechen im ehemaligen Jugoslawien konnte es nicht abschrecken. Mit seiner „completion strategy" und den „plea agreements" – die, ebenso wie die oben aufgeführten Mängel, gerade aus seinem internationalen Charakter herrühren – kommt es in Zielkonflikte mit allen Aufträgen, die es erhalten oder sich selbst auferlegt hat.

Was also bleibt von dem selbstauferlegten Auftrag, für historische Aufklärung zu sorgen? Paradoxerweise kommt das Tribunal diesem Auftrag wesentlich besser nach, als es die anderen, einem Gericht eigentlich ureigenen Aufgaben erfüllt. Die Verhandlungen sind in der Regel öffentlich, öffentlich zugänglich und werden im Internet übertragen. Dass – aus Gründen des Zeugenschutzes oder des Schutzes nationaler Interessen beteiligter Staaten – auch zahlreiche Verhandlungen hinter verschlossenen Türen stattfinden, tut dem keinen Abbruch und ist kein Spezifikum des ICTY. Das Gleiche gilt für die Akten, die vertraulich sind. Die Stenogramme der Verhandlungen sind dagegen im Internet frei zugänglich, sobald sie von allen Beteiligten auf ihre Richtigkeit überprüft wurden (was manchmal Monate dauern kann).

Damit ist das ICTY schon jetzt eine gewaltige Quellensammlung für Historiker, umso mehr, als damit auch für des Serbischen, Kroatischen, Bosnischen und Albanischen nicht mächtige Wissenschaftler Quellen in Französisch und Englisch zugänglich werden, die sie ansonsten nur unter gewaltigem Aufwand hätten erschließen können. Mit ihnen lassen sich die Schicksale selbst kleinster Dörfer nachzeichnen. Die ersten Monographien und Quellenbände sind auch bereits erschienen.[30] Wenn, nach den in den UN geltenden Archivvorschriften, auch die Akten der Verfahren freigegeben werden, bricht über Interessierte eine wahre Flut an neuen Quellen herein. Allein der Milošević-Prozess nähert sich, was die zugelassenen Beweise angeht, bereits der 1-Million-Seiten-Grenze.

Schon jetzt hat das ICTY zur Widerlegung zahlreicher Legenden beigetragen, die über den Zerfall Jugoslawiens kursieren und neue Erkenntnisse ans Tageslicht gebracht. Dazu gehören insbesondere:

– die Abhängigkeit der administrativen serbischen Einheiten ausserhalb Serbiens vom serbischen Geheimdienst, die durch zahlreiche Akten aus dem serbischen Geheimdienst und entsprechende Insider-Zeugenaussagen bestätigt wurde.

– Die Tatsache, dass die serbischen Freischärler-Einheiten in Bosnien und Kroatien praktisch vom serbischen Geheimdienst ferngesteuert, ausgerüstet und bezahlt wurden, was von Mitgliedern dieser Einheiten im Milošević-Prozess bestätigt wurde.

– Die Planung, die dem Massaker von Srebrenica vorausging, der (militärische und logistische) Aufwand, der dabei betrieben wurde.

– Die serbisch-kroatischen Pläne zur Teilung Bosniens, die von zahlreichen kroatischen und serbischen Politikern bestätigt wurden.

– Die Quellen über die Existenz und Funktionsweise von Internierungslagern in Kroatien und Bosnien (und in einem Fall für Serben im Kosovo, betrieben von der UCK).

– Die genaue Darstellung der Massenvertreibungen im Kosovo 1999.

---

[30] Beispielsweise: Julija Bogoeva, Caroline Fetscher: Srebrenica. Ein Prozess. Dokumente aus dem Verfahren gegen General Radislav Krstić vor dem Internationalen Strafgerichtshof für das ehemalige Jugoslawien in Den Haag. Frankfurt/Main 2002.

– Die Erkenntnisse, dass – anders als seinerzeit von Vertretern der OSZE-Verification Mission behauptet – tatsächlich zahlreiche UČK-Kämpfer unter den Toten in Račak waren, was von einem UČK-Kommandanten, der im Milošević-Prozess als Zeuge auftrat, bestätigt wurde.

Umso mehr muss es verwundern, dass das ICTY selbst nichts tut, diesen Erfolg seiner Arbeit einer breiteren Öffentlichkeit bekannt zu machen. Das Tribunal selbst ist extrem hermetisch und medienfeindlich und wehrt sich nur in ganz wenigen Ausnahmefällen gegen Angriffe von aussen oder versucht, die Widerlegung von Legenden aktiv zu betreiben. Aufgrund dieser Passivität erschwert es sich selbst die Erfüllung des teilweise selbstauferlegten Auftrags, in der Region die Versöhnung voranzutreiben.

Vedran Dzihić

DIE PERSPEKTIVEN DER EUROPÄISCHEN INTEGRATION FÜR SÜDOSTEUROPA AM BEISPIEL VON BOSNIEN-HERZEGOWINA UND KOSOVO

Einleitung

Die Europäische Union, dieses neuartige politische Subjekt, mit ihren tatsächlichen und potentiellen Mitgliedern, ist zum Wachsen verurteilt. Nicht zu wachsen ist für die Europäische Union ein Ding der Unmöglichkeit. Man könnte von einem periodischen und pulsierenden Wachstum sprechen. Die Union verschlingt einen großen Happen, verdaut ihn, bekommt Bauchschmerzen, ärgert sich über die eigene Gier und Unvorsichtigkeit; doch dann treten die Magensäfte erneut in Funktion, und die Aufnahme von des Nachbars Nachbarn scheint gar nicht mehr so verrückt zu sein.[1]

So beschrieb der große ungarische Philosoph György Konrad im September letzten Jahres im Rahmen der Auslandskulturtagung in Wien den derzeitigen Zustand der EU am Vorabend des ambitioniertesten Projekts in ihrer Geschichte, der Erweiterung um zehn neue Mitglieder, von denen acht im „annus mirabilis" 1989 ihre Freiheit wiedererlangt hatten. Zweifellos ein historischer Schritt! Die Bauchschmerzen sind aber in der letzten Zeit heftig, die nächsten Staaten warten schon vor der Tür.

Eine Region mit potentiellen Mitgliedern ist der Balkan, sind die Länder des ehemaligen Jugoslawien – ein Teil Europas mit vielen strukturellen Problemen, ungelösten Statusfragen, mangelnder politischer Stabilität, schwacher wirtschaftlicher Dynamik, enormen Problemen im sozialen Bereich, und – wie die Ereignisse der März-Tage 2004 im Kosovo gezeigt haben – noch immer mangelnder Sicherheit. Ist die Aufnahme dieser Staaten in die EU eine Utopie oder

---

[1] *György Konrad*: Schreiben hält Europa zusammen, Rede anlässlich der Auslandskulturtagung 2003, 4. September 2003, Wien

in absehbarer Zeit realisierbare Möglichkeit? Unter welchen Voraussetzungen kann die Südosterweiterung stattfinden? Was sind die EU-internen, was die externen Beschränkungen und Hürden auf diesem Weg? All diese Fragen stellen sich mit besonderer Dringlichkeit und Brisanz für die zwei der am stärksten vom Krieg betroffenen Regionen des ehemaligen Jugoslawien, nämlich für Bosnien und den Kosovo. Die Perspektive der EU-Integration ist trotz aller vor allem im Kosovo notwendiger Differenzierungen für beide einer der wenigen politischen und wirtschaftlichen Anker. Diese Perspektive kann gewissermaßen als „archimedischer Punkt" für Bosnien und für den Kosovo betrachtet werden – für die Stabilisierung und die zukünftige Entwicklung der Region, für den endgültigen Abschied von Kriegen und Konflikten und den Weg Richtung Kooperation und Stabilität. Die Perspektive ist aber keine Einbahnstrasse, sondern ein mühsamer und langwieriger Prozess, der Anstrengungen sowohl seitens der EU als auch und besonders seitens der integrationswilligen Staaten selbst erfordert. Die von der EU von den potentiellen Beitrittskandidaten abverlangten Schritte müssten zum genuinen Interesse der Länder selbst zählen. Die Südosterweiterung der EU ist aber auch – versteht sich die Union als ein Friedensprojekt – eine konsequente und logische Fortsetzung des Projekts selbst. Die Konfliktvermeidung und Stabilisierung bzw. Entwicklung der Balkan-Staaten durch die zunehmende Integration in den europäischen Rahmen stehen somit im ureigensten Interesse der Union. Daher auch der Appell des früheren finnischen Premierministers Martti Ahtisaari in einem Artikel in International Herald Tribune: „Give Balkan nations their proper place in Europe".[2]

Die Frage der Perspektiven der europäischen Integration für Südosteuropa am Beispiel von Bosnien-Herzegowina und Kosovo, lässt sich im Rahmen dieses Beitrages nur skizzieren, vielleicht in einigen Punkten etwas zugespitzter darstellen, sicherlich aber kaum endgültig beantworten. Die dynamischen Entwicklungen und Veränderungen am Balkan, wie zuletzt durch die Ermordung von Zoran Djindjić oder die blutigen Ausschreitungen im Kosovo im März 2004 tragisch dokumentiert, zeigen die ganze Unvorhersehbarkeit und Komplexität politischer Prozesse und die Unmöglichkeit einer präzisen Antwort auf die Frage nach dem Tempo der Annäherung des Kosovo und Bosniens an die EU.

---

[2] *Martti Ahtisaari*: Give Balkan nations their proper place in Europe. In: International Herald Tribune, 21./22.6.2003

Bosnien-Herzegowina und die EU – eine schwierige Beziehung

Bosnien ist ein Land der Widersprüchlichkeiten, Paradoxien. Daher ist auch die Einschätzung der Fortschritte des bosnischen Friedensprozesses und damit auch der Möglichkeiten zur EU-Integration widersprüchlich, sehr stark auch eine Frage der subjektiven Sichtweise auf die bosnischen Realitäten. Nimmt man den tragischen Krieg und seine verheerenden Folgen als Ausgangspunkt, ist Bosnien tatsächlich weit gekommen: die Lage ist sicherer geworden, man bewegt sich frei, es gibt Fortschritte im Bereich der Flüchtlingsrückkehr und der Rückgabe des Eigentums, man spricht miteinander, es gibt auch institutionelle Fortschritte.[3] Geht man aber von den dem Krieg zugrunde liegenden Prinzipien und ihrer Verankerung in Post-Dayton-Bosnien, dann fällt die Bilanz eher gemischt aus.

Allgemein kann für Bosnien festgehalten werden, dass sich das Land nach dem Krieg in einem Prozess dreifacher struktureller Veränderungen und Übergänge befindet: aus dem Kriegs- in den Friedenszustand, von einer schlecht funktionierenden sozialistischen und staatlich gelenkten Wirtschaft zur Marktwirtschaft und aus einem Zustand der Abhängigkeit und der direkten Hilfe aus dem Ausland in ein Stadium der Selbstverantwortung und der eigenständigen nachhaltigen Entwicklung.[4] Dieser dritte Schritt könnte auf der politischen Ebene als ein Übergang vom „Dayton-Zeitalter" in die Phase der europäischen Integration beschrieben werden. Wo liegen aber die wesentlichen Probleme dieses dreifachen Umbruchs?

Der mit dem Territorium verbundene ethno-nationalistische Exklusivitätsgedanke und die Ambivalenz des Daytoner Friedensabkommens sind ohne Zweifel keine gute Basis für eine moderne bosnische Staatlichkeit und damit auch zur EU-Integration. Mit Dayton wurde einerseits der Status quo der gewaltsam erzielten ethnischen Territorialgrenzen durch die Schaffung beider ethnisch bestimmter Entitäten akzeptiert, auf der anderen Seite wurde aber zugleich versucht, die Gesamtstaatlichkeit bzw. den multiethnischen und multikulturellen Charakter

---

[3] Zuletzt wurde ein gemeinsames Verteidigungsministerium eingerichtet, das über die beiden Entitäten hinaus für den gesamten Staat zuständig sein wird. (Vgl. Office of High Representative, www.ohr.int)

[4] Žarko Papić: BiH 6 godina poslije rata. Zavisnost ili odrzivost i odgovornost (Bosnien und Herzegowina sechs Jahre nach dem Krieg. Abhängigkeit oder Selbstbehauptung und Verantwortlichkeit); in: Christophe Solioz/Svebor Dizdarević: Bosna i Hercegovina: od ovisnosti do samoodrzivosti (Bosnien und Herzegowina: Von der Abhängigkeit zur Selbständigkeit). Sarajevo 2002, S. 51–73

Bosniens zu schützen und zumindest in einzelnen Bereichen wiederherzustellen. Somit enthielt das Abkommen von Dayton kein klares politisches Ziel für Bosnien, sondern prolongierte das Spannungsverhältnis zwischen dem ethnischen Prinzip und der Integration Bosniens. Dieser Umstand wirkt sich bis heute sehr stark auf das Post-Dayton-Bosnien aus. Die Verankerung des ethnischen Prinzips auf allen Ebenen des Staates kann auch und vor allem als Sieg des Primats des Ethnischen vor dem europäischen, zivilgesellschaftlichen und bürgerlichen Prinzip gedeutet werden. An die Stelle des Bürgers wurde in Bosnien der ethnisch bestimmte Mensch gesetzt.

Dayton schuf auch eine äußerst komplexe und komplizierte Verwaltungsstruktur, die – wie die heutige Erfahrung zeigt – deutliche Effizienzmängel aufweist und an die Grenzen der Finanzierbarkeit stößt. Mit den gesamtstaatlichen Institutionen, den Entitäten, Kantonen, der mit einem Sonderstatus ausgestatteten Stadt Brčko und den Gemeinden existiert ein über alle Maße überproportionierter Staatsapparat mit 13 Ministerpräsidenten, mehr als 10 Ministern, etwa 750 Gesetzgebern und rund 1200 Richtern und Staatsanwälten. Somit wird heute fast jeder zweite Beschäftigte in Bosnien aus den Staatskassen bezahlt.

Ein weiteres wesentliches Hindernis für einen schnelleren Weg Bosniens Richtung EU stellt die weiterhin dominante Rolle der internationalen Staatengemeinschaft im Land. Unter dem schweren Gewicht der dysfunktionalen und ethnisch geprägten Daytoner Staatlichkeit und mit teilweise korrupten national(istisch)en Eliten an der Macht werden die internen Reformen halbherzig und oft erst unter dem Druck des Hohen Repräsentanten in Bosnien Paddy Ashdown umgesetzt. Ashdown macht von seinen weitgefassten Vollmachten, den so genannten „Bonn-Powers"[5], immer wieder Gebrauch: So setzte er Anfang Juli 2004 59 Politiker und Funktionäre der Serbischen Demokratischen Partei wegen ihrer mangelnden Kooperation mit dem Kriegsverbrechertribunal in Den Haag ab, darunter auch den Parlamentspräsidenten und den Innenminister der Republika Srpska.[6]

---

5   Unter den „Bonn-Powers" versteht man die auf der Konferenz des Friedensimplementierungsrates in Bonn am 9./10. Dezember 1997 beschlossene Erweiterung der Vollmachten des Hohen Repräsentanten in Bosnien-Herzegowina. Diese Vollmachten umfassen mitunter die Ermächtigung, obstruktive Politiker und öffentlich Bedienstete mit einem Dekret zu entlassen und Entscheidungen mit Gesetzeskraft zu verfügen. Das erste Mal wurde am 16. Dezember 1997 mit der Verabschiedung des Staatsbürgerschaftsgesetzes von diesen Vollmachten Gebrauch gemacht.

6   Der Standard, 10./11.07.2004

Vor dem Hintergrund solcher Vollmachten des Hohen Repräsentanten und ihrem wiederholten Einsatz haben wir es in Bosnien noch immer mit einem sehr stark ausgeprägten Abhängigkeitssyndrom zu tun, das dem Prinzip der lokalen Selbstverantwortung, des „Ownerships" abträglich wirkt.[7] Insgesamt weist die internationale Staatengemeinschaft in Bosnien eine ganze Reihe von internen Widersprüchlichkeiten auf, die sich auf den Friedensprozess und somit auch auf die EU-Integration Bosniens auswirken. Dazu zählen Rivalitäten, Konkurrenz, mangelnde Koordinierungsfähigkeit und Kompetenzstreitigkeiten zwischen einzelnen Organisationen, sowie das Fehlen einer klaren und konsistenten Strategie für den Prozess der Staatsbildung in Bosnien. Ein großes Versäumnis der internationalen Staatengemeinschaft in Bosnien war die anfangs evidente Betonung der militärischen Aspekte des Dayton-Abkommens und die Vernachlässigung des zivilen und wirtschaftlichen Sektors. Somit wären wir bei der wirtschaftlichen und sozialen Entwicklung angelangt, die auch fast neun Jahre nach dem Ende des Krieges große Defizite aufweist.

Die bosnische Wirtschaft ist nach wie vor stark von der finanziellen Hilfe aus dem Ausland abhängig („aid-driven"-Ökonomie) und das Bruttosozialprodukt erreicht in etwa nur 60 % des Vorkriegszustandes. Das bislang vorhandene wirtschaftliche Wachstum geht größtenteils auf Mittelzuflüsse aus dem Ausland zurück, die Direktinvestitionen in die Industrie und den Dienstleistungssektor sind nach wie vor verschwindend gering. Die durchschnittlichen Arbeitslosenraten liegen bei etwa 40 %, der Anteil der in der Schattenwirtschaft Beschäftigten bei etwa 20 %, Korruption ist stark ausgeprägt. Die durchschnittlichen Gehälter belaufen sich auf ca. 260 Euro monatlich in der Föderation und etwa 190 Euro in der Republika Srpska. Besonders desillusionierend sind die hohen Brain-Drain-Raten: nach den Umfragen von UNDP würden 72,5 % der Menschen in Bosnien im Alter zwischen 18 und 35 Bosnien verlassen, wenn sie die Möglichkeit dazu hätten.[8]

---

[7]   Der Begriff des Ownership wurde maßgeblich vom Vorgänger von Paddy Ashdown im Amt des Hohen Repräsentanten für Bosnien, von Wolfgang Petritsch, geprägt. Siehe dazu: Wolfgang Petritsch: Bosnien und Herzegowina 5 Jahre nach Dayton. Hat der Friede eine Chance?, Klagenfurt/Celovec 2001

[8]   UNDP: Early Warning System Bosnia and Herzegovina, Quarterly Report, July-September 2003, Sarajevo 2003 und UNDP: Early Warning System Bosnia and Herzegovina, Annual Report 2002, Sarajevo 2003
    Vgl. auch: Christine von Kohl/Christophe Solioz/Vedran Dzihic (Hg.): Bosnien-Herzegowina: 8 Jahre nach Dayton – Krisen, Kritik und Perspektiven, Balkan-Südosteuropäischer Diskurs, Diskurs 1, Wien/Sarajevo/Sofia/Tirana/Zagreb 2003

Angesichts all dieser Schwierigkeiten ist die Perspektive der EU-Integration nicht gerade rosig, aber umso wichtiger. In Bosnien-Herzegowina herrscht ein grundsätzlicher Konsens darüber, dass dieser Staat in absehbarer Zeit Mitglied der EU sein sollte. Das Nachdenken über die EU-Integration ist sehr vielfältig – manchmal erfüllt mit deklarativem Optimismus, in den meisten Fällen eher vorsichtig, manchmal sogar mit Pessimismus uund Skepsis erfüllt. Einerseits erwarten sich die Menschen von der EU wichtige Impulse für die Lösung interner Probleme, vor allem jener, die sie am meisten an ihrer eigenen Haut spüren – der wirtschaftlichen und sozialen. Man perzipiert andererseits die EU oft auch als etwas, was von Außen kommt, Regeln vorschreibt, manche Versprechen abgibt, dann aber bei der Realisierung und Umsetzung etwas sparsam, zu vorsichtig, zögerlich agiert. Zu dieser Perzeption trägt sicherlich der Umstand bei, dass die EU als Ganzes für die Menschen in Bosnien noch zu wenig Profil besitzt, wenn auch in der letzten Zeit mit den Fortschritten des Nachbarstaates Kroatien bei der EU-Integration und mit den Vorbereitungen für die Übernahme der NATO-geführten Friedenstruppe durch die EU das Profil der Gemeinschaft stärker wird.

Was waren die bisherigen Schritte Bosniens auf dem Weg in die EU: Im Rahmen des SAP wurde im September 2002 die so genannte „Road Map" als Messlatte des politischen Willens für die Lösung vieler Fragen in politischer, wirtschaftlicher und rechtsstaatlicher Hinsicht „im Wesentlichen" abgeschlossen. Am Gipfel in Thessaloniki im Mai 2003 wurde die prinzipielle Beitrittsperspektive bekräftigt, aber auch die sehr langsame Durchführung der Reformen in vielen Bereichen betont. Die von Bosnien erwarteten Erleichterungen im Bereich des Visa-Regimes, erweiterter Zugang zu den EU-Fonds und stärkere Mittel aus dem CARDS-Topf wurden jedoch nicht erreicht. Im November 2003 legte die Kommission eine Durchführbarkeitsstudie zur Aufnahme von Verhandlungen über das Stabilisierungs- und Assoziierungsabkommen (SAA) mit Bosnien vor. In dieser Studie wurde klar festgehalten, dass trotz der Fortschritte in manchen Bereichen in Bosnien weiterhin gravierende strukturelle Schwächen bestehen. In Folge wurden 16 Reformprioritäten aufgelistet, die Bosnien 2004 in Angriff nehmen müsste, um in die Nähe der Aufnahme von SAA-Verhandlungen zu kommen. Diese „Hausaufgaben" umfassen z. B. die Schaffung von 27 neuen Institutionen, die Etablierung eines einheitlichen Wirtschaftsraumes, Justizreform, Stärkung der Rechtsstaatlichkeit usw.[9] Das bosnische Grundproblem umschreibt die Europäische Kommission in ihrem Ende März 2004 veröffentlichten dritten Jahresbericht folgendermaßen: „Die verfassungsmäßige Ordnung (…) ist kompliziert, mit hohen Kosten verbunden und erleichtert die Reformen nicht. (…) Eine der größten Herausforderungen für Bosnien und Herzegowina ist jetzt die Beseitigung der anhaltenden Strukturdefizite und die Entwicklung zu einem von sich aus tragfähigen Staat (…). Voraussetzung hierfür ist unter Umständen eine Verstärkung der Befugnisse und Kapazitäten der Zentralregierung und die Einführung einer angemessenen Zuständigkeitsverteilung zwischen Staat und Gebietseinheiten."[10] Mitte des Jahres 2004 war – wie es auch angesichts der Reformwilligkeit der neuen-alten national(istisch)en Machthaber aus den Reihen der SDA, der HDZ und der SDS, die sich in internen Machtkämpfen und Partikularinteressen verlieren, nicht anders zu erwarten war – keiner der 16 Punkte vollständig erfüllt.[11] Wenn auch der Leiter der bosnischen Direktion für europäische Integration Osman Topcagic optimistisch ist, die geforderten Reformen bis Ende des Jahres 2004 umsetzen zu können, dürften nach den letzten Einschätzungen und dem derzeitigen Reformtempo auch diese zeitliche Vorgabe nur schwer zu erreichen sein.

Um die populäre Frage nach der zeitlichen Perspektive der Vollmitgliedschaft in der EU auch nur annähernd beantworten zu können, muss man sich die notwendigen Schritte auf dem Weg dorthin vor Augen halten. Erst nach der Ratifizierung des SAA würde Bosnien den Status eines potentiellen Mitglieds der EU bekommen und mit der Implementierung der Verpflichtungen dieses Abkommens beginnen können. Weitere Schritte wären somit das offizielle Ansuchen um die Mitgliedschaft, die Umsetzung der Kopenhagener Kriterien[12] und dann die langwierige Umsetzung des „acquis communautaire". Vor kurzem schrieb die bosnische Wochenzeitschrift Dani, dass Bosnien noch Lichtjahre von der EU entfernt ist! Das ist es zwar nicht, es ist aber für Bosnien noch ein langer und steiniger Weg bis zur Mitgliedschaft.

---

9   Siehe: Commission of the European Communities: Report from the Commission to the Council on the prepardness of Bosnia and Herzegovina to negotiate a Stabilisation and Association Agreement with the European Union, Brussels, 18.11.2003

10 Kommission der Europäischen Gemeinschaften: Der Stabilisierungs- und Assoziierungsprozess für Südosteuropa. Dritter Jahresbericht, Brüssel 2004

11 Interview mit Reinhard Pribe, Direktor des Direktorats der Europäischen Kommission für den Westbalkan, in: Radio Free Europe, 24.6.2004

12 Die auf dem Kopenhagener Gipfel 1993 definierten Kriterien umfassen Punkte wie die Notwendigkeit der Etablierung einer funktionsfähigen Wirtschaft, der Existenz der Rechtsstaatlichkeit und der Demokratie und den Schutz der Menschenrechte und der Minderheiten.

Kosovo und die EU – ein ambivalentes Verhältnis

Könnte man für Bosnien zumindest vorsichtig behaupten, dass sich das Land auf einem langsamen Pfad in die Richtung europäischer Integration befindet, ist die Einschätzung der Situation im Kosovo noch um eine weitere Spur komplexer. Die ungelöste Statusfrage, die großen wirtschaftlichen und politischen Probleme und nicht zuletzt auch der schwere Rückschlag für den Friedensprozess durch die Ereignisse von Mitte-März 2004 erschweren die Bemühungen der EU, sich stärker im Kosovo zu positionieren und den Kosovo langsam auf den Weg in die EU vorzubereiten, zusätzlich.

Am Beispiel des unerwarteten Rückschlags im Kosovo im März 2004, der das Resultat einer ganzen Bündelung von Krisenfaktoren war, lassen sich die großen strukturellen Probleme des Kosovo gut skizzieren.[13] In erster Linie zeigen die neuesten Entwicklungen im Kosovo, dass die tiefen Konfliktlinien zwischen albanischen und serbischen Kosovaren trotz des großen militärischen und finanziellen Engagements der internationalen Gemeinschaft auch im sechsten Jahr nach dem Ende des Krieges im Kosovo nach wie vor nichts von ihrer Brisanz eingebüsst haben. Grundsätzlich folgte das, was sich in den März-Ereignissen im Kosovo so tragisch gezeigt hat, offensichtlich dem Prinzip der Vergeltung, der Rache, der gegenseitigen Vorwürfe, die dann in den blutigen Exzessen gipfeln. Allerdings bietet alleine schon die Geografie der Region keinen Platz dazu, sich mit Hilfe von Racheakten und des krampfhaften Festhaltens an die Vergangenheit voneinander loszusagen. Die Racheakte sind ungeeignet für die Integration ins freie Europa. Das Problem liegt auch in der Beanspruchung der Wahrheit nur für sich: sowohl die Serben als auch die Kosovo-Albaner agieren in der tiefsten Überzeugung, Opfer der vergangenen Entwicklungen, der Geschichte gewesen zu sein und damit die Wahrheit zu besitzen. Zwei sich aufs Radikalste widersprechende Wahrheiten stehen einander gegenüber und neutralisieren sich auf Kosten der wirtschaftlichen Entwicklung, der Normalisierung der Situation, der Stabilisierung des politischen Systems usw. Gerade das kosovarische Beispiel zeigt noch einmal eindringlich, dass eine tiefe kollektive und individuelle Katharsis noch immer nicht stattgefunden hat. Die Bewusstwerdung dessen, was geschehen ist

---

13 Vgl. hiezu: Christine von Kohl/Vedran Dzihić/Dardan Gashi (Hg.): Kosovo 2004: Ein Schritt vorwärts, zwei zurück – kritische und konstruktive Analysen und Perspektiven, Balkan Diskurs 2, Wien/Sarajevo/Sofia/Tirana/Zagreb 2004

und in der Zukunft geschehen sollte, steckt sowohl in Bosnien und im Kosovo, als auch in Serbien noch in Kinderschuhen.

Ein entscheidender Erklärungsfaktor für das hohe Frustrations- und damit auch Konfliktpotential in der kosovarischen Gesellschaft liegt in der katastrophalen wirtschaftlichen und sozialen Situation im Kosovo. Die wirtschaftliche Situation ist vor allem durch die radikale Abhängigkeit der kosovarischen Wirtschaft von den direkten finanziellen Hilfen der internationalen Gemeinschaft und der kosovarischen Diaspora gekennzeichnet. Weitere gravierende Strukturprobleme wie extrem hohe Arbeitslosigkeit (vor allem auch bei den Jugendlichen), ausgeprägte Exportschwäche, De-Industrialisierung usw. verstärken den Eindruck einer Besorgnis erregenden Situation im wirtschaftlichen Bereich.

Eines der größten Probleme im Kosovo stellt die organisierte Kriminalität dar, die auch in allen Balkanstaaten eines der Haupthindernisse für eine Entwicklung zu einem demokratischen Rechtsstaat ist. Es existieren kaum zuverlässige Daten über den Umfang der Tätigkeit der organisierten Kriminalität im Kosovo, Hinweise auf mafiöse und kriminelle Aktivitäten in Bereichen wie Drogenhandel, Zigaretten- und Waffenschmuggel, Menschen- und Frauenhandel sowie Geldwäsche und Wirtschaftskriminalität sind dennoch überall im Kosovo sichtbar und spürbar.

Im politischen Bereich gibt es ebenfalls große Defizite, die sich vor allem in mangelnder Erfahrung in Bezug auf Demokratie und Rechtsstaatlichkeit, dem Mangel an Professionalität bei der Ausübung politischer Funktionen und in einem sehr schwach ausgeprägten Leadership zeigen. So sind auch die politischen Parteien als wesentliche Gestalter der Politik im Kosovo keine Parteien im westlichen-europäischen Sinne, von starken Führungspersönlichkeiten geprägt, undemokratisch-autoritär in ihrem Aufbau und Handeln und besitzen zum Teil intransparente und dubiose Finanzierungsquellen. Ein großes Problem für die Entwicklung des politischen Systems im Kosovo stellt aber auch die ausgeprägte Protektoratshaltung der UN-Verwaltung, die insgesamt negative Konsequenzen für Staatsbildung und Demokratie im Kosovo hat. Durch die Monopolisierung der politischen und wirtschaftlichen Kompetenzen vor allem durch die UNMIK wird ein dynamisches und verantwortliches „empowerment" der lokalen kosovarischen Autoritäten nicht wirklich gefördert. Die Folgen dieser Form einer „wohlmeinenden Despotie"[14] der internationalen Gemeinschaft äußern sich in einer

---

14 Dieser Begriff wurde von Gerald Knaus und Felix Martin von der European Stability Initiative (ESI) aus Berlin in ihrer Kritik über die Protektoratsherrschaft in Bosnien im

„doppelten Legitimitätskrise" der politischen Klasse im Kosovo und zwar sowohl gegenüber der internationalen Gemeinschaft wie auch gegenüber den Forderungen und Wünschen ihrer politischen Anhängerschaft. Die Protektorshaltung und die Unentschlossenheit der internationalen Gemeinschaft in Bezug auf den endgültigen Status des Kosovo[15] führten zu zunehmender Ungeduld der albanischen Kosovaren mit der UNMIK, die sicherlich auch zum Ausbruch der Gewalt im März 2004 geführt hat.

Vor dem Hintergrund der ernüchternden aktuellen Situation im Kosovo stellt sich die Frage nach der Rolle der EU im Kosovo und vor allem nach den Perspektiven der EU-Integration, die von vielen als eine der wenigen Hoffnungen für die Zukunft des Kosovo betrachtet wird. Die EU besitzt im Konzert der internationalen Organisationen im Kosovo vom Beginn des Einsatzes eine klare Positionierung als finanzielles Zugpferd („global payer"), zu einem politischen „global player" im Kosovo konnte sich die EU aber bis jetzt nicht entwickeln. Dies hängt mit der historisch bedingten Perzeption einzelner EU-Staaten durch die Kosovo-Albaner und mit der Rolle der EU in der Zeit vor und während des Krieges im Kosovo 1999, die als sehr ambivalent eingeschätzt werden kann. Es existierte keine einheitliche Stimme Europas, sondern eine ganze Reihe von unterschiedlichen Positionen in Bezug auf das Vorgehen der Serben im Kosovo und die Art und Weise bzw. Angemessenheit einer Intervention. Die Europäer wirkten zwar bei allen Schritten im Kosovo mit, die entscheidenden politischen und auch militärischen Impulse kamen aber aus den USA. Die EU agierte also in einem ständigen Gegensatz und einer Wechselbeziehung zwischen der EU als Ganzes und den Interessen einzelner Nationalstaaten und wird dementsprechend auch von den Kosovaren wahrgenommen. Dies zeigten auch die letzten Ereignisse: die US-amerikanischen KFOR-Soldaten wurden nicht attackiert, die französischen aber mit besonderer Vehemenz, was mit den geschichtlichen Beziehungen zu Serbien und mancher Positionen der Ära Mitterand zum Krieg am Balkan und dem Kosovo zusammenhängt. Dazu kommt noch das schwer angeschlagene Image

---

Jahr 2003 geprägt. Siehe dazu: Gerald Knaus/Felix Martin: Wohlwollende Despoten, in: FAZ, 25.7.2003

15 Die internationale Gemeinschaft mit UNMIK an der Spitze hält weiterhin an der Strategie der Umsetzung der so genannten „Standards für Kosovo" fest, bevor die Statusfrage verhandelt wird.
Vgl. dazu: Christine von Kohl/Vedran Dzihic/Dardan Gashi (Hg.): a.a.O., S. 81–94

der UNMIK, damit auch des Pillars IV der EU, wo es z. B. große Versäumnisse im Rahmen des Privatisierungsprozesses gibt.

Die eindeutig „stärkste Waffe" der EU im Kosovo ist die Perspektive der EU-Integration. Die in Zagreb 2000 das erste Mal formulierte Beitrittsperspektive für die Länder des Westbalkans und damit indirekt auch für den Kosovo wurde auch im Rahmen des Gipfels von Thessaloniki im Mai 2003 bestätigt. Man sprach dort von der „ungeteilten Unterstützung der europäischen Perspektive" für den Balkan, strich aber gleichzeitig heraus, dass die Geschwindigkeit des Annäherungsprozesses an die EU ausschließlich in den Händen der Länder der Region liegt. Die kosovarischen Vertreter wurden nach Thessaloniki eingeladen, was von der albanischen Seite bereits als ein großer Fortschritt gefeiert wurde. Es kam im Rahmen des Gipfels zu einem Aufruf zum Dialog und zur Umsetzung der Standards, eine Position, die von Javier Solana bei seinem Besuch in Pristina im Februar 2004 und auch später nach den März-Ereignissen wiederholt betont wurde. Die Frage der Annäherung des Kosovo an die EU hängt aber insgesamt sehr stark von der regionalen Perspektive ab, die durch die Ergebnisse der Wahlen in Serbien im Dezember 2003 nicht besser, nach der Wahl von Boris Tadić zum neuen serbischen Präsidenten aber wieder zumindest um eine kleine aber dennoch sehr wage Hoffnung reicher wurde.

Formal existiert sein einiger Zeit im Rahmen des SAP für den Kosovo der so genannte STM (SAP Tracking Mechanism). STM ist im Wesentlichen eine gemeinsame technische Arbeitsgruppe („technical working group"), die aus den Vertretern der UNMIK, der Provisorischen Institutionen der Selbstverwaltung und der Europäischen Kommission besteht und als Ziel die Unterstützung und Hilfestellung für die kosovarischen Strukturen in ihren strukturellen Reformen hat. Bis jetzt fanden vier Meetings des STM statt. Noch immer ist aber dieser Mechanismus des Dialogs zwischen Pristina und der EU nicht mehr als ein stark unverbindliches Diskussionsforum. Zuletzt wurde in den Jahresberichten der Europäischen Kommission über den SAP für das Jahr 2003 festgehalten, dass die vorrangige Strategie der EU im Kosovo die Unterstützung der Umsetzung des Konzepts der „Standards für Kosovo" darstellt. Es wird hier auch – verknüpft mit einem diplomatisch-unverbindlichen Versuch der Definition der Bedeutung der europäischen Perspektive für den Kosovo – ziemlich vage festgehalten, dass der Kosovo fest in den SAP integriert werden soll. Im Bericht heißt es: „Die europäische Perspektive bedeutet, dass die Menschen im Kosovo in den Genuss des Friedens und der Freiheit gelangen können, die die Europäische Integration auf freie und demokratische Weise im Grossteil des gesamten Kontinents sichergestellt hat. Um dieses Ziel zu verwirklichen, muss der Kosovo fest im Stabilisierungs- und Assoziierungsprozess verankert sein. Die Zwischenfälle vom März 2004 jedoch zeigen, dass sich das kosovarische Volk und die PISG (Provisional Institutions of Self-Government – Provisorische Institutionen der Selbstverwaltung des Kosovo – Anm. d. Autors) ernsthaft für den Prozess einsetzen müssen."[16] Im allgemeinen politischen Vakuum nach den März-Ereignissen und dem vorzeitigen Rücktritt von Harri Holkeri wurden bis Sommer 2004 keine neuen politischen Impulse seitens der EU gesetzt, die in die Richtung eines neuen Konzepts der EU für den Kosovo bzw. einer klareren Perspektive der europäischen Integration hindeuten würden.

Gesamtgesellschaftlich betrachtet ist die EU-Integration im Kosovo noch immer kein Thema. Die europäische Idee existiert nur in einem kleinen Kreis der fortschrittlich denkenden Intellektuellen. Die Frage der Fragen ist die Lösung der Statusfrage und die nach wie vor katastrophale wirtschaftliche Situation im Kosovo. Bei diesen Punkten müsste die EU ansetzen. Die Ereignisse vom März 2004 und die danach intensivierte Diskussion über die Rolle der Internationalen im Kosovo und die Zukunft des Landes können – auch wenn es paradox klingt – einen wichtigen neuen Impuls für die internationale Gemeinschaft und die EU darstellen, in ihren Konzepten und ihrer Umsetzung viel präziser und konsequenter zu sein und bestimmte heikle Fragen (wie z. B. die Statusfrage) endlich anzusprechen und konkreter anzugehen. Die europäische Perspektive kann dabei ein entscheidendes Entwicklungsvehikel für die kosovarische Wirtschaft sowie für die gesamtgesellschaftliche Stabilisierung des Kosovo darstellen. Sie kann und darf aber nicht eine nur auf dem Papier stehende leere Phrase bleiben. Sie muss vielmehr die Notwendigkeit eines bewussten und langfristigen Engagements im Kosovo und der Region bedeuten, nicht zuletzt auch in finanzieller Hinsicht. Eine neue Strategie, Vision für den Kosovo, über die derzeit viel nachgedacht und diskutiert wird, muss und wird sicherlich entscheidend von der EU mitgetragen und mitbestimmt werden.

---

16 Kommission der Europäischen Gemeinschaften: Der Stabilisierungs- und Assoziierungsprozess für Südosteuropa. Dritter Jahresbericht, Brüssel 2004, S. 43

Westbalkan aus der Perspektive der Europäischen Union

In der Beziehung zwischen Europa und dem Balkan, und hier insbesondere zwischen der EU einerseits und Bosnien und dem Kosovo andererseits, kommt es – wie schon teilweise angedeutet – vielfach zu Missverständnissen, überzogenen Erwartungen und Hoffnungen. Der ehemalige Leiter der UNMIK-Abteilung für Bildung und Universitäten, Michael Daxner, meint dazu, dass „beide Seiten Reeducation brauchen: der Westen in Bezug auf die empirische Wirklichkeit Südosteuropas oder des Balkan; der Balkan selbst aber in Bezug auf seine Einordnung und Selbstvergewisserung als Teil eines wirklichen, empirischen Europa und nicht seiner mythischen oder virtuellen Gestalt."[17] Dass der Westbalkan wegen seiner Krisenhaftigkeit und der damit immer potentiell vorhandenen Bedrohung für die Sicherheit Europas, wegen seiner wichtigen Rolle für die Entwicklung der GASP und als tendenziell nächste Erweiterungsregion gerade auch nach der vollzogenen Erweiterung der EU auf 25 Mitglieder für die EU eine wichtige Rolle spielt bzw. spielen muss, steht außer Debatte. Der oft wiederholte Satz von Javier Solana, dass die „Sicherheit Europas von der Stabilität am Balkan abhängt", ist mehr als nur eine diplomatische Floskel.[18] Wie sehen aber die konkreten Integrationsangebote und -mechanismen aus, wo liegen die EU-internen Schwierigkeiten und Begrenzungen in Bezug auf die (Integrations-)Politik gegenüber Bosnien-Herzegowina und dem Kosovo?

Der für die Länder des Westbalkans entwickelte Rahmen zur Annäherung an die EU ist der schon mehrmals erwähnte Stabilisierungs- und Assoziierungsprozess (SAP). Der SAP ist ein langfristiges Instrument der EU mit dem Ziel der Förderung struktureller Reformen und der Stärkung der Kapazitäten zur Implementierung des SAA. Im Rahmen des SAP betont man immer wieder das so genannte „Regattenprinzip", wonach neben dem Prinzip der Konditionalität jedes Land die Geschwindigkeit der Annäherung doch größtenteils selbst bestimmen soll. Die konkreten Schwerpunkte im Rahmen des SAP sind die Harmonisierung

---

[17] Michael Daxner: Eine kohärente Südosteuropapolitik in den Soft Sectors. Besonders für den Bildungs- und Hochschulbereich, Projektbericht für das BMWK, Mai 2003, S. 98

[18] Dimitros Triantaphyllou: The Balkans between stabilisation and membership, in: Judy Batt et.al. (ed.): Partners and neighbours: a CFSP for a wider Europe, Chaillot Papers No 64, Paris, September 2003, S. 60–77, hier: S. 63

der Handelspolitik, Verbesserung des Managements der Grenzen und die Stärkung (Bildung) administrativer Kapazitäten. Die Hauptannahme lautet dabei, dass durch die Etablierung und Definition des Rahmens für die strukturellen Reformen die Lösung offener politischer Fragen folgen wird. Allerdings benötigen brennende Fragen (wie ethnische Fragen, Kosovo, Stärkung der Wirtschaft usw.) konkretere und zielgerichtetere Maßnahmen, die über den Rahmen des SAP hinausgehen.

Prinzipiell stehen der EU zwei Möglichkeiten offen, den Einfluss auf die Stabilisierung Südosteuropas auszuüben: „… durch die institutionelle Gestaltung der Integrationsbeziehungen zwischen der EU und der Region und durch die direkte wirtschaftliche, politische und gesellschaftliche Zusammenarbeit."[19] Das ist gleichzeitig auch das große Dilemma des SAP, der ganz klar im Spannungsfeld zwischen Stabilisierung und Integration angesiedelt ist. Die Länder des Westbalkans sollen vorrangig stabilisiert werden, was ein mühsamer und wie das kosovarische Beispiel zeigt immer wieder mit Rückschlägen verbundener Prozess ist. Vor dem Hintergrund dieser schwierigen Aufgabe soll gleichzeitig die Perspektive der Integration in die EU möglichst konkret formuliert sein. Mit dem SAP kommt vor allem der zweite Punkt zu kurz, so dass er eher als Ausdruck eines Mangels an einer klaren Strategie der EU für die Integration der Westbalkan-Länder aufgefasst wird. Zudem wird der SAP von vielen als ein Prozess perzipiert, der dem eigentlichen Erweiterungsprozess nicht inhärent, sondern ihm nur vorangestellt ist. Somit bleibt der direkte Einfluss der EU auf die Innenpolitik der potentiellen Kandidatenstaaten geringer und die von der EU abverlangten Maßnahmen unverbindlicher. Die Frage ist auch, ob die EU-Priorität der Harmonisierung zahlreicher Bereiche in den Kandidatenstaaten mit der EU (die sicherlich ein gutes Instrument für etablierte und stabile Marktwirtschaften darstellt) in den konfliktdominierten Staaten mit schwachen staatlichen Institutionen, mit kaum vorhandener Erfahrung im Umgang mit der Demokratie, einer strukturell und chronisch schwachen wirtschaftlichen Leistung die richtige Strategie darstellt. Auch hier zeigt sich die Notwendigkeit der Entwicklung einer konkreteren unmittelbaren Strategie, die eine nachhaltige wirtschaftliche Entwicklung mit sich bringen könnte. Eine solche Strategie müsste u. a. vor allem auf die Bekämpfung der großen Probleme im Kosovo und in Bosnien abzielen, nämlich auf die Bekämpfung der Arbeitslosigkeit oder der Kriminalität, die bis jetzt nicht konsequent angegangen wurde.

---

19 Andreas Wittkowsky: Südosteuropa und die Europäische Union – Stabilität durch Integration?, in: Südosteuropa, 49. Jg., 3–4/2000, S. 157–174, hier: S. 157

Gleichzeitig mit der Präsentation des dritten Jahresberichtes über den SAP wurde von der Europäischen Kommission ein neues Instrument zur Gestaltung der Beziehungen mit den Ländern des Westbalkans und zu ihrer Integration in die EU vorgestellt – das Instrument der so genannten „Europäischen Partnerschaften". Diese neuen Partnerschaftsabkommen, die separat mit den einzelnen Staaten abgeschlossen werden, listen kurz- und mittelfristige Prioritäten auf, die potentielle Kandidatenländer vorrangig in Angriff nehmen müssen. Es ist vorgesehen, dass bei den Europäischen Partnerschaften bei entsprechendem Fortschritt des jeweiligen Landes nach und nach die Übernahme des gemeinschaftlichen Besitzstandes der EU, des so genannten „acquis communautaire", in den Vordergrund rückt.[20] Nach ersten Einschätzungen wird in diesem neuen Instrument eine Anerkennung der großen Bedeutung des Annäherungsprozesses an die EU für die Reformprozesse der einzelnen Länder des Westbalkans gesehen.[21] Der Erfolg des Instrumentariums wird aber schlussendlich erst an seiner konkreten Umsetzung gemessen.

Wo liegen aber die internen Schwierigkeiten innerhalb der EU, die einen Einfluss auf die Politik der EU gegenüber dem Balkan besitzen? Generell befindet sich die EU mit dem vollzogenen historischen Quantensprung der Erweiterung im Mai 2004, der wachsende Herausforderungen und – wie Jürgen Habermas Ende Februar 2004 in Wien anmerkte – ein Komplexitätswachstum mit sich bringt, „mit dem die bestehenden Strukturen und Verfahren der politischen Steuerung überfordert zu sein scheinen", in einer Phase der vielfachen internen Herausforderungen. Betrachtet man die neuesten Daten aus dem Eurobarometer, nach denen sich die Unterstützung für die Erweiterung im Durchschnitt der alten EU-15 mit gerade noch 42 % (in Deutschland z. B. nur 28 %, in Österreich 34 %) am Tiefpunkt befindet,[22] kann man durchaus von einer schwierigen Situation innerhalb der EU sprechen. Die Neuverhandlung der Unionsverfassung und des neuen institutionellen Rahmens, die mit einem Kompromiss doch noch mit gewissem Erfolg über die Bühne gingen, trägt zur Unsicherheit innerhalb der EU bei. Weitere immer wieder kritisierte interne Mängel der EU wie Komplexität, Intransparenz, Schwerfälligkeit des Entscheidungsprozesses in Brüssel, verwir-

---

[20] Kommission der Europäischen Gemeinschaft: Der Stabilisierungs- und Assoziierungsprozess für Südosteuropa. Dritter Jahresbericht, Brüssel 2004, S. 5 f.
[21] Vladimir Gligorov: European Partnership with the Balkans, in: European Balkan Observer, Vol. 2, No. 1, May 2004, S. 2–8
[22] Die Presse, 13.07.2004

rende Vielfalt von EU-Akteuren usw. wirken sich auch auf die Schwächen bei der Formulierung einer kohärenten Strategie für die Südosterweiterung und ihre praktische Umsetzung aus.

Die Union stößt zudem nicht nur institutionell, sondern auch inhaltlich an Grenzen. Die veränderte weltpolitische Lage verlangt – und hier beziehe ich mich wieder auf Habermas – eine „Nachjustierung der politischen Steuerungselemente" und eine europaweite gemeinsame Meinungs- und Willensbildung als Voraussetzung für die GASP, die ja bereits im Vorfeld des Irak-Krieges, in den Diskussionen um Altes und Neues Europa und um den Schutz vor dem Terrorismus deutlich aufgerieben wurde. Gerade Bosnien mit der Übernahme der Polizeaufgaben von der UNO und den Vorbereitungen auf die Übernahme der NATO-Mission[23] und der Kosovo mit neuesten Diskussionen über die stärkere Beteiligung der EU auch an militärischen Aufgaben sind ein entscheidendes Testfeld für die GASP. Gleichzeitig hängt gerade in diesem politisch-militärischen Bereich und in Hinblick auf den Balkan vieles vom Verhältnis zwischen Europa und den USA ab. Die USA sind ein realpolitischer Machtfaktor am Balkan, der vor allem für die Menschen im Kosovo und in Bosnien selbst von überwältigender Bedeutung ist. Die sicherheitspolitischen Fragen werden auch in der Zukunft große Auswirkungen auf die Geschwindigkeit des EU-Integrationsprozesses für Bosnien und den Kosovo haben.

Vor dem Hintergrund der mangelnden Kohärenz der einzelnen Integrationsinstrumentarien der EU für die Länder des Westbalkans wird auch eine ganze Reihe von Vorschlägen und Ideen zu ihrer Optimierung diskutiert. So wurden bereits im Vorfeld des Gipfeltreffens von Thessaloniki im Mai 2003 einige konkrete Vorschläge zur Ergänzung des SAP und zur Verbesserung der Performance der EU gegenüber dem Westbalkan diskutiert. In der Mitteilung der Kommission an den Rat und das Europäische Parlament vom Mai 2003 wurden beispielsweise einige konkrete Möglichkeiten zum Ausbau und zur Verbesserung der Integrationsbemühungen der EU Richtung Balkan formuliert, wie z. B. die Einrichtung von Verwaltungspartnerschaften (Twinning), Liberalisierung der Visaregelungen, Teilnahme an ausgewählten EU-Programmen, (d. h. Einbeziehung zusätzlicher Instrumente aus dem regulären Erweiterungsprozess), vermehrte Unterstützung der Klein- und mittleren Unternehmer, Aufstockung des CARDS-Programmes, neue strategische Ausrichtung des Stabilitätspaktes als komplementäres Instrument des SAP

---

23 Siehe dazu: ICG: Euforia: Changing Bosnia's Security Arrangements, Sarajevo/Brussels, 29. June 2004

usw.[24] Die European Stability Initiative (ESI) betont ebenso die Notwendigkeit der Einbindung der Westbalkanstaaten in die Struktur- und Kohäsionsfonds und in den Vorbeitrittsprozess wie im Falle Bulgariens, Rumäniens und der Türkei. Gleichzeitig warnt sie vor einer Verringerung finanzieller Mittel am Balkan, die die wirtschaftliche Krise noch vertiefen würde. All dies blieb nach dem Gipfel von Thessaloniki und somit auch bis heute nicht verwirklicht.[25]

Schlusswort

Zur Integration Bosniens und des Kosovo in den europäischen Rahmen gibt es derzeit keine realistischen Perspektiven. Sie bedarf jedoch viel Zeit und beiderseitiger intensiver Bemühungen. Vor allem die lokalen politischen Eliten, die oft in der Perspektive der EU-Integration eine „langfristige Ordnungsvorstellung der EU" sehen, die nicht mit ihren „kurz- und mittelfristigen Prioritäten"[26] übereinstimmt, müssen davon überzeugt sein, dass die EU-Annäherung auch in ihrem Interesse liegt.[27] Man muss sich aber auch dessen Bewusstsein sein, dass der Beitritt zur EU – wie der österreichische Sonderkoordinator des Stabilitätspaktes für Südosteuropa Erhard Busek meinte – „keine Schönheitskonkurrenz, sondern ein dicht strukturierter Prozess, der eine Kombination aus Verhandlung und gesetzgeberischer Umsetzung ist."[28]

Auch wenn die EU in ihren Papers und öffentlichen Dokumenten den Anschein einer konsistenten und konkreten Strategie in Bezug auf den Balkan macht, ist sie derzeit in der Praxis nur schwer auszumachen. Es wird noch immer um eine

---

[24] siehe: Homepage der EU „The EU's relations with South East Europe", http://europa. eu.int/external_relations/see/actions/index.htm

[25] Vgl. ESI: Western Balkans 2004. Assistance, cohesion and the new boundaries of Europe. A call for policy reform, Berlin/Brussels/Sarajevo, 3 November 2002; siehe auch: ESI: European Union Policies and The Western Balkans, An ongoing debate, October 2003, www.esiweb.org

[26] Hier denke ich vor allem an die ökonomischen und machtpolitischen Partikularinteressen von Eliten, die sie nur in einem Zustand der relativen gesellschaftpolitischen Unsicherheit und Instabilität erreichen können.

[27] Martin Brusis: Von der Ost- zur Südosterweiterung. Die Europäische Union und der westlichen Balkan, in: Osteuropa, 53. Jg., 11/2003, S. 1623–1638, hier: S. 1624

[28] Erhard Busek: Der Balkan braucht noch viel Geduld, in: Süddeutsche Zeitung, 01.08.2003

Definition der Beziehungen zum Balkan gekämpft, der Mangel an langfristiger Strategie und Vision ist dabei auffallend. Derzeit existiert keine klare Road-Map bzw. schlüssige Strategie zur Gestaltung der nächsten Stufe der Erweiterung und vor allem auch keine klare Strategie zur Lösung der akuten Kosovo-Frage. Die Integration bedarf vor allem aber auch präzise formulierter und organisatorisch und finanziell besser gestützter Strategien, die besser an die spezifischen Gegebenheiten und Probleme der einzelnen Länder angepasst werden müssen. Dabei müsste die EU – nicht zuletzt vor dem Hintergrund der März-2004-Ausschreitungen im Kosovo – in der Lage sein, statt einem bis jetzt in der Regel praktizierten reaktiven Verhalten in Bezug auf die Ereignisse am Balkan ein stärker proaktives und antizipierendes Verhalten zu zeigen.

Generell betrachtet lässt sich festhalten, dass der „archimedische Punkt" für Bosnien und noch deutlicher für den Kosovo und den Weg dieser zwei Staaten/Gebiete in die EU bis heute nicht gefunden worden ist – weder auf bosnischer und kosovarischer Seite noch auf der Seite der EU. Im Bericht der EU-Kommission für Bosnien für das Jahr 2003 über den SAP hielt man fest: „BiH muss ein aus sich selbst heraus tragfähiger Staat werden, unabhängig davon, ob es einen EU-Beitritt anstrebt oder nicht." Kann ein Land wie Bosnien oder wie Kosovo, vom Krieg zerrüttet und schwer gezeichnet, diese Aufgabe aus eigener Kraft schaffen? Die Geschwindigkeit des Annäherungsprozesses liegt entscheidend aber nicht ausschließlich in den Händen der Bosnier und Kosovaren. Europa trägt aber angesichts der Ereignisse der letzten Dekade Verantwortung für den Balkan. Heute mehr denn je. Nicht zuletzt nach den tragischen Ereignissen im Kosovo. Gerade weil die EU der politisch und wirtschaftlich weitaus stärkere Partner ist, darf man von der EU mehr erwarten, ja sogar verlangen, sich der von den Krisen und Kriegen geschüttelten Region mit Bosnien und dem Kosovo im Zentrum stärker, schneller, entschlossener, konsequenter und viel konkreter zuzuwenden, mit Mut und Entschlossenheit zugleich.

Györgi Konrád hat in seiner Wiener Vorlesung im Mai 1999 von Europa als einem mit Hoffnungen verbundenen Friedensprojekt gesprochen. Um dem Friedensprojekt Europa glaubhaft Leben einzuhauchen, darf die nach der Erweiterung neu entstandene Ostgrenze Europas – so Konrad – nicht „in Erstarrung versinken" und den Staaten des Balkans das Gefühl geben, „draußen vor der Tür" zu bleiben." Das Schicksal des Friedensprojekts Europa wird auch und besonders am Balkan entschieden.

ARBEN HAJRULLAHU

DER SERBISCH-KOSOVARISCHE KONFLIKT ZWISCHEN ETHNO-NATIONALEN IDEEN UND EU-INTEGRATIONSPROZESS*

I. Einleitende Gedanken

Es lässt sich schwer ein Thema ausreichend erklären, ohne zumindest die Grundzüge der historischen und sozialpsychologischen Dimensionen des Themas zu behandeln, besonders, wenn es um von exzessiver Gewalt geprägte Konflikte, wie der serbisch-kosovarische Konflikt einer ist, geht. Ohne die Geschichte bzw. die Kenntnis dessen, was vorher geschah, kann kaum ein Überblick und ein halbwegs objektives Bild der Gegenwart gewonnen werden.

Wenn man allgemein über die Vergangenheit und Zukunft des Balkans nachdenkt, gehen zuerst von Gewalt getönte Begriffe, wie Kriege, Konflikte sowie Instabilität, Zukunftsungewissheit, Angst und Ähnliches durch den Kopf. Dies trifft insbesondere bezüglich der so genannten Westbalkanregion im Zeitraum der letzten fünfzehn Jahre zu, wobei der seit mehreren Jahrzehnten andauernde serbisch-kosovarische Konflikt[1] den Kern der Instabilität in dieser europäischen Region darstellt. Daher stellt sich eine grundlegende Frage bezüglich der Gegenwart und Zukunft der Westbalkanregion, nämlich, wie und unter welchen Voraussetzungen ein dauerhafter und abgesicherter Frieden in dieser traditionell instabilen Region zu erreichen ist.

Hier sollen einige Aspekte der bisherigen Erfahrungen im Hinblick auf die gegenwärtigen und zukünftigen Beziehungen zwischen diesen zwei Konfliktparteien, Serbien und Kosova, thematisiert werden. Diese zwei Länder stellen das

---

* Abschluss des Manuskriptes: März 2004.

[1] Betreffend den serbisch-kosovarischen Konflikt siehe die schematische Darstellung im Anhang dieses Textes.

beste Beispiel einer nicht funktionierenden Kommunikation[2] in der Westbalkan-region dar. Ohne eine zufriedenstellende Lösung dieses Hindernisses, der nicht funktionierenden Kommunikation, ist es meines Erachtens unmöglich, eine lang-fristige Stabilität in diesem Raum zu etablieren und diese am Leben zu erhalten. Die bisherigen Erfahrungen zwischen Serbien und Kosova, in denen noch nie eine konstruktive, gleichberechtigte und gewaltfreie Kommunikation etabliert und praktiziert werden konnte, bekräftigen diese Feststellung noch mehr.

Der serbisch-kosovarische Konflikt ist so alt, wie die staatliche serbische Poli-tik gegenüber Kosova selbst. Dies führt zur logischen Schlussfolgerung, dass es ohne substantielle Veränderungen in der serbischen Politik gegenüber Kosova auch keine nachhaltigen Änderungen in den Beziehungen zwischen diesen zwei Konfliktparteien geben wird. In der serbischen Politikszene gab es bisher mehrere Regime- und politische Wechsel jedoch noch nie substantielle Veränderung der Politik gegenüber Kosova.

Im serbisch-kosovarischen Konflikt nehmen sowohl interne als auch externe Faktoren eine wichtige Rolle ein. Unter dem Einfluss der in einer eigenen Art und Weise in Gang gesetzten Transformations- und Integrationsprozesse in der Westbalkanregion wird der serbisch-kosovarische Konflikt dem Druck des Trans-formations- und Integrationsprozesses nicht ohne weiteres widerstehen können. Die Idee ist, dass die Transformations- und Integrationsprozesse zugleich auch die Funktion einer Friedensetablierung und -absicherung einzunehmen haben. Damit diese erwünschte Funktion des Transformations- und Integrations-prozesses verwirklicht werden kann, sollten meines Erachtens zwei wichtige Dimensionen berücksichtigt werden: Erstens dürfen die bisherigen gegenseitigen Erfahrungen, welche tief im „kollektiven Gedächtnis" der in Konflikt befind-lichen Parteien verankert sind, nicht ignoriert werden. Zweitens soll der daraus resultierende politische Wille betreffend die eigene rechtliche und politische Zukunft jeder Konfliktpartei unblockierbar sein. Diese Grundspielregeln sollten meines Erachtens im Konfliktüberwindungsprozess respektiert werden, wenn der

---

2 Der Begriff Kommunikation ist in einem umfassenden Sinne zu verstehen, und er nimmt eine zentrale Rolle in meiner Forschung über den serbisch-kosovarischen Konflikt ein. Die theoretische Basis dafür liefern in erster Linie die Arbeiten von Karl W. DEUTSCH, bei dem die Kommunikation eine wesentliche Rolle einnimmt. Vgl. z. B. Karl W. DEUTSCH: Nationalism and Social Communication. An Inquiry into the Foundations of Nationality, Cambridge, u. a. 1953, sowie andere Arbeiten von ihm.

langfristige Friede das Ziel ist, wobei der Rechtstaat im liberaldemokratischen Sinne, in dem alle Bürger und Bürgerinnen *gleich* sowohl *vor* dem *Gesetz* als auch *durch* das *Gesetz* sind, als anstrebenswerter Idealtypus zu perzipieren ist. Der Gegensatz würde nur eine unvermeidliche Fortsetzung der zwischen Serbien und Kosova im neunzehnten und zwanzigsten Jahrhundert entstandenen Konfliktzyklen auch im einundzwanzigsten Jahrhundert bedeuten, eine Situation, die in niemandes Interesse wäre.

II. Der Konfliktzyklus

Sowohl die Täter- als auch die Opfer-Thesen sind in der Westbalkanregion sehr jung. Einerseits stellt sich nun die Frage, wer in den letzten Jahrzehnten die Geschichte im Westbalkanraum gestaltete, in deren Deutung so viele bzw. alle Mitglieder der Gesellschaften dieses europäischen Raumes als Opfer der Geschichte dargestellt werden wollen bzw. sich als solche bewusst oder unbewusst wahrnehmen wollen, wobei die Täter aus den „eigenen Reihen" prinzipiell fehlen.[3] Andererseits ist es eine Tatsache, dass seit langer Zeit der Begriff *Balkan* ein Inbegriff der Unzivilisiertheit, Unordnung, des Schreckens und Tötens für die anderen Europäer geworden ist, wobei im Alltag oft „vergessen" wurde bzw. wird, dass dieser Raum sich selbst zumindest geographisch in Europa befindet. Betrachtet man die Geschichte genauer und bedenkt man dabei die schon immer fehlende Stabilität der eigenstaatlichen Ordnung in diesem Raum, kann man rasch feststellen, dass so etwas wie eine besonders gewalttätige Natur der „Balkanesen" oder zumindest eine größere Gewaltbereitschaft verglichen mit den anderen Europäern nicht existiert.[4]

---

[3] Diese Frage wäre auch für die heutigen EU-Staaten nicht ganz irrelevant, wenn man einige Jahrzehnte weiter in die Vergangenheit zurückblickt. Sie ist beispielsweise ein sehr sensibles Thema, wenn man die in Österreich immer wieder auftauchenden Täter-Opfer-Thesen über den zweiten Weltkrieg betrachtet.

[4] Letztendlich kamen die größten Übel der Menschheit im zwanzigsten Jahrhundert, wie Nationalsozialismus, Faschismus, Kommunismus und andere ähnliche Formen der Totalitarismen nicht auf balkanischem Boden zur Welt, sondern wurden dorthin eingeführt.

Schon seit dem elften Jahrhundert, als die Bruchlinien auf dem Balkan zwischen den westlichen und östlichen Kirchen und später auch dem Osmanischen Reich eingraviert wurden, war der Balkan immer wieder ein sehr gutes Feld für „Experimente" und Interessen der Großmächte, in dem Stärke und Einfluss unmittelbar oder mittelbar gemessen wurden.[5] Die Rechnung dafür mussten in erster Linie die Balkanvölker selbst zahlen und erst dann wurden unter Umständen auch die anderen europäischen Völker mit den Folgen der am Balkan über die Köpfe der betroffenen Völker oktroyierten politischen Ordnungen konfrontiert. Sowohl in der jüngsten Vergangenheit als auch in der Gegenwart wurden in dieser europäischen Region ähnliche Praktiken angewendet. Die europäischen Kongresse und Konferenzen des neunzehnten und zwanzigsten Jahrhunderts, durch die immer wieder eine neue Ordnung am Balkan geschaffen werden sollte, orchestrierten das Konzert der tanzenden Balkanvölker.

Im neunzehnten und zwanzigsten Jahrhundert, den Jahrhunderten der so genannten „nationalen Wiedergeburten" am Balkan, kam es seitens der Balkan-Völker kontinuierlich zur Schaffung von eigenen Nationalstaaten, womit die „Bedürfnisse der Ethno-Nationalismen" bestenfalls nur zum Teil befriedigt werden konnten. Diese Teilbefriedigung oder Nichtbefriedigung ist als Resultat der oben genannten Bruchlinien und vor allem der mangelnden Integrationskraft in diesem Raum seitens der größeren kulturellen und politischen Mächte anzusehen.

Genau in dieser Teilbefriedigung der „ethno-nationalen Bedürfnisse" sahen die immer wieder auftauchenden gewaltbereiten ethno-nationalistisch gesinnten Despoten, die oft von Elementen des Rassismus und Faschismus geleitet wurden, die eigenen Chancen, von denen sie wiederholt in diesem Raum Gebrauch machten. In dieser Art und Weise machten die Völker am Balkan gegenseitige Erfahrungen, welche von Konfliktzyklen geprägt sind. Dieser Teufelkreis der Geschichte wurde bzw. wird umso aussichtsloser, wenn man die von Verschwörungstheorien besessenen Erklärungsversuche mancher „intellektueller" Eliten, welche nur die „eine, wahre" Geschichtsversion verbreiten, sowohl in den betroffenen Ländern selbst als auch in den westeuropäischen Ländern, berücksichtigt.

---

5   Allgemein zur Geschichte des Balkans vgl. Edgar Hösch: Geschichte der Balkanländer, München 1993. Zur Geschichte Kosovas vgl. Noel Malcolm: Kosovo a short History, London 1998; Miranda Vickers: Between Serb and Albanian. A History of Kosovo, New York 1998.

Das Jahr 1989 brachte vieles in Bewegung, das während des Kalten Krieges nicht selten starr oder festgefahren erschien. Im Raum des ehemaligen Jugoslawiens wurde ungefähr zu dieser Zeit der Wende das Gespenst der gewaltbereiten *Ethno-Nationalismen* begleitet von Elementen der *National-Faschismen* und *National-Sozialismen*, noch einmal wach gerufen.[6] In dieser Zeit fing man einmal mehr damit an, die Geschichte neu zu schreiben bzw. deren Ergebnisse zu revidieren. Viele wollten um jeden Preis als Helden und vor allem als Väter der Nation in die Geschichtsbücher eingehen. Um dies zu erreichen, sollten die *Rechnungen der Geschichte* beglichen werden, anstatt eine Transformation vom kommunistisch totalitären System zu einem liberal demokratischen Rechtsstaat mit Perspektive einer europäischen Integration einzuleiten. Die Bereitschaft zur destruktiven Gehorsamkeit war erheblich. Die Massen waren vom neuen Führer begeistert, der das Programm, nämlich das Memorandum der serbischen Akademie der Wissenschaften und Künste des Jahres 1986[7], vollstrecken sollte. Der Führer

---

[6] Man vergisst oft, oder will nicht mit der Tatsache konfrontiert werden, dass es auf europäischem Boden bis zum Ende des zwanzigsten Jahrhunderts immer noch Regime gab, die im Prinzip wie das Hitler- oder Stalinregime funktionierten, obwohl sie weder nationalsozialistische noch kommunistische Regime hießen. Im *National-Sozialistischen Milošević-Regime* gab es keine Gaskammern, doch die ethno-politisch motivierten Handlungen dieses Regimes wichen im Endeffekt nicht sehr stark von anderen Totalitarismen des zwanzigsten Jahrhunderts ab. Die Durchsetzung des eigenen politischen Programms, jenes der Akademie der Wissenschaften, sollte um jeden Preis, auch um den der kulturellen und physischen Ausrottung der anderen Völker, erreicht werden, wenn nötig, sogar bis zu einem gewissen Grad um den Preis der Ausrottung der eigenen Nation, als höchster Wert für den Typus dieser Machthaber.

[7] Der Originaltext des Memorandums wurde erstmals als ‚*Memorandum* grupa akademika *Srpske Akademije Nauka i Umetnosti o aktuelnim društvenim pitanjima u našoj zemlji* (Das Memorandum einer Gruppe von Akademiemitgliedern der Serbischen Akademie der Wissenschaften und Künste über aktuelle gesellschaftliche Fragen in unserem Land), in: Naše teme, Zagreb 1–2, 33/1989, S. 128–163 publiziert. Eine Neuauflage als offizielle Veröffentlichung der Serbischen Akademie der Wissenschaften und Künste, deren Herausgeber der damalige Akademiepräsidenten Miroslav PANTIĆ war, wurde von Kosta MIHAILOVIĆ und Vasilije KRESTIĆ („Memorandum SANU". Odgovori na kritike, Beograd 1995) nach der zeitgleich erschienenen englischsprachigen Fassung (Memorandum of the Serbian Academy of Sciences and Arts: Answers to Criticisms, Belgrade 1995) veröffentlicht. Genaueres dazu siehe Enver HOXHAJ: Das Memorandum der Serbischen Akademie und die Funktion politischer Mythologie im kosovarischen Konflikt, in: Südosteuropa, 10–12/2002, S. 494–526. Als geistiger Urheber dieses Memorandums gilt

sollte die unzureichend befriedigten „ethno-nationalen Bedürfnisse" des Volkes voll befriedigen, sie zum Höhepunkt bringen. Die Wende[8] wurde tatsächlich wenige Jahre später, nachdem die Wissenschaftler das Programm ausgearbeitet hatten, eingeleitet. Das Amselfeld, wo kaum Amseln zu finden sind, wurde als Ausgangspunkt der Wende gewählt, um daran zu erinnern, welch große Opfer der Geschichte damit verknüpft sind.

Als sich im Jahr 1989 die kommunistischen Regime in Ost- und Südosteuropa am Ende ihres selbst-zerstörerischen Prozesses befanden, waren die westeuropäischen etablierten Demokratien gewissermaßen von diesem „plötzlichen", unerwarteten Umbruch überrascht und umso weniger auf ein rasches Handeln zur Überwindung der etwa fünfzigjährigen Diktaturen und deren Folgen in der südöstlichen Hälfte des Kontinents vorbereitet. Insbesondere im Raum des ehemaligen Jugoslawiens verhielten sich die etablierten westlichen Demokratien naiv bis ignorant und sahen praktisch viel zu lange zu. Die alten Diskrepanzen bezüglich dieses Raumes waren bzw. sind selbst innerhalb der heutigen EU-Staaten nicht von der Bühne verschwunden. Die Vereinigten Staaten von Amerika mussten einmal mehr im zwanzigsten Jahrhundert als Friedensmacher und als die Hauptfriedensgaranten in Europa auftreten, eine Tatsache, die nichts Schlechtes an sich hat, sondern die Unfähigkeit und Uneinigkeit der Europäer den Balkan betreffend aufzeigt. Die Konsequenzen dieser (Un-)Tätigkeit und Uneinigkeit über ein mögliches Eingreifen in den ehemaligen jugoslawischen Gebieten sind enorm und werden sich innerhalb kürzerer Zeit nicht beseitigen lassen.

---

der serbische Schriftsteller Dobrica Ćosić, der später Staatspräsident des so genannten „Milošević-Jugoslawien" wurde. Das Leitmotiv des Memorandums lautet: „Die Serben gewinnen alle Kriege und verlieren immer den Frieden" vgl. Wolfgang LIBAL: Das Ende Jugoslawiens. Chronik einer Selbstzerstörung, Wien, Zürich 1991, S. 126; Vgl. dazu auch Werner WEILGUNI: Serbien, in: Valeria HEUBERGER, u. a. (Hg.): Brennpunkt Osteuropa. Minderheiten im Kreuzfeuer des Nationalismus, Wien, München, 1996, S. 213 ff. Für andere verschiedene serbische „National Programme" vgl. Nexhmedin SPAHIU: Serbian Tendencies for Partitioning of Kosova, Budapest 1999, S. 38–75.

8   Im Fall Kosovas ist mit Wende nicht wie in fast allen ehemaligen kommunistischen Gesellschaften ein Übergang vom totalitären System zu einer liberal pluralistischen Demokratie gemeint, sondern ein Übergang von totalitärer kommunistischer Diktatur zu einem total diskriminierenden zehnjährigen Herrschaftssystem, welches etwa von 1989 bis Juni 1999 vom National-Sozialistischen Milošević-Regime mit apartheidähnlichen bzw. ab 1998 mit genozidähnlichen Methoden am Leben erhalten wurde.

Es wird vielleicht notwendig sein, ein „Schwarzbuch …", ähnlich dem vom Stèfan Courtois herausgegebenen „Schwarzbuch des Kommunismus"[9] zu schreiben, um herausfinden zu können, wie viele Tote und wie viel Schaden die Utopie – „Der Boden, auf dem ein Haus oder Grab einer bestimmten ethnischen Nation steht, muss unter der Staatsgewalt dieser Nation sein" – in den letzten fünfzehn Jahren auf dem Balkan hinterlassen hat.

Trotz einer gewissen persönlichen Skepsis, welche vor allem mit den Ängsten vor einer Wiederholung der tragischen Ereignisse der Vergangenheit in der Westbalkanregion sowie mit den wiederholten Versäumnissen im Rechtsstaatsbildungsprozess in Verbindung zu bringen ist, wurde, wie es scheint, doch am Vorabend des einundzwanzigsten Jahrhunderts dem Konfliktszyklus mit einem bisher einmaligen Ereignis in der Geschichte[10] der Boden unter den Füßen entzogen. Einerseits wurde Krieg im Namen und ausschließlich motiviert aus der Idee der Menschenrechte und Menschenwürde geführt und anderseits wurde am Höhepunkt dieses Krieges in bzw. um Kosova erkannt, dass der Balkan als Ganzes demokratisiert und wirtschaftlich entwickelt werden muss, um dauerhafte Stabilität erreichen zu können.[11]

Auch wenn man Zukunftsprognosen mit großer Vorsicht und ungern macht, geben solche für die Historiographie markante Zeichen zugleich Hoffnung, dass das einundzwanzigste Jahrhundert – zumindest für Europa, wo auch immer dessen Grenzen enden mögen – ein Jahrhundert darstellen wird, in dem die Rechte der Völker und vor allem die Menschenrechte die Vorherrschaft einnehmen werden. Die Europäer sollten und dürften meines Erachtens sich selbst nicht darin täuschen und auch nicht vergessen, dass sie weder im Jahre 1999 die Ereignisse in Kosova betreffend noch vorher anderswo am Balkan – und aller Voraussicht nach

---

9 Stèfan Courtois, u. a. (Hg.): Das Schwarzbuch des Kommunismus: Unterdrückung, Verbrechen und Terror, München 1998.

10 Der Balkan war nicht das erste Gebiet, in dem es zu einer humanitären Intervention kam, jedoch stellt die Intervention im Jahre 1999 ein besonderes Ereignis dar, etwa wegen der Rückkehr von fast einer Million kosovarischer Opfer der „ethnischen Säuberung" in den eigenen Häusern innerhalb kürzester Zeit. Vgl. Kosovo/Kosova. As Seen, As Told. An analysis of the human rights findings of the OSCE Kosovo Verification Mission October 1998 to June 1999, OSCE/ODIHR, Switzerland 1999.

11 Etwa durch den Ansatz des Stabilitätspaktes für Südosteuropa (http://www.stabilitypact. org). Allgemein dazu vgl. International Crisis Group (ICG), After Milosevic. A Practical Agenda for Lasting Balkans Peace, Balkans Report No. 108, 1. April 2001, S. 239 ff.

auch nicht in naher Zukunft – die für den Rechtsstaat notwendigen sicherheitspolitischen Rahmenbedingungen auf dem europäischen Boden allein ohne die
Vereinigten Staaten von Amerika schaffen konnten.

III. Europäische Perspektive als Ausweg aus dem Konfliktszyklus

Während des Kalten Krieges wäre jede westeuropäische Regierung bereit gewesen,
einen viel höheren Preis für die heutige relativ gefahrlose Sicherheitslage in Ost-
und Südosteuropa zu bezahlen. Die den Rechtsstaat im liberaldemokratischen
Sinne störenden und gefährdenden populistische Elemente im Westen oder die
gewaltbereiten ethno-nationalistischen Kräfte im Osten und Südosten des europäischen Kontinents werden im Zeitalter der Globalisierung immer stärker als
Relikte der Vergangenheit verdrängt. Jetzt kann die Demokratie und damit auch
die Sicherheit in Europa mit kleineren Ausgaben etabliert und gesichert werden,
vorausgesetzt die Ressourcen werden zu passender Zeit und für richtig erstellte
Konfliktdiagnosen getätigt.

Der Prozess einer rationalen, objektiven und vor allem pragmatischen Auseinandersetzung mit der Vergangenheit ist ein immer noch nicht abgeschlossener
Prozess, dessen Ende auch nicht absehbar ist. Zugleich gibt es eindeutige Zeichen
bzw. Hoffnung dafür, dass sich die Westbalkanländer in Richtung eines von der
Empirie lernfähigen Systems entwickeln, wobei die philosophische Überlegung:
„Was einmal geschah bleibt für immer möglich" – die Rückschrittsmöglichkeiten
jederzeit real erscheinen lässt. Dieses von der Empirie lernfähige und immuni-
sierte System wird jedoch nur dann finalisiert werden können und damit den
Konfliktszyklus zwischen Serbien und Kosova unterbrechen, wenn einige Grund-
voraussetzungen gegeben sind.

Meiner Meinung nach müssen, um diese Grundprämissen herbeiführen zu
können die folgenden Prozesse erfolgen: Erstens muss die überwiegende Mehrheit der Menschen in den betroffenen Ländern selbst und zweitens die westlichen
etablierten Demokratien[12] sich entschlossen und politisch kohärent für die Etablierung und Durchsetzung des *Rechtstaates* sowie für die historische Chance der

---

12 Sie haben ähnliche Entwicklungsphasen wie die Gesellschaften am Balkan erlebt, wenn
    auch in einem anderen historischen Kontext, und verfügen über die entsprechende poli-
    tische und wirtschaftliche Macht.

europäischen Integration dieser traditionell instabilen Region einsetzen. Weder die Balkanvölker noch die westlichen Demokratien werden das Ziel der euro-atlantischen Integration der Westbalkanregion ohne einander oder durch eventuelle Entscheidungen über die Köpfe der betroffenen Menschen und Länder hinweg erreichen können. Betreffend das Ziel einer euro-atlantischen Integration soll kein Land der Westbalkanregion sich gezwungen fühlen oder dazu gezwungen werden, dies zu erreichen, jedoch sollte auch kein Land die Möglichkeit bekommen, diesen Integrationsprozess betreffend die Nachbarländer zu sabotieren oder gar zu stoppen. Jedes Land soll selbst die Verantwortung für die eigene Tätigkeit oder Untätigkeit tragen und mit deren Konsequenzen konfrontiert werden.

Die Grenze zwischen „Demokratie" und „Nicht-Demokratie" bleibt oft eine äußerst dünne. Im Zeitalter medialer, strategisch geplanter globaler Vermarktung von bewussten und unbewussten Emotionen ist es meines Erachtens lebenswichtig für demokratische Gesellschaften, dass die Bürger in der Lage sind, selbstständig zu denken, kritisch zu prüfen, ob, wo und von wem die gültigen Grundlagen des Rechts und der Menschenwürde in ihrer Umgebung untergraben werden. Dies fehlt in den Westbalkangesellschaften und stellt eine wichtige Dimension im serbisch-kosovarischen Konflikt dar.

Strategien bzw. Prozesse, welche zur Beseitigung des Konfliktpotentials zwischen den Konfliktakteuren führen sollen, sind meines Erachtens durch Anwendung gezielter strategischer Methoden, z. B. durch De-Nationalisierung der historischen Wahrnehmung und durch Nationalisierung der europäischen liberal-demokratischen Werte neben einer nachhaltigen wirtschaftlichen Entwicklung notwendig, um die europäische Vision in der Westbalkanregion Realität werden zu lassen.

Außerdem soll die Erweiterung bestehender und die Etablierung neuer Kommunikationsmöglichkeiten im Zuge des EU-Integrationsprozesses verstärkt werden. Beispielsweise sollen die neuen Informations- und Kommunikationstechnologien als Option gesehen werden, größere Bevölkerungsgruppen unmittelbar aktiv am politischen Prozess teilhaben zu lassen. Eine gelungene Kommunikation sollte meiner Meinung nach Menschen sowohl in der heutigen EU als auch in den europäischen Transformationsgesellschaften dazu bringen, einander nicht, wie es oft passiert, von vornherein als Kontrahenten anzusehen, sondern über eine Zukunft in einer Union der gemeinsamen politischen und kulturellen Werte nachzudenken und Maßnahmen in diese Richtung zu ergreifen. Dies wäre meines Erachtens ein relevanter Ansatzpunkt im Friedensetablierungs-, Friedensabsicherungsprozess auch im konkreten Fall des serbisch-kosovarischen Konflikts.

Bezüglich der Kooperationsprozesse zwischen den in der Westbalkanregion an den Konflikten beteiligten Akteuren ist eine gegenseitige Anerkennung als gleichwertige völkerrechtliche und politische Partner[13] mit allen damit verbundenen Rechten und Pflichten eine Voraussetzung für dauerhaft konstruktive Kooperation und gute Nachbarschaft und somit auch für die Integration in die EU. Dabei ist vor allem die rezenten regionalen Integrationsprozessen und internationalen Globalisierungsprozessen inhärente Tendenz, der Souveränität der Staaten im klassischen Sinne zunehmend eine andere Rolle zuzuschreiben bzw. ihre Bedeutung zu verändern, bei der Erarbeitung einer Konfliktlösungsstrategie diese Länder betreffend zu berücksichtigen.

Durch die Verzögerungen seitens der internationalen Staatengemeinschaft bei der Anerkennung einer souveränen politischen Nation der Kosovaren bzw. des unabhängigen Staates Kosova wird ein optimales Umfeld für die Fortsetzung des Konfliktes in und um Kosova aufrecht erhalten. Die Zukunftsperspektiven Kosovas und somit auch seiner Nachbarländer befinden sich gegenwärtig in einer instabilen Position auf Grund der großserbischen ethno-nationalistischen und expansionistischen Pläne einerseits und der in der Frage der Unabhängigkeitsanerkennung Kosovas zögernden internationalen Staatengemeinschaft anderseits. Die ethno-nationalistischen und mythologischen pan-albanischen Träume[14], welche sich eher als Reaktion auf die serbische Einstellung gegenüber Kosova manifestieren, sind dabei zweitrangig. Dies findet zugleich in einem Kontext statt, in dem versucht wird, die Integration dieses Raumes in die EU als langfristiges Ziel näher zu bringen.

Spätestens seit dem im Jahre 1999 erzwungenen Ende des Krieges in bzw. um Kosova wird der Balkan in erster Linie von der EU hinsichtlich der EU-Integration

---

[13] In diesem Beispielfall zwischen Serbien-Montenegro und Kosova.

[14] Beispielsweise stellt der Historiker Stefan Troebst die Reaktionen des albanischen Nationalismus am Balkan wie folgt dar: „Es waren so gut wie nie albanische Nationalisten, die den Balkan in Bürger- und Staatenkriege getrieben haben, sondern fast immer die rivalisierenden Nationalismen orthodoxer Südslawen." Stefan Troebst: Die Albanische Frage – Entwicklungsszenarien und Steuerungsinstrumente. In: Zur Problematik der Stabilisierung des Westbalkans. Schriftenreihe der Landesverteidigungsakademie – Studien und Berichte zur Sicherheitspolitik, Wien 2000, S. 42. Vgl. dazu auch den zuletzt veröffentlichten Bericht von International Crisis Group (ICG): Pan-Albanianism: How Big a Threat to Balkan Stability? Europe Report N° 153, 25 February 2004. (Abrufbar unter: http://www.crisisweb.org)

zunehmend als „Schlüsselregion" im Integrationsprozess der post-kommunistischen Staaten wahrgenommen. Dies soll zur Schaffung oder gar Verwirklichung der europäischen Vision am Balkan beitragen. Die Anwendbarkeit der Hypothese, dass der europäische Integrationsprozess über eine langfristig konfliktlösende und friedensabsichernde Wirkung verfügt, ist jedoch hinsichtlich der komplexen Realitäten am Westbalkan einer kritischen Betrachtung zu unterziehen.

Die Folgen der seit 1991 mit unterschiedlicher Intensität geführten Kriege in der Westbalkanregion hinterließen ihre Spuren in allen Bereichen des Lebens, inklusive in der Perzeption und den Zukunftsvisionen der betroffenen Menschen bzw. Länder. Dadurch sind spezifische sozio-politische Charakteristika der Region sowie Voraussetzungen und Bedingungen für das Gelingen des Transformations- und Integrationsprozesses entstanden, welche sowohl von den intern als auch von den extern involvierten Akteuren in dieser Region oft nur sehr eingeschränkt berücksichtigt werden. Gleichzeitig sind diese Spezifika der Region, die sich im Laufe der Geschichte herausgebildet haben und in der Gegenwart die komplexen Realitäten mitbestimmen, jedoch kennzeichnend für die andauernde politische und wirtschaftliche Fragilität. Insofern kann abschließend festgestellt werden, dass der serbisch-kosovarische Konflikt im Zuge des EU-Integrationsprozesses eine reale Chance auf Beilegung hat, welche jedoch nicht in jeder Konstellation Frieden und Stabilität und somit auch eine gelungene Kommunikation als Voraussetzung einer guten Nachbarschaft bedeuten wird.

278 Arben Hajrullahu

Literatur

COURTOIS Stèfan, u. a. (Hg.): Das Schwarzbuch des Kommunismus: Unterdrückung, Verbrechen und Terror, München 1998

DEUTSCH W. Karl: Nationalism and Social Communication. An Inquiry into the Foundations of Nationality, Cambridge, u. a. 1953

HAJRULLAHU Arben: Kosova, Vergangenheit und Zukunft. Kosovas Entwicklung zur Eigenstaatlichkeit und die zukünftigen Chancen auf eine Integration in die Europäische Union, Universität Wien, Wien 2001

HÖSCH Edgar: Geschichte der Balkanländer, München 1993

HOXHAJ Enver: Das Memorandum der Serbischen Akademie und die Funktion politischer Mythologie im kosovarischen Konflikt, in: Südosteuropa 10–12/2002

International Crisis Group (ICG): After Milosevic. A Practical Agenda for Lasting Balkans Peace, Balkans Report No. 108, 1. April 2001. (Abrufbar unter: http://www.crisisweb.org)

International Crisis Group (ICG): Pan-Albanianism: How Big a Threat to Balkan Stability? Europe Report N° 153, 25 February 2004. (Abrufbar unter: http://www.crisisweb.org)

Kosovo/Kosova. As Seen, As Told. An analysis of the human rights findings of the OSCE Kosovo Verification Mission October 1998 to June 1999, OSCE/ODIHR, Switzerland 1999

LIBAL Wolfgang: Das Ende Jugoslawiens. Chronik einer Selbstzerstörung, Wien, Zürich 1991

MALCOLM Noel: Kosovo a short History, London 1998

Memorandum grupa akademika Srpske Akademije Nauka i Umetnosti o aktuelnim društvenim pitanjima u našoj zemlji (Das Memorandum einer Gruppe von Akademiemitgliedern der Serbischen Akademie der Wissenschaften und Künste über aktuelle gesellschaftliche Fragen in unserem Land), in: Naše teme, Zagreb 1–2, 33/1989

MIHAILOVIĆ Kosta, KRESTIĆ Vasilije: Memorandum SANU. Odgovori na kritike, Srpska akademija nauka i umetnosti, Beograd 1995. (Auf englisch auch erhältlich: Memorandum of the Serbian Academy of Sciences and Arts: Answers to Criticisms, *The Serbian Academy of Sciences and Arts*, Belgrade 1995)

SPAHIU Nexhmedin: Serbian Tendencies for Partitioning of Kosova, Budapest 1999

TROEBST Stefan: Die Albanische Frage – Entwicklungsszenarien und Steuerungsinstrumente. In: Zur Problematik der Stabilisierung des Westbalkans. Schriftenreihe der Landesverteidigungsakademie – Studien und Berichte zur Sicherheitspolitik, Wien 2000

VICKERS Miranda: Between Serb and Albanian. A History of Kosovo, New York 1998

WEILGUNI Werner: Serbien. In: Valeria HEUBERGER, u. a. (Hg.): Brennpunkt Osteuropa. Minderheiten im Kreuzfeuer des Nationalismus, Wien, München, 1996

Anhang

Der Kosova-Konflikt[15]

I. Akteure

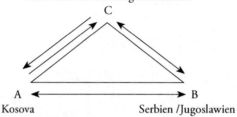

Internationale Staatengemeinschaft
C

A — Kosova

B — Serbien /Jugoslawien

II. Aktionen

Zwischen A und B:

(Seit 1912 permanent Konflikthandlungen)

1. Kosova   Serbien/ Jugoslawien

Zwischen A und C:

(Bitte um Unterstützung und Anerkennung)

2. a. Internationale Staatengemeinschaft ← Kosova

Zwischen C und A:

(Pragmatisches Handeln bis Ignorieren)

b. Internationale Staatengemeinschaft → Kosova

Zwischen B und C

(Gegenseitiges Senden von missverständlichen Signalen)

3. Internationale Staatengemeinschaft ↔ Serbien/ Jugoslawien

---

15   Dieses Schema wurde ursprünglich im Rahmen meiner Diplomarbeit entwickelt. Vgl. Arben HAJRULLAHU: Kosova, Vergangenheit und Zukunft. Kosovas Entwicklung zur Eigenstaatlichkeit und die zukünftigen Chancen auf eine Integration in die Europäische Union, Universität Wien, Wien 2001.

VALERIA HEUBERGER

DIE MUSLIME IM BALKANRAUM UND DIE ISLAMISCHE WELT VON 1945 BIS IN DIE GEGENWART

Ein Überblick[1]

Ein Belgrader Café im September 1989: Zwei serbische Journalisten brüten über Landkarten von Südosteuropa. Die hier lebenden Muslime, die Bosnier, vor allem aber die Albaner, so beider Ansicht, würden aufgrund ihres im Vergleich zu den nicht-muslimischen Völkern überproportionalen Kinderreichtums schon bald die bevölkerungsreichste Gruppe, die dominierende Kraft, in Jugoslawien sein. Eine dieser Karten zeigt einen eingezeichneten Bogen, der sich, ausgehend von Istanbul, bis weit in den Westbalkan erstreckt und die territorialen Ansprüche und Begehrlichkeiten der Muslime darstellen soll, die viel diskutierte „grüne Transversale"[2]. Die Muslime, so die Journalisten weiter, planen in Jugoslawien die

---

[1] Dieser Beitrag behandelt den Islam und die Muslime in Albanien, Bulgarien und im ehemaligen Jugoslawien.

[2] Gülistan Gürbey verweist hier auf den am 17. April 1993 verstorbenen türkischen Staatspräsidenten Turgut Özal, der eine von neo-osmanischem Gedankengut inspirierte Vorstellung von der Etablierung einer türkischen politischen Einflusssphäre vertrat, die von der Adria bis Westchina – dem Verbreitungsgebiet der Turkvölker – reichen sollte. Dieses Modell stand in engem Zusammenhang mit den nach der Auflösung der Sowjetunion und dem sich daraus ergebenden verstärkten Interesse Ankaras an Zentralasien, dem Kaukasus und dem Mittleren Osten insgesamt grundsätzlich geänderten außen- und geopolitischen Konstellationen der Türkei in den 1990er Jahren. Neo-osmanisch bedeutete in diesem Fall nicht das Wiederaufleben von aus der Periode des Osmanischen Reiches herrührenden Gebietsansprüchen, sondern die Rückbesinnung auf die Religion des Islam, eine durch die osmanische Geschichte und die damit untrennbar verbundene Zugehörigkeit zum Islam bestimmte politische Orientierung. *G. Gürbey:* Türkische Außenpolitik unter Necmettin Erbakan: Islamistische Wende. In: Südosteuropa-Mitteilungen 37 (1997) 2, S. 125–139, hier S. 128–131.

Errichtung eines islamischen Staats nach dem Modell des Irans unter Āyatollāh Homeynī – so die Beschreibung von Sabrina P. Ramet über die weit verbreitete Auffassung von den Muslimen und dem Islam in Jugoslawien gegen Ende der 1980er Jahre. Der Islam, so Ramet im Folgenden über die von ihr vor Ort in Serbien bzw. in Belgrad gemachten Beobachtungen, sei von den Serben von jeher bloß als ein Implantat von außen und eine Bedrohung angesehen worden. Dies wäre nicht nur in der Vergangenheit, unter der Türkenherrschaft, so gewesen, sondern würde sich vielmehr auch in der Gegenwart manifestieren. Die Studenten an der 1977 gegründeten theologischen Hochschule in Sarajevo etwa, die als Stipendiaten in die Zentren religiöser Gelehrsamkeit der islamischen Welt geschickt würden, kämen als „Fundamentalisten" nach Jugoslawien zurück, die die Errichtung eines islamischen Staats mit dem Scheriatsrecht als Staatsgesetz im Sinn hätten[3].

15. Oktober 2000: Der saudische Prinz Salman Ibn Abd al-Aziz eröffnet in Sarajevo eine große, prunkvolle neue Moschee und ein islamisches Zentrum.

„Warnung vor Islamisten in Bosnien: Eröffnung einer neuen Front in Europa?" fragt die Neuen Zürcher Zeitung vom 29. Oktober 2003[4], wobei Analysen US-amerikanischer Sicherheitsexperten[5] zitiert werden. Diese weisen darauf hin, dass – in Zusammenhang mit international agierenden islamistischen Extremisten und Terroristen – neben aktuellen außereuropäischen Konfliktherden wie z. B. Kaschmir oder den Philippinen – auf ein ähnliches Gefahrenpotential im Balkanraum vergessen werde: In Südosteuropa, insbesondere in Bosnien-Herzegowina und dem Kosovo, wäre eine Zunahme des Einflusses religiös und politisch extremistischer islamistischer Gruppen zu beobachten, die ihr radikales Gedankengut in den zahlreichen neuerrichteten Moscheen und neugegründeten Schulen verbreiteten. Das dafür benötigte Kapital komme vor allem aus Saudi-Arabien, wodurch wiederum der dort vorherrschende Wahabismus auch in Südosteuropa Verbreitung findet. Die Reaktion des Hohen Vertreters der Staatengemeinschaft

---

[3] S. P. Ramet: Balkanbabel. The Disintegration of Yugoslavia from the Death of Tito to Ethnic War. Boulder, Col. 1996, S. 185.

[4] Neue Zürcher Zeitung, 29.10.2003.

[5] So u. a. George Friedman, Mitarbeiter der Strategic Forecasting, Inc. (Stratfor), einer 1996 in Austin/Texas gegründeten „private intelligence firm" mit Vertretung in Washington, D. C. Siehe dazu: www.stratfor.com

in Bosnien-Herzegowina, Paddy Ashdown, auf diese Äußerungen: Hierbei handle es sich um Unsinn, geradezu um eine Beleidigung der Muslime in Südosteuropa, Bosnien sei keine Basis für islamische Terroristen.

Anfang Dezember 2003: Der türkische Generalstabschef Hilmi Özkok besucht am 8. Dezember 2003 das in Prizren stationierte türkische KFOR-Kontingent. Dieses ist in der Sultan Murat-Kaserne (Camp Sultan Murat) untergebracht, die bereits zu osmanischen Zeiten als Kaserne diente, zu jugoslawischen Zeiten als Fabriksgelände Verwendung fand und nun erneut, wenngleich zu anderen Zwecken, türkische Soldaten beherbergt[6]. Özkok lobt die Rolle des türkischen Kontingents für seine friedenserhaltende Rolle im Kosovo und hebt weiters hervor, dass die Türkei sich auch hinsichtlich der Wiederherstellung der in den verschiedenen kriegerischen Auseinandersetzungen der letzten Jahre beschädigten oder zerstörten osmanischen Architekturdenkmäler im Kosovo bzw. auch in Bosnien-Herzegowina engagiert, wobei das bekannteste Beispiel die Wiederinstandsetzung der durch kroatischen Beschuss am 9. November 1993 zerstörten Brücke von Mostar ist[7]. Auf Özkok folgen dann noch weitere Besucher aus der Türkei, die auch die im Kosovo lebende türkische Minderheit aufsuchen[8].

---

6   Southeast European Times, 16.12.2003, abgerufen am 24.3.2004: www.setimes.com
7   KFOR Chronicle, 4.2.2004, abgerufen am 24.3.2004: www.nato.int/kfor/chronicle/2004
8   Siehe dazu: Religious Affairs Head Yilmaz visits Tomb of Murat I and Turkish Battalion in Kosovo. Priština. – Mehmet Nuri Yilmaz, Religious Affairs Head who came to Kosovo as the guest of Kosovo Islamic Religion Head Dr. Recep Boya visited the Turkish Coordination Office in Priština and received Turkish kinsmen on Saturday evening. Listening to the problems of Kosovar Turks, Yilmaz stressed the importance of peaceful co-existence of people in the region. Yilmaz noted that an office of the Religious Affairs will be opened in Priština soon to strengthen the relations with Kosovo and to enable the coordination. Yilmaz later visited the tomb of Murat I, the Ottoman Sultan near Priština and then proceeded to Prizren where there is the Turkish Battalion Mission Force Command. Visiting the Sultan Murat barracks where the Turkish Battalion is deployed, Yilmaz also met with the representatives of Turkish associations and institutions at Turkish Culture Association. Kosovars asked Yilmaz for support to protect the Ottoman works of art in Kosovo. Yilmaz will return to Turkey on Sunday. Meldung der Anadolu News Agency vom 27.5.2001, abgerufen am 24.3.2004 (www.anadoluajansi.com.tr)

Im Folgenden wird überblicksweise die Lage des Islam und der muslimischen Glaubensgemeinschaften in Südosteuropa hinsichtlich ihres Verhältnisses zu den kommunistischen Regimes in der Region skizziert sowie ihre historischen und aktuellen politischen, religiösen und kulturellen Beziehungen mit der islamischen Welt vom Ende des Zweiten Weltkriegs bis in die Gegenwart behandelt. In diesem Zusammenhang erfolgt auch die Einbeziehung von politischen Entwicklungen in der gesamten islamischen Welt – die nicht nur den arabischen Raum umfasst, wenngleich dieser einen höchst wichtigen Bereich ausmacht –, die auch auf den Islam in Südosteuropa einwirkten. Diesen wichtigen Aspekt spricht beispielsweise Gilles Kepel in seiner 2002 in deutscher Sprache erschienenen Publikation „Das Schwarzbuch des Dschihad. Aufstieg und Niedergang des Islamismus" an[9]. Hier verweist Kepel auf politische Ereignisse, die zu Ende der 1980er und zu Beginn der 1990er Jahre die islamische Welt prägten wie z. B. der Tod Āyatollāh Homeynīs im Iran, der Fall Salman Rushdie sowie der sowjetische Abzug aus Afghanistan und die darauf folgenden bürgerkriegsartigen Kämpfe. Dabei, so Kepel, fanden die aus zahlreichen Staaten der islamischen Welt zur Beteiligung am „Heiligen Krieg" gegen die Rote Armee in Afghanistan gekommenen „Glaubenskrieger" seit dem Kriegsausbruch in Bosnien-Herzegowina 1992 durch ihren Kampfeinsatz auf den für sie neuen Schlachtfeldern des Balkanraums bzw. im Fall Tschetscheniens auch auf denen des Nordkaukasus Ersatz für den Krieg gegen die „Ungläubigen" im Land am Hindukusch. Dieser „Dschihad-Import" war allerdings im Fall Bosniens erfolglos; und Kepel betitelt bezeichnenderweise das entsprechende Kapitel in seinem Buch „Der Bosnien-Krieg und die Verweigerung des Dschihad"[10] [durch die Muslime in Bosnien-Herzegowina, Anm. der Verfasserin].

Als grundlegende Fragen zu unserem Thema können wir u. a. folgende festhalten:

– Um welche Form des Islam handelt es sich im Balkanraum?
– Wie gestaltete sich die Lage der muslimischen Bevölkerungsgruppen unter kommunistischer Herrschaft in Südosteuropa nach der Machtergreifung durch die Kommunisten?

---

[9] G. Kepel: Das Schwarzbuch des Dschihad. Aufstieg und Niedergang des Islamismus. München 2002. Die französische Originalausgabe erschien im Jahr 2000 bei Editions Gallimard in Paris.
[10] Kepel, Schwarzbuch, S. 288–306.

– Wie war der Kenntnisstand der ethnisch, sprachlich und kulturell heterogenen Balkanmuslime, insbesondere unter ihren Eliten, über die islamische Welt, und was war im umgekehrten Fall in der islamischen Welt über die Balkanmuslime bekannt[11]?

Zunächst zum Islam in Südosteuropa: Im Gegensatz zu den durch Zuwanderung von Muslimen aus allen Teilen der islamischen Welt nach West- und Mitteleuropa seit der zweiten Hälfte des 20. Jahrhunderts entstandenen Gemeinschaften ist der Islam in Südosteuropa seit Jahrhunderten verbreitet.

Zwischen dem Balkanraum und der islamischen Welt bestand seit der territorialen Expansion der Osmanen ab dem 14. Jahrhundert ein bis in den Westbalkan reichendes Beziehungsgeflecht. Vor allem Bosnien-Herzegowina, das einstige „Herzland" des Osmanischen Reiches auf dem Westbalkan, hatte jahrhundertelang vielfältige Verbindungen zur Pforte gepflogen. Das von den Osmanen ausgeübte System der Knabenlese (devşirme) brachte einen stets Strom an jungen Slawen und Albanern nach Istanbul und in andere Städte des Reiches, die zum Islam übertraten, dem Sultan als loyale und fähige Mitglieder des osmanischen Verwaltungs- und Militärapparats in allen Teile des Imperiums dienten und es oftmals zu Amt und Würden brachten. Durch ihre Zugehörigkeit zum osmanischen Imperium wiederum erhielten die Balkanmuslime Zugang zu den bedeutenden geistigen und kulturellen Zentren der islamischen Welt wie etwa Istanbul oder Kairo[12]. Zu Persien als dem großen politischen und militärischen

---

[11] H. T. Norris verweist hier z. B. auf den ägyptischen Journalisten Fahmī Huwaydī, der zu Beginnn der 1980er Jahre für eine in Kuwait erscheinende Zeitschrift aus dem Kosovo berichtete. *H. T. Norris*: Islam in the Balkans. Religion and Society between Europe and the Arab World. London 1993, S. 271–276.

[12] Smail Balić hat sich der Kulturgeschichte Bosnien-Herzegowinas mit einem Schwerpunkt auf den Verbindungen zur islamischen Welt in zahlreichen Publikationen angenommen. Balkanmuslimische Studenten, insbesondere jene, die sich religiösen Studien widmeten, besuchten Ausbildungsstätten im arabischen Raum, kehrten nach Abschluss ihrer Studien in ihre Heimatländer zurück, in denen sie dann oftmals hohe religiöse Ämter bekleideten bzw. gingen sie auch an islamischen Universitäten im Ausland einer Lehrtätigkeit nach. Für Bosnien-Herzegowina sind hier beispielsweise zu nennen: Hafiz Ibrahim ef. Maglajlić, Reis el-ulema von 1930 bis 1938, der in Istanbul studiert hatte oder auch der gegenwärtige Reis el-ulema Mustafa ef. Čerić, der seine Ausbildung u. a. an der al-Azhar-Universität in Kairo erfahren hatte und als Professor am „International Institute of Islamic Thought and Civilisation at Kuala Lumpur" lehrte.

Widersacher des Osmanischen Reichs bestanden weniger Kontakte, ebenso wie zu anderen Teilen der islamischen Welt wie etwa Südostasien; diese sollten erst den verbesserten Reise- und Kommunikationsmöglichkeiten des 20. Jahrhunderts vorbehalten bleiben, als auch in noch so abgelegenen Regionen Malaysias, Indonesiens oder des islamisch geprägten Schwarzafrikas der Krieg in Bosnien-Herzegowina (1992–1995) und die an den bosnischen Muslimen verübten Untaten bekannt gemacht wurden. Die alten Kontakte zum Osmanischen Reich bzw. zur Türkischen Republik waren jedenfalls auch nach den großen politischen Zäsuren des 19. und 20. Jahrhunderts – dem Rückzug des Osmanischen Reiches aus dem Großteil seiner europäischen Territorien, der Unabhängigkeit seiner früheren Provinzen, den politischen Folgen des Ersten und vor allem Zweiten Weltkriegs, den Vertreibungen und Migrationswellen und schließlich den Jahrzehnten der kommunistischen Herrschaft in den meisten der südosteuropäischen Staaten – zwar reduziert, aber nicht abgebrochen worden[13]. Für die Aufrechterhaltung und Pflege dieser Kontakte ist auch die Frage nach der Rolle der balkanmuslimischen Diaspora von Bedeutung, bei der hunderttausende Balkanmuslime als Folge verschiedener Vertreibungs- bzw. Auswanderungswellen aus den ehemals osmanischen Territorien in die Türkei gezogen waren[14]. Bei diesen Migranten handelte es sich herkunftsmäßig nicht nur um Türken und der Sozialstruktur nach um frühere osmanische Beamte oder Militärs, sondern auch um Albaner oder Bosniaken, deren Nachfahren bis heute in der Türkei leben. Entgegen der verbreiteten Auffassung also, dass die Kontakte zur islamischen Welt ein neues Phänomen sind, das erst im Zuge des Kriegs in Bosnien-Herzegowina, also mit den frühen 1990er Jahren auftrat, reicht deren zeitliche Dimension weit zurück.

Die Frage, welche Form des Islam sich als Folge der osmanischen Eroberungen im Balkanraum verbreitet hatte, steht auch in Zusammenhang mit der weiteren Entwicklung der Beziehungen zur islamischen Welt nach dem Zerfall des osmanischen Vielvölkerreiches und dem Ringen islamischer Staaten um Einfluss

---

[13] *H. Poulton:* Turkey as Kin-State: Turkish Foreign Policy towards Turkish and Muslim Communities in the Balkans. In: *H. Poulton – S. Taji-Farouki (Hrsg.):* Muslim Identity and the Balkan State. London 1997, S. 194–213.

[14] Siehe dazu: *J. McCarthy:* Death and Exile: The Ethnic Cleansing of Ottoman Muslims, 1821–1922. Princeton, N. J. 1995; *K. Kreiser:* Süß-bittere Erinnerungen an Rumelien …. Türkische Dichter, Bürokraten, Ulema und Politiker aus Südosteuropa: In: *H. G. Majer (Hrsg.):* Die Staaten Südosteuropas und die Osmanen. München 1989. (= Südosteuropa-Jahrbuch 19), S. 271–280.

unter den Muslimen im Balkanraum nach 1989: Die Balkanmuslime gehören dem sunnitischen Islam an und folgen der hanafitischen Rechtsschule, einer der vier Rechtsschulen der Sunniten; für die Annahme des Islam sowie für seine Verbreitung und Verankerung in der Bevölkerung spielten mystische Bruderschaften, Derwischorden, eine wichtige Rolle. Unter diesen Bruderschaften wiederum waren oftmals schiitische Glaubensinhalte und -elemente verbreitet wie dies etwa in der Verehrung von 'Alī, dem vierten Kalifen (656–661), Schwiegersohn und Cousin Muhammads oder bei der v. a. unter der zum Islam konvertierten. albanischen Bevölkerung sehr verbreiteten Darstellungen der Schlacht von Kerbelā' im Jahr 680 als eines der zentralen Fundamente schiitischer Religiosität zum Ausdruck kam[15].

Innerhalb der Schicht der religiösen Gelehrten unter den Balkanmuslimen, die einen „orthodoxen, offiziellen Islam" vertraten, wurde oftmals mit Vorbehalten auf die Aktivitäten dieser Bruderschaften reagiert, deren man „unislamische" Praktiken und Rituale nachsagte. Nathalie Clayer weist in diesem Zusammenhang auf Spannungen hin, wie sie zwischen zumeist aus den arabischen Staaten kommenden Verfechtern eines rigiden Islam wahabitischer Ausprägung und Vertretern des Bektaşi-Ordens, der sowohl im albanischen Staat als auch unter jenseits von dessen Landesgrenzen lebenden Albanern sehr verbreitet ist, vorhanden sind. Um Einflussnahme auf die Balkanmuslime nach 1989 war – und ist – neben arabischen Ländern auch der Iran bemüht: Ein Grund dafür liegt in einer religiösen und spirituellen Komponente aufgrund der bei den muslimischen Bruderschaften vorhandenen schiitischen Glaubens- und Brauchelemente. Eine weitere Ursache für diese versuchte Einflussnahme hatte mit den politischen Entwicklungen in Bosnien-Herzegowina nach dem Zerfall Jugoslawiens zu tun. Während des Kriege von 1992 bis 1995 bemühte sich Teheran, häufig in Kooperation mit der Türkei und anderen Mitgliedsstaaten der Organisation Islamische Konferenz (OIC), auf der weltpolitischen Bühne, z. B. im Rahmen der Vereinten Nationen, um Unterstützung für Bosnien, so etwa in Bezug auf die Aufhebung des am 25. September 1992 durch den UN-Sicherheitsrat verkündeten Waffenembargos gegen Jugoslawien. Zu Kriegsausbruch in Bosnien-Herzegowina im Frühjahr 1992 lieferte der Iran zunächst leichte Waffen an die bosnischen Muslime, im gleichen Jahr folgten auch militärische Ausbilder (die Mitglieder der iranischen Revolutionswächter, Sepâh-e Pâsdârân-e Enghelâb-e Eslâmi, waren),

---

[15] *H. Halm*: Der Islam. Geschichte und Gegenwart. München 2000. (= Wissen in der Beck'schen Reihe 2145), S. 46–49.

wobei deren geschätzte Anzahl zwischen 500 und 4.000 schwankte. Auch sollen Berichten zufolge bosnische Muslime ein militärisches Training im Iran durchlaufen haben.

Auf diplomatischer Ebene schlug Teheran bei einer Sitzung der OIC in Istanbul im Juni 1992 die Schaffung einer Kontaktgruppe für Bosnien vor, die aus dem Generalsekretär der OCI, Vertretern der Türkei, des Iran, Ägyptens, Pakistans, Saudi-Arabiens, Senegals und Malaysias bestehen sollte. Weiters war die Einrichtung eines Fonds für humanitäre Zwecke vorgesehen. Dem Sicherheitsrat der UN sollten regelmäßig Berichte über die Lage der bosnischen Muslime erstattet werden, dazu kam der Vorschlag, 17.000, aus den Mitgliedsstaaten der OCI stammende Beobachter – darunter eintausend aus dem Iran – in ähnlicher Funktion wie ein militärisches UN-Kontingent einzusetzen, also „Grünhelme" anstelle von „Blauhelmen". Dieser Vorschlag wurde vom damaligen Generalsekretär der Vereinten Nationen, Boutros Boutros Gali, freilich abgelehnt[16].

In den frühen 1990er Jahren streckte der Iran seine politischen Fühler nicht nur nach Bosnien-Herzegowina, sondern auch in den Kosovo und nach Albanien aus, wo im Hinblick auf den Bektaşi-Orden religiös-kulturelle Verbindungen zu Ägypten bestanden: Ende der 1940er Jahre war – aus politischen Gründen – zusätzlich zu dem in Tirana befindlichen Sitz des Oberhaupts des Bektaşi-Ordens ein zweiter Ordenssitz in Kairo gegründet worden; die Ordensführung war bereits 1929, nach dem Verbot der islamischen Bruderschaften (Derwischorden) in der Türkischen Republik, von dort nach Albanien übersiedelt[17].

Für die 1990er Jahre spricht Nathalie Clayer jedenfalls geradezu von einem Wettbewerb zwischen dem Iran und Saudi-Arabien im Ringen um die Gunst der Balkanmuslime[18], wie er im Übrigen im gesamten Balkanraum seit den frühen

---

[16] Auf türkisch-iranischen Antrag erfolgte in der am 20. Dezember 1993 abgehaltenen Vollversammlung der UN die Aufhebung des Waffenembargos gegen Bosnien-Herzegowina. Siehe dazu: *A. Bagherzadeh*: L'ingérence iranienne en Bosnie-Herzégovine. In : *X. Bougarel – N. Clayer (Hrsg.)* : Le nouvel Islam balkanique. Les musulmans, acteurs du post-communisme 1990–2000. Préface de Martin van Bruinessen. Paris 2001, S. 397–428, hier S. 400–403.

[17] Siehe dazu *P. Bartl*: Religionsgemeinschaften und Kirchen. In: *K.-D. Grothusen (Hrsg.)*: Albanien. Göttingen 1993. (= Südosteuropa-Handbuch 7), S. 587–614.

[18] *N. Clayer*: God in the „Land of the Mercedes". The Religious Communities in Albania since 1990. In: *P. Jordan et. al. (Hrsg.)*: Albanien. Geographie – Historische Anthropologie – Geschichte – Kultur – Postkommunistische Transformation. Frankfurt am Main u. a. 2003. (= Österreichische Osthefte, Sonderband 17), S. 277–314, hier S. 291.

1990er Jahren deutlich wurde. In Bosnien-Herzegowina etwa manifestierte sich das iranische Einflussstreben vielfach verbrämt in Form wissenschaftlicher und kultureller Kontakte[19]. In Zusammenhang mit schiitischem Einfluss und Glaubenselementen unter den Balkanmuslimen ist auch noch auf einen weiteren Aspekt hinzuweisen: Die dem Islam insgesamt und der Schia besonders innewohnende soziale Komponente hatte während der kommunistischen Herrschaft unter der Bildungsschicht der Balkanmuslime zu Debatten geführt, inwieweit der Islam sozusagen als „Dritter Weg" neben dem kapitalistischen und dem marxistisch-leninistischen politischen Modell dienen könnte.

Die Verbindungen zur islamischen Welt waren zwar primär religiöser Natur, aber auch das dortige zeitgenössische politische Denken und die diesbezüglich geführten Diskussionen wurden von der geistigen Elite der Balkanmuslime bereits seit dem 19. Jahrhundert aufmerksam verfolgt. In Bosnien-Herzegowina etwa nahm die Bildungsschicht auch nach der Okkupation durch die Donaumonarchie im Jahr 1878 Anteil an den geistigen und politischen Auseinandersetzungen innerhalb der islamischen Welt, wie sie beispielsweise in Form der pan-islamischen Idee im Osmanischen Reich debattiert wurde[20] und Gelehrtenkreise um Ğamal ad-Din al-Afğani oder Muhammad Abduh[21] beeinflusste. Als Beispiel für

---

19 *Bagherzadeh,* L'ingérence iranienne en Bosnie-Herzégovine, S. 407 ff.
20 Siehe auch *J. M. Landau:* Pan-Turkism in Turkey. A study in irredentism. London 1981.
21 Muhammad Abduh (1849–1905), ein aus Ägpyten stammender religiöser und politischer Reformer. Seine Begegnung mit Jamal al-Din al-Afghani (1838–1897), ebenfalls einer der prominentesten Vertreter von Reformen in der islamischen Welt, im Jahr 1872 an der al-Azhar-Universität in Kairo – einer der bedeutendsten Bildungsstätten des Islam –, führte ihn dazu, eine aktive Vorgehensweise zur Renaissance des Islam und der Beendigung der Kolonialherrschaft über die Muslime zu propagieren. Abduh befürwortete eine Reform des Islam im Sinne einer Rückwendung zu seinen Ursprüngen und eine Abwendung von einer von ihm als zeitgenössische Dekadenz und Spaltung betrachteten Lage des Islam. Von seinen Zeitgenossen, etablierten politischen und religiösen Führern des Islam gleichermaßen, wurde seine Ansichten vielfach kritisiert und abgelehnt. Dennoch wurden Abduhs Auffassungen nach dem Ersten Weltkrieg zu den Leitideen des arabischen Nationalismus. Immer wieder setzten sich balkanmuslimische intellektuelle Gruppierungen mit Gedankengut auseinander, das von in ihren Heimatländern oftmals aufgrund ihrer religiösen und politischen Radikalität verbotenen Bewegungen und Gruppierungen stammte wie z. B. aus dem Umfeld der 1928 in Ismailiya in Ägypten gegründeten Muslimbruderschaft [Jami'at al-ikhwan al muslimin].

den nachwirkenden Einfluss dieser geistig-kulturellen Verbindungslinien ist Alija Izetbegović (1925–2003) zu nennen, der in seinen Schriften sein Modell eines idealen islamischen Staates auf der Grundlage der Ideen islamischer Gelehrter und Politiker des 19. und 20. Jahrhunderts wie al-Afġani oder Muhammad Abduh entwickelte. In seiner viel zitierten, 1970 in Sarajevo erschienenen „Islamischen Deklaration" [Islamska deklaracija] beschrieb er diesen Idealstaat, dessen Verwirklichung er in der Gegenwart noch am ehesten in Pakistan sah[22].

Die zahlreichen Kriege und bewaffneten Auseinandersetzungen hatten in Südosteuropa im 19. und 20. Jahrhundert häufig zu Massakern und Vertreibungen geführt, denen neben Angehörigen verschiedener ethnischer und religiöser Minderheiten wie z. B. Roma sehr häufig Muslime zum Opfer gefallen waren. Aufgrund des revolutionären Aufschwungs der Informationstechnologie fanden die Bilder und Nachrichten aus dem Krieg in Bosnien-Herzegowina (1992 bis 1995) und dem Konflikt in Kosovo Ende der 1990er Jahre Eingang in jeden noch so entlegenen Winkel in der islamischen Welt, wurden dort verbreitet und in den Kontext eines „Kreuzzugs des Westens/des Christentums" gegen den Islam gerückt. Hier stellt sich die Frage, wie diese Konflikte in der islamischen Welt sowie – und dieser Aspekts sollte sich zunehmend als sehr wichtig erweisen – auch in den weltweit, nicht nur in Europa, entstandenen muslimischen Zuwanderercommunities aufgefasst und interpretiert wurden. In diesen Zuwanderergemeinschaften, die sich seit dem Zweiten Weltkrieg in Westeuropa[23], v. a. in Großbri-

---

22 Siehe dazu: *C. Wieland:* Izetbegović und Jinnah – die selektive Vereinnahmung zweier „Muslim-Führer". In: Südosteuropa-Mitteilungen. 39 (1999) 4, S. 351–368. 1983 initiierte Belgrad gegen Izetbegović einen Prozess unter dem Vorwurf der Verbreitung von islamisch-fundamentalistischem Gedankengut – obwohl in seinen Traktaten Bosnien-Herzegowina explizit nicht erwähnt wurde –, der für ihn und eine Reihe seiner Weggefährten mit zum Teil jahrelangen Haftstrafen endete.

23 Ein weiteres Beispiel für das Interesse v. a. von europäischen Konvertiten zum Islam an ihren Glaubensbrüdern in Südosteuropa stammt aus Deutschland. Hier ist auf einen auf der website der Organisation muslimischer Rechtsanwälte (www.muslim-lawyers.net) veröffentlichten Offenen Brief aus Anlass eines Treffens von Vertretern der Organisation in Potsdam zu verweisen: Abu Bakr Rieger, der Herausgeber der in Deutschland erscheinenden „Islamischen Zeitung" (IZ) und zugleich Vorsitzender der 1996 gegründeten Muslim lawyers beschreibt ein am 27. August 2001 in Sarajevo geführtes Interview mit Alija Izetbegović zum Thema des in Den Haag stattfindenden Prozesses gegen drei bosnisch-muslimische Generäle, denen Kriegsverbrechen vorgeworfen wurden. Anlässlich dieses Interviews begrüßte Izetbegović die Unterstützung der Organisation der Muslim

tannien, aber auch in den USA und Australien gebildet hatten, wurde nicht nur Geld für die bedrohten Glaubensbrüder in Südosteuropa gesammelt, sondern es erfolgte auch der Versuch der Vermittlung einer Form des Islam – des wahabitischen –, wie er in diesen Gemeinden seit Jahrzehnten Fuß gefasst hatte, nach Südosteuropa. Die von den in Westeuropa bestehenden muslimischen Migrantengemeinschaften vielfach ins Leben gerufenen „charities" setzten es sich zum Ziel, neben materieller Unterstützung den in ihren Augen in den Jahrzehnten des Kommunismus verweltlichten und vom wahren Glauben abgekommenen muslimischen Brüdern auch in religiöser, spiritueller Hinsicht beizustehen[24]. Zahlreiche zu diesem Zweck gegründete Stiftungen waren bestrebt, eine sehr spezifische Form des Islam, eben den sehr rigiden, saudi-arabischen, zu verbreiten, und brachten auch gleich ihre Sicht der Welt mit, nach der aufgrund der „globalen Unterdrückung der Muslime" ein „Heiliger Krieg" gegen die Unterdrücker, d. h. gegen den Westen, notwendig war[25]. Dieses Gedankengut wurde nicht bloß von den westeuropäischen muslimischen Migrantengemeinden verbreitet, sondern hatte seine Hauptsponsoren in Saudi-Arabien und in anderen Staaten der islamisch-arabischen Welt. Und auch in der Türkei wurde der Krieg in Bosnien-Herzegowina von islamistischen Gruppierungen als „Kreuzzug gegen den Islam" angesehen, worauf etwa Günter Seufert verweist[26].

---

lawyers für die Anliegen der bosnischen Muslime. Meeting with President of SDA Alija Izetbegovic in Sarajevo (Bosnia) (www.muslims-lawyers.net, abgerufen am 7.9.2001).

[24] So wurde der Druck des Korans und anderer islamischer religiöser Schriften in Bulgarien vielfach von Muslimen aus dem Ausland finanziert. Siehe dazu: *N. Ragaru:* Islam in Post-Communist Bulgaria: An aborted „Clash of Civilizations"?. In: Nationalities Papers 29 (2001) 2, S. 293–324, hier S. 323

[25] Siehe z. B einen Artikel von Abdur-Rahman Tarabulsi über „Kosova and the International Hypocricy" in der April/Mai-Ausgabe aus dem Jahr 1999 des in Australien erscheinenden Magazins „Nidaʿ ul Islam", in dem es heißt: „If the persecution of the Muslim Ummah is to stop, and we are to regain our honour, we are left with no other option but to reclaim our Muslim lands back from the tyrant rulers who govern them. Only then can the blood of Muslims be guarded from the oppression of the Kaffirs [Nicht-Muslime, „Ungläubige", Anm. der Verfasserin]." www.islam.org.au, abgerufen am 26.9.2001. Die Lage der Albaner in Kosovo wurde häufig als Beispiel für das „Leiden der Muslime in vielen Teilen der Welt" angeführt. Siehe auch: The new pain of Kosova. www.khilafah. com, abgerufen am 24.9.2001.

[26] Seufert beschreibt eine sogar drei Mal im türkischen staatlichen Fernsehen ausgestrahlte Sendung vom 11.12.1994, in der der Krieg in Bosnien-Herzwgowina als Kreuzzug gegen

Die Vertreibungen und Auswanderungswellen im 19. und in der ersten Hälfte des 20. Jahrhunderts hatten die Lage der Balkanmuslime zwar schwer wiegend verändert, etwa durch gezielt muslimische Grundbesitzer betreffende Landreformen im Königreich der Serben, Kroaten und Slowenen in den frühen 1920er Jahren; die eigentliche Zäsur sollte für die Balkanmuslime allerdings erst mit der Machtübernahme kommunistischer Regierungen in Südosteuropa nach 1945 eintreten[27]. Sie hatte zwar nachhaltige Auswirkungen auf alle konfessionellen Gruppen in den jeweiligen Ländern, auch war die offizielle Haltung zu den Muslimen je nach Land und nach Zeitperiode unterschiedlich; es lässt sich aber festhalten, dass die durch den Kommunismus verursachten wirtschaftlichen, gesellschaftlichen und kulturellen Änderungen die muslimischen Bevölkerungsgruppen besonders trafen, da sie bereits seit den Tagen des Rückzugs des Osmanischen Imperiums gleich eine doppelte Last als Minderheiten zu tragen hatten: Zusätzlich zu ihrem Status als religiöse/ethnische Minderheit in den sich nach dem Ende der osmanischen Herrschaft besonders national, ja nationalistisch gebärdenden neuentstandenen Staaten in Südosteuropa trugen sie das Stigma, als die Nachfahren der verhassten früheren osmanischen Herren noch nachträglich für das ehemalige „türkische Joch" verantwortlich zu sein, das als Quell aller Schwierigkeiten bei der Modernisierung der Staaten galt. Nach dem Zweiten Weltkrieg kam zusätzlich der Vorwurf der Kollaboration mit den jeweiligen Besatzungsmächten hinzu, im Fall der Muslime in Bosnien-Herzegowina oder im Kosovo also den deutschen und italienischen Truppen[28].

---

den Islam erklärt wurde. Auf einer Veranstaltung der Hizbullah, einer militanten islamistischen Gruppierung in der Türkei, wurde eines in Bosnien auf Seiten der bosnischen Muslime mitkämpfenden und dabei gefallenen Türken gedacht, wobei der Redner auf dieser Veranstaltung hervorhob, dass es den bosnischen Muslimen auch nicht geholfen habe, dass sie in ihrer Mehrheit ihre Lebensweise und ihre kulturelle Orientierung auf den Westen ausgerichtet hatten. Das wäre, wie deutlich ersichtlich, der falsche Weg, es könne eben kein – friedliches – Zusammenleben zwischen Muslimen und Christen bzw. allgemein Nicht-Muslimen geben. *G. Seufert:* Café Istanbul. Alltag, Religion und Politik in der modernen Türkei. München 1997. (= Beck'sche Reihe 1213), S. 25 f.

27 *H. Poulton:* The Muslim Experience in the Balkan States, 1919–1991. In: *P. Mentzel (Hrsg.):* Muslim Minorities in the Balkans. (= Nationalities Papers 28 [2000] 1), S. 45–66.

28 Hier wird vielfach auf die Eingliederung bosnischer Muslime in die Division Handžar im Rahmen der Waffen-SS sowie auf den Besuch des früheren Großmuftis von Jerusalem, Haj Amin al Huseini, zwischen dem 30. März und 14. April 1943 in Bosnien

Ungeachtet aller Unterdrückungsmaßnahmen durch die kommunistischen Staaten v. a. in den frühen 1950er Jahren sollte der Islam allerdings im Privatbereich überleben, wie dies auch bei den Muslimen in der Sowjetunion der Fall war. In Südosteuropa hat dieses Phänomen des Überdauerns des Islam – der ja stets auch maßgeblicher Bestandteil kultureller Identität war – im Untergrund dazu geführt, dass man etwa bei den Muslimen in Albanien nach dem Ende der kommunistischen Herrschaft nicht von „revival" des Islam, sondern vielmehr von dessen „resurfacing" sprechen konnte[29].

Die kommunistische Politik hatte tief greifende Umwälzungen in der Sozialstruktur der Muslime bewirkt, so durch Industrialisierung, Urbanisierung und dadurch bedingte Änderungen der Familienstrukturen, u. a. durch die vermehrte Berufstätigkeit der Frauen außerhalb des eigenen Haushalts bzw. des Familienverbandes. Die Politik gegenüber den Muslimen in den kommunistischen Staaten Südosteuropas blieb aber uneinheitlich. So wurde in Jugoslawien der Islam durch Josip Broz Tito (1892–1980) als Sympathieträger für seine Ambitionen nach einer Führungsrolle in der Bewegung der Blockfreien Staaten ausgenützt. Ende 1954/Anfang 1955 führten Tito Reisen nach Indonesien, Indien, Birma, Äthiopien und Ägypten. Im Juli 1956 fand auf Brioni ein Dreiergipfel zwischen Tito, Jawaharlal Nehru (1889–1964) und Gamal Abdel Nasser (1918–1970) statt., wobei gerade zwischen ersterem und letzterem auch engere persönliche Beziehungen entstanden; so besuchte Tito bis 1966 Nasser 15 Mal[30]. Tito schickte auch den ranghöchsten Vertreter der jugoslawischen Muslime, Reis el-ulema Süleyman ef. Kemura (1957–1975) auf Reisen in die islamische Welt, wo er die gute Lage der Muslime in Jugoslawien betonen, und als Werbeträger für den blockfreien und sozialistischen Staat fungieren sollte. Wie Reinhard Schulze deutlich macht, wurde der Kommunismus von den religiösen Führern in der islamischen Welt aber ungeachtet aller Anbiederungsversuche, ob nun von sowjetischer oder jugoslawischer Seite, abgelehnt, da er von außen gesehen zwar als unabhängige

---

verwiesen, wodurch bereits während, aber auch nach dem Krieg allgemein an die Muslime in Bosnien-Herzegowina der Vorwurf der Kollaboration mit den NS-Truppen erhoben wurde. Siehe dazu G. *Lepre*: Himmler's Bosnian Division. The Waffen-SS Handschar Division 1943–1945. Atglen, PA 1997.

29   F. *Trix*: The Resurfacing of Islam in Albania. In: East European Quartely 28 (1995) 4, S. 533–549.

30   K.-D. *Grothusen*: Die Außenpolitik. In: *Ders. (Hrsg.)*: Jugoslawien. Göttingen 1975. (= Südosteuropa-Handbuch 1), S. 150–187, hier S. 171.

Ideologie erscheinen würde, „in seinem Wesen aber ein Kind des ‚Weltjuden-
tums'" sei.[31]

Die erfolgreiche Revolution im Iran 1979 wirkte in der islamischen Welt wie
ein Fanal und wie ein Rezept gegen das dort latent vorhandene Gefühl der Stagna-
tion und der politischen/kulturellen Orientierungslosigkeit. Belgrad betrachtete
die diesbezüglichen Entwicklungen genau und bediente sich der im Westen vorhandenen Unsicherheit, inwiefern sich ein von Teheran gesteuerter bzw. motivier-
ter politischer Islam ausbreiten würde, zu innenpolitischen Zwecken: Die jugoslawische Führung beobachtete mit Argusaugen das wachsende Aufbegehren der
Kosovo-Albaner zu Beginn der 1980er Jahre, bezeichnete es – bewusst in fälsch-
licher Weise – als Resultat des Einsickerns islamisch-fundamentalistischer Ideen
und bediente sich dieses Vorwurfs als Argument zum Mundtot-Machen der politischen Vertreter der Kosovo-Albaner[32].

In Bulgarien hatte sich die Lage der Muslime nach dem Ende des Zweiten Weltkriegs insofern unterschiedlich zu Jugoslawien gestaltet, als sie nicht
als „Sympathieträger" für außenpolitische Zwecke eingesetzt wurden. Sie waren
daher weitgehend abgeschottet von den Entwicklungen in der islamischen Welt.
Immer wieder verließen hunderttausende Muslime in mehr oder weniger forcierten Auswanderungsbewegungen, die zu Mitte und gegen Ende der 1980er
Jahre einen Höhepunkt erreichten, den bulgarischen Staat in Richtung Türkei[33].
Ebenso wie in den übrigen kommunistischen Ländern ging seit den frühen 1950er
Jahren die Zahl der muslimischen Geistlichen zurück und wurden religiöse Rituale und Glaubensbezeugungen in der Öffentlichkeit wie z. B. der Ruf zum Gebet
verboten[34]. Mit der Ausnahme von überwachten und reglementierten Besuchen

---

[31] R. *Schulze:* Islamischer Internationalismus im 20. Jahrhundert. Untersuchungen zur
Geschichte der islamischen Weltliga. Leiden 1990. (= Social, economic and political
studies of the Middle East XLI), S. 421.

[32] Siehe zur Lage des Islam in Jugoslawien unter Tito: *J. Reuter:* Islam in Jugoslawien in
der Offensive? In: Südost Europa (1984) 9, S. 482–490; *V. Meier:* Bosnien und seine
Muslime. Ein Sonderproblem des jugoslawischen Vielvölkerstaates. In: Südosteuropa-
Mitteilungen (1986) 1, S. 12–19; *I. Reuter-Hendrichs:* Jugoslawiens Muslime. In: Südosteuropa-Mitteilungen (1989). 2, S. 105–115.

[33] Zur Lage der Muslime in Bulgarien im Überblick siehe *W. Höpken:* From Religious
Identity to Ethnic Mobilization: The Turks of Bulgaria before, under and since Communism. In: Muslim Identity and the Balkan State, S. 54–81; *Ragaru*, Islam, S. 295.

[34] *M. Pundeff:* Churches and Religious Communities. *K.-D. Grothusen (Hrsg.):* Bulgarien.
Göttingen 1990. (= Südosteuropa-Handbuch 6), S. 543–566, hier S. 563.

von Muslimen aus der Sowjetunion war der Kontakt mit der islamischen Welt sehr eingeschränkt, wobei die Verbindungen zur Sowjetunion wiederum eng mit Organisationen wie dem Weltfriedensrat u. ä. Vereinigungen verknüpft waren, die ihrerseits ein Naheverhältnis zu Moskau besaßen. Auch Albanien – bevor dieses im Jahr 1967 den Atheismus zur staatlichen Doktrin erhob und jegliche offizielle religiöse Kontakte nach außen unmöglich wurden – handhabe solch eine Vorgehensweise. Ein Beispiel für diese Praxis war der Besuch einer im August 1950 von Tirana nach Zentralasien entsandten muslimischen Delegation unter Hafez Musa Haxhi 'Alī, die diese Reise im Rahmen der Aktivitäten des Weltfriedensrats tätigte[35]. Als kleiner Einschub sei allerdings darauf hingewiesen, dass man bei der Darstellung der Lage des Islam und der Muslime sehr differenzieren muss. Dies zeigt sich u. a. daran, dass zwar 1967 in Albanien der Atheismus zur neuen Doktrin, aber bereits zu Beginn der 1980er Jahre wieder ein vorsichtiges Abrücken davon bemerkbar wurde[36]. Aus der arabischen/islamischen Welt stammende Teilnehmer an diesen politisch gelenkten Veranstaltungen nützten solche Zusammentreffen auch dazu, persönliche Verbindungen zu den Vertretern der Muslime in der kommunistischen Welt aufzubauen und um den dortigen Glaubensbrüdern mehr Widerstandsgeist gegenüber der staatlichen Ideologie des Marxismus-Leninismus einzuflößen. Aus Anlass eines Besuchs in Usbekistan im Jahr 1974 konstatierte der Generalsekretär der Islamischen Weltliga, Amīnī, bei seinen Treffen mit Geistlichen aus Zentralasien deren Schwäche angesichts der „Unverfrorenheiten" der sowjetischen Behörden[37]. Hier wird auch ein grundlegendes Problem der Glaubensgemeinschaften unter kommunistischer Herrschaft deutlich: Die Vereinnahmung ihrer religiösen Führer durch den Staat und die Unterwanderung kirchlicher Strukturen durch den Geheimdienst. Dies galt nicht nur für die christlichen Kirchen, sondern auch für den Islam. Die religiösen Führer wurden von den Angehörigen ihrer Glaubensgemeinschaft oftmals als durch ihre Zusammenarbeit mit staatlichen Organen politisch belastet wahrgenommen, was innerhalb der Glaubensgemeinschaften zu inneren Zerreißproben zwischen Anhängern der alten Führung und Verfechtern neuer Repräsentanten

---

35 *Bartl,* Religionsgemeinschaften, S. 594.
36 Nathalie Clayer weist in diesem Zusammenhang auf die 1982 erfolgte Schließung des dem Atheismus gewidmeten Museums in Tirana hin. *Clayer,* God in the „Land of the Mercedes", S. 277.
37 *Schulze,* Islamischer Internationalismus, S. 421.

führte. Solche Auseinandersetzungen fanden in der Sowjetunion bzw. in Russland und der GUS statt (Bewegung der „Jungen Imame")[38], ebenso aber in Südosteuropa, und sollten das Einsickern von extremistischen Strömungen aus der islamischen Welt erleichtern.

Mit dem Zerfall der kommunistischen Herrschaft in Südosteuropa öffneten sich hinsichtlich der Kontakte nach außen die Pforten für alle Glaubensgemeinschaften in der Region. Albanien trat, freilich in einer innenpolitisch umstrittenen Entscheidung, im Rahmen der Gipfelkonferenz der Organisation Islamische Konferenz (OIC) in Djidda vom 1.-2. Dezember 1992 unter Anwesenheit des Staatspräsidenten Sali Berisha und des damaligen Außenministers Alfred Serreqi dieser Organisation bei[39]. Nathalie Clayer hebt hervor, wie kontrovers dieser Beitritt im Lande selbst diskutiert wurde, gab er doch Albanien insoferne einen seltsamen Ruf, da es ja nicht ausschließlich von Muslimen bewohnt ist. Seit 1997 ist die Mitgliedschaft ruhend, zwischen 1992 und 1997 allerdings, unter der Regierung von Sali Berisha, wollte dieser den in Albanien verbreiteten Islam, insbesondere die sunnitischen Gläubigen und weniger die Bektaşi-Anhänger, für die Stärkung von Wirtschaftskontakten in die islamische Welt und für außenpolitische Zwecke ausnützen. Hier traf es sich für Berisha günstig, dass mit Bashkim Gazidede die Position des Leiters des Geheimdienstes SHIK und des Präsidenten der Vereinigung Muslimischer Intellektueller in einer Hand lag. Albaniens OIC-Mitgliedschaft ist, wie erwähnt, seit 1997 ruhend, nachdem es sich aus der islamischen, v. a. der arabischen Welt, mehr an Wirtschaftshilfe denn an Koranlieferungen erwartet hatte. Gemeinsam mit der Türkei und Aserbaidschan ist es als drittes Land mit einer muslimischen Bevölkerungsmehrheit seit dem 10. Juli 1995 Mitglied des Europarats[40]. Bosnien-Herzegowina besitzt einen – ebenso umstrittenen – Beobachterstatus bei der OIC, nachdem der von Alija Izetbegović 1992 vorgeschlagene Beitritt innenpolitisch, selbst in Kreisen seiner eigenen Partei, der Partei der Demokratischen Aktion [Stranka demokratska akcije, SDA] auf Widerstand gestoßen war[41].

---

[38] Siehe u. a. *U. Halbach*: Der Islam in der GUS: Eine Wiedergeburt? In: Berichte des Bundesinstituts für ostwissenschaftliche und internationale Studien. (1996).

[39] *S. Lipsius*: Politik und Islam in Albanien – Instrumentalisierung und Abhängigkeiten. In: Südosteuropa 47 (1998) 3–4, S. 128–134, hier S. 129.

[40] *Clayer*, God in the „Land of the Mercedes", S. 293 und S. 285.

[41] *C. Wieland*: Die aktuellen Konfliktlinien in Bosnien-Herzegowina. In: Südosteuropa-Mitteilungen. 35 (1995) 3, S. 188–198, hier S. 193 ff.

Auch die Türkei sollte in den 1990er Jahren zunehmend Unterstützung leisten und finanzierte Schulen und andere Bildungseinrichtungen der Muslime in Südosteuropa. Hier hatte es etwa in der albanischen Presse immer wieder Gerüchte gegeben, dass nicht der laizistische türkische Staat, sondern vielmehr islamistische Gruppierungen das benötigte Geld liefern würden. Der deutsche Politologe Stephan Lipsius beschreibt beispielsweise diesbezügliche Gerüchte und Querelen um die Errichtung einer türkischen Schule in Tirana 1993, die durch den Besuch des damaligen Staatspräsidenten Süleyman Demirel in Albanien, aus welchem Anlass er auch besagte Schule aufsuchte, entkräftet werden sollten[42]. Die Türkei bemühte sich zu Beginn der 1990er Jahre auch um gute Beziehungen zu Bulgarien und der früheren jugoslawischen Republik Makedonien. So schloss Ankara im August 1992 ein Abkommen zur Aufnahme diplomatischer Beziehungen mit Slowenien, Kroatien, Bosnien-Herzegowina und Makedonien ab. Auch mit Albanien wurde die Zusammenarbeit, z. B. auf militärischem Gebiet, verstärkt; so waren 1993 160 albanische Offiziere zur Ausbildung in der Türkei, 1994 stieg ihre Zahl auf 400 an[43].

Der Ausbruch des Kriegs in Bosnien-Herzegowina im April 1992 veränderte die Sicht der islamischen Welt auf die Muslime in Südosteuropa nachhaltig. Diese Änderung wurde auch bei der Haltung Europas zur Existenz autochthoner europäischer Muslime – über die man in der europäischen Öffentlichkeit vor Kriegsbeginn nur wenig gewusst hatte – sowie der zunehmenden Polarisierung der Beziehungen zwischen Muslimen und Nicht-Muslimen im größeren, globalen Rahmen deutlich. Der Krieg in Bosnien-Herzegowina wurde in der islamischen Welt oftmals in den größeren Rahmen der Auseinandersetzung mit dem „Westen", d. h. mit Europa, vor allem aber mit den U.S.A. gerückt. Alireza Bagherzadeh weist darauf hin, dass die weltweite Zunahme von Anschlägen in den 1990er Jahren, verübt von sich auf den Islam berufenden Terroristen, von den extremistischen Gruppierungen mit den an den Muslimen im Balkanraum (bzw. auch in Tschetschenien) verübten Grausamkeiten und Massakern gerechtfertigt wurde[44]. Seit den frühen 1990er Jahren ließen sich auch vermehrt ihrem

---

[42] *Lipsius*, Politik, S. 132.

[43] *S. Gangloff:* La politique balkanique de la Turquie et le poids du passé ottoman. In: Le nouvel Islam balkanique, S. 317–356, hier S. 318–321.

[44] *Bagherzadeh,* L'ingérence iranienne en Bosnie-Herzégovine, S. 437. Der Autor verweist hier auf Befürchtungen von Saudi-Arabien, dass der sich zu Beginn der 1990er Jahre im Sudan aufhaltende Osama bin Laden die islamistische Opposition im eigenen Land

Namen nach karitative Organisationen aus der islamischen Welt in Südosteuropa nieder, so z. B. die von Saudi-Arabien finanzierte International Islamic Relief Organization. Diese Vereinigungen gerieten bald in den Ruf der Kontakte zu islamistischen Extremisten und Terroristen, vor allem nach den Terroranschlägen in den U. S. A. vom 11. September 2001[45]. Ein weiterer Effekt der Niederlassung solcher Vereinigungen bestand darin, dass der seit seiner Verbreitung unter den Völkern des Balkanraums sehr spezifische und vielfach durch die Traditionen islamischer Bruderschaften (Derwischorden) geprägte Glauben – der in hohem Ausmaß Elemente eines „Volks-Islams" aufweist – in das starre Korsett des saudi-arabischen Islam gezwängt werden sollte: Nur die von diesen Gruppierungen verbreitete Auffassung des Islam sei die einzig wahre und richtige, so wurde gepredigt. In seiner Untersuchung über „Political Islam among the Albanians: Are the Taliban coming to the Balkans?"[46] geht Isa Blumi auf diese Problematik in Zusammenhang mit dem Kosovo ein.

Resümierend lässt sich festhalten, dass zwischen den verschiedenen muslimischen Bevölkerungsgruppen in Südosteuropa und der islamischen, insbesondere der arabischen Welt, aufgrund der jahrhundertelangen osmanischen Herrschaft v. a. unter der gebildeten Schicht vielfältige, z. T. enge Verbindungen bestanden. Diese waren zunächst überwiegend auf religiöse Kontakte, also den Islam betreffend, hin ausgerichtet, manifestierten sich aber auch in kultureller Hinsicht. Die im Osmanischen Reich bzw. in der islamischen/arabischen Welt, etwa in Ägypten und Pakistan stattfindenden Debatten zeitgenössischer Denker der islamischen

---

gegen das Haus al Saud aufhetzen könnte. Gleichzeitig bestand die Befürchtung von Seiten Riads, dass sich, ebenfalls Anfang der 1990er Jahre, eine außenpolitische sudanesisch-iranische Achse abzeichnete, hatte doch im Dezember 1991 der iranische Präsident Ali Akbar Hashemi Rafsanjani Khartum besucht und versuchte der Iran auch Einfluss auf den sunnitischen Islam zu gewinnen, so durch die Unterstutzung der Muslime in Bosnien-Herzegowina und Waffenlieferungen dorthin.

[45] D. *Agrafiotis:* Role of Muslim Charities in the Balkans comes under Scrutiny. In: Southeast European Times vom 18.3.2004; siehe auch: Muslim Charity Head Pleads Guilty to Funding Islamic Fighters. In: Southeast European Times, www.setimes.com, 10.2.2003, abgerufen am 19.3.2004.

[46] *I. Blumi*: Political Islam among the Albanians: Are the Taliban coming to the Balkans? Prishtina 2003. (= Kosovar Institute for Policy Research and Development. Policy Research Series 2).

Welt des 19. und 20. Jahrhunderts hinsichtlich religiöser, politischer und sozialer Reformen wurden von der geistigen, und, denkt man an Persönlichkeiten wie Alija Izetbegović, späterhin auch der politischen Elite der Balkanmuslime mit Interesse und Aufmerksamkeit verfolgt. In den Jahrzehnten kommunistischer Herrschaft durchlebten die Balkanmuslime dieselben Einschränkungen und Restriktionen ihres religiösen und kulturellen Lebens wie auch Angehörige anderer Religionsgemeinschaften, die in ihrem Fall allerdings durch die den Muslimen entgegengebrachten Vorurteile als „Erben der verhassten Osmanen" noch zusätzlich verstärkt wurden. Der Prozess der Säkularisierung, Industrialisierung und Urbanisierung als Resultat kommunistischer Herrschaft veränderte zum Teil einschneidend traditionelle Wirtschafts- und Sozialstrukturen der Balkanmuslime Das Ende der kommunistischen Herrschaft in Südosteuropa bedeutete daher die Möglichkeit, mit der islamischen Welt in Kontakt zu treten und nicht mehr, denkt man an die diesbezügliche Politik Titos, nur auf Regierungsebene im Rahmen von Staatsbesuchen und ähnlichen politisch gesteuerten Aktivitäten. Diese Erweiterung der Beziehungen besaß allerdings auch eine weitere Dimension: In ihren Herkunftsländern wie etwa Ägypten als extremistisch betrachtete islamistische Gruppierungen versuchten die neue Lage nach dem Zerfall des Kommunismus für die Verbreitung ihrer Hassparolen und Hetztiraden gegen den Westen nicht mehr nur unter der muslimischen Diaspora West- und Mitteleuropas, sondern vielmehr auch unter den autochthonen muslimischen Bevölkerungsgruppen Südosteuropas auszunützen. Die Existenz der Balkanmuslime wurde insbesondere als Resultat der Kriege in Südosteuropa in den 1990er Jahren (Bosnien-Herzegowina, Kosovo) von der islamischen Welt in größerem Ausmaß wahrgenommen. Diese Kriege brachten allerdings das Einsickern muslimischer Extremisten, „Gaubenskämpfer", aus verschiedenen Teilen der islamischen Welt mit sich, die auf dem Balkan ein neues Betätigungsfeld im Kampf gegen den Westen und seine „ungläubigen" Bewohner sahen. Während des Bosnienkriegs wurden solche Strömungen innerhalb mancher Einheiten der bosnischen Armee sichtbar, als sich etwa Angehörige muslimischer Kampfverbände ein betont „islamisches Erscheinungsbild" in Form einer an die in Afghanistan kämpfenden mujahdehin erinnernden Barttracht gaben, weiters bei der Verwendung religiöser Symbole etc.[47]. Solchen

---

[47] *J. V. A. Fine*: The Various Faiths in the History of Bosnia: Middle Ages to the Present. In: *M. Shatzmiller (Hrsg.)*: Islam and Bosnia. Conflict Resolution and Foreign Policy in Multi-Ethnic States. Montreal 2002, S. 3–23, hier S. 19 f.

Entwicklungstendenzen ist in erster Linie von den Vertretern und Angehörigen dieser Glaubensgemeinschaft selbst Einhalt zu gebieten[48]. Freilich möchte ich darauf hinweisen, dass sich im Zuge des seit den 1990er Jahren in den post-kommunistischen Staaten Ost- und Südosteuropas ausbreitenden Ethno-Nationalismus auch andere Religionsgemeinschaften ihrer jeweiligen Symbole für politische Zwecke bedienten[49].

---

[48] Dazu Reis el-ulema Mustaf ef. Čerić in einem Interview mit der österreichischen Tageszeitung „Die Furche" vom 27. März 2003, in dem er ausdrücklich auf die zutiefst europäische Verankerung und Dimension des Islam auf dem Balkan und seiner Angehörigen v. a. im Fall Bosnien-Herzegowinas hinweist: „Man kann nicht die Vorteile eines Lebens in Europa genießen und gleichzeitig dieses Europa verfluchen. Man kann sie mögen oder nicht. Aber, wenn man hierher kommt, muss man nach ihnen leben. [...] Ich bin Europäer und ich will am europäischen Leben teilhaben, als Muslim, gleichberechtigt mit allen anderen Europäern. Gleichzeitig haben die europäischen Regierungen das Recht zu fragen: Können wir sicher sein, dass ihr dieses Vertrauen nicht missbrauchen werdet? [...]".

[49] Für Bosnien-Herzegowina verweise ich auf folgenden Beitrag: *L. J. Cohen:* Prelates and Politicians in Bosnia: The Role of Religion in Nationalist Mobilisation. In: Nationalities Papers 25 (1997) 3, S. 481–499.

VERZEICHNIS DER MITARBEITER

BACHMANN Klaus, Dr. hab., Leiter des Lehrstuhls für Politische Wissenschaften am Willy-Brandt-Zentrum für Deutschland- und Europa-Studien der Universität Breslau; 2001–2004 Pressebeobachter beim ICTY-Tribunal in Den Haag.

BREZINSCHEK Peter, Mag., Bereichsleiter Volkswirtschaft und Finanzmarktanalyse der RZB, zuständig für die Kapitalmarktanalyse in der RZB und ihren CEE-Investmentbanken

DAXNER Michael, Dr., Professor für Soziologie und jüdische Studien, derzeit Berater des Wissenschaftsministers in Afghanistan und Post-Konflikt-Experte

DZIHIĆ Vedran, Mag., Studienassistent und Dissertant am Institut für Politikwissenschaften der Universität Wien

HAJRULLAHU Arben, Mag., Institut für Politikwissenschaft der Universität Wien, Länderreferent am Kompetenzzentrum Südosteuropa, Graz

HAUSMANINGER Anna, Mag., Forschungsassistentin an der Abteilung für Südosteuropäische Geschichte der Karl-Franzens Universität, Graz

HEUBERGER Valeria, Dr., Österreichisches Ost- und Südosteuropa-Institut/ OSI, Mitarbeiterin bei den „Österreichischen Ostheften" und Lektorin am Institut für Osteuropäische Geschichte der Universität Wien

JORDAN Peter, HR Univ.-Doz. Dr., Direktor des Österreichischen Ost- und Südosteuropa-Instituts / OSI, Wien

KASER Karl, Univ.-Prof. Dr., Direktor des Center for the Study of Balkan Societies and Cultures und Prof. für Südosteuropäische Geschichte an der Karl-Franzens Universität, Graz

LEIFER Paul, Dr., Botschafter i. R., Mitglied des Vorstands des IDM; Wissenschaftlicher Leiter des Postgraduierten-Lehrgangs „Interdisziplinäre Balkanstudien" am Institut für den Donauraum und Mitteleuropa, Wien

MAYR Andrea Christiane, Mag., Expertin für Forschung, höhere Bildung und Sozialpolitik in Südosteuropa. Zentrum für Soziale Innovation (ZSI), Wien

MOCANU Mariana, Prof. Dr.-Ing., Universität Politehnica, Bukarest

NOWOTNY Ewald, Univ.-Prof. Dr., Vizerektor der Wirtschaftsuniversität Wien und Ordinarius am Institut für Volkswirtschaftstheorie und -politik an der Wirtschaftsuniversität Wien. Bis 2003 war er Vizepräsident der Europäischen Investitionsbank und dort u.a. auch für Finanzierungen in Süd-Ost-Europa zuständig.

PATSCH Alexander, Mag. Dr., RA bei Graf Patsch Rechtsanwälte, Wien

PITTIONI Manfred, Mag. Dr., Universitätskoordinator der Bank Austria i.R., Historiker und Universitätslektor an der Universität Wien, Fachbereiche Osmanisches Reich, Mittelmeer und Balkan

PICHLER Robert, Dr. Mag., wissenschaftlicher Mitarbeiter an der Abt. für Südosteuropäische Geschichte; Mitglied des „Center for the Study of Balkan Societies and Cultures (CSBSC)", Karl-Franzens-Universität, Graz

PRESHLENOVA Roumiana, Dr., wissenschaftliche Mitarbeiterin am Institut für Balkanistik der Bulgarischen Akademie der Wissenschaften, Sofia

RICHTER Rudolf, Univ.-Prof. Dr., Professor für Soziologie an der Universität Wien

RIEGLER Henriette, Dr., Südosteuropa-Expertin am Österreichischen Institut für Internationale Politik / Austrian Institute for International Affairs. Wien

RISTIĆ Irena, M.A., wissenschaftliche Mitarbeiterin am Institut für Sozialwissenschaften, Belgrad und Doktorandin an der Universität Passau

ROTH Klaus, Univ.-Prof. Dr., Institut für Volkskunde/Europäische Ethnologie, Universität München

SCHUCH Klaus, Dr., Zentrum für Soziale Innovation (ZSI), Wien

SUPPAN Arnold, Univ.-Prof. Dr., Ordinarius am Institut für Osteuropäische Geschichte der Universität, Wien

TERZIĆ Zoran, Mag., studierte Nicht-normative Ästhetik in Wuppertal und Bildende Kunst in New York. Derzeit: Dissertation über die Kulturproduktion der neunziger Jahre im Zusammenhang mit der Desintegration Jugoslawiens

Oldenbourg

Herausforderung Osteuropa
Die Offenlegung stereotyper Bilder

Hrsg. von Thede Kahl, Elisabeth Vyslonzil, Alois Woldan

2004.
324 S., € 49,80
ISBN 3-486-56837-X (D)
ISBN 3-7028-0407-2 (A)
*Schriftenreihe des
Österreichischen Ost- und
Südosteuropa-Instituts,*
Band 29

zum Inhalt Ost- und Westeuropa rücken – nicht zuletzt im Zuge der EU-Ost-Erweiterung – immer enger zusammen. Diese Entwicklung ist Anlass genug, um sich über die auf beiden Seiten bestehenden Bilder vom jeweils anderen Europa Gedanken zu machen. Denn unhinterfragt werden sie schnell zu Stereotypen, die Annäherungen und neuen Perspektiven im Weg stehen.

Svjatoslav Pacholkiv
Emanzipation durch Bildung
Entwicklung und gesellschaftliche Rolle der ukrainischen Intelligenz im habsburgischen Galizien (1890–1914)

2002.
384 S., € 59,80
ISBN 3-486-56668-7 (D)
ISBN 3-7028-0387-4 (A)
*Schriftenreihe des
Österreichischen Ost- und
Südosteuropa-Instituts,*
Band 27

aus der Presse »Pacholkivs Arbeit stellt eine stringent aufgebaute, überzeugend argumentierende Untersuchung der Geschichte der ukrainischsprachigen Mittel- und Hochschulbildung und ihrer Bedeutung für die ukrainische Nationsbildung dar.« Kai Struve, in: sehepunkte, Februar 2003

Ihre Bestellung richten Sie bitte an Ihren Fachbuchhändler
oder direkt an: **verkauf-f@verlag.oldenbourg.de**